Josef Schüßlburner
Roter, brauner und grüner Sozialismus

Josef Schüßlburner

ROTER, BRAUNER UND GRÜNER SOZIALISMUS

Bewältigung ideologischer Übergänge
von SPD bis NSDAP und darüber hinaus

Den bundesdeutschen 68ern gewidmet

***Wer vom Nationalsozialismus spricht,
darf vom Sozialismus nicht schweigen!***

(kein Zitat von Max Horkheimer)

LICHTSCHLAG NR. 8

LICHTSCHLAG NR. 8
eigentümlich frei: individualistisch. kapitalistisch. libertär.
Internet: **www.ef-magazin.de**

ISBN-10: 3-939562-04-1
ISBN-13: 978-3-939562-04-7

2008
Lichtschlag Medien und Werbung KG
Malvenweg 24
41516 Grevenbroich
Internet: www.capitalista.de

Inhalt

Einleitung

Die Verlockung des Vergessens und Verdrängens ist sehr groß. Doch wir werden ihr nicht erliegen.
(SPD-Bundeskanzler Schröder)[1]

„Jeder fünfte Gewerkschafter steht rechts". So die Zusammenfassung[2] einer noch relativ jungen Studie über das als „rechts" angesprochene „rechtsextreme Potential" in den bundesdeutschen Gewerkschaften. Danach[3] sind 19,1 Prozent der gewerkschaftlich Organisierten „rechtsextrem" orientiert, worunter wohl so etwas wie „nationalsozialistisch" gemeint sein dürfte. „Gewerkschaftsmitglieder aus der Mittelschicht, die die Hälfte aller Mitglieder ausmachen, sind anderthalb Mal so häufig rechtsextrem eingestellt wie Nichtmitglieder aus dieser Schicht". Dies ist deshalb gewichtig, weil 43 Prozent der Gewerkschaftsfunktionäre dieser Schicht angehören. Insgesamt bedeutet dies bei ca. 7,5 Millionen Mitgliedern der DGB-Gewerkschaften etwa 1,5 Miollionen gewerkschaftliche Rechtsextremisten, was die Mitgliederzahl sämtlicher amtlich in „Verfassungsschutzberichten" als „rechtsextrem" eingestuften Parteien weit übertrifft! Bekanntlich ist die politische Partei, die den Gewerkschaften zumindest bislang am nächsten steht, die *Sozialdemokratische Partei Deutschlands* (SPD). Deren Parteifunktionäre gefallen sich zunehmend darin, die „Gefahr des Vergessens und Verdrängens" zu beschwören. Dabei ist nicht gemeint, es könnte die Tatsache vergessen werden, dass *Hitler* zu Beginn seiner politischen Karriere als Sympathisant der Sozialdemokratie galt[4] und sich in seinen mehr privaten Ausführungen, verglichen mit seinen Einschätzungen zu sonstigen konkurrierenden Parteien und Strömungen, fast nur positiv zur SPD geäußert hat. Politisch und ideologisch ist es *Hitler* denn auch erkennbar darum gegangen, die SPD-Wähler anzusprechen und sie in sein Regime zu integrieren, was ihm mit seiner sozial-staatlich-sozialistischen Wirtschaftspolitik so weitgehend gelungen ist, dass auch die Exil-SPD (Sopade) schon 1934 feststellen musste, dass sich das *Hitler*-Regime hauptsächlich auf die Arbeiterschaft und damit wesentlich auf ehemalige SPD-Wähler stützen konnte. Ja mehr noch: Die gewollte Integration der ehemaligen SPD-Wähler in das NS-Regime ist in einem Ausmaß gelungen, dass man sogar von „so etwas wie eine(r) Affinität sozialdemokratischer Arbeiter zu Hitler" sprechen konnte, „die auch umgekehrt zutraf."[5]

Diese Tatsache wollen die bundesdeutschen SPD-Ideologen, die angesichts des weltweiten Scheiterns sozialistischer wirtschaftspolitischer Konzepte, unter Einschluss „gemäßigter", ihren spezifischen sozialdemokratischen Daseinszweck[6] zunehmend im „Kampf gegen Rechts" sehen, sehr wohl und dies sogar nachhaltig „vergessen und verdrängen". Mit ihrer Politik des „Vergessens und Verdrängens" ist dabei die SPD sicherlich die erfolgreichste Partei Deutschlands; denn wer denkt heute schon an „SPD", wenn das Stichwort „Rassenhygiene" fällt? Obwohl der Komplex, der unter „Eugenik" läuft, sehr wohl ein zentrales Anliegen der SPD von etwa 1900 bis in die 30er Jahre des vorigen Jahrhunderts dargestellt hat. Dabei gab es auch sozialdemokratische Befürworter der Euthanasie, also der staatlichen Menschentötung zur sozialpolitischen Kostensenkung und als Beitrag zur Veredelung der menschlichen Rasse. Selbst die SPDler, die davor zurückgeschreckt sind, „Menschenvernichtung" zu propagieren, haben instinktiv erkannt, dass diese in der Konsequenz demokratiefördernder Menschheitsverbesserung läge, deren Ziel in der Schaffung eines germanenhaften Zukunftsmenschen lag, von dem der seinerzeit für die gesamte SPD-Programmatik maßgebliche Parteiideologe *Karl Kautsky* schwärmte. Dass sich bei Verwirklichung des Sozialismus auch das Verschwinden des Judentums ergeben sollte, hat *Kautsky* ausdrücklich postuliert, wenngleich er dies sicherlich anders meinte als es später vom Nationalsozialismus verwirklicht werden sollte. Die bundesdeutsche sozialdemokratische Kampfformel gegen „Rassismus, Fremdenfeindlichkeit und Antisemitismus" (oder „Antisemitismus, Rassismus, Fremdenfeindlichkeit" oder noch intelligenter: „Fremdenfeindlichkeit, Antisemitismus und Rassismus"), die ausgestattet mit SPD-kontrolliertem „Verfassungsschutz", SPD-Parteiverbotsforderung gegenüber konkurrierenden Parteien, SPD-Diskriminierungspolitik gegenüber nicht-sozialdemokratischen Beamten und dergleichen, sich zunehmend zu einer bundesdeutschen Unterdrückungsformel gegen politische Gegner der SPD entwickelt, verdrängt völlig, dass der Antisemitismus des Nationalsozialismus, der im Zentrum sozialdemokratischer Bewältigungsaufforderungen an die politische Konkurrenz steht, sich sehr wohl aus der sozialistischen Tradition ergibt, mit der die Sozialdemokratie erkennbar im Zusammenhang steht. Damit wird auch deutlich, dass die zivilreligiösen Bewältigungsaufforderungen der SPD sich als durchaus heuchlerisch darstellen, was in diesem Charakter wohl noch übertroffen wird von der Bewältigungspolitik der nunmehr auch in der Sozialdemokratie fest etablierten 68er, die einst nicht davor zurückgeschreckt waren, unter dem Poster eines chinesischen Nationalsozialisten zu marschieren und damit überdeutlich machen, dass gerade sie am wenigsten „aus der Geschichte gelernt" haben. Dies dürfte anzeigen, dass an der üblichen „Bewältigung" etwas grundlegend falsch sein muss, wenn sie vor allem „gegen rechts" hetzt. Unter „rechts" ist dabei im Zweifel etwas gemeint, bei dem *Hitler* gegen Ende seiner Karriere bedauert hat, dies nicht selbst nachhaltig bekämpft zu haben!

Als politisches und weltanschauliches Phänomen des 20. Jahrhunderts, dessen Neuartigkeit sich in dem in Deutschland völlig traditionsfremden Swastika-Zeichen manifestiert, hatte der Nationalsozialismus (NS) sicherlich auch eine konservative und sogar auch liberale Vorgeschichte. Die „Bewältigung" lediglich dieser partiellen Vorgeschichte als (angebliche) Nachgeschichte haben SPD-„Moralisten" im Sinn, wenn sie von „der Gefahr des Vergessens und Verdrängens" schwadronieren. Dabei hat sich der NS selbst nur in einem äußerst beschränkten Sinne, soweit dies gerade noch mit „national" abgedeckt werden konnte, in die konservative und liberale Traditionslinie eingeordnet. Was sich aber eigentlich als offensichtlich darstellt, ist die selbstgewählte Einordnung in die sozialistische Traditionslinie, weil sich der NS sonst nicht als „national-sozialistisch", sondern allenfalls als „sozial-nationalistisch" und dergleichen bezeichnet hätte: Mit der Namensgebung *Nationalsozialistische Deutsche Arbeiterpartei*

(NSDAP) liegt erkennbar ein Aufgreifen, wenngleich auch eine charakteristische Modifizierung der Bezeichnung *Sozialistische Arbeiterpartei Deutschlands* (*S(A)PD*) vor, wie sich die SPD kurzfristig nach ihrem Gothaer Einigungsparteitag, bei dem sich die Anhänger *Lassalles* mit denen von *Marx/Engels* zusammenfanden, von 1875 bis 1890 genannt hatte. Die „Bewältigung" dieser wohl zentralen sozialistischen Traditionslinie des Nationalsozialismus steht in einer mehr systemischen Weise trotz mittlerweile guter Vorarbeiten immer noch aus. *Diese* Bewältigung der Vergangenheit erscheint jedoch im Interesse der Gegenwarts- und Zukunftsbewältigung dringend erforderlich, wie das offensichtlich vorhandene „rechtsextremistische Potential" bei den sozialdemokratischen und post(?)kommunistischen Gewerkschaften der Bundesrepublik Deutschland anzeigt, das man aufgrund der sozialistischen Ausrichtung der Gewerkschaften dann wohl nicht anders denn als national-sozialistisch wird ansprechen können. Sollte der Sozialismus, das Unheil, das sich im 20. Jahrhundert in unterschiedlicher, aber doch typischer Weise eingestellt hat, im 21. Jahrhundert noch eine Chance haben, sich erfolgreich durchzusetzen, dann kaum als International-, sondern schon viel eher als National-Sozialismus, schon weil das ideologisch zentrale sozialistische Gleichheitsversprechen nur bei begrenzten Kollektiven[7] nachvollziehbar zu realisieren ist, während dieses bezogen auf ein internationales Kollektiv wie „Menschheit" oder (internationale) „Arbeiterklasse" im Ergebnis doch sehr utopisch bleibt. Deshalb galt auch schon in der Vergangenheit, dass der Nationalsozialismus immerhin einigermaßen demokratisch an die Macht kommen konnte und damit eine aus demokratischer Sicht bei weitem größere Legitimität aufwies, während der International-Sozialismus von vornherein nur durch Terror, Staatsstreich und Interventionskrieg („Revolution") eine Chance hatte, an die Macht zu gelangen. Aufgrund der heuchlerischen „Vergangenheitsbewältigung" als zivilreligiöser Veranstaltung der Bundesrepublik ist sicherlich gewährleistet – und dies ist vielleicht ihr einziger, wenngleich aus mehreren Gründen fragwürdiger Erfolg! –, dass der NS nicht unter dieser Bezeichnung Einfluss erhalten wird, sondern – wie bereits im Zusammenhang mit den bundes-

deutschen 68ern geschehen – unter ganz anderen Bezeichnungen wie etwa „Antifaschismus" auftreten wird, wobei nur den intelligenteren Vertretern dieser Strömungen klar sein dürfte, in welcher Kontinuität sie stehen. Mit einiger Wahrscheinlichkeit kann gesagt werden, dass es das Phänomen „68er" in der Weise wie es insbesondere in der Bundesrepublik Deutschland in Erscheinung getreten ist, nämlich mit terroristischen Auswirkungen und *Pol-Pot*-Unterstützung oder auch nur als Politisierung der Sexualität, nicht gegeben hätte, wenn auch der zentrale sozialistische Aspekt des Nationalsozialismus „bewältigt" gewesen wäre.

Nun kann natürlich grundsätzlich eingewandt werden, dass „Vergangenheitsbewältigung" als kollektivistische politische Aufgabe selbst schon ein beinahe nationalsozialistisch zu nennendes Unding ist, zumal selbst Individuen eine derartige „Bewältigung" kaum gelingt. Die rechtsstaatliche Alternative zu National- oder auch International-Sozialismus bestünde in der Tat nicht in der Begründung einer amtlichen Gegenideologie, die sich notwendigerweise als so etwas wie „NS-inversus" darstellt, und dementsprechend sollten die (national-) sozialistischen Züge, die etwa dem bundesdeutschen politischen Strafrecht[8] und sonstigen Staatsschutzrecht immer noch anhaften, nicht verwundern. Deshalb wäre eigentlich zu fordern, dass die „Vergangenheitsbewältigung" zumindest als staatliche und damit notwendigerweise zivilreligiös-kollektivistische Veranstaltung aufhört. Dieses rechtsstaatliche gebotene Ziel der Abschaffung der staatlichen Vergangenheitsbewältigung erscheint jedoch angesichts der Tatsache, dass treibendes Motiv der „Bewältigung" das – unverdiente – moralische Machtprivileg für die politische Linke im weitesten Sinne darstellt, politisch nur erreichbar, indem aus den immerhin bedenkenswerten Ausführungen eines unorthodoxen marxistischen Denkers[9] die angemessenen Folgerungen gezogen werden: „Das Phänomen des ´Dritten Reiches´ kann nur aus der Entwicklung der *ganzen* deutschen Gesellschaft seit der Jahrhundertwende, vor allem seit 1914, erklärt werden. Es gibt *keinen* Teil des deutschen Volkes, der im Laufe des ersten Vierteljahrhunderts *keinen* Anteil an seiner Entstehung genommen hätte und an seiner weiteren ideologischen und organisatorischen Ausbildung völlig unschuldig wäre. Dies gilt sogar für das deutsche Judentum,[10] das im ´Dritten Reich´ fast ausgerottet worden ist ... So hat es nicht nur manche Juden, sondern auch zahlreiche Sozialdemokraten gegeben, welche nur durch ihre ´Rasse´ oder durch ihre sonstige Untragbarkeit für die NSDAP daran gehindert worden sind, zu Hitler überzugehen. Ebensowenig wie das deutsche Judentum kann also die deutsche Sozialdemokratie ohne weiteres von der Mitschuld an der Entstehung und Entwicklung des Nationalsozialismus freigesprochen werden, ja sie – im Hinblick auf ihren lassalleanischen und späteren ´mehrheits-sozialdemokratischen´ Flügel – sogar am allerwenigsten. Die deutsche Sozialdemokratie hätte also gut daran getan, nach 1945 ihre eigene Vergangenheit selbstkritisch zu untersuchen, nicht nur im Hinblick auf jene politischen Fehler, welche die Machtergreifung der NSDAP erst ermöglicht haben, sondern vor allem in Bezugnahme auf jene theoretischen Positionen, welche dem Nationalsozialismus ideologisch Vorschub leisten mussten."

Im vorliegenden Werk geht es schwerpunktmäßig um diesen primär sozialdemokratischen bzw. (international-)sozialistischen Kontext der nationalsozialistischen Ideologie und die zumindest kongeniale Fortsetzung derselben in der Nachkriegszeit im Drittwelt-Sozialismus und der sog. 68er-Generation. Selbstverständlich ist dem Verfasser – schon aufgrund der einschlägigen bundesdeutschen verbalen Staatsrituale – bewusst, dass der Nationalsozialismus noch andere Aspekte aufwies, worauf sicherlich auch eingegangen werden muss. Der Gesamtkomplex ist vielleicht angemessen wie folgt[11] zusammengefasst: „Die meisten, die sich auf den Nationalsozialismus einließen, taten das wegen eines der verwaschenen Programmpunkte. Die einen folgten der NSDAP, weil es gegen den Erbfeind Frankreich ging, die anderen, weil die Staatsjugend massiv mit den überkommenen Moralvorstellungen brach; katholische Geistliche segneten die Waffen für den Kreuzzug gegen den gottlosen Bolschewismus ...; dagegen begeisterten sich sozialistisch vorgeprägte Volksgenossen für die antiklerikalen und antielitären Züge des nationalen Sozialismus." Während man nicht Sozialist sein musste, um gegen Frankreich oder gegen den Bolschewismus zu sein, die so motivierte NS-Unterstützung erscheint wohl abgesehen von den Methoden eher akzidentiell, musste man fast notwendigerweise Sozialist sein, um die Abwendung von der traditionellen (Sexual-)Moral gut zu finden, und vor allem musste man Sozialist sein, um vom sozialen Gleichheitsversprechen besonders angetan zu sein, allerdings von einer „sozialen Gleichheit, die auf die Rechtsgleichheit des Menschen pfeift".[12] Und genau dieser Aspekt ist in erster Linie bewältigungsbedürftig, da ein verwandter Komplex innerhalb der bundesdeutschen Gewerkschaften bereits bei den letzten Bundestagswahlen zu einer Stärkung des Postkommunismus durch Hinzufügen von „Elementen des Konzepts ´nationaler Sozialismus´"[13] geführt hat. Dies bedroht dann in der Tat zumindest ideologisch-konzeptionell die als „liberal" eingeschätzte Verfassungsordnung der Bundesrepublik, weil dieser Komplex auf eine stillschweigende Umwertung des Gleichheits- und Freiheitskonzepts hinausläuft, die sozialistisch gegen die freiheitliche demokratische Grundordnung gerichtet ist; die Freiheitsrechte werden hierbei nämlich kollektivistisch entwertet: Die SPD-BRD und die Spät-68er, zu denen sich die Verwalter des ehemaligen „allgemeinen sozialistischen Zuchthauses" (*Bismarck* zu den Folgen der Umsetzung der zeitgenössischen SPD-Programmatik) gesellen, diskriminieren zunehmend Leute, die nicht gleich denken, das heißt nicht der „demokratisch" gebotenen Einheitsmeinung oder ihren Paraphrasen folgen, die der SPD-Verfassungsschutz, insbesondere auch hinsichtlich des Vergangenheitsverständnisses, noch „tolerieren" kann. Dies macht wiederum die Bewältigungsbedürftigkeit des Sozialismus deutlich. Die Bundesrepublik Deutschland wird erst dann eine normale liberale Demokratie sein, wenn die staatliche Bewältigung bewältigt ist. Kern der Bewältigung dieser Bewältigung ist die Bewältigung des Sozialismus. Diesem Vorhaben fühlt sich das vorliegende Buch im Interesse einer liberalen Gesellschaftsordnung verpflichtet.

[1] S. *FAZ* vom 26.01.2005: Die Verlockung des Verdrängens ist sehr groß. Berlin gedenkt der Auschwitz-Opfer / Schröder: Widerliche Hetze der Neonazis / Die NPD.

[2] S. *spiegel-online* vom 28. Juni 2005; mit „rechts" ist dabei die Ideologievokabel „rechtsextrem" gemeint.

[3] So der Kommentar von *Hans-Ulrich Jörges*, Die Gewerkschaftspartei, in: *Stern* 37/2005, S. 154.

[4] S. *Höhne*, a. a. O., S. 41 f. m. w. N.

[5] S. *Höhne*, a. a. O., S. 360.

[6] Zur SPD s. umfassend auch die Ausführungen des Verfassers: Diskussion über Verbot der SPD? - Würdigung der Sozialdemokratie nach VS-Methodik, in: *Schüßlburner / Knütter*, a. a. O., S. 475 ff.

[7] So die zutreffende Erklärung des „rechtsextremistischen" Potentials bei den DGB-Gewerkschaften von *Götz Aly* im Interview mit dem *Handelsblatt* vom 10.08.2005, S. 5: Elemente des nationalen Sozialismus.

[8] S. dazu *Gerhard Wolf*, a. a. O.

[9] S. *Willy Huhn*, a. a. O., S. 27 f. (Hervorhebungen vom Original übernommen).

[10] Was damit gemeint ist, hat wahrscheinlich der liberale Nobelpreisträger *F.A. v. Hayek* in seinem einschlägigen Werk besser als *Huhn* zum Ausdruck gebracht, wenn er ausführt (s. a. a. O., S. 230): „Wir sollten niemals vergessen, dass durch den *Hitler*schen Antisemitismus viele aus Deutschland vertrieben worden oder zu seinen Feinden geworden sind, die in jeder Beziehung überzeugte Totalitäre der deutschen Spielart gewesen sind", um in der einschlägigen Anmerkung fortzufahren: „Besonders wenn wir den Prozentsatz ehemaliger Sozialisten betrachten, die Nationalsozialisten geworden sind, muss man bedenken, dass wir über die wahre Bedeutung dieses Verhältnisses erst Aufschluss erhalten, wenn wir es nicht zur Gesamtzahl der ehemaligen Sozialisten in Beziehung setzen, sondern zu der Zahl derjenigen, deren Bekehrung unter keinen Umständen durch ihre Abstammung verhindert worden wäre. Eine der überraschendsten Seiten der politischen Emigration aus Deutschland ist die verhältnismäßig kleine Zahl von Flüchtlingen der Linken, die nicht „Juden" im deutschen Sinne sind. – Wie oft hören wir nicht Lobreden auf das deutsche System, die so anfangen, wie kürzlich in einem Vortrag eine Aufzählung der des Nachdenkens werten Seiten der totalitären Technik „der Wirtschaftsmobilisierung" eingeleitet wurde: 'Hitler ist alles andere als mein Ideal. Ich habe zwingende persönliche Gründe dafür, warum er es nicht ist, aber ...'".

[11] S. *Götz Aly*, Hitlers Volksstaat, S. 355 f.

[12] So zu Recht *Aly*, im angeführten *Handelsblatt*interview.

[13] So *Aly*, ebenda, hinsichtlich der Wahlpropaganda des ehemaligen SPD-Vorsitzenden und SPD-Kanzlerkandidaten und nunmehrigen DDR-Verharmlosers der WASG-PDS / Linkspartei *Lafontaine*, nunmehr: Die Linke.

1. Kapitel „Nationalsozialismus als konsequentere Sozialdemokratie"

Der ganze Reformismus lebt davon, dass er sich um die wichtigen Fragen drückt. Wo der Reformismus ... sie entscheidet, da tut er ... dies konform mit der Logik der Nazis
(*Wolfgang Pohrt*)[1]

Hitler ist keineswegs so leicht als extrem rechts im politischen Spektrum einzuordnen, wie viele Leute zu tun gewohnt sind
(*Sebastian Haffner*)[2]

In seinem bekanntesten Buch *Auf dem Weg zur Knechtschaft*,[3] also zum Sozialismus, hat der liberale Wirtschaftsnobelpreisträger *v. Hayek* ein Kapitel aufgenommen, das dem Thema gewidmet ist: *Die sozialistische Wurzel des Nationalsozialismus*. Angesichts dieser Feststellung müsste der Gelehrte *von Hayek* in der Bundesrepublik Deutschland der „Verfassungsfeindlichkeit" verdächtigt werden: „Für die SPD gehören auch die Meinungen, ´die nicht davor zurückschrecken, den Sozialismus in die Nähe des Nationalsozialismus zu rücken´ zur Grauzone demokratiebedrohender Mentalitäten."[4] Dies macht deutlich, dass durch die Frage nach dem möglichen Zusammenhang zwischen Nationalsozialismus und Sozialismus, die sich wohl schon aus sprachlichen Gründen aufdrängt, die in der BRD mittlerweile ideologiepolitisch maßgebliche SPD sich in die Defensive gedrängt sieht. Bekanntermaßen hat sie doch selbst mit Sozialismus etwas zu tun, was je nach zeitgeistbedingter Wahlkampfopportunität in den Hintergrund geschoben, dann aber wieder hervorgehoben wird.

a) Hitler - ein Rechtsextremist?

Die SPD begnügt sich jedoch nicht damit, die für sie anscheinend peinliche Fragestellung zu tabuisieren, sondern macht staatliche Ideologiepolitik, indem sie über ihr Personal bei den öffentlich in Erscheinung tretenden Inlandsgeheimdiensten, dem sogenannten „Verfassungsschutz", für den „mündigen Bürger" verbindlich den Nationalsozialismus (NS) amtlich als „rechtsextrem" einordnen lässt, womit er mit dem üblicherweise als „links" verstandenen Sozialismus nichts zu tun haben kann. Es handelt sich bei dieser ideologiepolitischen Begrifflichkeit naturgemäß um keine rechtsstaatlich operable Begriffsbildung, sondern um eine staatlich-ideologische Diffamierungskategorie[5], wie schon einer jüngsten Parteiverbotsbegründung des Bundesrates entnommen werden kann, die nach Ansicht von „Experten" die bislang beste Definition gebracht habe. Man schwankt dabei zwischen einer weiten Rechtsextremismusdefinition, die auf die Elemente Nationalismus und Rassismus setzt, und einer engen, die klassische Elemente des Hitlerismus wie Antisemitismus und Sozialdarwinismus integriert, aber immerhin kommt man zu der Feststellung, dass die rechtsextreme Szene in sich sehr differenziert ist und daher zwar „alle Neonazis Rechtsextremisten, aber nicht alle Rechtsextremisten Neonazis seien."[6] Als eindeutig „rechtsextrem" gilt der gewissermaßen klassische NS. Wer hier Zweifel äußert oder anderer Ansicht ist, läuft angesichts der durch „Verfassungsschutz" verwalteten Staatsorthodoxie Gefahr, in der „freiheitlichen" BRD, deren „Verfassungsschutz" einen im Widerspruch zur westlichen Demokratiekonzeption stehenden Demokratie-Sonderweg[7] darstellt, diskriminiert zu werden; es besteht nämlich durchaus die Gefahr, amtlich diffamierend als „Rechtsextremist" (oder als jemand, bei dem „Anzeichen des Verdachts" dafür bestünden) eingeordnet zu werden, auch wenn man kein „Nazi" ist. Eigentlich müsste dann auch *v. Hayek* der „Verfassungsfeindlichkeit" verdächtigt werden!

Der geheimdienstlich geschützten bundesdeutschen Staatsdogmatik soll folgende Frage entgegengehalten werden: Um welche Person der Zeitgeschichte wird es sich wohl handeln, die gegen Ende des Berufslebens als Grund des Scheiterns eines weitreichend angelegten politischen Vorhabens resigniert feststellte, beim Kampf gegen die linken Klassenkämpfer vergessen zu haben, „auch den Schlag gegen rechts zu führen"? Sprach so etwa gar der Präsident einer bundesdeutschen Verfassungsschutzbehörde in der Endphase der bundesdeutschen Kommunistenverfolgung? Oder handelt es sich um den Vorsitzenden einer der demokratischen Parteien nach einer vernichtenden Wahlniederlage? Nein! Die Wahrheit ist viel furchtbarer: Es geht um *Hitler* höchstselbst, der diesen Ausspruch nach Mitteilung seines Adjutanten *v. Below*[8] auf einer Tagung der Reichs- und Gauleiter am 24. Februar 1945 tat. Nun könnte man denken, dass hier ein „besonders Rechter", also ein „Rechtsextremist", gegen gemäßigte Rechte vorgehen wollte. Dieser Einschätzung widerspricht jedoch die Bewertung des sicherlich unverdächtigen *Sebastian Haffner*, der darauf hinwies, die einzige Opposition, die *Hitler* wirklich gefährlich werden konnte – die Militäropposition –, sei von rechts gekommen: „Von ihr aus gesehen stand Hitler links. Das gibt zu denken. Hitler ist keineswegs so leicht als extrem rechts im politischen Spektrum einzuordnen, wie viele Leute zu tun gewohnt sind".[9] Wenn aber *Hitler* entgegen der bundesdeutschen ideologiepolitischen Staatsbegrifflichkeit kein Rechtsextremist war, da sonst die Verschwörer von 1944, die „rechts von *Hitler*" standen, als „Ultrarechtsextremisten" einzustufen wären – womit den dem „Kampf gegen Rechts" verpflichteten „demokratischen" Politikern der Bundesrepublik jegliches Gedenken am 20. Juli verwehrt sein müsste –, war er dann politisch links stehend und – als Verfassungsfeind – gar ein Linksextremist? *Hitler* selbst hat sich wie bundesdeutsche Politiker häufig auch ideologisch „jenseits von links und rechts" verortet, jedoch bei genauerer Betrachtung seiner diesbezüglichen Abgrenzung gegenüber dem deutschen Bürgertum und den – traditionell als mehr oder weniger „rechts" eingestuften – bürgerlichen Parteien Deutschlands deutlich, dass er sich im Zweifel in der Tat eher der politischen Linken zugeordnet hat: „Ich verstehe jeden Sozialdemokraten und Kommunisten in seinem inneren Abscheu vor bürgerlichen Parteien" und, so fügte *Hitler* in einer Rede am 20.11.1929 hinzu, „wäre ich nicht Nationalsozialist, so könnte ich, da ich Marxist nicht zu sein vermag, überhaupt keiner Partei angehören". Hätte sich *Hitler* eher der traditionellen Rechten zugeordnet und sich Wählerzulauf aus deren Kreisen erhofft, dann hätte die entsprechende Aussage etwa lauten müssen: Er könne die innere Abscheu der bürgerlichen Kreise vor den Sozialisten verstehen, und wäre er nicht Nationalsozialist, könne er überhaupt keiner Partei angehören, da er kein Monarchist zu sein vermöge (was die Anhänger der bürgerlichen Parteien der Weimarer Republik im Zweifel waren, und was die verfassungspolitische Alternativposition beschreibt, die sich damals noch zu stellen schien). So sprach *Hitler* jedoch gerade nicht, vielmehr war er der SPD dankbar, dass sie in der Novemberrevolution die Monarchie beseitigt hatte[10] und er deshalb, anders als der Faschist *Mussolini* in Italien, nicht gezwungen war, weitgehende Kompromisse mit der „Reaktion", also mit Kirche, Königshaus und royalistischer Armee einzugehen. Insofern sind Berichte[11] glaubhaft, wonach *Hitler* vor der Niederwerfung der Räte 1919 in München vergeblich versucht habe, sich sowohl der USPD als auch den Kommunisten anzuschließen. Dementsprechend galt *Hitler* zu Beginn seiner politischen Tätigkeit als SPD-Sympathisant.[12] „Jedenfalls wurde er im Februar 1919 zum Vertrauensmann des Demobilisierungsbataillons des 2. Infanterie-Regiments gewählt, der seine Aufträge und auch Schulungen von der Propagandaabteilung der Mehrheitssozialdemokraten erhielt ... Hitlers damalige Annäherung an die regierende SPD ist durch verschiedene Quellen, auch Zeitungsberichte, belegt."[13]

Nun könnte man natürlich einwenden, dass *Hitler* danach, aus welchen Gründen auch immer, einen politisch-weltanschaulichen Positionswechsel vollzogen haben muss. Er wird sich dann als Führer der *Nationalsozialistischen Deutschen Arbeiterpartei* (NSDAP) halt nach „rechts" orientiert haben und ist „rechtsextrem" geworden, was durch die amtliche Einordnung der BRD-Inlandsgeheimdienste bestätigt wird. Und wenn die unter dem hehren Titel „Verfassungsschutz" öffentlich in Erscheinung tretenden bundesdeutschen Geheimdienste mit ihrem Geheimwissen eine derartige Einordnung vornehmen, dann muss dies für den mündigen Bürger der freiheitlichen Bundesrepublik schon als verbindlich angesehen werden, was immer dazu ein liberaler Nobelpreisträger ausgeführt haben mag. Für diese gehorsamst für bundesdeutsche „Demokraten" verbindliche amtliche Einordnung könnte allerdings sprechen, dass *Hitler* – was unbestreitbar ist – Sozialdemokraten und Kommunisten (zumindest vor Juli 1944) entschiedener bekämpfte als politische Gegner aus dem bürgerlichen Lager. Dies hängt allerdings damit zusammen, dass *Hitler* viel größeren Respekt und damit Furcht vor der klassischen deutschen Linken hatte als vor der bürgerlichen Rechten, von der er von vornherein annahm, sie könne ihm nicht gefährlich werden. Genauso wenig wie etwa die Kommunistische Partei Deutschlands (KPD) deshalb als „Rechtspartei" einzustufen ist, weil sie unter dem Schlagwort „Sozialfaschismus" in den 1930er Jahren vor allem die SPD bekämpfte, kann die NSDAP allein deshalb als „rechts" angesehen werden, weil sie KPD und SPD härter als das bürgerliche Lager bekämpft hat. Zu berücksichtigen ist dabei, dass *Hitler* sich bei Bekundung seiner wahren Absichten eigentlich – abgesehen von der „jüdischen Führungsschicht" – immer positiv zur SPD geäußert hat.[14] Diese Sympathie für die Sozialdemokratie blieb nicht nur bloße nach außen eher verschleierte Mentalreservation bei seinen während der „Systemzeit" gegen diese Partei gerichteten Wahlkampfreden, sondern es ist *Hitler* nach der „Machtergreifung" entschieden um die Integration des sozialdemokratischen Arbeiters in sein „Drittes Reich" gegangen. Dies ist ihm durch seine sozialpolitischen Maßnahmen derart weitgehend gelungen, dass man schließlich sogar von „so etwas wie eine(r) Affinität sozialdemokratischer Arbeiter zu Hitler"[15] sprechen konnte, „die auch umgekehrt zutraf". Dementsprechend musste die Exil-SPD (Sopade) schon 1934 erkennen: „Stimmungsmäßig verfügt die Regierung über den meisten Anhang in der Arbeiterschaft". Gerade „das Verhalten der Arbeiter" gestatte es „dem Faschismus ..., sich immer mehr auf sie zu stützen."[16] Dies hatte sich schon in der „Systemzeit" abgezeichnet, wo man beobachten konnte, dass die Nationalsozialisten in wirtschaftlichen Fragen häufig mit Sozialdemokraten und Kommunisten stimmten: „Bei 241 namentlichen Abstimmungen im Reichstag und im Preußischen Landtag stimmten zwischen 1929 und Ende 1932 KPD und NSDAP in 140 Fällen gleich. In der 5. Wahlperiode waren sich die beiden extremistischen Parteien sogar nur in acht von 102 Abstimmungen uneins."[17] Dies wurde durchaus von konservativer Seite erkannt und hatte dazu geführt, dass die NSDAP als „links" eingestuft wurde. So kritisierte eine Zeitschrift des Arbeitgeberverbandes die NSDAP am Vorabend der Reichstagswahlen von 1930 wegen ihrer „aggressiven Unternehmerfeindlichkeit" und warnte, der NS gehöre zu den verschwörerischen, demagogischen und terroristischen Elementen des zeitgenössischen Sozialismus. Schließlich waren für die deutsche Militäropposition von 1944, die sich vorwiegend aus der politisch sicherlich rechts einzustufenden preußisch-deutschen Oberschicht rekrutierte, NS und Bolschewismus nicht im Sinne der späteren Totalitarismustheorie gleichwertige Extreme der jeweiligen politischen Richtung, sondern in ihrem linken Charakter identisch. Allenfalls graduelle Unterschiede im Linkscharakter wollte etwa *Adam von Trott zu Solz* erkennen – der Bolschewismus mit seiner „asiatischen Härte und Brutalität" galt als schlimmer –, und *Ulrich von Hassell* befürchtete, dass der „Sozialismus in Hitlerscher Form" unvermeidlich auf dem Wege „innerer Bolschewisierung" das Zerbrechen der Oberschichten zum Ziele habe.[18]

Diese Befürchtung kann sich durch die Tatsache bestätigt sehen, dass nach *Hitler*s eigener Einschätzung die überwiegende Mehrheit der NSDAP-Aktivisten aus „Links-Leuten" bestand: „Meine damalige Partei war doch zu neunzig Prozent aus Links-Leuten zusammengesetzt. Ich habe nur Leute brauchen können, die geprügelt haben",[19] was unbestreitbar – wie man noch in der BRD beobachten kann – links besser beherrscht als das, was als rechts angesehen wird. Unter diesen „Linksleuten" ragt vor allem die NS-Ikone *Horst Wessel* hervor. Dieser könnte allerdings *prima facie* als Beleg angeführt werden, den NS als „rechts" einzustufen: *Horst Wessel*[20] entstammte nämlich einem konservativen protestantischen Pfarrhaus und schloss sich nationalistischen Wehrverbänden an, die (insofern liegt die bundesdeutsche Staatsorthodoxie richtig) als „rechts", genauer als „rechtsradikal" oder „rechtsextrem" einzustufen sind. *Wessel* fand in diesen Verbänden jedoch keine Befriedigung seiner politischen Leidenschaften und trat deshalb 1926 in die SA der NSDAP ein. Als Beweggrund für diesen Positionswechsel vertraute er seinem Tagebuch an, dass die Nationalsozialisten keine rechtsradikale völkische Gruppe sei, sondern nationale Sozialisten. Dabei begriff er, dass die Kommunisten ihm in gewisser Weise näher standen als die Deutschnationalen, von denen er kam. „Eine Erkenntnis vor allem war mir sehr wohl wertvoll: ich versuchte jede politische Richtung zu verstehen, und dabei kam ich dahinter, dass es im roten Lager ebenso viele, vielleicht noch mehr fanatische opferbereite Idealisten gibt als auf der Gegenseite ... Ich war eben Sozialist geworden. Nicht Sozialist aus Gefühl, wie so mancher im bürgerlichen Lager, sondern vor allem Sozialist aus Vernunft. Im Verhältnis mit den früheren Organisationen, denen ich angehörte, war die Partei grundverschieden ... Die Schwungkraft der jungen Bewegung war ungeheuer. Am besten lässt sich das an den Übertritten aus dem marxistischen Lager ermessen.“[21]

Um diese Selbsteinschätzung einer maßgeblichen NS-Größe zu erläutern: Hier bekennt ein bisheriger ausgewiesener Rechtsradikaler seine bewusste („aus Vernunft“) und nicht nur gefühlsmäßige politische Konversion zu einem Sozialisten. Allerdings schließt er sich daraufhin weder der SPD noch der KPD an, sondern bewusst der NSDAP, die er gegenüber den rechten Gruppierungen, denen er bis dahin angehört hatte, als andersartig, eben als „links“ erkennt; diese Einstufung sieht er wiederum dadurch bestätigt, dass Übertritte zur NSDAP aus dem „marxistischen Lager“ – wohl überwiegend von Kommunisten, aber auch aus der Sozialdemokratie – erfolgten, wobei diesen Übertritten erkennbar keine umgekehrte politische Konversion vom linken ins rechte Lager unterstellt wird. Diese Selbstverortung ist deshalb bedeutsam, weil *Horst Wessel* als „Märtyrer der Bewegung“ eine zentrale Kultfigur der NSDAP darstellen sollte und daher als repräsentativ für das Selbstverständnis der maßgeblichen NS-Parteikader eingestuft werden kann. Diese Selbsteinstufung eines prominenten NS-Anhängers als „links“ wird etwa bestätigt durch einen anderen Aktivisten, der in der Endphase der Weimarer Republik mit nicht wenigen anderen der späteren NS-Aktivisten kommunistisch-sozialistische Erfahrungen gesammelt hatte, nämlich *Adolf Eichmann*. Dieser später maßgebliche Organisator des NS-Judenmords sollte in seinen Memoiren mehrfach betonen: „Meine gefühlsmäßigen politischen Empfindungen lagen links, das Sozialistische mindestens ebenso betonend wie das Nationalistische."[22] Er und seine Freunde haben während der „Kampfzeit" Nationalsozialismus und Kommunismus als „eine Art Geschwisterkinder" angesehen. Die sicherlich maßgeblichste Selbsteinschätzung stammt aber vom NS-Chefpropagandisten *Goebbels*,[23] der 1931 für den NS ausdrücklich in Anspruch nahm: „Der Idee der NSDAP entsprechend sind *wir* die deutsche Linke!", um sich dabei im selben Atemzug „gegen rechts" wie folgt abzugrenzen: „Nichts ist uns verhasster als der rechtsstehende nationale Besitzbürgerblock."[24] Immerhin hat der später als *Willy Brandt* bekanntgewordene bundesdeutsche Politiker seinerzeit diesen sozialistischen und damit nach Selbsteinstufung linken Anspruch insofern akzeptiert, als er seine Genossen von der SPD-Linksabspaltung *Sozialistische Arbeiterpartei* (SAP) aufforderte, das „sozialistische Element" an der Basis des NS zu erkennen: „Das sozialistische Element im Nationalsozialismus, im Denken seiner Gefolgsleute, das subjektiv Revolutionäre an der Basis muss von uns erkannt werden."[25] In Anbetracht dieser Einschätzung und Selbsteinschätzung wird es zumindest Zeit, der historischen Wirklichkeit entsprechend das grundsätzliche Anliegen des Nationalsozialismus – unabhängig davon, ob man dies für sinnvoll oder gar begrüßenswert hält – als solches anzuerkennen, das in der selbst gewählten Bezeichnung zum Ausdruck kam, nämlich eine Verschmelzung von Sozialismus und Nationalismus herbeizuführen: Rücksichtslose Interessenvertretung des Volkes nach innen gemäß dem Grundsatz „Gemeinnutz vor Eigennutz" ist dabei der sozialistische Anteil, rücksichtslose Vertretung der Volksinteressen nach außen der nationalistische. Der Nationalsozialismus hat damit ein Anliegen aufgegriffen und zur zentralen Ideologie gemacht, das in der Sozialdemokratie schon lange virulent war und insbesondere von einer Richtung vertreten wurde, die in einer jüngsten Abhandlung[26] als „sozialdemokratische Junge Rechte" bezeichnet wird. Diese Einordnung entspricht dabei aber weder dem Selbstverständnis[27] dieser Richtung noch der zeitgenössischen Einordnung, die von einem „Linkssozialismus mit nationalen Vorzeichen“[28] sprach. Hier verfehlt die wohl ohnehin abwegige geheimdienstliche Ideologiebegrifflichkeit der bundesdeutschen „Bewältigung“ und insbesondere deren Rückprojektion auf vergangene Epochen völlig die einigermaßen objektive Bewertung eines Phänomens, das den „Teil eines ideologischen Kontinuums darstellt, das von liberalen und sozialistischen bis zu neokonservativen und faschistischen Vorstellungen reicht.“[29] Dabei können sich – entgegen der bundesdeutschen Bewältigungsprämissen – insbesondere „die Übergänge zwischen sozialistischen und faschistischen Ideologien“ als „fließend“[30] darstellen.

b) „Ist der Sozialismus links?“

Die Frage ist dann allerdings, ob Kombinationen wie der innerhalb der SPD vertretene „nationale Sozialismus“ und der außerhalb und gegen die SPD vertretene National-Sozialismus als „links“ eingestuft werden können oder nicht doch eher als „rechts“ oder „rechtsextrem“. Als „rechts“ könnte etwa der NS vielleicht dann eingestuft werden, wenn der Nationalismus als „rechts“ einzustufen wäre und sich gegenüber dem Sozialismus als das maßgebliche Element erweist. Allerdings könnte die Klärung dieser Frage dahingestellt bleiben, wenn schon der Sozialismus gar nicht als „links“ einzustufen wäre. Die Frage wiederum, ob generell der „Sozialismus links“ sei, ist in einer Veröffentlichung eines britischen liberalen *think tank*[31] ausdrücklich gestellt worden. Wäre die Frage zu verneinen, dann würde auch nichts gegen die Einordnung des NS als „rechts“ sprechen, aber man könnte ihm dann ebenfalls nicht den sozialistischen Charakter absprechen! Die Frage, ob Sozialismus „links“ sei, wird dabei aus einer liberalen Position gestellt, die sich in der Anfangszeit dieser politischen Begriffsbildung, nämlich dem späten 18. Jahrhundert verortet, als der Liberalismus sicherlich als links eingestuft werden konnte. Daraus erklärt sich, dass mit dem Begriff „links“ immer noch letztlich liberale Forderungen nach Menschenrechten, Freiheit, Gleichheit und Demokratie assoziiert werden. Diese Prinzipien sind erkennbar – beschränkt man sich auf die Zeit nach dem Zweiten Weltkrieg – am stärksten in Staaten infrage gestellt worden, die sich offiziell als „sozialistisch" verstanden haben, so dass die naheliegende Schlussfolgerung wäre, dass es sich etwa beim Sowjetkommunismus nicht um ein linkes, sondern um ein eher rechtes Regime gehandelt haben müsste. Die selbsterklärte politische Linke hat denn auch insbesondere in der Zeit von Sowjetführer *Gorbatschow*, als sich das Ende des Sowjetkommunismus abzeichnete, weltweit die Sprachregel durchgesetzt, die radikal-marxistischen Gegenspieler von *Gorbatschow* als „konservativ" zu bezeichnen. In den von der politischen Linken dominierten Organen der sozialisierten Meinungsfreiheit, also den sogenannten öffentlich-rechtlichen Rundfunkanstalten des Westens, war daher vom „konservativen Putsch gegen Gorbatschow" die Rede, als zuletzt eine dem sowjetischen Staatsapparat verbundene radikal-marxistische Gruppierung einen Staatsstreich versuchte, um den Untergang der für „Sozialismus" stehenden Sowjetunion aufzuhalten und damit die befürchtete Einführung des vom Kommunismus bis dahin entschieden als „rechts" bekämpften Kapitalismus zu verhindern. Diese ideologie-politische Sprachregelung ist zumindest formal nicht ganz falsch, da es diesen – nach Selbstverständnis linken – Marxisten selbstverständlich darum gegangen ist, etwas zu bewahren, nämlich das Sowjetregime zu „konservieren". Da aber „konservativ" traditionell und im Kontext des 18. Jahrhunderts, wo Konservativismus die Gegenbewegung gegen den Liberalismus gewesen ist, in völlig zutreffender Weise für „rechts" steht, ist mit der Sprachregelung: „konservative Gegner Gorbatschows" aber gleichzeitig suggeriert worden, der Sowjetkommunismus basiere auf einer „rechten" Ideologie und die Sowjetunion und dementsprechend auch die DDR stellten eigentlich „rechte" Regime dar. Dies ist nach dem Untergang dieser Regime in der linken Sprachregelung noch weiter spezifiziert worden, wenn etwa in der ideologie-politischen Weise der amtlichen Sprachregelung der „freiheitlichen" Bundesrepublik erklärt wird, warum „im Osten" die als „rechts" eingeordnete „Fremdenfeindlichkeit" so groß sei: Dies wird dann auf die DDR-Diktatur zurückgeführt, die als Diktatur, so wird weiter suggeriert, nur „rechts“ sein könne, da sich ja „links“ und „Diktatur“ – trotz des offensichtlich doch irgendwie ärgerlichen Konzepts der „Diktatur des Proletariats“ – eigentlich ausschließen sollten.

Hier wird eine ideologie-politische Anordnung, die zur Zeit der Entstehung dieser politischen Terminologie, nämlich infolge der Französischen Revolution, anerkanntermaßen inhaltlich einen Sinn hatte, formal auf eine ganz anders geartete Situation übertragen und damit grundlegend – man darf wohl sagen: vorsätzlich – verfälscht: Die große Kompromisslösung, die sich schon in dieser Revolution abzeichnete, dort verworfen wurde, um sich dann in der einen oder anderen Variante in Europa mit der sogenannten Restauration bis zum Ende des Ersten Weltkriegs durchzusetzen, bestand in der konstitutionellen oder parlamentarischen Monarchie. Dieses Regierungssystem stellte für die traditionelle Rechte, also für die Konservativen im klassischen Sinne, eine Machtprämie aus und „rechts“ hatte daher ein Interesse, im Konfliktfall die Belange der Regierung bzw. des Staates zu vertreten. „Rechte“ fühlten sich daher naturgemäß veranlasst, grundsätzlich, wenn nicht gar generell, die Grenzen der Freiheit zugunsten der Staatsautorität zu betonen. Dagegen konnte die – in der Regel oppositionelle – Linke aus natürlichem Eigeninteresse für die Freiheit und Demokratie bzw. Demokratisierung eintreten. Aus dieser Konstellation, die von der politischen Lage und Auseinandersetzung des späten 18. Jahrhunderts vorgeprägt wird, ergibt sich die ideologie-politisch noch immer wirksame Assoziation von „links“ mit „demokratisch“ und damit „frei“ oder – bundesdeutsch – „freiheitlich“. Die linke Weltdeutung, die derzeit vor allem durch die durch die Institutionen gelangten 68er formuliert wird, hat darauf basierend eine umfassende, in der BRD teilweise geheimdienstlich verwaltete Geschichtstheologie geschmiedet, die im Ergebnis besagt, dass die bösen politischen Kräfte, die natürlich rechts stehen, Unterdrückung, Kolonialismus, Krieg, Rassismus und was es sonst noch Schlimmes gibt, veranstaltet hätten, was dann von den guten Kräften, die natürlich links stehen, bekämpft und schließlich überwunden worden sei. Allerdings sei dieser Fortschritt, der natürlich links steht, immer wieder bedroht von den bösen Kräften von rechts, also von der rückwärtsgewandten, ewiggestrigen „Reaktion". Dieses heilsgeschichtlich Böse hat man seit einer unter *Stalin* ausgebrüteten Sprachregelung, die mittlerweile auch das bundesdeutsche Geheimdienstvokabular prägt, unter der Kampfformel „Faschismus" zusammengefasst. Was umgekehrt bedeutet, dass die Linke und damit der Sozialismus in seiner unverfälschten (also in nicht wohl irgendwie von „rechts" manipulierten) Form den demokratischen Fortschritt „verteidigt": also – man entkommt der Logik dann doch nicht – eine notwendigerweise konservative, wenngleich linke Funktion wahrnimmt, die ihn dann doch als „rechts" kennzeichnen müsste.

Dem Anspruch des Sozialismus, in dem aus dem späten 18. Jahrhundert transponierten Sinne „links" zu sein, ist jedoch von liberaler Seite, nicht nur unter Hinweis auf die maßgeblichen totalitären Diktaturen des 20. Jahrhunderts widersprochen worden, die sich allerdings selbst nachhaltig als links eingeordnet haben, sondern unter Bezugnahme auf von sich als links verstehenden Positionen im Westen, wo der Sozialismus ja auch noch nach dem Ersten Weltkrieg überwiegend die traditionell gewordene Funktion einer (strukturellen) Opposition einnahm, deren machtpolitisches Argumentationsmittel systemkonform die Berufung auf Freiheit und Demokratie darstellt. Bei dieser liberalen Kritik werden die in Großbritannien relativ unbedeutend gebliebenen kommunistischen Stimmen gänzlich vernachlässigt. Vielmehr interessieren die Aussagen aus dem Bereich der *Labour Party*, also der – weitgehend nicht-marxistischen – britischen Sozialdemokratie. Diese Stimmen sind auch deshalb bedeutsam, weil der Sozialismus als solcher begrifflich im Westen, also im postrevolutionären Frankreich, entstanden ist, um sich im viktorianischen Großbritannien zu institutionalisieren, wenn er auch vor allem in Deutschland bis zum Ende des 19. Jahrhunderts mit dem Marxismus und verwandten Phänomenen wie der Ideologie von *Lassalle* gewissermaßen seine theoretische und vor allem organisatorische Endform erhalten sollte: Dies machte die deutsche Sozialdemokratie im Kontext der Weltgeltung der deutschen Kultur und auch der Macht des Kaiserreichs zum Vorbild für entsprechende Parteien der ganzen europäisch-westlichen Welt und wirkte auch darüber hinausgehend inspirierend. Was nun etwa den Anspruch des Sozialismus fragwürdig erscheinen lässt, das unter anderem als anti-rassistisch verstandene Gleichheitsprinzip zu vertreten, kann unter Hinweis auf den nach dem Ehepaar *Webb* wohl drittwichtigsten Theoretiker des britischen Sozialismus *George Wells* aufgezeigt werden, der in seinem grundlegenden Werk von 1902, *Anticipation*, den Antisemitismus zwar als vulgäres Vorurteil bezeichnet hat, gleichzeitig aber darauf bestand, dass „der Jude" seine Identität durch Vermischung und Aufgabe des Schachers bei Ankunft des Sozialismus aufgebe, so dass er innerhalb von etwa einem Jahrhundert aufhören würde, ein „physisch unterscheidbares Element in menschlichen Angelegenheiten" zu sein. Eine Position übrigens, die auch als repräsentativ für die zeitgenössische deutsche Sozialdemokratie angeführt werden kann. Dieser instinktive Vorbehalt gegenüber unterscheidbarem Aussehen, das der notwendigen Effizienz der sozialistischen Zukunftsgesellschaft entgegensteht, drückte sich noch radikaler aus und soll (zur Vermeidung des Vorwurfs der Verfälschung) im Originaltext angeführt werden: „for the rest, those swarms of black, and brown, and dirty-white, and yellow people, who do not come into the new needs of efficiency? Well, the world is a world, not a charitable institution, and I take it they will have to go. The whole tenor and meaning of the world, as I see it, is that they will have to go. So far as they fail to develop sane, vigorous, and distinctive personalities for the great world of the future, it is their portion to die out and disappear."[32]

Die Frage müsste dann sein, was zu tun wäre, wenn sich etwa diese „schmutzig-weißen" (?) Leute nicht so verhalten, wie es den Anforderungen der sozialistischen Zukunftsgesellschaft entspricht, sie aber auch nicht freiwillig verschwinden? Oder wenn die Juden doch nicht von ihrem „Schachern" ablassen? *Wells* hat sich – was kennzeichnend für den „Reformismus" der Sozialdemokratie ist – derartigen, sich aufdrängenden Fragen nicht gestellt. Die naheliegende Lösung, die sich aus seinem Gedankenansatz eigentlich von selbst ergibt, erschließt sich aus der Erörterung des Problems, wie in der (sozialistischen) „Zukunftsgesellschaft“ mit unheilbar Kranken und ähnlich „uneffizienten Personen“ umgegangen werden soll: „To kill under the seemly conditions science will afford is a far less offensive thing. The rulers of the future will grudge making good people into jailers … People who cannot live happily and freely in the world without spoiling the lives of others are better out of it”.[33] „Out of it” bedeutet, die Untauglichen („unfit“) werden staatlich „removed from being“ durch ein Heilmittel (*opiate*): „and I do not foresee any reason to suppose that they will hesitate to kill when that sufferance is abused”. Das Recht auf Leben erscheint damit in einer (sozialdemokratischen) Zukunftsgesellschaft nicht ohne weiteres garantiert. Für Alkoholabhängige, ähnliche Süchtige und unheilbar Kranke steht es zumindest unter dem Vorbehalt des Fortpflanzungsverbots. Was nun die Frage der Bürgerrechte anbelangt, so soll es vorerst genügen, darauf hinzuweisen, dass die Haupttheoretiker der britischen Sozialdemokratie, das Ehepaar *Webb*, durchaus mit dem Gedanken gespielt haben, die Pressefreiheit zumindest vorübergehend beim Übergang zum Sozialismus zu verbieten: „Especially during the stage of transition from a predominantly capitalist society, it may be necessary to prohibit the publication of newspapers with the object of private profit or under individual ownership as positively dangerous to the community.”[34] Schließlich sei noch auf eine Aussage eines maßgeblichen Vertreters der „Common-Wealth“-Bewegung während des Zweiten Weltkrieges im Umkreis der Labour-Party[35] hingewiesen, der als Konsequenz des propagierten Grundsatzes, dass sich der einzelne keine Sorgen um seinen Lebensunterhalt machen solle, auch die Einrichtung von „Arbeitslagern für Drückeberger unter sehr erträglichen Bedingungen“ vorsah. Diese Beispiele dürften wohl genügen, um bei einem klassischen Liberalen, der mit „links“ immer noch ein Eintreten für (mehr) Liberalität erwartet, erheblich Zweifel[36] aufzuwerfen, ob der Anspruch des traditionellen Sozialismus, das heißt der Sozialdemokratie, „links“ zu sein, berechtigt ist. Hier soll nur aufgezeigt werden, dass die gedankliche Hürde, die zu bestehen scheint, den von der bundesdeutschen Geheimdienstorthodoxie amtlich als „rechtsextrem“ eingestuften NS als legitime Variante des linken Sozialismus zu verstehen, eigentlich überwindbar sein müsste, wenn sich zumindest aus einer alt-liberalen Perspektive grundlegende Zweifel ergeben, ob es berechtigt ist, den Sozialismus insgesamt als „links“ einzustufen. Wären diese Zweifel berechtigt, dann würde dies wohl besagen, dass man schon die traditionelle Sozialdemokratie eher als „rechts“ einstufen müsste. Unabhängig davon, wie man zu diesen Zweifeln hinsichtlich des linken Charakters des Sozialismus als solchem steht: Es sollte zumindest nicht mehr von vornherein apodiktisch ausgeschlossen werden, dass doch ein ideologischer Zusammenhang zwischen „linker“ Sozialdemokratie und „rechts-extremem“ NS bestehen könnte.

c) Die Entstehung des Nationalsozialismus aus der Sozialdemokratie

In seinem schon angeführten Werk hat *F. A. von Hayek* darauf aufmerksam[37] gemacht, dass bezeichnenderweise die wichtigsten Vorläufer des NS, wie *Fichte*, *Rodbertus* und *Lassalle*, „gleichzeitig die anerkannten Ahnen des Sozialismus“ und somit der deutschen Sozialdemokratie darstellen, wobei *v. Hayek* bemerkenswerterweise dem Marxismus, dem er mit „seinem Internationalismus und Demokratismus“ sogar einen „gewissen liberalen Gehalt“[38] zuspricht, keine so große Rolle zuzuschreiben scheint. Diese Hintansetzung des Marxismus entspricht immerhin auch dem Selbstverständnis der bundesdeutschen SPD zumindest seit dem Godesberger Programm, mit dem der Marxismus als offizielle Doktrin aufgegeben worden ist und das die SPD ihren historischen Ausgangspunkt eher bei *Lassalle* suchen lässt. So hat sich jüngst ein Interpret des sozialdemokratischen Wertegeschehens, der frühere Linksterroristenanwalt und spätere Bundesverfassungs(schutz)minister *Otto Schily* auf *Lassalle* beziehend selbstkritisch dahingehend[39] geäußert, dass in der derzeitigen SPD in Teilen noch immer eine zu große Staatsfixiertheit herrsche, von der man sich lösen müsse: „Der freiheitliche Gedanke stand bei der Gründung der SPD durch Lassalle im Mittelpunkt. Diesen Gründungsimpuls muss man wieder verstärkt aufnehmen.“ Diese Einschätzung von *Lassalle* durch einen bundesdeutschen Wertepolitiker ist allerdings an Ignoranz kaum zu überbieten: Ausgerechnet der überzeugte Staatssozialist *Lassalle*, dessen Lehre oder vielmehr Einstellung es der SPD teilweise möglich gemacht hat, sich von den utopischen Spinnereien des Marxismus etwas abzuwenden, soll den „freiheitlichen Gedanken“ ausdrücken. Wenn dies richtig wäre, dann muss man auch *Adolf Hitler* als Repräsentanten dieses Gedankens ansehen, ist er doch *Lassalle* darin gefolgt, dass Demokratie nur den Zweck habe, eine sozialistische Führerdiktatur zu institutionalisieren[40] und zu legitimieren, was in einem traditionellen Rechts-Regime so nicht möglich war, welche deshalb durch fortschrittliche Links-Revolution hätte beseitigt werden müssen.

Vor allem soll aber mit „Godesberg“ *Eduard Bernstein* den ideologischen Sieg davongetragen haben. Dieser hat vor dem Ersten Weltkrieg insbesondere mit seinem Hauptwerk *Die Voraussetzungen des Sozialismus und die Aufgaben der Sozialdemokratie* den sogenannten Revisionismusstreit[41] ausgelöst, indem er darlegte, dass die Voraussagen von *Marx* und *Engels* über den als geradezu naturwissenschaftlich notwendig verstandenen Zusammenbruch des Kapitalismus mit damit einhergehender Revolution, die zur sozialistischen Gesellschaft führen soll, so nicht zutreffen dürften. Für die konkrete politische Arbeit war diese detailliert dargelegte Erkenntnis mit der Forderung verbunden, den marxistischen „Attentismus“[42] zugunsten einer – vereinfacht gesagt – linksliberalen Reformpolitik im Zweifel mit dem Linksliberalismus, der im Interesse einer Parlamentarisierung des Kaiserreichs zu einem derartigen Bündnis grundsätzlich bereit gewesen wäre, zu überwinden. Die durch den „Revisionismus“ sichtbar gewordene Krise des Marxismus und die mit Beginn des Ersten Weltkriegs zu treffenden weit reichenden politischen Entscheidungen führten schließlich zur förmlichen Abspaltung des Kommunismus von der klassischen Sozialdemokratie. Unstreitig, wenngleich anscheinend nicht besonders bewältigungsbedürftig ist daher, dass die für das 20. Jahrhundert prägende politisch-weltanschauliche Bewegung des Kommunismus, die millionenfachen politischen Mord[43] nach sich ziehen sollte, aus der Sozialdemokratie hervorgegangen ist. Die für totalitäre Diktaturen des 20. Jahrhunderts maßgeblich verantwortlichen Personen wie *Wladimir Iljitsch Lenin*, *Josef Stalin*, *Boleslaw Bierut*, *Georgi Dimitroff*, *Bela Kun*, *Josef Pilsudski*, *Matyas Rakosi* (aber auch *Benito Mussolini*) und *Walter Ulbricht*, *Wilhelm Pieck* und *Otto Grotewohl* sind durch die politische Schule der jeweiligen Sozialdemokratie gegangen, die sich weitgehend die organisatorisch erfolgreiche deutsche Sozialdemokratie zum Vorbild genommen hatte. Auch nach seiner Abspaltung teilte der Kommunismus mit der Sozialdemokratie weiterhin das sogenannte „Endziel"[44] der klassenlosen Gesellschaft, in der es aufgrund der Aufhebung des Privateigentums durch Vergesellschaftung keinen Staat und keine politische Herrschaft mehr geben würde, so dass alle Menschen frei, aber angereichert durch die Fortschritte der Menschheitsgeschichte zum Urkommunismus zurückkehren[45] würden. Was jedoch die (Mehrheits-)Sozialdemokratie – mehr oder weniger – abwarten ließ („Attentismus"), weil dieser Endzustand ja ohnehin mit fast naturwissenschaftlicher Gesetzmäßigkeit kommen müsse, wenn die Lehre von *Marx* und *Engels* sich als richtig herausstellen sollte, trieb die Kommunisten – voluntaristisch – zu entschlossenem Handeln an. Diese Entschlossenheit konnte sich allerdings dadurch rechtfertigen, dass sich *Marx* und *Engels* den Übergang zu dieser freien Gesellschaftsordnung nur revolutionär, also gewaltsam-diktatorisch vorstellen konnten (mit ein paar ambivalenten Andeutungen, insbesondere beim alten *Engels*, dass es auch etwas weniger gewaltsam gehen könnte). Dieser Revolutionsgedanke ließ die Kommunisten zu den sie kennzeichnenden Methoden greifen, die sich durch das hehre Ziel der Menschheitserlösung rechtfertigten: Wer sich dem Sozialismus widersetzt, der doch nur das Gute will, kann nur abgrundtief böse sein und darf im Interesse der Menschheit eliminiert werden: „Zum Wohle der Menschheit muss gemordet werden!"[46], wie der Chefpropagandist von *Stalin*, *Ilja Grigorjewitsch Ehrenburg*, dies im Zweiten Weltkrieg in einer radikalsozialistischen Weise zum Ausdruck bringen sollte. Auf der ideologischen Ebene, gemessen an den vor-revisionistischen Auffassungen der Sozialdemokratie, kann man also den Kommunismus als die konsequentere Sozialdemokratie ansehen, die sich deshalb von kommunistischer Seite den durchaus plausiblen Vorwurf gefallen lassen musste, den Konsequenzen der eigenen Auffassungen etwa mit der SPD-Formel, wonach „die Sozialdemokratie ... eine revolutionäre, nicht aber eine Revolution machende Partei" (*Kautsky*) sei, aus dem Weg zu gehen. Der SPD konnte „Verrat" vorgeworfen werden: „Wer hat uns verraten? Sozialdemokraten!", was in der Tat die Sozialdemokratie in eine erhebliche Defensive bringen konnte und etwa den erfolgreichen Staatsstreich („Revolution") einer Hundertschaft von Berufsrevolutionären gegenüber der Masse an Anhängern der Sozialdemokratie im Russland von 1917 erklärt.

Die Abspaltung des sich als äußerst mörderisch herausstellenden Kommunismus als sich radikalisierender marxistischer Orthodoxie von der „revisionistischen" Sozialdemokratie dürfte weitgehend bekannt sein. Weniger bekannt oder bewusst verdrängt ist allerdings, dass es neben dem Rechts-Revisionismus eines *Eduard Bernstein* (in Frankreich: *Jaurès*) auch einen vielfältigen Links-Revisionismus[47] gegeben hat, aus dem im weitesten Sinne der Faschismus und im spezifischeren deutschen Sinne auch der Nationalsozialismus hervorgehen sollte. Die Reaktion der radikalen Linken auf die durch den Rechtsrevisionismus bedingte Annäherung der gemäßigten Linken an den Linksliberalismus (politische „Mitte") konnte also nicht nur die Form des Kommunismus annehmen, sondern sich eben als Faschismus äußern, die beide nicht zufällig in etwa zur selben Zeit entstanden sind. Voraussetzung zur Bildung einer selbständigen politischen Richtung des Faschismus war sicherlich das Hinzutreten weiterer Elemente wie der Anschluss von Enttäuschten aus rechten politischen Strömungen. Seine politisch größte Effektivität scheint der Faschismus durch Verortung „jenseits von rechts und links" erreicht zu haben (gewissermaßen als eine alternative „Mitte"), indem er Liberalismus und „Marxismus" (Sozialdemokratie) als zwei Seiten derselben Medaille verstand oder dies zumindest so darzustellen[48] suchte, wofür dann der Begriff „dritter Weg" geprägt werden sollte. Dies konnte bis zu einer – scheinbar entschiedenen – Bekämpfung des Marxismus gehen, wobei man allerdings genau hinsehen oder hinhören muss, was da etwa von *Hitler* als „Marxismus" bekämpft wurde: Gemeint war vor allem Parlamentarismus oder Pazifismus, die aber erst der sozialdemokratische Rechtsrevisionismus als „marxistisch“ oder zumindest dem Marxismus konform erscheinen ließ. Mit anderen Worten: *Hitler* hat als „Marxismus“ in seinen Wahlkampfreden etwas bekämpft, was sich für das Selbstverständnis marxistischer Strömungen weder als spezifisch[49] noch als essentiell darstellte – und gegenüber den in den spezifischen Marxismusvorwurf einbezogenen bürgerlichen Parteien reine Diffamierung war. Der propagandistische Nebeneffekt, dass zahlreiche Wähler aus dem nichtsozialistischen Lager den in diesem Sinne zu begreifenden Anti-Marxismus eines *Hitler*s auch als Anti-Sozialismus (miss-)verstanden, wurde dabei im Interesse der demokratischen Stimmenmaximierung billigend in Kauf[50] genommen. Diese Situation brachte die SPD während der Weimarer Republik deshalb in ein unauflösbares Dilemma, weil die Kommunisten wussten, dass *Marx* und *Engels* zu Parlamentarismus und Pazifismus, also zu dem, was der SPD seitens der Nationalsozialisten als „Marxismus“ vorgeworfen worden ist, ein - was den Pazifismus anbelangt[51] - sehr taktisches Verhältnis oder – was den Parlamentarismus anbelangt – eine grundsätzlich ablehnende Haltung eingenommen hatten. Hätten die SPD-Ideologen dies zugegeben, hätten sie den Kommunisten zugearbeitet, was den Zornesausbruch[52] von *Karl Kautsky* erklärt, der als Verwalter des Marxschen Erbes in der SPD sehr wohl wusste, was die wirklichen Auffassungen von *Marx* und *Engels* waren. Und der deshalb die große ideologische Ansteckungsgefahr für seine Anhängerschar durch den Kommunismus fürchtete. Hätte die SPD jedoch den Marxismus bei Aufrechterhaltung des Sozialismus aufgegeben (und diesen nicht nur „revidiert“), hätte sich dies zumindest teilweise zugunsten des Nationalsozialismus auswirken können, der einen Sozialismus ohne „jüdische“ (marxistische) Dogmen predigte, dabei aber vom Sozialismus deshalb angezogen war, weil man darunter genau das verstand, auch wenn dies die SPD nicht mehr wahrhaben[53] wollte, was durch die marxistische, aber auch – vielleicht sogar noch mehr – durch die *Lassalle*sche Tradition vermittelt war: Permanente Diktatur mit demokratischer oder demokratieähnlicher Phraseologie und zumindest teilweise[54] demokratischem Selbstverständnis, propagandistischer Pazifismus, Totalpolitisierung der Wirtschaft zur Homogenisierung der Gesellschaft und des Denkens als Ausdruck der „sozialen Gerechtigkeit". Damit verbunden war das Aufgreifen der Tradition der Totalpolitisierung und Indoktrinierung von Säuglingsbeinen an, mit politischen Uniformen und militärischen Parteiformationen: „In Deutschland und Italien brauchten die Nationalsozialisten und Faschisten in der Tat nicht viel hinzu zu erfinden. Die Methoden dieser neuen politischen Bewegungen, die alle Bereiche des Lebens erfassten, waren in beiden Ländern bereits von den Sozialisten eingeführt worden."[55] So sehr sich auch Faschismus und NS als selbständige Bewegungen schon aus taktischen Gründen gegenüber der Sozialdemokratie und ihrem Marxismus insbesondere zu Wahlkampfzwecken abgrenzen mussten: An der genuinen sozialistischen Überzeugung wesentlicher Vertreter des Faschismus kann nicht gezweifelt werden. Erwähnt sei als Beispiel der frühere *Labour*-Abgeordnete *John Beckett* als maßgeblicher Repräsentant der *British Union of Fascists* (BUF), einer Abspaltung von der sozialdemokratischen (*Independent*) *Labour Party* (ILP), der sich in diesem Zusammenhang wie folgt[56] äußerte: „My speeches were practically the same as those I made in the ILP because my chance of organization had no effect upon my socialist conviction and policy. Indeed I found in the BUF far more sincere and earnest socialist convictions than I have seen in the Labour Party for the last years."

Ein früherer Anhänger der *Conservative Party* oder der *Liberal Party* hätte sich um einiges schwerer getan als ein Sozialist – der sich eben auch als Faschist noch als Sozialist verstand –, die Identität seiner faschistischen Äußerungen mit denen seiner früheren konservativen (traditionell rechten) oder liberalen Aussagen hervorzuheben. Dies gilt – sicherlich etwas modifiziert – auch für die deutsche Situation, wenn man als Vergleich nicht so sehr die rechts-revisionistische Sozialdemokratie etwa ab Beginn des 20. Jahrhunderts heranzieht, sondern den vor-revisionistischen Sozialismus des 19. Jahrhunderts. Der Faschismus und mit ihm der Nationalsozialismus (was immer die Unterschiede zwischen diesen sind) stellt eine letztlich inner-sozialistische Antwort auf die ideologische und politische Krise dieses marxistischen Sozialismus dar. Der den Faschismus begründende, aus der Sozialdemokratie und ihrer geistigen Krise hervorgehende Linksrevisionismus hatte zahlreiche Facetten, angefangen von *Sorel* und den revolutionären Syndikalisten bis zum „planistischen" (technokratischen) Revisionismus des Belgiers *Henri de Man* und des französischen Neosozialisten *Marcel Déat*. Der den klassischen Marxismus kennzeichnende historische Materialismus wurde etwa bei *de Man* durch eine psychologische Erklärung des Klassenkampfphänomens zu einem Sozialismus der ganzen nationalen Gemeinschaft erweitert, wobei die Ursache für die Klassenkämpfe weniger in ökonomischen Gegensätzen als in einem psychologischen Auseinanderdriften gesehen wurde. Als hauptsächlicher Agent des sozialistischen Fortschritts wurde dadurch das Proletariat durch die Nation abgelöst. Realpolitisch ergab sich dies durch die Entscheidungssituation, die zum Kriegsausbruch führte, wobei der Erste Weltkrieg auch ein marxistisches Argument sowohl der marxistischen Orthodoxie als auch des (späteren) Linksrevisionismus, d.h. Nationalsozialismus gegen den Rechtsrevisionismus zu bieten schien.

Der Haupteinwand der marxistischen Orthodoxie, die etwa jeweils unterschiedlich akzentuiert von *Hobson*, *Hilferding*, *Luxemburg* und *Lenin* repräsentiert wurde, gegen den Revisionismus eines *Bernstein* war das Phänomen „Imperialismus".[57] Dieser habe den von *Marx* richtig vorausgesagten Zusammenbruch des Kapitalismus nur hinausgezögert, jedoch werde dieser „Imperialismus als Höchststufe des Kapitalismus" (*Lenin*) bald an sein logisches Ende gelangen und würde sich dann gewissermaßen gegen sich selbst wenden. Dies würde Krieg bedeuten, der damit als Vorbedingung der von *Marx* vorausgesagten sozialistischen Revolution begriffen wurde. Oder dieser Krieg stellte sogar die Revolution selbst dar: *Drei Jahre Weltrevolution* hieß denn auch der Titel der maßgeblichen Veröffentlichung des SPD-Reichstagsabgeordneten *Paul Lensch*, die im dritten Kriegsjahr des Ersten Weltkrieges erschien, eine Vorstellung, die dann von politisch rechter Seite durch *Oswald Spengler* mit seinem „preußischen Sozialismus"[58] aufgegriffen werden sollte. Lenschs Veröffentlichung war der dritte Teil einer Trilogie, deren erster Teil 1915 unter dem Titel *Die deutsche Sozialdemokratie und der Weltkrieg* und deren zweiter Teil 1916 als *Die Sozialdemokratie, ihr Ende und ihr Glück* erschienen waren. Dem folgte am Ende des Krieges die Broschüre *Am Ausgang der deutschen Sozialdemokratie*. In diesen Schriften des deutschen Hauptvertreters des „Kriegssozialismus“[59] kann man sehr gut nachvollziehen, wie aus einem internationalistischen Marxisten ein durchaus weiterhin marxistisch argumentierender nationaler Sozialist wird. Auf dem linken Flügel der SPD stehend, gehörte *Lensch* zu der Minderheit in der SPD-Reichstagsfraktion, die die Bewilligung der Kriegskredite verweigert wollte, die der Kriegsführung des deutschen Kaiserreichs die demokratische Legitimation gab. *Lensch*, genannt „der Jakobiner“,[60] vollzog dann jedoch bald eine Wende, wie sie bereits in der linksrevisionistischen Parteiströmung vorgezeichnet war, die u. a. wegen ihrer nachdrücklich positiven Einstellung zur deutschen Kolonialpolitik als „radikale Imperialisten innerhalb der SPD“[61] gekennzeichnet wurden. Auf der Basis einer der Imperialismustheorie von *Lenin* verwandten Argumentation erkannte diese Strömung die zunehmend – zumindest ideologisch – von der SPD beeinflusste Situation des Deutschen Kaiserreiches als durchaus fortschrittlich an, wobei Deutschland die historische Aufgabe zugeschrieben wurde, gegenüber der englischen Weltherrschaft, die das Zentrum des Kapitalismus darstellte, die Weltrevolution durchzusetzen. Aufgrund der in der allgemeinen Wehr- und Schulpflicht sowie der im allgemeinen Wahlrecht zum Reichstag verkörperten demokratischen Institutionen sei nirgendwo sonst die Emanzipation der Arbeiterklasse so weit vorangeschritten wie in Deutschland. Die zum Ende des Klassenkampfes führende Emanzipation des Proletariats wurde dabei als Konstituierung der nationalen Volksgemeinschaft verstanden, wobei das Augusterlebnis von 1914, die Verschmelzung von Nationalismus und Sozialismus, eine entscheidende ideologische Bedeutung erhielt. Durch dieses Erlebnis sei deutlich geworden, dass die Sozialdemokratisierung des politischen Lebens zu einer Nationalisierung der deutschen Arbeiterklasse geführt habe. Der Weltkrieg konnte bei dieser Perspektive in Übereinstimmung mit

Marx, der von der Unvermeidbarkeit des revolutionären Krieges[62] ausgegangen war, zumindest den Krieg als Hebamme der Revolution ausgemacht hatte, als Weltrevolution verstanden werden. Der Weltkrieg würde nämlich durch die immerwährende Vereinigung von Deutschland und Österreich, ungeachtet der noch offenen Verfassungsfrage, zum Großdeutschen Reich führen und damit sozialistisch den Traum der demokratischen Revolutionäre von 1848 verwirklichen. Insofern wurde der Erste Weltkrieg als Fortführung der Einigungskriege von 1863 (Gründung von Großpreußen) und von 1871 (Gründung des kleindeutschen Reichs) gesehen. In der Frontstellung gegenüber Russland war endlich *Karl Marx*ens Traum eines Revolutionskriegs gegen das reaktionäre Russland[63] erfüllt, dessen Niederschlagung verhindern würde, dass die deutsche Verfassungslage weiterhin unter Berücksichtigung russischer Interessen ausgestaltet werden müsste. Der Sieg über Russland würde wiederum den Kampf gegen das „innere England", das vor allem im preußischen Junkertum ausgemacht wurde, erleichtern, das durch sein Festhalten am preußischen Klassenwahlrecht der Bildung einer wahrhaft demokratischen, das heißt nationalen Volksgemeinschaft entgegenstand. Aufgrund der starken Stellung der deutschen Sozialdemokratie würde ein Sieg Deutschlands im Weltkrieg den Sieg der marxistischen Theorie insbesondere bei den weniger marxistisch ausgerichteten sozialistischen Parteien des westlichen Auslands bedeuten. Von weltgeschichtlicher Bedeutung war nach *Lensch*, dass der Sieg Deutschlands gegenüber dem britischen Liberalismus den Durchbruch des „organisierten Kapitalismus" darstellen würde, der als höhere Organisationsform dieses Gesellschaftstypus organisch zum Sozialismus als der den Klassenkampf überwindenden nationalen Volksgemeinschaft führen müsse. In das Zentrum seiner Schriften rückte also bei *Lensch* zunehmend die Auseinandersetzung mit England. Hierbei wandte er konsequent die marxistischen Kategorien des Klassenkampfes auf die Außenpolitik an, wobei Großbritannien als der eigentlich reaktionäre Ausbeuter erschien, dessen Riesenreich durch den „Weltkrieg als Weltrevolution" zum Einsturz gebracht werden müsse.

Mit der Niederlage Deutschlands fand *Lensch* auf seine Art

allerdings wieder zu der sozialdemokratischen Bewunderung für England zurück, die im Übrigen der Anglophilie *Hitler*s entsprach. Unter dem Druck des Weltkrieges hätte sich England nämlich innenpolitisch den deutschen Prinzipien des organisierten Kapitalismus und der demokratischen allgemeinen Wehrpflicht anschließen müssen und damit einen fortschrittlichen Charakter bekommen. Dem stand jedoch fortschrittstheoretisch ein Negativum gegenüber: Englands Sieg hatte zwar der SPD in Deutschland zur Macht verholfen, womit der Weg zum Sozialismus offen war, gleichzeitig aber zur Zerschlagung der Elemente geführt, wegen derer sich Deutschland aus marxistischer Perspektive als besonders fortschrittlich darstellte und die man zur Verwirklichung des Sozialismus benötigen würde, wie die preußisch-deutsche Armee und die den plutokratischen Tendenzen des liberalen Parlamentarismus entgegengesetzte Beamtenregierung. Die Versailler Waffenstillstandsbedingungen (so wurde dies verstanden), die sich als „Sieg des reaktionären Kapitalismus" darstellten, machten *Lensch* klar, dass die konzeptionelle Übertragung der marxistischen Kategorien des Klassenkampfes auf die internationale Politik durchaus fruchtbar war. Trotz der zwiespältigen Errungenschaften des Weltkrieges stand für ihn fest, dass Deutschland weiterhin eine sozial-revolutionäre Rolle von weltgeschichtlicher Bedeutung einzunehmen hätte, was durch den Sieg der Sozialdemokratie und den Abtritt der Reaktion, „der monarchischen Maskerade", noch deutlicher geworden sei. Um diesen internationalen Klassenkampf durchstehen zu können, müsste der innere Klassenkampf unter Fortsetzung des Augusterlebnisses in der nationalen Volksgemeinschaft überwunden werden. Damit trat bei *Lensch*, wie bei anderen Linksrevisionisten der Vorkriegssozialdemokratie, etwa dem Italiener *Mussolini*, endgültig die Nation an die Stelle der Arbeiterklasse als handelndes Subjekt des geschichtlichen Fortschritts. Die Führung des internationalen Befreiungskampfes gegen Versailles und damit die Fortsetzung des Krieges der Weltrevolution in einem weiteren Weltkrieg erforderte danach gerade die Überwindung des (inneren) Klassenkampfes unter einem Führersozialismus. Auch wenn *Paul Lensch*, der während der Novemberrevolution als Verbindungsmann zwischen dem Rat der Volksbeauftragten und der Obersten Heeresleitung fungierte, in der SPD keine Mehrheit fand und 1922 nach Rückkehr des rechten Flügels der (ultra-)linken USPD zur SPD einem Partei-Ausschluss durch Austritt zuvorkam, stellt sich die bewältigungsrelevante Frage: Ist es nicht erstaunlich, dass *Eugen Dühring* schon 1879 die Position von *Ferdinand Lassalle* als „eine Art Nationalsozialismus" gekennzeichnet hatte? Immerhin geht dieser Begriff als Parteibezeichnung auf die Selbstbezeichnung der 1897 als Abspaltung von der Sozialdemokratie des böhmisch-mährischen Raumes gegründeten Tschechoslowakischen Nationalsozialistischen Partei (*Ceskoslovenska strana narodnescocialisticka*) zurück, wohl die erste Partei, die sich ausdrücklich „national-sozialistisch" nannte und sich in Folge der Volkstumskonflikte in der österreichisch-ungarischen Monarchie von der Sozialdemokratie abgespalten hatte. Auf sudetendeutscher Seite führte dies spiegelgleich zur Deutschen Nationalsozialistischen Arbeiterpartei (DNSAP), die wiederum den direkten Ausgangspunkt[64] der nach dem Ersten Weltkrieg gegründeten NSDAP markiert. DNSAP-Führer *Rudolf Jung* überzeugte *Hitler*, anstelle des von ihm geplanten Begriffs „sozialrevolutionär" bei „nationalsozialistisch" zu bleiben. Die Person des SPD-Reichstagsabgeordneten *Lensch* spricht, neben anderen, wie die des Doktorvaters des späteren bundesdeutschen SPD-Vorsitzenden *Kurt Schumacher*, *Johann Plenge*,[65] zumindest dafür, dass das Entstehen des Nationalsozialismus den Sozialismus der Sozialdemokratie zur zwingenden Voraussetzung hatte.

Dabei ist hervorzuheben, dass einige wesentliche Grundauffassungen von *Lensch*, die unstreitig dem Nationalsozialismus vorgearbeitet haben, auch von der marxistischen Orthodoxie geteilt wurden. Die Machtergreifung von *Lenin* in Russland hat Marxisten vor die von *Marx* nicht beantwortete Frage gestellt, wie denn eigentlich eine sozialistische Wirtschaftsordnung aussehen sollte. Als Vorbild, an dem man sich *ad hoc* orientieren konnte, blieben nur die einigermaßen erfolgreich geführten staatlichen Betriebe des deutschen Kaiserreichs, wie die Reichspost, übrig. Derartige Auffassungen musste sich aus der Not der Situation heraus auch die durch die Revolution in Deutschland an die Regierung gelangte Sozialdemokratie zu eigen machen, was ihr gerade durch die nunmehr vom Wertepolitiker *Schily* so gelobte *Lassalle*´sche Tradition erleichtert werden sollte. Genau in diesem Punkt dürfte jedoch der entscheidende Beitrag der Sozialdemokratie zur Bildung des NS begründet liegen! Die Konzeption des „Kriegssozialismus“ war nicht nur deshalb naheliegend, weil der Krieg als Revolution verstanden, aus marxistischer Sicht die Argumentation von *Bernstein* widerlegte, wonach die von *Marx* vorausgesagte Revolution zur Verwirklichung des Sozialismus nicht notwendig wäre. Maßgeblicher war noch die Erkenntnis, dass gleichzeitig mit dieser als (Welt-)Krieg in Erscheinung tretenden (Welt-)Revolution der vorausgesagte Übergang zum Sozialismus angebrochen schien. Die deutsche Reichsleitung (Regierung) und das preußische Militär waren gezwungen, in Kooperation mit den sozialistischen Gewerkschaften das Programm zu verwirklichen, das *Lassalle* anvisiert hatte: Der autoritäre Staat verwirklicht den Sozialismus! Die Einwände gegen die Vorstellung, weshalb ausgerechnet der preußische Staat den Sozialismus einführen sollte, hatte *Lassalle* mit der bezeichnenden Antwort zurückgewiesen: „Was wollen Sie? *Der Staat ist Gott.*“[66] Und was machte den Staat zum Gott? Nicht die „Freiheitlichkeit“, die der bundesdeutsche Wertepolitiker *Schily* bei *Lassalle*, „seinem ganzen Wesen nach ... ein revolutionärer Diktator“,[67] zu entdecken meint, sondern die „Diktatur, oder das, was wir heute als Imperialismus bezeichnen, war für ihn (*Lassalle*) auch keineswegs eine vorübergehende Notwendigkeit, sondern lag seiner Idee des Staates zugrunde“;[68] der Totalitarismus von *Lassalle* muss dabei eindeutig als „völkisch“[69] gekennzeichnet werden!

Damit war eigentlich auch klar, dass die Verwirklichung des Sozialismus nach dieser etatistischen Konzeption der Sozialdemokratie die Diktatur erfordert. Der Erste Weltkrieg mit seiner umfassenden Generalmobilisierung ging mit diktatorischen Vollmachten insbesondere zur Wirtschaftsregulierung einher. Und genau diese Vollmachten machten aus sozialistischer Perspektive den Übergang zum Sozialismus möglich! Durch sozialpolitische Maßnahmen, durch „Konzentration und Bürokratisierung der Produktionsmittel und durch Unterstellung des Distributationsapparates unter die militärische Behörde" lässt die Kriegswirtschaft „tatsächlich eine Volksgemeinschaft, wie die Sozialdemokratie im Kriege die Absicht des Burgfriedens bezeichnete" entstehen, „wenn eben auch nur als nationale Wehrgemeinschaft. Und der Staat, der eine solche unter dem Druck der imperialistischen Spannungen unserer Zeit zu organisieren gezwungen ist und daher jedem einzelnen Volks- und Wehrgenossen seinen Platz im totalen System der Landesverteidigung anweisen muss, kann dann in der Tat als ein sozialer Volksstaat erscheinen, wie auch das Ergebnis seiner militärischen Organisation das Aussehen eines völkischen Organismus gewinnen kann."[70] Die Schlussfolgerung von *Plenge*[71] aus dieser Situation lautete: „Wir sind durch den Krieg mehr wie bisher eine sozialistische Gesellschaft geworden." Wollte man den Übergang zum Sozialismus nicht abbrechen, dann konnten die diktatorischen Vollmachten der Regierung mit dem Ende des Krieges nicht beseitigt, sondern mussten eigentlich fortgesetzt, wenn nicht gar gesteigert und perpetuiert werden. Dies hätte aber nicht zu einem parlamentarischen Regime führen dürfen: *Plenge* erklärte deshalb den Parlamentarismus in Deutschland als „eigentlich von vornherein unmöglich". Er trat deshalb dafür ein, dass der Reichstag die ganze Arbeit einem „Reichsausschuss" übertragen und sich lediglich mit der Kontrolle begnügen solle. Die Minister sollten nicht nur aus dem Parlament, sondern aus geeigneten Kreisen als „Verwalter der Demokratie" ausgewählt werden. Deutlich wird, warum es *Lensch* lieber gesehen hätte, wenn man die vom Parlament unabhängige Beamtenregierung des Kaiserreichs vielleicht in etwas modifizierter Form hätte fortsetzen können (*Plenge* hatte sogar für die Monarchie eine Funktion vorgesehen). Dass es dann – letztlich aufgrund außenpolitischen Drucks – mit der Weimarer Reichsverfassung doch zu einer parlamentarisch-republikanischen Regierung kommen sollte, konnte wesentlichen Teilen der Sozialdemokratie nicht wirklich willkommen sein, zumal die Propagierung der utopistischen Konzeption des Parteivorsitzenden *Bebel* noch nicht allzu weit zurücklag, bei dem letztlich auch die parlamentarisch-demokratische Republik dem Verdikt „Bourgeois-Staat“ unterfiel. Die Tatsache, dass die Sozialdemokratie diesen Prämissen teilweise zuwider mehrheitlich doch die Weimarer Republik mit ihrer demokratisch-parlamentarischen Ausrichtung zu installieren half und mit dieser von ihren Gegnern – großteils zu Unrecht[72] – weitgehend identifiziert wurde, war neben der außenpolitischen Konstellation das Ergebnis einer durch den Rechtsrevisionismus bedingten Anpassung an den Linksliberalismus. Diese ließ die SPD davor zurückschrecken[73], die verfassungsrechtlichen Konsequenzen zu ziehen, die zur Verwirklichung einer sozialistischen Wirtschafts- und Gesellschaftsordnung geboten waren. Was allerdings dazu notwendig wäre, hatte bereits der Sozialdemokrat *Otto Neurath* in seinem Sozialisierungsplan vorgegeben: „Was der Militarismus gelehrt hat, das muss der Sozialismus vollbringen!“ – „Damit hatte die Sozialdemokratie das entscheidende Wort in der ganzen Sozialisierungsfrage ausgesprochen; ihre sämtlichen Nachkriegsprogramme konnten nur noch auf einen militärisch organisierten Sozialismus, also auf die Anpassung des ökonomischen Apparats an die imperialistischen Notwendigkeiten, auf die Kriegswirtschaft des totalen Staates für den Fall des totalen Krieges hinauslaufen! Sie war hierbei blind vor dem Umstand, dass der Militarismus nun einmal ohne das autoritäre Befehlswesen nicht existieren kann, dass sich also ein militärischer Sozialismus eher mit Diktatur einer militärisch organisierten Partei als mit einer Vielzahl liberaler und parlamentarischer Wahlvereine vereinbaren lässt.“[74] Es ist bemerkenswert, dass die hier gedanklich nachvollzogene Ideologisierung der Kriegswirtschaft, die nicht als bald wieder zu überwindende kriegsbedingte Notlösung zu betrachten wäre, sondern gleichsam als ein neues Gesellschaftsmodell verstanden worden ist, von keiner anderen traditionellen politischen Richtung außerhalb der Sozialisten mitgemacht wurde: Die „Aufgabe der Durchsetzung des totalen Staates als der konsequentesten Dachorganisation der modernen Kriegswirtschaft“ ist „in keinem einzigen Falle von einer der *alten, liberalen bürgerlichen Parteien* gefördert oder aufgenommen worden, sondern sowohl in Russland, wie in Italien und in Deutschland von *sozialistischen* Parteien, Fraktionen oder Gruppen“.[75]

Es war dann die eigentlich unvermeidbare Konsequenz der Parteidiktatur, die die rechtsrevisionistisch gewordene Sozialdemokratie davor zurückschrecken ließ, das bolschewistische Planwirtschaftsmodell umzusetzen, obwohl dieses *ad hoc* unter Bezugnahme auf die deutsche, von sozialdemokratischer Seite im dargestellten Sinne ideologisierte Kriegswirtschaft konzipiert war und daher notwendigerweise von sozialdemokratischen Theoretikern als eigentlich positiv bewertet[76] werden musste (wenn nur diese Diktatur damit nicht verbunden wäre). Um der aufgrund dieser Prämissen eigentlich verständlichen Bewunderung für den Kommunismus und der damit verbundenen sozialistischen Diktaturbereitschaft entgegenzusteuern, sah sich die SPD 1925 veranlasst, die Anhänger des von *Leonard Nelson* geführten *Internationalen Sozialistischen Kampfbundes* (ISK) aus der Partei auszuschließen, weil diese unter Bezugnahme auf das bolschewistische Modell zur Verwirklichung des Sozialismus für das Führerprinzip eintraten. Wären sie nicht ausgeschlossen worden, was vielleicht vorausgesetzt hätte, dass die teilweise Wiederverschmelzung der SPD mit der linksextremen USPD unterblieben[77] wäre, hätte es sich vielleicht als denkbar herausgestellt, dass die Nelsonianer in der SPD der Weimarer Republik schließlich die Mehrheit hätten erringen können. Immerhin durften die Nelsonianer dann nach dem Zweiten Weltkrieg wieder zur SPD zurückkehren, wobei *Nelsons* Nachfolger *Willi Eichler* als der gewissermaßen letzte Chefideologe der SPD für die Ausarbeitung des Godesberger Programms verantwortlich war. Die Folge einer früheren Rückkehr der Nelsonianer wäre dann wohl gewesen, dass sich die SPD entweder zur bolschewistischen Partei entwickelt hätte oder zu einer nationalsozialistischen; die letztere Möglichkeit kann am Fall des ehemaligen Oberpräsidenten von Ostpreußen, *August Winnig*, exemplifiziert werden. Einem der auf der obersten Funktionärsebene sicherlich nicht so zahlreichen Personen der Mehrheitssozialdemokratie, die den Weg zur NSDAP[78] finden sollten. Dessen eindeutig als national-sozialistisch identifizierbare Positionen waren jedoch schon während des Ersten Weltkriegs noch innerhalb der SPD voll ausgebildet und konnten an prominenter Stelle in regelmäßigen Veröffentlichungen etwa im Jahrbuch des Deutschen Bauarbeiterverbandes[79] publiziert werden. „Es ist das Verdienst der aufbauenden Kräfte der deutschen Arbeiterbewegung, die durch ihr wirtschaftliches und politisches Wirken jene Elemente eines neuen Deutschtums schufen, in denen die Masse heute das Stück deutscher Zukunft sieht, das ihr den Geist und die Kraft zum Durchhalten verleiht.“ Eine klare Trennung zwischen Proletariat und Volk bzw. Staat könne es nicht mehr geben, da das „Schicksal Deutschlands auch das Schicksal der deutschen Arbeiterklasse“ darstellt. „Wir müssen durch die Oberstufe des Kapitalismus, eben den Imperialismus, ebenso zwangsmäßig hindurch, wie wir durch den Kapitalismus im Ganzen hindurch müssen ... Sie (die Arbeiterklasse, *Anm.*) kann sich also nicht grundsätzlich der imperialistischen Entwicklung in den Weg stellen, denn diese wird ... von starken, ja zwingenden volkswirtschaftlichen Bedürfnissen getragen“.[80] Für *Winnig* trifft weitgehend zu, was *Beckett* wohl berechtigterweise für sich in Anspruch genommen hatte, nämlich als englischer Faschist praktisch dieselben Reden zu halten wie er sie als Angehöriger der sozialdemokratischen Labour Party gehalten hatte. Allenfalls in seiner Distanzierung von *Karl Marx*, die *Winnig* in seinem viel beachteten Buch *Vom Proletariat zum Arbeitertum* nach seinem SPD-Austritt vornahm, wonach *Marx* keine innere Beziehung zum Arbeiter gehabt habe und nur aus Hass gegen jede Autorität zum Feind des Staates geworden sei,[81] dürfte der Unterschied zu seiner früheren SPD-Position gegenüber seiner Pro-NSDAP-Position gelegen haben, ein Problem, das sich für den Engländer *Beckett* schon deshalb nicht in der Weise gestellt hatte, weil die britische Labour Party kaum als marxistisch gekennzeichnet werden konnte.

Die SPD war jedoch – was ihr sicherlich positiv angerechnet werden kann – nicht bereit, die eigentlich naheliegenden verfassungsrechtlichen Konsequenzen ihrer letztlich kriegswirtschaftlich-etatistischen Sozialismuskonzeption zu ziehen. Eine Konzeption, an der sie vor allem aus ideologischen Gründen wiederum festhalten musste, weil allein diese Konzeption der sozialdemokratischen Orthodoxie gegenüber dem formal in der Minderheit gebliebenen Revisionismus die Erklärung dafür lieferte, warum *Marx* auf fast geheimnisvolle Weise mit seiner Zusammenbruchstheorie doch recht behalten hätte. Mit dieser Erklärung machte sie aber auch deutlich, dass sie nicht von der Sozialismuskonzeption als solcher Abstand nehmen wollte. Damit hat sich aber der „*Nationalsozialismus als die konsequentere Sozialdemokratie*“[82] angeboten. Dieser hat die naheliegenden praktischen Konsequenzen gezogen: Sozialismus als Form einer (fortgesetzten) Kriegswirtschaft erfordert die sozialistische (Partei-) Diktatur! *Hitler* selbst hat sich eindeutig in diesem ideologischen Kontext eingeordnet gesehen: Er warf nämlich den sozialdemokratischen Revolutionären von 1918 vor, nicht die sozialistische Republik[83] gegründet zu haben! Nach *Hitler* wäre es folgerichtig gewesen, die „Errungenschaften der Revolution auf sozialem Gebiet gegenüber dem internationalen Finanzkapital zu verteidigen“; stattdessen habe man die Waffen aus der Hand gelegt, womit die Gründung einer derartigen sozialistischen Republik wegen des kapitalistischen Drucks nicht mehr möglich war. Dieses Versagen der Sozialdemokratie führte *Hitler*[84] auf ihre Verbürgerlichung als Mitglieds- und Parlamentspartei zurück, was die Partei letztlich geschwächt habe. Denn die letzten Ziele der marxistischen Weltanschauung seien derart radikal, dass sie nur von einer absolut fanatischen Stoßtruppe durchzufechten seien, womit im übrigen deutlich wird, dass *Hitler* – entgegen seiner irreführenden Wahlkampfdemagogie – sehr wohl bewusst war, was Marxismus eigentlich meinte. Noch eindeutiger als bei *Hitler* lässt sich die sozialistische (Selbst-) Verortung bei *Goebbels* vornehmen, für den die „deutsche Revolution“ der Ansicht von *Lensch* entsprechend, ohne ihn zu zitieren, mit dem Weltkrieg 1914 begonnen[85] hätte, die es nun zu vollenden gelte, da 1918 eine „wirkliche Revolution“ nicht stattgefunden habe: „Platt gesagt: an die Stelle der Schlotbarone traten die Geldbarone,“ weshalb das deutsche Arbeitertum durch den Ausgang des Krieges und „die verratene Revolution“ eine zweifache, außen- wie innenpolitische Niederlage gegen den Kapitalismus erlitten habe. Der Nationalsozialismus habe die sinkende Fahne des Sozialismus aufgegriffen, um das 1918 Versäumte nachzuholen, nämlich der Bourgeoisie das zuzufügen, was *Marx* richtig vorausgesehen hätte. Zumindest *Goebbels*, und mit ihm letztlich auch *Hitler*, wenn man genau liest, hat den Nationalsozialismus als die konsequentere Sozialdemokratie angesehen.

Unter den politischen Bedingungen Deutschlands des Versailler Vertrages hatte eine in diesem Sinne „konsequentere Haltung“ eine große Realisierungschance. Bei einer Entwicklung, die nicht von Krieg, Revolution, Kriegsentschädigungsfragen und Einmarsch ausländischer Truppen gekennzeichnet gewesen wäre, was parteipolitisch in der Wahlpropaganda plausibel mit der katastrophalen sozialen Verelendung[86] verknüpft werden konnte, hätte sich möglicherweise ein selbständiger National-Sozialismus gar nicht ergeben, sondern entsprechende Elemente wären aufgrund des deutlichen ideologischen Kontinuums von sozialistischem und faschistischem Denken weitgehend ununterscheidbar in der Sozialdemokratie integriert geblieben. Für diese Vermutung kann gerade die als „sozialdemokratische Junge Rechte“ falschbezeichnete politische Strömung angeführt werden, bei der ein „zentraler Widerspruch zwischen einer relativen ideologischen Affinität zum Nationalsozialismus einerseits und dessen militanter politischer Bekämpfung andererseits“[87] ausgemacht wird. Dieser Widerspruch ergibt sich demnach nur auf der politischen, nicht jedoch auf der ideologischen Ebene, was bedeutet, dass sich dieser Widerspruch in einem anderen politischen Kontext als dann politisch nicht entscheidungsrelevant nicht hätte ergeben müssen. Als Beleg für diese Einschätzung kann etwa das zeitgenössische Schweden angeführt werden, bei dem gesagt werden kann, dass „der sozialen Ideologie der deutschen Nationalsozialisten und der schwedischen Sozialdemokratie vieles gemeinsam war. Bis in die Mitte der 30er Jahre übte der Nationalsozialismus beträchtliche Anziehungskraft auf jene aus, die für einen Wohlfahrtsstaat mit Autorität eingestellt waren, und die Schweden, schon traditionell der deutschen geistigen Herrschaft unterworfen, waren offen gegenüber solchen Einflüssen. Nationalsozialistisches Gedankengut durchdrang, oft unerkannt, das schwedische Leben.“[88] Dies sollte nicht verwundern, hatten doch die Hauptideologen der schwedischen Sozialdemokratie, das Ehepaar *Myrdal*, mit dem deutschen NS als einer Bewegung der Jugend und der Zukunft sympathisiert, was sich dann bei ihrem Sohn in der Bewunderung für *Mao* fortsetzen sollte. Dementsprechend hat der „extreme Etatismus-Konstruktivismus kombiniert mit dem rabiaten Egalitarismus der schwedischen Sozialdemokratie ... unverkennbare Affinität mit der Ideologie der Nationalsozialistischen Deutschen Arbeiterpartei. So hat das Ehepaar *Myrdal* als Gegenstück zu der von ihnen bewunderten NS-Idee der „Volksgemeinschaft" die Idee des „*folkshem*" (Volksheim) eingeführt, die einen starken antiindividualistischen Akzent trägt."[89] Allerdings sollte sich der von *Myrdal* inspirierte schlagartige Übergang zu einer Zentralplanungswirtschaft als undurchführbar erweisen, was wohl belegt, dass die Einführung eines wirklichen Sozialismus bei Aufrechterhaltung eines parlamentarischen Systems kaum möglich erscheint. Eine mit Deutschland vergleichbare Krisensituation, die der durch Parlamentsbeschluss herbeizuführenden Überwindung des Parlamentarismus eine Chance hätte geben können, trat im neutralen Schweden nicht ein. Und damit stand auch keine ernstzunehmende Partei bereit, die die sozialdemokratischen Ideen mit breiter Unterstützung in einer Weise hätte durchsetzen wollen, vor der die Sozialdemokratie am Ende selbst zurückgeschreckt ist und die daher eine „konsequentere" Strömung vorzunehmen hatte. Als Maximum an Sozialismus konnte dann in Schweden nur ein hoher Staatsanteil an der Wirtschaft mit einer erheblichen Steuerprogression verwirklicht werden. Dieser hohe Staatsanteil garantierte die für die Erzeugung eines starken pro-sozialdemokratischen Konformismus erforderlichen staatlichen Mittel. Die amtliche Politisierung der Sexualität (Sexualrevolution) stellt dann ein besonderes Instrument dar, den Konformitätsdruck akzeptabel[90] zu machen: Man verdankt die außereheliche Orgasmusoption dann gewissermaßen der sozialdemokratischen Regierung. Auch diese „Politisierung der Lust"[91] geht mit national-sozialistischen Vorstellungen[92] konform, die von der skandinavischen Sozialdemokratie herrühren könnten. Letztlich geht dies auf den SPD-Heroen *August Bebel* und dessen populäres Hauptwerk *Die Frau und der Sozialismus* zurück, das wiederum von der entsprechenden Aussage des *Kommunistischen Manifests* inspiriert war, das schon der „kapitalistischen Gesellschaft" faktische „Weibergemeinschaft" attestierte, die man dann – so die wohl bewusste Suggestion – als Ausdruck allgemeiner menschlicher Vergemeinschaftung im Kommunismus offen praktizieren könne. Das legen auch die entsprechenden Erklärungen von *Friedrich Engels* über den Ursprung von Familie, Privateigentum und Staat nahe[93].

d) Verstaatlichung / Sozialisierung: Die NS-Lösung im Kontext der Sozialismen

Nun könnte man einwenden, dass die grundlegende Konzeption des klassischen Marxismus verkannt worden sei: Dieser habe nicht von der „Verstaatlichung", sondern von der „Vergesellschaftung" als Endziel gesprochen. Das Insistieren auf diese Unterscheidung ermöglicht es dem unorthodoxen marxistischen Denker *Willy Huhn*, den NS im Sinne des etatistischen Erbes der Sozialdemokratie, das hauptsächlich in der von *Lassalle* begründete Traditionslinie gesehen wird, im Unterschied zu entsprechenden Verwahrungen der bundesdeutschen „Bewältigung" selbstverständlich als sozialistisch zu kennzeichnen. *Huhn* hält sogar die gegen die SPD gerichtete These des „Sozialfaschismus" der KPD, also die Auffassung, dass die Sozialdemokratie nichts anderes darstelle als einen „sozialen Faschismus", für insofern berechtigt, als sie auch auf den russischen Bolschewismus selbst hätte angewandt werden müssen: Aufgrund der Wandlung des Sozialismus durch die Konzeption des Kriegssozialismus hätte der Bolschewismus notwendigerweise eine ähnliche Funktion einnehmen müssen wie – jeweils durch die besonderen Bedingungen ihrer Länder modifiziert – der Faschismus in Italien und der Nationalsozialismus in Deutschland, wobei gemeinsamer Ausgangspunkt die Sozialdemokratie gewesen ist.

In der Tat kann argumentiert werden, dass bei *Marx* und *Engels* die „Vergesellschaftung der Produktionsmittel" zumindest im Ergebnis schon deshalb nicht Verstaatlichung bedeuten könne, weil der Staat ja „absterben" soll, um den befreienden Endzustand herbeizuführen. Wenn es keinen Staat mehr gibt, kann es auch keine „Verstaatlichung" geben. „Abgesehen davon, dass auch schon der Charakter des gesellschaftlichen Eigentums und der sozialistischen Produktion (im Erfurter Programm der SPD und bei den Erläuterungen von *Kautsky*, *Anm.*) nicht näher umschrieben wird, gibt das Programm erst recht keine Auskunft über die Organisationsform einer sozialistischen Gesellschaft (der

Begriff „Staat“ wird grundsätzlich vermieden); es begnügt sich mit der Formel „Abschaffung der Klassenherrschaft und der Klassen selbst“ und „gleiche Rechte und gleiche Pflichten aller ohne Unterschied des Geschlechts und der Abstammung. Einzig das Gleichheitsprinzip steht demnach fest. Das Programm legt offensichtlich auf die politische Struktur der neuen Gesellschaft weit weniger Wert als auf die wirtschaftliche und soziale.“[94] Man kann aus diesem Ideologiekomplex der klassischen Sozialdemokratie nur schließen: Sozialismus ist etwas, was nie verwirklicht werden kann und damit unrealistisch-utopische Forderung bleibt[95] und dabei beständig Sozialismushäresien hervorrufen muss, weil den politischen Praktikern der sich notwendigerweise ergebende Mangel an Sozialismusverwirklichung als „Verrat“ vorgeworfen werden kann. Eine Utopie (Nichtort) lässt sich definitionsgemäß nicht verwirklichen! Im innersozialistischen Kontext hat sich dabei als Hauptvorwurf die Vorhaltung des „Staatskapitalismus“ etabliert, der sich als jeweils unwiderlegbar darstellt, da sich Sozialismus nun einmal nicht anders verwirklichen lässt. Allenfalls ist dann noch denkbar, dass sich Sozialismus staatskapitalistisch auf die soziale Gleichheit reduziert, wobei es letztlich nicht so entscheidend ist, wie diese Gleichheit als „soziale Gerechtigkeit“ politisch und verfassungsrechtlich verwirklicht wird: Es kommt dann auf die Umstände an, die dies am zweckmäßigsten zu verwirklichen erlauben. Dementsprechend hat schon *Lensch* bemerkt,[96] „wie wenig es mit der Staatsverfassung eines Landes, sei sie liberal und republikanisch, oder monarchistisch und autokratisch, zu tun hat, ob ein Land im entwicklungsgeschichtlichen Sinne als revolutionär zu bezeichnen ist oder nicht.“ Allerdings mussten die politischen Umstände des Kriegssozialismus, insbesondere die damit einhergehende Konzeption, wonach der Weltkrieg die zur Erzeugung des Sozialismus von den „Klassikern“ als notwendig angesehene Revolution darstellt oder sie zumindest vorbereite und die Kriegswirtschaft der wesentliche Schritt zur Sozialisierung, wenn nicht diese gar selbst seien, mehr oder weniger zwingend auf die banale Verstaatlichung hinauslaufen.

Wahrscheinlich hat dann *Plenge* als einer der Hauptvertreter des „Kriegssozialismus“ den entscheidenden Gesichtspunkt angeführt: „Sozialismus ist als gesellschaftliche Organisation nur die vollbewusste Gestaltung der Gesellschaft zur höchsten Kraft und Gesundheit; Sozialismus ist als Gesinnung nur die Befreiung des Einzelnen zur bewussten Einordnung in das begriffene Lebensganze von Staat und Gesellschaft. Mehr ist Sozialismus nicht: weder schlechthin Verstaatlichung noch schlechthin Verbeamtung."[97] Geht man allerdings davon aus, dass mit „Vergesellschaftung" nicht schlechthin Verstaatlichung gemeint sei, sondern ein allgemeiner Zustand einer als weitgehende Gleichheit verstandenen sozialen Gerechtigkeit, dann kann man den sozialistischen Charakter des *Hitler*schen Herrschaftssystems nicht deshalb bestreiten, weil keine groß angelegten formalen Verstaatlichungen im bolschewistischen Sinne vorgenommen wurden. Der von orthodox-marxistischer Seite angewandten Deduktion: „Hitler hat keine Produktionsmittel sozialisiert, also war er kein Sozialist" hat *Haffner*[98] zu Recht entgegengehalten: „So einfach ist die Sache nicht. Interessanterweise haben ja auch die heutigen sozialistischen Staaten es allesamt nicht bei der Sozialisierung der Produktionsmittel belassen, sondern große Mühe darauf verwendet, außerdem auch die Menschen zu sozialisieren, also sie, möglichst von der Wiege bis zur Bahre, kollektiv zu organisieren und zu einer kollektiven sozialistischen Lebensführung zu nötigen, sie fest in eine Disziplin einzuordnen. Es fragt sich durchaus, ob das nicht, trotz Marx, die wichtigere Seite des Sozialismus ist". An dieser Bewertung *Haffner*s wäre nur die Einschränkung „trotz Marx" zu kritisieren, wenn man davon ausgeht, dass *Marx*, zumindest als „Endziel" gar keine Verstaatlichung wollte; dann hätte sich *Hitler* sogar *Marx*-konformer verhalten als die Bolschewiken, insbesondere wenn man noch berücksichtigt, dass die Sozialisierung, was immer darunter letztlich zu verstehen wäre, lediglich Mittel darstellt, die „menschliche Entfremdung" zu überwinden, womit in der Tat die „Sozialisierung der Menschen" wichtiger ist als die Sozialisierung der Produktionsmittel: Es galt, die mit Liberalismus und Kapitalismus verbundene Vereinzelung des Menschen durch ein Gemeinschaftsgefühl zu überwinden. Dementsprechend hat der deutsche Nationalsozialismus dem Marxismus vorgeworfen, „kein wahrer Sozialismus"[99] zu sein, „weil er nicht den individualistischliberalen Kapitalismus und den mit ihm verbundenen Klassengegensatz durch eine neue Gemeinschaftsordnung zu überwinden strebt, weil er vielmehr die individualistische Interessenwirtschaft im Klassenkampf zu Ende führen will." Dies stellt einen typischen Häresie-Vorwurf dar, d.h. die Kritik des Nationalsozialismus an der klassischen sozialistischen Doktrin verbleibt inner-sozialistisch, während die wirkliche Abgrenzung gegenüber dem gemeinsamen Gegner aller Sozialismen, nämlich Liberalismus und Kapitalismus, erfolgt. Innersozialistisch nahm der Nationalsozialismus dabei für sich in Anspruch, deshalb der „wahre Sozialismus" zu sein, weil „jeder wirkliche Sozialismus ... ein volksbestimmter Sozialismus"[100] sein müsse. In der Tat konnte das größte Gemeinschaftsgefühl offensichtlich durch das Konzept der „Volksgemeinschaft" erzeugt werden, und genau darin besteht *Hitler*s Sozialismus und dies kennzeichnet seine ihn zumindest bis zum Kriegsausbruch, wenn nicht gar darüber hinausgehend, äußerst populär machende Wirtschafts- und Sozialpolitik. Diese war auf die Integration der Arbeiterklasse gerichtet, und damit sollte den Erwartungen entsprochen werden, die sich aus der bewussten Integration ehemaliger SPD- und KPD-Wähler ergaben, während etwa der Mittelstand in *Hitler*s Überlegungen nur eine untergeordnete Rolle spielte. Diese Integrationspolitik ist weitgehend gelungen, wie in der jüngsten Veröffentlichung von *Aly* detailliert nachgezeichnet wird. Die NS-Diktatur verabschiedete zahlreiche Reformgesetze, die von der SPD-geführten Bürokratie der Weimarer Republik ausgearbeitet, aber dann wegen der politischen Handlungsunfähigkeit nicht umgesetzt waren und dabei als nachträgliche Rechtfertigung der Auffassung erscheinen konnten, dass Sozialismus zu seiner Verwirklichung der Diktatur bedürfe, wie ja schon die Formel von der „Diktatur des Proletariats" nahelegte: „Die Grundlagen der EU-Agrarordnungen, das Ehegattensplitting, die Straßenverkehrsordnung, die obligatorische Haftpflichtversicherung für Autos, das Kindergeld, die Steuerklassen oder auch die Grundlagen des Naturschutzes stammen aus jenen Jahren".[101] Hinzu kommt die Gewährleistung des Arbeitsurlaubs, der Vollstreckungsschutz mit Gläubigerbenachteiligung, was schließlich bei Kriegsbeginn zu einem absoluten Pfändungsverbot bei Familien von Einberufenen führte. Dazu kommt der entschlossene Egalitarismus des NS-Regimes neben der entschiedenen Verbesserung der sozialen Aufstiegschancen in der Steuermilde für die Massen[102] zum Ausdruck, die mit Steuerhärte gegen die Bourgeoisie[103] einherging. Ergänzend müsste noch erwähnt werden, dass die NS-Gesetzgebung – in bewusster Abgrenzung zum faschistischen Italien – auf die Statuierung eines Streikverbots verzichtet hat, was im Konfliktfall dem NS-Regime die Durchsetzung von Arbeiterinteressen [104] bei der Betriebsleitung erleichterte. Neben zahlreichen weiteren Programmen, die nach dem „Endsieg" hätten verwirklicht werden sollen, um „aus Deutschland den ersten wahren Sozialstaat" zu machen, sind die Konturen des Rentenkonzepts zu nennen, wie es dann 1957 in der Bundesrepublik in etwa verwirklicht werden sollte.

Es ist dann wirklich abwegig, den sozialistischen Charakter der Wirtschafts- und Sozialpolitik *Hitler*s bestreiten zu wollen, obwohl er von vornherein eine Politik durchgeführt hat, die später von „Reformkommunisten" erwartet wurde, oder die die westeuropäische Linke von diesen zur Rettung der sozialistischen Idee erhoffen sollte, nämlich einen „Marktsozialismus" einzuführen, möglicherweise sogar bei Zulassung von Privatkapital, dessen Verwendung durch Investitionslenkung allerdings staatlichen Plänen unterworfen werden sollte. Selbst wenn dann Privateigentum zugelassen worden wäre, wäre es durch die staatliche Planung so eingeschränkt gewesen, dass es erforderlichen Falles auf eine bloße rechtliche Formalie hätte reduziert werden können. Letztlich hat der deutsche NS sich darauf beschränkt, was derzeit vom chinesischen Kommunismus erwartet und erkennbar durchgeführt wird, nämlich so etwas wie ein (staats-) kapitalistisches Wirtschaftssystem einzuführen, also den Weg von „der linken zur rechten Diktatur"[105] zu beschreiten. Der deutsche NS hat allerdings den Kern eines kapitalistischen Systems nicht so weitgehend abgeschafft oder aus politischen Gründen (Legalitätstaktik) während der relativ kurzen Zeit seiner Herrschaft abschaffen können, dass sich die Frage der partiellen oder generellen Rückkehr zum Kapitalismus stellte. Vielmehr bietet sich hinsichtlich der Behandlung des Eigentums im NS-Regime[106] wieder der Vergleich mit dem sozialdemokratischen Schweden an, das ja ohnehin nationalsozialistischem Gedankengut, sicherlich mehr unbewusst, dabei allerdings der inneren Logik des traditionellen Sozialdemokratismus entsprechend, folgte. In Schweden wurde das Eigentumsrecht wie folgt[107] definiert: „Die staatlichen Organe stellen fest, was das Interesse der Gesellschaft ist, daraus ergeben sich rechtliche Regeln, wie weit Eigentumsrechte reichen und wie weit sie eingeschränkt sind. Die Gesetze adaptieren die Begriffe dann dementsprechend. Folglich ist Eigentumsrecht ein relativer Begriff und ein Funktionsbegriff. Er fußt auf den geltenden Rechtsregeln und wird als bloße Formel verwendet". Dies entspricht ziemlich genau der Funktion, die dem Privateigentum im NS-Verfassungsrecht eingeräumt wurde. Danach hat der „deutsche Sozialismus" den „bindungs- und verantwortungslosen Charakter des Eigentums"[108] überwunden, da für den Sozialismus alles Eigentum Gemeingut darstellt. Der Eigentümer ist danach nur Verwalter seiner Güter und dabei gegenüber Volk und Reich verantwortlich. „Seine Rechtsstellung ist nur dann wirklich gerechtfertigt, wenn er dieser Verantwortung gegenüber der Gemeinschaft genügt. Die Gemeinschaftsbindung tritt hier nicht als etwas Zusätzliches und Nachträgliches hinzu; sie ist keine von außen an das Eigentum herangetragene Beschränkung. Sondern sie wohnt der Substanz des Eigentums von vornherein inne; das Eigentum ist seinem Wesen und Inhalt nach eine gemeinschaftsgebundene Befugnis."[109] Mit anderen Worten: Im NS-Regime hat es theoretisch kein Privateigentum gegeben und konnte es auch nicht geben, weil die Grundrechte als solche, deren Kern zumindest nach radikal-liberaler Auffassung das Eigentumsrecht bildet, sozialismuskonform abgeschafft[110] waren. Was als „Eigentum" verblieb, könnte vielleicht als eine Art von der Volksgemeinschaft verliehenes „Lehen" beschrieben werden, das dem „Eigentümer" zustand, solange er sich „volkstreu" als „zweckmäßiges Organ des Gemeinwesens" (*Nietzsche*) verhielt, und man muss wohl sagen, dass diese Art der Sozialisierung die einzig mögliche darstellt, wenn die förmliche Verstaatlichung vermieden werden soll. Die förmliche Verstaatlichung ist allerdings als

Option (Drohung) notwendig, um die politische Wirksamkeit dieser Art der lehensrechtsähnlichen Sozialisierung sicherzustellen. Die damit verbundene Funktionalisierung des Eigentumsbegriffs erschien, wie der schwedischen Sozialdemokratie, so auch dem deutschen Nationalsozialismus völlig ausreichend, um ohne Totalverstaatlichung, die man sich allerdings als Option vorbehielt[111] und systemimmanent auch vorbehalten musste, die sozialistische Volksgemeinschaft zu verwirklichen. Diese sozialistische Volksgemeinschaft stellte wiederum die Kehrseite eines spezifischen Nationalismus dar.

[1] Zitiert von *Clemens Nachtmann*, in seiner Einführung zur Neuveröffentlichung von *Willy Huhn*, a. a. O., S. 11.

[2] S. *Haffner*, Anmerkungen, S. 60, mit dem Hinweis, dass die einzige Opposition, die *Hitler* wirklich gefährlich hätte werden können, nämlich die Militäropposition, rechts von ihm angesiedelt war.

[3] S. das 12. Kapitel von *Hayek*, a. a. O., S. 210 ff.

[4] S. *Hubo*, a. a. O., S. 96.

[5] S. zur darin liegenden Verletzung des Gesetzmäßigkeitsprinzips die Ausführungen des Verfassers in: *Schüßlburner / Knütter*, a. a. O., S. 191 ff.

[6] S. *Brodkorb*, a. a. O., S. 128 f.

[7] S. dazu umfassend unter dem entsprechenden Titel „Demokratie-Sonderweg Bundesrepublik“ die Darlegung der „Herrschaftsordnung in Deutschland“ (Untertitel) durch den Verfasser.

[8] S. *Zitelmann*, a. a. O., S. 457.

[9] So *Haffner*, Anmerkungen, a. a. O., S. 60 f.

[10] S. *Zitelmann*, a. a. O., S. 484 f.

[11] S. *Maser*, a. a. O., S. 132.

[12] S. *Höhne*, a. a. O., S. 41 f. m. w. N.

[13] S. *Stadtmuseum München*, S. 71.

[14] S. dazu *Zitelmann*, Hitler, S. 464, m. w. N.

[15] S. *Höhne*, a. a. O., S. 360.

[16] S. *Höhne*, a. a. O., S. 249.

[17] So *Striefler*, a. a. O., S.142.

[18] Nachweise bei *Zitelmann*, a. a. O., S. 451 ff.

[19] S. *Monologe im Führerhauptquartier*, Eintragung vom 30.11.1941.

[20] S. dazu *Striefler*, a. a. O., S. 329 f.

[21] S. *ebenda*, S. 330.

[22] S. *Aly*, a. a. O., S. 15.

[23] Zu diesem umfassend den Beitrag von *Höver*, a. a. O.; worauf in den weiteren Kapiteln noch eingegangen wird.

[24] So am 06.12.1931 im *Angriff*, zitiert bei *Venohr*, a. a. O., S. 80

[25] Nachweis bei *Venohr*, ebenda.

[26] S. *Vogt*, a. a. O.

[27] Was *Vogt*, a. a. O. auf S. 12 einräumen muss.

[28] So die kritische Bewertung durch *Alexander Schifrin*, zitiert bei *Vogt*, a. a. O., S. 11.

[29] So immerhin auch *Vogt*, a. a. O., S. 18.

[30] So *Vogt*, a. a. O., S. 22 unter Bezugnahme auf *Zeev Sternhell*.

[31] Von der sog. „Unservile State Group“ von *George Watson*, Is Socialism left?

[32] S. a. a. O., 317.

[33] S. a. a. O., S. 299-302.

[34] S. *Sidney / Beatrice Webb*, a. a. O., S. 270.

[35] Nämlich von *Sir Richard Aclands*, angeführt bei *Hayek*, a. a. O., S. 263, dort Anm. 3.

[36] So bei *Watson*, Is Socialism left, S. 12: „All in all, it remains puzzling to see why the claim of socialism to be considered leftwing should be so widely

accepted".

[37] S. a. a .O., S. 211 f.

[38] S. ebenda: „Solange der theoretische Sozialismus marxistischer Prägung die deutsche Arbeiterbewegung dirigierte, trat das autoritäre und nationalistische Element für einige Zeit in den Hintergrund. Aber nicht für lange", um in der Fußnote weiterzufahren: „Und nur teilweise. Im Jahr 1892 konnte der Führer der sozialdemokratischen Partei, August Bebel, Bismarck erklären: 'Der Herr Reichskanzler kann versichert sein, dass die deutsche Sozialdemokratie eine Art von Vorschule des Militarismus ist.'"

[39] In einem Interview unter dem Titel „A thing of beauty ..." mit der Monatszeitschrift *Cicero*, Oktober 2006, S. 68.

[40] S. dazu *Ebeling*, a. a. O., S. 81 ff.

[41] Dieser ist sehr gut zusammengefasst bei: *Gilg*, a. a. O., S. 138 ff.

[42] Zu dieser „abwartenden Haltung", s. das grundlegende Werk von *Groh*.

[43] S. dazu zusammenfassend die umfangreiche Auflistung bei *Courtois et al.;* die im vorliegenden Werk gebrachten Zitate richten sich nach der deutschen Ausgabe.

[44] So ausdrücklich der SPD-Chefideologe *Karl Kautsky* in seiner frühen Kritik an bolschewistischen Methoden; hier zitiert bei *Courtois*, a .a. O., S. 808 f.

[45] S. etwa *Engels*, Anti-Dühring, S. 128 f.; sowie: SPD-Vorsitzender *Bebel*, a. a. O., S. 395.

[46] Zitiert bei *Joachim Hoffmann*, a. a. O., S. 152.

[47] S. dazu detailliert das Werk von *Zeev Sternhell*, das neben anderen Werken dieses Verfassers gut zusammenfassend besprochen ist von *Mohler*, a. a. O.

[48] S. etwa bei *Huber*, Deutscher Sozialismus, S. 19: „Kapitalismus und Marxismus sind daher im Prinzip das gleiche"; sowie S. 20, wonach sich durch den Internationalismus die „kapitalistische Struktur des marxistischen Denkens" entlarven würde.

[49] So zu Recht auch *Zitelmann*, a. a. O., S. 471.

[50] Dass *Hitler* bewusst ein derartiges Fehlverständnis hingenommen, wenn nicht gar bewusst gefördert hat, ergibt sich aus einer internen Stellungnahme: „Ich muss die Mächte des Versailler Vertrags in Schach halten, indem ich das Schreckgespenst des Bolschewismus hochhalte und sie alle glauben lasse, dass ein nationalsozialistisches Deutschland das letzte Bollwerk gegen die rote Flut ist"; zitiert nach *G. Lewy*, a .a. O., S. 227 f.

[51] Zu den Kriegstheorien der maßgeblichen deutschen sozialistischen Theoretiker, s. *Wette*, a. a. O.

[52] S. dazu auch die Einschätzung von *Schafarewitsch*, a. a. O., S. 335.

[53] Der sozialistische Charakter ist dem NS schon immer wütend bestritten worden, etwa wonach „die Herren doch jeden Sozialisten mit wütendem Hass verfolgen" würden, s. bei *Maser*, S. 223; nach diesem Kriterium wären dann die Kommunisten ebenfalls keine Sozialisten: Häresie ist aber fast immer als schlimmer denn der Unglaube angesehen worden!

[54] Die demokratische Selbstverortung des NS ist zwiespältig; einerseits gibt es Aussagen, wonach der „Nationalsozialismus ... die erste und bisher einzige demokratische Bewegung des deutschen Volkes" sei; zitiert bei *Poliakov /*

Wulf, S. 544, andererseits finden sich auch demokratieskeptische Aussagen, wie unter dem Stichwort „Demokratie“ bei *Wagner*, S. 50; s. dazu im 3. Kapitel der vorliegenden Abhandlung.

[55] So zu Recht *v. Hayek*, a. a. O., S. 149 f.

[56] S. *Beckett*, a. a. O., S. 41.

[57] S. zusammenfassend bei *Hans-Christoph Schröder*, a. a. O., insbes. S. 40 ff., Kautskys und Lenins Imperialismusdeutung im Weltkrieg.

[58] In der Tat ist *Spengler*, der sich dabei auf eine Bemerkung *Bismarck*s stützen konnte, die bei *Huber*, Deutscher Sozialismus, als Motto der Abhandlung zitiert ist, dafür verantwortlich, dass mehr als in anderen Staaten in Deutschland der Begriff „Sozialismus“ eine positive Konnotation erfuhr und so die Bereitschaft politisch rechts stehender Personen fördern konnte, einen Nationalsozialismus zu akzeptieren.

[59] S. zu dieser Richtung *Weißmann*, a. a. O., S. 141 ff.

[60] S. bei *Grotjahn*, Erlebtes, S. 154.

[61] So der Politologe *Ascher* a. a. O.

[62] S. dazu bei *Wette*, a. a. O., S. 77 f.

[63] Zur Notwendigkeit eines derartigen Krieges Deutschlands gegen Russland bei *Marx*, s. *Wette*, a. a. O., S. 75 f.: Krieg gegen Russland als Hebel der europäischen Revolution.

[64] S. dazu *Franz-Willing*, a. a. O., insbes. S. 137 ff.; s. auch den Leserbrief von *Friedebert Volk*, Die auswärtigen nationalsozialistischen Vorläufer, in: *FAZ* vom 30.03.1999.

[65] Die einschlägigen Ansichten von *Plenge* sind gut zusammenfassend referiert bei *Hayek*, a. a. O., S. 214 ff.

[66] S. *Gustav Mayer*, Aus der Welt des Sozialismus, S. 43, unter Bezugnahme auf *Julius Frese*, Zur Frage von Staatshilfe, in: *Democratische Correspondenz* vom 29. März 1870.

[67] So *Gilg*, a. a. O., S. 58.

[68] So *Vahlteich*, a. a. O., S. 67.

[69] S. *Ebeling*, a. a. O., S. 84.

[70] So *Hermann Heller*, Einleitung zur Reclam-Ausgabe des Arbeiterprogramms von *Lassalle*, 1919, S. 12; zitiert bei *Huhn*.

[71] S. *Plenge*, a. a. O., S. 85.

[72] So zu Recht die Einschätzung bei *Höhne*, a. a. O., S. 22: „Sie (die Weimarer Republik, *Anm.*) blieb jedermanns Vorbehalts-Republik, ein Staat, den im Grunde keiner wollte. Nicht einmal die Sozialdemokraten, die von einer feindseligen Propaganda mit ihr total identifiziert wurden, liebten sie sonderlich, hatten sie doch eine sozialistische Republik gewollt, nicht die ´bürgerliche´, die sie dann bekommen hatten“.

[73] Als Kompromiss wurde das entwickelt, was seitdem den glänzenden Begriff „Sozialstaat“ trägt; s. dazu im Schlusskapitel der vorliegenden Abhandlung.

[74] So die Zusammenfassung des Dilemmas bei *Willy Huhn*, a. a. O., S. 120.

[75] So *Huhn*, a. a. O., S. 143 (Hervorhebungen vom Original übernommen).

[76] Die größte Bereitschaft einer positiven Einschätzung des bolschewistischen „Experiments“ von prominenter sozialdemokratischer Seite dürfte wohl beim

maßgeblichen Austromarxisten *Otto Bauer* bestanden haben; s. *Leser*, a. a. O., insbes. S. 127 ff.: Beginn einer Rechtfertigungsideologie, Bauers Dilemma-Dilemma des Marxismus, Manipulierbare historische Notwendigkeit.

[77] Für *Grotjahn*, Erlebtes, S. 215 ff., wäre die Wiederaufnahme des „rechten" Flügels der USPD beinahe ein Grund für den Parteiaustritt gewesen, da dies zur Politikunfähigkeit der Vorkriegs-SPD zurückführen müsse, was wohl äußerst richtig erkannt ist.

[78] Kommunistisch-propagandistisch groß berichtet in: *Rote Fahne* vom 14.04.1932: Von der SPD zu Hitler; *Winnig* ist allerdings nicht NSDAP-Mitglied geworden; das Angebot *Hitlers*, Führer der Deutschen Arbeitsfront zu werden, hat er abgelehnt und in der Folgezeit, von starker protestantischer Religiosität gekennzeichnet, auch Distanz zum Regime gewahrt.

[79] S. Nachweise bei *Huhn*, a. a. O., S. 64 f.

[80] S. *Winnig*, a. a. O., S. 29 ff.

[81] So der Auszug aus dieser Schrift im NS-Blatt *Der Angriff* vom 08.01.1931: Marx und der Marxismus.

[82] S. *Huhn*, a. a. O., S. 151.

[83] S. bei *Zitelmann*, a. a. O., S. 60 m. w. N.

[84] S. ebenda, S. 403.

[85] S. *Höver*, a. a. O., S. 252 ff.

[86] *Höhne*, a. a. O., S. 9 f. weist zu Recht darauf hin, dass selbst in der seriösen bundesdeutschen Bewältigungsliteratur diese Problematik nahezu völlig unter den Tisch gekehrt wird: So hakt der Wortführer der etablierten Totalitarismusschule *Karl Dietrich Bracher* („Die deutsche Diktatur") das traumatische Erlebnis der sozialen Verelendung „auf einer viertel Buchseite" ab: Deutsche Intellektuelle neigen eben dazu, alles auf ideologische Fragen zu reduzieren, weil man dann mit sogenannten „geisteswissenschaftlichen" Analysen als „geistige Auseinandersetzung" doch primär auf die Diffamierung konkurrierender politisch-weltanschaulicher Strömungen aus sein kann; der Verfasser des vorliegenden Werkes bedauert, sich aufgrund des anti-intellektuellen Klimas der BRD genötigt zu sehen, sich ebenfalls auf die Ebene eines derartigen ideologischen Reduktionismus begeben zu müssen.

[87] So *Vogt*, a. a. O., S. 22.

[88] S. *Huntford*, a. a. O., S. 51; *Spektorowski*, a. a. O., verkennt bei seiner Darstellung der eugenischen Politik diese Zusammenhänge vollständig, wenn er meint das sozialdemokratische Schweden mit einem „der am stärksten reaktionären Systeme", nämlich dem NS-System, kontrastieren zu müssen und dabei die wirkliche Erklärung für den doch sehr verwandten Politikansatz verfehlt.

[89] So *Radnitzky*, a. a. O., S.82.

[90] S. bei *Huntford*, a. a. O., S. 261 ff.: Sex und Manipulation.

[91] S. das gleichnamige Buch von *Dagmar Herzog* mit dem Untertitel „Sexualität in der deutschen Geschichte des 20. Jahrhunderts".

[92] S. dazu weitere Ausführungen im 7. Kapitel der vorliegenden Abhandlung.

[93] Wenn die Einführung der Monogamie im Zusammenhang mit der Entstehung

des Privateigentums gebracht ist, s. *Engels*, Ursprung, S. 158, das doch im Kommunismus verschwinden soll, dann muss in diesem nach der dialektischen Geschichtskonstruktion auch so etwas wie die „Gruppenehe“ zurückkehren.

[94] So die zusammenfassende Analyse bei *Gilg*, a. a. O., S. 68.

[95] Dies stellt den berechtigten grundsätzlichen Vorwurf am Denken der Linken bei *Molnar*, a. a. O., dar.

[96] S. *Lensch*, Drei Jahre Weltrevolution, 1917, S. 29 f.

[97] Zitiert bei *Huhn*, a. a. O., S. 59.

[98] S. *Haffner*, Anmerkungen, S. 40 f.

[99] S. *Huber*, Deutscher Sozialismus, S. 18.

[100] S. ebenda.

[101] S. *Aly*, a. a. O., S. 20; ansonsten zur sozialstaatlichen Ausrichtung des Nationalsozialismus: S. 335 („Verwirklichung wahrhaft sozialistischer Vermögensordnung“), S. 358 (Gleichheitsversprechen des Kriegssozialismus) und S. 360 („Großdeutschland als erster Sozialstaat der Erde“).

[102] S. *Aly*, a. a. O., S. 66 ff.

[103] S. ebenda, S. 77 ff.

[104] S. dazu *Höhne*, a. a. O., 349 ff.

[105] So die Einstufung der *Süddeutschen Zeitung* vom 03.12.2004, was im übrigen voraussetzt, dass die „Rechtsdiktatur“, worunter im Allgemeinen so etwas wie ein NS assoziiert wird, erträglicher ist als die „klassische“ bolschewistische Linksdiktatur!

[106] S. dazu auch *Huber*, Verfassungsrecht, S. 371 ff.: § 36: Das Eigentum.

[107] S. *Undén*, Svensk Sakrätt (Schwedisches Sachenrecht), 1946, S. 84, zitiert bei *Radnitzky*, a. a. O., S. 82.

[108] S. *Huber*, Verfassungsrecht, S. 373.

[109] S. *Huber*, ebenda.

[110] S. *Huber*, ebenda, S. 359 ff.: § 34: Von den Grundrechten zur volksgenössischen Rechtsstellung.

[111] S. zu den theoretischen Grundlagen der *Hitler*schen Wirtschaftspolitik umfassend, *Zitelmann*, a. a. O., insbes. Kapitel IV. Revolutionierung des Verhältnisses von Politik und Ökonomie und Umgestaltung der Wirtschaftsordnung als zentrale Zielsetzungen *Hitler*s.

2. Kapitel
Sozialistischer Nationalismus

Nennen sich doch schon heute Sozialisten demokratischer Staatswesen gern Nationalisten (SPD-„Revisionist“ Eduard Bernstein)[1]

Zuerst die sozialistische Erlösung, dann kommt die nationale Befreiung wie ein Sturm (der „deutsche Kommunist“ Joseph Goebbels)[2]

Wie dargestellt, stellt den Kern des sozialistischen Linksrevisionismus, aus dem im weitesten Sinne der Faschismus seinen Ausgang genommen hat, die Ersetzung des Proletariats durch die Nation als Agens des Fortschritts dar. Hierbei könnte man, die Eingangsfrage nach dem eher linken oder eher rechten Charakter des (National-)Sozialismus aufgreifend, die Antwort finden, dass diese ideologische Transformation, die den Sozialismus zur Kehrseite der nationalen Volksgemeinschaft machte, eine derart massive Wendung zum Nationalismus darstellt, dass der Nationalsozialismus, als deutsche Form des Faschismus verstanden, nicht mehr als sozialistisch, zumindest nicht mehr als links angesehen werden kann, mag er auch seinen Ausgangspunkt in der linken vor-revisionistischen, „klassischen“ Sozialdemokratie genommen haben.

a) Nationalismus und Sozialismus: Gegensätze?

Dieser aufgrund der ideologie-politischen Vorgaben – auch geheimdienstlicher Art – nach dem Zweiten Weltkrieg naheliegenden Vermutung, wonach Nationalismus „rechts“ sei und deshalb ein national(istisch)er Sozialismus oder National-Sozialismus nur „rechtsextrem“ sein könne, ist jedoch entgegenzuhalten, dass mindestens bis zu Beginn des 20. Jahrhunderts „Nationalist" synonym für „Demokrat" verwendet wurde und damit für eine Person, die sowohl im zeitgenössischen Selbstverständnis als auch aus der Sicht ihrer politischen Gegner als „links" eingeordnet wurde. Als Beleg kann die Haltung des zum SPD-Gründer erklärten Vorsitzenden des Allgemeinen Deutschen Arbeitervereins (ADAV), *Ferdinand Lassalle*, angeführt[3] werden: Der „Begriff Demokratie", also „das Recht des Volkes auf Autonomie nach *innen*" könne doch gar nicht gedacht werden, „wenn ihm nicht zuvor das Recht auf Autonomie nach *außen*, auf freie vom Ausland unabhängige Selbstgestaltung eines Volkslebens vorausginge." Unabhängige Nationen sind danach die Grundlage der Demokratie und die Demokratie würde sich „von Grund auf verraten", wenn sie gegen das Nationalitätenprinzip angehen würde. Die Feststellung, wonach Nationalismus und Demokratie nach der sicherlich sowohl bei Gegnern als auch bei Befürwortern maßgeblichen Vorstellung des 19. Jahrhunderts untrennbar verbunden wären, soll gar nicht als anrüchig kritisiert werden, sondern dies muss nur festgehalten werden, um ideologiepolitischen Schnellschüssen entgegenzutreten, allein der unbestreitbar den Nationalsozialismus kennzeichnende extreme Nationalismus würde ausreichen, um dessen „rechtsextremen", zumindest nicht-linken Charakter zu beweisen. Nur aufgrund eines derartigen Fehlurteils der verfälschenden BRD-Bewältigungsideologie kann man eine inner-sozialdemokratische Bewegung der 1920er Jahre, die den Nationalismus (wieder) besser mit dem Sozialismus verbinden wollte, ihrem Selbstverständnis zuwider als „junge Rechte"[4] einstufen, während die zeitgenössische Kritik berechtigterweise von einem „Linkssozialismus mit nationalen Vorzeichen"[5] sprach. Allerdings kann nicht verkannt werden, „dass die Sozialisten (die SPD-Anhänger, *Anm.*) mit dem Nationalgefühl, das doch offenbar das stärkste Gemeingefühl der Gegenwart ist und deshalb gerade von einer demokratischen Partei nicht ignoriert werden darf"[6] ihre Probleme hatten. Diese rührten insofern von der in der sozialistischen Bewegung maßgeblich gewordenen marxistischen Theorie her, als *Engels* und mehr noch *Marx* zur Nationalitätenfrage eine sehr taktische Einstellung hatten und diese mehr als Übergangsproblem in Richtung zum allgemeinen Sozialismus betrachteten, während für *Lassalle* der Nationalismus eindeutig Selbstzweck war. Diese unterschiedliche Akzentuierung des Verhältnisses Nationalismus und Sozialismus beim gewissermaßen nationalen Sozialisten *Lassalle* und den internationalen Sozialisten *Marx* und *Engels* hätte bei entsprechenden politischen Rahmenbedingungen nicht unbedingt relevant werden müssen, musste aber gerade in Deutschland – anders als in den meisten westlichen Staaten, aber in Übereinstimmung mit weniger westlichen Staaten – deshalb bedeutsam werden und konnte damit zu unterschiedlichen Entwicklungen führen, weil mit Schaffung des (unvollendeten) Nationalstaates Deutsches (Kaiser-)Reich sogar Nicht-Demokraten (Konservative und National-Liberale) das ohnehin notwendigerweise ideologisch weitgehend offene Nationalstaatsprinzip in Anspruch nehmen konnten und es von diesen zunehmend gegen den Internationalismus des Marxismus, das heißt gegen die Sozialdemokratie verwandt wurde. Diese geriet deshalb durch die Nationalismusfrage, trotz der für sie ideologisch allgemein eher günstigen Entwicklung, in die Defensive, weshalb sich um den Ersten Weltkrieg, in einer Zeit, die ohnehin mit der Krise der marxistischen Idee verbunden war, Versuche ergaben, Nationalismus und Sozialismus wieder besser zu verschmelzen.

Die BRD-Bewältigungsprämisse, wonach sich Sozialismus und Nationalismus ausschließen würden und deshalb der nationalistische Nationalsozialismus nicht sozialistisch sein könne, konnte seinerzeit von Vertretern des Marxismus unter Bezugnahme auf die Aussage im *Kommunistischen Manifest* behauptet werden, wonach die „Proletarier“, die die zukünftige Menschheitsentwicklung bestimmen würden, „kein Vaterland“ hätten. Diese Aussage erklärt in der Tat die Schwierigkeiten der SPD-Anhänger, ihr „starkes echtes Nationalgefühl“[7] offen zu zeigen, bis es dann in der Kriegsbegeisterung zu Beginn des Ersten Weltkrieges gewissermaßen über Nacht sichtbar wurde, am nachhaltigsten bei den maßgeblichen sozialdemokratischen Arbeiterdichtern *Max Barthel*,[8] *Karl Bröger*[9] und vor allem *Heinrich Lersch*,[10] die sich später, individuell unterschiedlich akzentuiert, in der Tat dem Nationalsozialismus anschließen sollten. Von *Lersch* stammt im Übrigen der in der BRD für „Faschismus“ stehende Spruch: „Deutschland muss leben, und wenn wir sterben müssen“, geschrieben 1914 im Gedicht „Soldatenabschied“, das erstmals in einer sozialdemokratischen Zeitschrift veröffentlicht wurde. Allerdings ist der entsprechende Slogan des *Kommunistischen Manifests* als Antwort zu verstehen auf den Vorwurf gegen die Kommunisten, „sie wollten das Vaterland, die Nationalität abschaffen“. Mit der Antwort war dann gemeint: Dies können die „Kommunisten“ (Sozialisten, Sozialdemokraten) gar nicht tun, weil sie ja keines besitzen; sie sind doch von dem ausgeschlossen, was mit Nationalität assoziiert ist, nämlich von politischen Mitwirkungsrechten: Ein Argumentationstopos, der im Übrigen die zeitgenössische Gleichsetzung Demokrat = Nationalist impliziert. Als für die zeitgenössische SPD verbindlich angesehenes kommunistisches Ziel ist dementsprechend postuliert: „Indem das Proletariat zunächst sich die politische Herrschaft erobern, sich zur nationalen Klasse[11] erheben, sich selbst als Nation konstituieren muss, ist es selbst noch national, wenn auch keineswegs im Sinne der Bourgeoisie.“ Damit wird gesagt, dass die Nationalisierung des Proletariats einen wesentlichen Schritt zum Sozialismus darstellt, was nicht zuletzt die - von deutschen Marxisten der jüngsten Vergangenheit sehr verdrängten - *Forderungen der Kommunistischen Partei in Deutschland* von 1848 erklärt: „Ganz Deutschland wird zu einer einigen, unteilbaren Republik erklärt“; damit wurde die wesentlichste Forderung des deutschen demokratischen (liberalen) Nationalismus von 1848 zu einem kommunistischen Programmpunkt gemacht! Der Nationalismus als solcher wird also im *Manifest* bei genauer Lektüre entsprechend dem ideologisch maßgeblichen liberalen Zeitgeist der Epoche durchaus positiv aufgenommen. Der Sozialismus ist ursprünglich ja aus der liberalen und aufklärerischen Oppositionsbewegung hervorgegangen und musste daher notwendigerweise für nationalstaatliche Forderungen aufgeschlossen sein; denn der Liberalismus ist der Ursprung des Nationalismus, weil „der Ära des modernen Nationalgedankens eine Ära individualistischer Freiheitsregungen unmittelbar vorangeht“.[12] „Die Nationalitätsidee war aber immer und überall in ihren kräftigen

Zeiten eine liberale, eine demokratische Idee, sie war die Idee des ganzen Volkes, das sein Schicksal in seinen Händen trägt, die Idee des Staates, der keine Maschine zur Ausnutzung der Menge durch eine Minderheit ist, sondern eine Organisation aller für alle", so eine aus dem linksliberalen Lager stammende Darlegung[13] von 1906. Wie der Liberalismus, so ist nämlich auch der ursprünglich vor allem mit ihm verbundene Nationalismus ein Produkt der Aufklärung[14] und als solches ein die europäische Freiheitlichkeit beschreibendes „Unikat des Okzidents".[15] Dementsprechend lässt sich die Haltung der Sozialisten des 19. Jahrhunderts zum Phänomen des Nationalismus wie folgt zusammenfassen:[16] „*Nationalism had been a Good Thing, down through the great Italian Risorgimento and German unification of the 1860´s, for all European radicals and Socialists*."

Allenfalls kann gesagt werden, dass im *Kommunistischen Manifest* das abgelehnt wird, was insbesondere die (zunehmend pro-kommunistische!) bundesdeutsche „Bewältigung" sofort negativ mit „Nationalismus" identifiziert, indem der gegenüber der „Bourgeoisie" andersgeartete nationale Charakter des Proletariats darin gesehen wird, dass die „Herrschaft des Proletariats" die „nationalen Absonderungen und Gegensätze der Völker ... noch mehr verschwinden machen" wird. „In dem Maße, wie die Exploitation des einen Individuums durch das andere aufgehoben wird, wird die Exploitation einer Nation durch die andere aufgehoben. Mit dem Gegensatz der Klassen im Innern der Nation fällt die feindliche Stellung der Nationen gegeneinander". Diese für die marxistische Lehre grundlegende Aussage dürfte allerdings nicht unbedingt bedeuten, dass die Nationen als etwas angesehen werden, was notwendigerweise mit dem Sozialismus verschwinden wird, sondern es ist lediglich die Erwartung als Programmpunkt postuliert, dass mit Einführung des Sozialismus und damit der Beseitigung der Ausbeutung im Innern auch der Unterdrückungscharakter der internationalen Beziehungen aufhört und durch weitgehend friedliche Beziehungen zwischen den Nationen ersetzt wird. Allein hierin liegt der wohl (so könnte man dies interpretieren) hinter den Universalisierungsabsichten etwa der heutigen Europaideologie doch um einiges zurückbleibende Internationalismus, der schon begrifflich („Zwischenvölkerschaftlichkeit"), anders als der konsequente Universalismus oder „Kosmopolitismus" – um diese spätere (antisemitische!) Kampfformel[17] *Stalins* anzuführen – das Fortbestehen der Nationen voraussetzt, deren Beziehungen jedoch nur friedlicher ausgestaltet werden, so dass sich sozialistischer Internationalismus mit Pazifismus als Fernziel verbindet (allerdings im Zweifel erst im Nirgendwo = Utopie). Lediglich dann, wenn man Nationalismus mit einer aggressiven Haltung gegenüber anderen Völkern assoziiert, kann man den Marxismus des *Kommunistischen Manifests* als „anti-nationalistisch" kennzeichnen. Deshalb konnte sich etwa SPD-Führer *Bebel* durchaus in der Tradition von *Marx* sehen und man muss darin nicht eine Nachwirkung des Denkens von *Lassalle* erkennen, wenn er die These aufstellte, dass ein vom Junkertum befreites Deutschtum, wodurch Deutschland zum wahren Kulturstaat würde, einen auch für die sozialistische Zukunftsgesellschaft schützenswerten Gehalt darstellen würde. Diesen Gedanken hat *Franz Mehring*[18] noch verstärkt zum Ausdruck gebracht, indem er - immer noch in Übereinstimmung mit dem *Manifest* - die Unabhängigkeit der Nationen als Voraussetzung der proletarischen Emanzipation postulierte, was dann aber auch die Verpflichtung einschloss, diese Unabhängigkeit mit „Blut und Knochen" zu verteidigen. Insofern ist die Politik der SPD nachvollziehbar, der kaiserlichen Regierung die Kriegskredite zu bewilligen. Es handelt sich hier nicht um ein „Umfallen", sondern um den konsequenten Ausdruck sozialdemokratischer Nationalitätenpolitik: Die SPD verteidigte im Ersten Weltkrieg nicht unbedingt das Deutsche Kaiserreich, sondern das im Reich, das heißt in Land und Volk enthaltene sozialistische Entwicklungspotential, das bei einem Sieg des zaristischen Russland, des in Übereinstimmung mit *Marx* und *Engels* eigentlichen Feindes der Mehrheit der SPD, erheblich beeinträchtigt würde. Da sich das fortschrittliche Frankreich mit dem zaristischen Russland verbündet hatte, musste man im Interesse des deutschen Sozialismuspotentials, das insbesondere die Vertreter des Linksrevisionismus wie der schon angeführte *Lensch* als geradezu optimal einstuften, den Krieg auch gegen Frankreich und seine Sozialisten durchstehen.

Außerdem galt diesbezüglich die Einschätzung *Engels*, der sich entschieden gegen das Anliegen französischer Sozialisten verwahrt hatte, eine „Befreiung der armen Untertanen in den Monarchien durch edelmütige französische Republikaner“ vorzunehmen; denn „euere Republik und unsere Monarchie – das ist ein und dasselbe gegenüber dem Proletariat.“[19]

Zumindest *prima facie* über die Position des *Kommunistischen Manifests* hinaus ging die ziemlich nationalistische Haltung der deutschen Sozialdemokratie in der Donau-Monarchie, die im maßgeblichen Werk des Austro-Marxisten *Otto Bauer* von 1907 *Die Nationalitätenfrage und die Sozialdemokratie* zum Ausdruck kam. Dieser ging nämlich davon aus, dass die Nationalität mit dem Eintritt des Sozialismus nicht nur nicht verschwinden würde, sondern im Gegenteil die Völker aufgrund des Erblühens der Nationalkultur, die durch die Emanzipation der Arbeiterklasse herbeigeführt würde, sich noch schärfer abgrenzten als im Kapitalismus: „Die Tatsache, dass der Sozialismus die Nation autonom ihr Geschick zum Ergebnis ihres bewussten Willens macht, bewirkt nun aber *steigende Differenzierung der Nationen* in der sozialistischen Gesellschaft, schärfere Ausprägung ihrer Eigenart, schärfere Scheidung ihrer Charaktere voneinander.“[20] Die bereits im Kapitalismus herbeigeführte Angleichung der Lebensverhältnisse, die im Sozialismus fortgeführt würde, sei rein materiell zu verstehen, würde sich aber nicht auf den entscheidenden geistigen Gehalt beziehen, d.h. „trotz der Angleichung der materiellen Kulturinhalte, doch steigernde Differenzierung der geistigen Kultur der Nationen.“[21] Diese Haltung ist zwar von *Kautsky* und später von *Stalin*, dem maßgeblichen Experten für Nationalitätenfragen, als „zu nationalistisch“ kritisiert worden, entsprach aber doch weitgehend der Haltung der Sozialdemokratie in der multikulturellen Donau-Monarchie, die schon aus diesem Grunde, das heißt wegen der mit der Demokratisierung naturgemäß einhergehenden Nationalisierung in ihren Grundfesten bedroht war: Auch die dortige Sozialdemokratie wollte letztlich den Untergang[22] dieses Multikulturalismus, dieses „Völkerkerkers“ (*Renner*) und „habsburgischen Staatskadavers“[23] (*Hitler*), um – soweit es um den deutschen Teil der Donaumonarchie ging – zur Verwirklichung der demokratischen Forderungen von 1848 durch Anschluss an das restliche Deutschland sozialistisch das seit 1848 erstrebte Großdeutsche Reich zu errichten.

b) Etablierung des sozialistischen Nationalismus durch den Ersten Weltkrieg

Die von *Otto Bauer* eingenommene Position musste mit dem Ausbruch des Weltkrieges innerhalb der Sozialdemokratie zumindest in der Tendenz notgedrungen zur maßgeblichen werden, zumal sich dieser Krieg wie bereits ausgeführt als Lösung grundlegender Probleme der marxistischen Parteiideologie anbot, die sich für andere politische Strömungen in dieser grundlegenden Weise nicht stellten. Was für konservative und liberale Richtungen oder auch politisch konfessionelle Strömungen wie für das Zentrum sicherlich im eigentlichen Sinne politische und auch moralische Fragen aufwarf, von der Art, wofür man den sich schon länger abzeichnenden Krieg führen oder wie man ihn verhindern sollte, das warf für den Sozialismus Probleme auf, die an die Grundlagen seiner Konzeption gingen und diese auch in Frage stellten. Diese Grundsätzlichkeit erklärt auch die Dreiteilung des (hauptsächlich marxistischen) Sozialismus, was bei anderen politischen Strömungen in dieser Weise nicht zu beobachten war, wenngleich selbstverständlich das Kriegserlebnis und vor allem das Kriegsergebnis, insbesondere in den Staaten, die den Krieg verloren, auch bei den nicht-sozialistischen Formationen nicht ganz ohne ideologiepolitische Auswirkungen blieb: So ist unbestreitbar, dass aufgrund des Entfallens der Monarchie bei Konservativismus und Nationalliberalismus der im Kern regional verwurzelte Patriotismus, der mit dem Schlagwort „Für König und Vaterland" zum Ausdruck gebracht war, sich erst zu einem auf das Volk in einem im Zweifel ethnischen Sinne bezogenen Nationalismus zu steigern[24] begann. Es muss allerdings betont werden, dass sich *Hitler* entschieden gegen diesen bürgerlichen Nationalismus gewandt[25] hat, dem er – sozialistisch konsequent – vorwarf, die kapitalistischen Profitinteressen und den bürgerlichen Klassenstandpunkt zu verschleiern. Damit ist im Ergebnis gemeint, dass *Hitler* der mit dem bürgerlichen Nationalismus von Liberalismus und Konservativismus verbundenen Vorstellung entschieden widersprach, Nationalismus könne mit der Akzeptanz einer notwendigerweise international ausgerichteten kapitalistischen Gesellschafts- und Wirtschaftsordnung einhergehen. Trotz der unverkennbaren Steigerung des Nationalismus hat der deutsche Liberalismus auch der Weimarer Zeit an der Position festgehalten, die etwa *Meinecke*[26] zum Ausdruck brachte, wonach das Nationalgefühl das weltbürgerliche Ideal einer übernationalen Humanität einschließt und so die Nationalität den kulturellen Pluralismus der Menschheit sichert. Diesen „rechten" Nationalismus hat *Hitler* entschieden abgelehnt, ihn sogar aufgrund seiner Einbettung in das weltbürgerliche Ideal diffamierend als „Marxismus" gekennzeichnet, womit wohl noch die Kritik nachschwingt, dass der deutsche Nationalismus des 19. Jahrhunderts, der hauptsächlich im Nationalliberalismus, (zunächst) weniger im Konservativismus repräsentiert war, mit dem Gesetz des Norddeutschen Bundes vom 03.07.1869 formal-rechtlich die Judenemanzipation abgeschlossen hatte. Dieser Einstellung entsprach die fanatische Ablehnung der „schwarz-weiß-roten Geldsäcke" durch *Goebbels*, der den Deutschnationalen und allen anderen „Reaktionären" „unendlich fern" stand: „Dagegen waren ihm 'draufgängerische' und scharf antikapitalistische SPD-Männer von der 'Alte(n) Garde eines August Bebel' viel sympathischer."[27] Das macht deutlich, dass die ideologischen Grundlagen des NS-Nationalismus nicht in einer Radikalisierung liberaler oder konservativer Annahmen[28] zu finden sind, sondern sich im Selbstverständnis als sozialistisch darstellen. Eindeutig belegt werden kann diese Folgerung durch den Rückgriff auf die durch den Marxismus verdrängte Einstellung von *Lassalle*, dessen Nationalismus deshalb äußerst steigerungsfähig war, weil *Lassalle* sich nicht damit begnügt hat, das Nationalstaatsprinzip als bloße Kehrseite des Demokratieprinzips anzusehen, sondern es unter Bezugnahme auf *Hegel* in dem „Recht des Volksgeistes auf seine eigene geschichtliche Entwicklung und Selbstverwirklichung"[29] verankert hat, was Steigerungen zugunsten der vom (sozialistischen) Entwicklungsprinzip begünstigten Nationen zulasten weniger begünstigter Nationen möglich machte und dabei den Gedanken einer deutschen Sendung, ja deutschen Weltherrschaft, möglich machte, die aufgrund eines Eroberungsrechts durchgesetzt werden könnte.

Die ideologische Selbstverortung des NS als sozialistisch gerade im Hinblick auf den Nationalismus ist aber nicht nur unter Rekurs auf die verdrängten Vorstellungen von *Lassalle* als legitim anzusehen, sondern kann wiederum auf die Krise der *Marx*schen Theorie zurückgeführt werden, die sich beim Ausbruch des Ersten Weltkriegs mit allen Konsequenzen zeigte. Um die Integrität der *Marx*schen Theorie gegenüber der Herausforderung des Rechtsrevisionismus zu retten, musste nach sozialistischer Annahme der Weltkrieg entweder selbst die Revolution darstellen, die zum Eintritt des Sozialismus von *Marx* und *Engels* für erforderlich gehalten wurde, oder der Krieg würde zu dieser sozialistischen Revolution führen. Diese Annahme strapazierte selbstverständlich den parteiamtlichen Internationalismus und damit - zumindest propagandistisch - einhergehenden Pazifismus, jedoch konnte man schon aufgrund der entsprechenden Aussagen des *Kommunistischen Manifests* zur folgenden Schlussfolgerung gelangen: Wenn der Sozialismus versprach, dass die internationalen Beziehungen friedlich sein und dabei den Ausbeutungscharakter verlieren würden, dann konnte dies im Kapitalismus so nicht der Fall sein; man musste sich dann ohnehin auf den Krieg einstellen oder ihn sogar – mit *Marx* – als wünschenswert ansehen, da er doch zum Sozialismus führt: Entweder weil er die herrschenden Klassen im Interesse der Kriegsdurchführung zur Kooperation mit der Arbeiterklasse zwingt (so schließlich *Kautsky*) oder weil der Krieg die sozialistische Revolution darstellt (so etwa *Lensch*) oder weil es berechtigt ist, zur Abwendung des Krieges die sozialistische Revolution als Bürgerkrieg durchzuführen (so *Lenin*). Die im *Manifest* aufgestellte Parallelität von innerer und äußerer Entwicklung der Nationen, das heißt die Annahme, dass erst die letztlich als gewaltsam zu verstehende für die Entwicklung notwendige sozialistische Revolution im Inneren den Ausbeutungscharakter beseitigen würde, musste zur Überlegung führen, dass diese Gewaltsamkeit auch im Außenverhältnis erforderlich sei, und damit Krieg zur Voraussetzung des Sozialismus werden konnte. Gegen den Kapitalismus als solchen konnte man aber keinen Krieg führen, sondern entsprechend der Struktur der internationalen Ordnung nur gegen andere Staaten oder Völker. Dann stellte sich aus sozialistischer Perspektive notwendigerweise die Frage nach der Sozialismusfähigkeit der einzelnen Nationen, die man natürlich unterschiedlich beantworten konnte. *Marx* und *Engels* beurteilten dies an der Bereitschaft einer Nation zur Revolution: „Ein einziger mutiger demokratischer Revolutionsversuch" reicht danach schon aus, um zu den fortschrittlichen Völkern gerechnet zu werden; denn „selbst wenn er erstickt wird, löscht er im Gedächtnis der Völker ganze Jahrhunderte der Infamie und Feigheit aus, rehabilitiert auf der Stelle eine noch so tief verachtete Nation".[30] In Bezug auf Deutschland hatte *Marx* (oder *Engels*)[31] schon 1848 die Maßgabe aufgegeben: „Nur der Krieg mit Russland ist ein Krieg des revolutionären Deutschland, ein Krieg, worin es die Sünden der Vergangenheit abwaschen, worin es sich ermannen, worin es seine eigenen Autokraten besiegen kann, worin es, wie einem die Ketten langer, träger Sklaverei abschüttelnden Volke geziemt, die Propaganda der Zivilisation mit dem Opfer seiner Söhne erkauft und sich nach innen frei macht, indem es nach außen befreit." Durch einen derartigen Krieg wird ein Volk zu einem fortschrittlichen, womit unausgesprochen eine Kategorie der – für den Marxismus in einem bestimmten Verständnis maßgebenden – Philosophie von *Hegel* aufgegriffen wird, der in § 347 seiner „Grundlinien der Philosophie des Rechts" zwischen „fortschrittlichen Völkern", das heißt die Entwicklung des Weltgeistes verkörpernden als herrschenden und anderen unterschied: „Gegen dies sein absolutes Recht, Träger der gegenwärtigen Entwicklungsstufe des Weltgeistes zu sein, sind die Geister der anderen Völker rechtlos, und sie, wie die, deren Epoche vorbei ist, zählen nicht mehr in der Weltgeschichte". Bei dieser Argumentation tat sich die Möglichkeit auf, den als Fortschritt verstandenen Sozialismus zum Instrument des Nationalismus zu machen: Die Nation, die durch Verwirklichung des Sozialismus zeigt, dass sie die fortschrittlichste ist, hat alle Rechte gegenüber weniger sozialismusfähigen oder weniger zum Sozialismus bereiten Völkern; denn ihr Sieg verwirklicht den Sozialismus und dient damit dem Heil der Menschheit, der menschlichen Rasse oder des Menschen als solchem, oder wie auch immer die Formeln der sozialistischen Fortschrittsdoktrin lauteten. Und dass die Deutschen, die neben den Skandinaviern „zu der gleich großen Rasse gehören", gegenüber „ihrem Erbfeind, den Slawen" den Fortschritt und damit den Sozialismus zu verteidigen hätten, war schon *Marx*[32] klar gewesen.

Während jedoch *Marx* und *Engels* trotz der Bedeutung der deutschen Frage den sozialistischen Fortschritt nicht essentiell, sondern eher taktisch mit dem Deutschtum verknüpft haben, ist ersteres bei *Lassalle* eindeutiger belegbar, dessen Stellungnahmen zu den zeitgenössischen Konflikten sich den berechtigten Vorwurf von *Kautsky* gefallen lassen mussten, dass man danach jeden Eroberungskrieg eines hochkapitalistischen Staates gegenüber rückständigen Völkern begründen könne. „Lassalle müssen ähnliche Zweifel gekommen sein, denn er ergänzte schließlich seine Eroberungstheorie mit der Idee der deutschen Sendung, die in die Utopie eines durch die Deutschen errichteten Weltstaates einmündet."[33] Damit bedeuteten für *Lassalle* erfolgreiche deutsche Eroberungskriege letztlich den weltgeschichtlichen Sieg des Sozialismus. Diese Sicht der Zusammenhänge von Sozialismus und (deutschem) Nationalismus konnte schließlich auch dazu führen, dass man aus einer gewissen sozialdemokratischen Perspektive sogar den Nationalsozialismus akzeptieren zu können glaubte. Es mag sicherlich auch eine Anbiederungs- oder Überlebensabsicht darin gefunden werden, wenn von Seiten des sozialdemokratisch dominierten Allgemeinen Deutschen Gewerkschaftsbundes (ADGB) zum 1. Mai 1933 dargelegt wurde, dass dieser Tag kein Tag der Niederlage, sondern des Sieges der Arbeiterklasse sei, weil damit die Einordnung der Arbeiterschaft in die Nation, dieses eigentlichen Ziels des Klassenkampfes, endlich besiegelt würde: „Vom Nationalsozialismus unterscheidet uns keine andere Rangordnung der Werte Nation oder Sozialismus, sondern lediglich eine andere Prioritätsordnung. Wir wollen erst den Sozialismus, um die Nation zu gestalten. Der Nationalsozialismus forderte und verwirklichte jetzt die Einheit der Nation, um auf diesem breiten und festen Fundament den deutschen Sozialismus aufzubauen."[34] Im Nachhinein mag bedauert werden, dass bei diesem ideologischen Kontinuum, das von bestimmten Strömungen der Sozialdemokratie zum Nationalsozialismus überführte, diese Verschmelzung von Nationalismus und Sozialismus nicht schon im sozialdemokratischen Kontext erfolgreich war. Dann wäre vielleicht ein selbständiger Nationalsozialismus auch in Deutschland gar nicht in Erscheinung getreten oder wäre marginaler Rand geblieben, der bei Beachtung des Legalitätsprinzips dann nicht allzu große irreversible Schäden hätte verursachen können.

c) Die Imperialismustheorie von *Lenin*: Zum sozialistischen Nationalismus der „Dritten Welt"

Generell war allerdings der Weg zu dem bei *Lassalle* bereits angelegten Verständnis frei geworden, wonach ein fortschrittlicher Nationalismus, insbesondere der Deutschen, das Mittel wäre, den Sozialismus zu verwirklichen. Darauf lief im Ergebnis auch die besondere Variante der Imperialismus-Theorie[35] von *Lenin* hinaus, die er insbesondere pflegte, als es ihm nicht gelang, außerhalb Russlands seine Konzeption der Verwandlung des Weltkrieges in einen revolutionären Bürgerkrieg als Weltrevolution effektiv umzusetzen: Wie andere im Interesse der Integrität der *Marx*schen Theorie gegen den „Rechtsrevisionismus" gerichteten Imperialismustheorien ging auch diejenige von *Lenin* davon aus, dass der Kapitalismus seinen Zusammenbruch hinausschiebe, indem er zum Imperialismus übergeht, das heißt sich durch Kolonialismus neue Gebiete erschließt, um so dem tendenziellen Fall der Profitrate, der den Zusammenbruch des Kapitalismus ankündigt, für weitere Jahre zu entgehen. Dann müsste man den zur Förderung des Sozialismus notwendigen Zusammenbruch des Kapitalismus dadurch herbeiführen können, dass man die Ausdehnung des Imperialismus nicht zulässt oder rückgängig macht. Dies bedeutet, dass die nationale Unabhängigkeit zum Instrument des Sozialismus gemacht werden soll, wobei man naturgemäß vor allem an die Kolonialgebiete der westlichen – imperialistischen – Mächte dachte, was bis dahin in der marxistischen Diskussion über Ausbruch und Durchführung der Revolution, schon aufgrund der pro-kolonialistischen Einstellung[36] von *Marx* und *Engels* und insbesondere auch von *Lassalle* kaum eine Rolle gespielt hatte; letzterer war etwa vom „Recht der angelsächsischen Rasse auf Amerika und dem der Engländer auf Indien“ ausgegangen. Die pro-kolonialistische Einstellung, die sich schließlich auch die Sozialdemokratie in Teilen zu eigen[37] zu machen begann, war dementsprechend vielmehr im Gegenteil von einem Recht des von Europäern repräsentierten Fortschritts gegenüber den Eingeborenenvölkern ausgegangen, mag man damit auch nicht generell mit *Lassalle* für die künftige deutsche Eroberung des niedergehenden Osmanischen Reichs[38] eingetreten sein.

Lenin war dagegen im Interesse seiner Machtstrategie sogar bereit, explizit das *Kommunistische Manifest* umzuschreiben: „Proletarier aller Länder und unterdrückte Völker vereinigt euch!“[39] Bei dieser „flexiblen Auslegung und Ausweitung des Marxismus“,[40] die fast auf eine Umdeutung insbesondere seiner pro-europäischen (arischen) Fortschrittsdoktrin hinauslief, spielte für den Eintritt des Sozialismus das Industrieproletariat dann nur noch eine untergeordnete Rolle. Bemerkenswert ist, dass diese konzeptionelle Umdeutung – oder kreative Fortentwicklung – des Marxismus, die dem außenpolitischen Kalkül der Sowjetunion entsprach, nicht dazu geführt hat, dem Sowjetkommunismus den sozialistischen Charakter abzustreiten, während die verwandte Modifizierung der sozialistischen Doktrin durch den „Faschismus“, nämlich die Ersetzung des Proletariats durch die Nation, immer noch dazu führt, diesem den sozialistischen Charakter abzusprechen. Die dem Faschismus ähnliche Modifizierung der sozialistischen Doktrin, die sich bei Berücksichtigung des geschichtlich-ideologischen Kontexts allerdings als durchaus nahe liegend darstellte, lief dabei auf eine intensive Förderung des Nationalismus in dem Bereich hinaus, der nach dem Zweiten Weltkrieg als „Dritte Welt“ bezeichnet werden sollte. Damit musste das sich für den Sowjetmarxismus stellende grundlegende ideologische Problem gelöst werden, dass sich die russisch-sowjetische Revolution durch das 1923 zu konstatierende Scheitern des nachhaltig betriebenen Umsturzes[41] im Mutterland des Marxismus, nämlich Deutschland, nicht als Weltrevolution herausgestellt hatte (und damit strenggenommen nicht zu rechtfertigen war). „Die sozialistische Revolution trägt überall die nationalistische Fahne!“, so zusammenfassend die zutreffende Erkenntnis von *Haffner*.[42] Dementsprechend können insbesondere die kommunistischen Strömungen und Regime in Asien als „jeweils stark geprägt vom Nationalismus“[43] gekennzeichnet werden, was natürlich erst recht für die nicht-kommunistischen, sich selbst aber als „sozialistisch“ einstufenden anderweitigen Befreiungsnationalismen der sogenannten Dritten Welt gilt. Als Grundmuster des sozialistischen Nationalismus dieser Art kann insbesondere der schon aus quantitativen Gründen bedeutsame *Maoismus* angeführt werden. *Mao Tse-tung*, dem diese Variante der marxistischen Ideologie die Bezeichnung verdankt, verstand sich von Anfang an als chinesischer Nationalist, durchaus in dem „rechtsextremistischen“ Sinne seines Ethiklehrers und ersten Schwiegervaters *Yang Chang-chi*, der die Nation als organische Größe analog zu einer natürlichen Person[44] verstand. *Mao* war dann als Kommunist sehr aktiv in der Nationalistischen Partei[45] – dem späteren Kuomintang – tätig, weil die chinesischen Kommunisten auf Wunsch der Sowjetunion, die ihnen nicht viel zutraute, in dieser Partei tätig sein sollten, um sie durch Unterwanderung in den Griff zu bekommen. Als es schließlich deshalb zum Bruch zwischen chinesischen Kommunisten und Nationalisten kam, scheint *Mao* lange gezögert[46] zu haben, wem er sich eigentlich anschließen sollte, zumal er bei den Nationalisten erfolgreicher war als bei der KP, insbesondere von jenen in dieser Zeit auch mehr geschätzt wurde als von dieser. *Mao* hat sich schließlich hauptsächlich deshalb für die Kommunisten entschieden, weil diese zur größeren Brutalität entschlossen waren. Allerdings hat *Mao* auch in der Folgezeit immer ein sehr distanziertes Verhältnis zum klassischen Marxismus eingenommen, auch wenn er ihm, anders als der zeitgenössische deutsche Nationalsozialismus, formal treu geblieben ist (ein Unterschied, der letztlich mit der „Judenfrage“ zusammenhängt, die sich für China nicht stellte). Bei seiner ersten größeren ideologischen Kampagne im Februar 1942 unter dem Stichwort „Richtigstellung"[47] hat sich *Mao* aber gegen den „sterilen abstrakten Marxismus" gewandt und seine Anpassung an die chinesische Geschichte gefordert. Dies hat dann 1949 zum – wohl berechtigten – Vorwurf[48] *Stalins* geführt, dass *Mao* kein wirklicher Marxist sei, da er die elementarsten Bestandteile der marxistischen Wahrheiten nicht begriffen hätte oder, was vielleicht eher zutreffend ist, aufgrund seines nationalsozialistischen Ansatzes nicht als maßgebend begreifen wollte.

d) Deutscher Nationalsozialismus und Drittweltsozialismus

Die durchaus plausible Einschätzung, dass es sich beim chinesischen *Maoismus* nicht mehr um einen orthodoxen Marxismus handelt, hat – was sich wohl (und weshalb?) als nahe liegend aufzudrängen scheint – zu der Schlussfolgerung geführt, dass *Mao* ein *„oriental Hitler"*[49] gewesen sei. Die historisch-genetische und teilweise auch strukturelle Gemeinsamkeit liegt im ideologiepolitischen Ausgangspunkt, der sogenannten Imperialismustheorie, die auch eine Grundlage des Faschismus darstellt, dessen Kern wiederum die Übertragung der marxschen Klassenkampftheorie auf die internationale Ebene beinhaltet, wie sie in Deutschland[50] vor allem, wie dargestellt, in den Kriegsschriften des SPD-Propagandisten MdR *Paul Lensch* vorgezeichnet war. Dies lief auf die durchaus noch unter Bezugnahme auf *Marx* und *Engels* zu rechtfertigende Unterscheidung zwischen proletarischen und reaktionären Nationen hinaus und ersetzte gleichzeitig – im Faschismus – das Proletariat durch die Nation als Agens des Fortschritts oder noch abstrakter und radikaler: Rasse ersetzte Klasse![51] Diese ideologiepolitische Fortentwicklung des Sozialismus im 20. Jahrhundert, die allerdings eine, wenngleich wiederum modifizierte, Rückkehr zum vorrevisionistischen Sozialismus darstellte, der sich aber immer noch – und zwar legitimerweise – als Sozialismus verstand, hat dabei teilweise zu einer förmlichen Verabschiedung vom Marxismus geführt: Dies war etwa im deutschen Nationalsozialismus der Fall, wobei diese Verabschiedung mit erheblicher Mentalreservation zumindest bei

Goebbels, aber selbst bei *Hitler* verbunden war. Am Marxismus verurteilte *Goebbels*[52] ja nicht das Sozialistische, sondern das Internationalistische, formulierte in Abgrenzung hierzu seinen Nationalismus wiederum unter bewusster Abgrenzung gegenüber dem ihm noch mehr als der sozialistische Internationalismus verhassten bürgerlichen Nationalismus („das hat mit konservativer Gesinnung nichts mehr zu tun") in einer Weise, dass sein NS-Sozialismus mit den Befreiungsnationalismen der sogenannten Dritten Welt identisch wurde: Die Nation sollte das Gefäß, den Rahmen abgeben, in dem der Sozialismus verwirklicht werden könne. In anderen Weltgegenden sollte diese Auffassung, wohl eher bedingt durch die Weltmachtstellung der kommunistischen Sowjetunion als aufgrund besonderer Überzeugung, zur Beibehaltung der marxistischen Doktrin bei ihrer kreativen Umformulierung führen, wie dies im Drittweltsozialismus, zumindest bei den dort sich weiterhin als „kommunistisch" definierenden Parteien, der Fall war.

Hitler hat durchaus die Ähnlichkeit seiner Bewegung mit den sozialistisch motivierten, auf nationale Unabhängigkeit zielenden Bewegungen in den westlichen Kolonialgebieten erkannt. Er fühlte sich allerdings veranlasst, sich von diesen abzugrenzen, indem er etwa am 24.05.1930 bekundete: „Unser Freiheitskampf ist die Wiederherstellung der Freiheit eines Volkes, das rassisch und damit wertmäßig seinen heutigen Besiegern zumindest gleich, wenn nicht zum Teil sogar überlegen ist. Der Freiheitskampf des Schwarzen, Indier usw. ist der Versuch der Durchbrechung einer natürlichen Rangordnung der Rassen entsprechend ihren inneren Werten."[53] Damit wird deutlich, wie nahe *Hitler* an eine Selbstverortung seines NS mit dem sozialistischen Befreiungsnationalismus der später so genannten „Dritten Welt" herankam, auch wenn er selbst die sich daraus ergebenden Folgerungen wie auch die offensichtlich in NS-Kreisen verbreitete (und im ideologischen Kontext des NS eigentlich naheliegende) „Gandhi-Verzückung" mit *Rosenberg* als „rassische Perversität"[54] zurückwies. In dieser Frage gab es allerdings einen „grundsätzlichen Dissens zwischen dem proenglischen Rassendogmatiker *Hitler* und dem antiwestlichen Revolutionär *Goebbels*",[55] der –

ohnehin dem theoretischen Rassismus, insbesondere der rassistischen Begründung des Antisemitismus[56] weniger zugetan – in diesem Punkt dem sogenannten „NS-Linken“ *Otto Strasser* folgte, ein antiwestliches Bündnis auf Seiten der kolonialisierten Völker anzustreben. Sie kämpfen nämlich, so die Einsicht[57] *Goebbels*, „für ihre Freiheit nicht unter dem Rufe: es lebe die dritte Internationale!, sondern unter dem Rufe ‘China den Chinesen’“. „Derselbe Kampf ist entbrannt in Indien. Es lohen die Freiheitsfeuer den Chinesen!“ Als sich die militärische Niederlage abzeichnete, sollte *Hitler* dann bedauern,[58] nicht dieser Strategie gefolgt zu sein, weil ihn etwa das Bündnis mit Italien gehindert hat, sich der aufstandsbereiten Araber zu bedienen. Das Bündnis mit dem – andersrassigen – Japan belegt dabei, dass eine Zusammenarbeit des deutschen NS mit Drittweltbewegungen nicht auszuschließen gewesen wäre. Wäre sie bei bleibendem Erfolg zustandegekommen, hätte man sicherlich keine Bedenken, den deutschen Nationalsozialismus den Drittweltsozialismen zuzuordnen, zumal auch plausibel vermutet werden kann, dass es ohne eine ideologiepolitisch dominierende Sowjetunion mehr offenen National-Sozialismus gegeben hätte. Zugunsten des Bündnisses mit Japan war *Hitler* im Übrigen bereit, seine Rassengesetzgebung zu mäßigen: Während das „Gesetz zur Wiederherstellung des Berufsbeamtentums“ noch „Nichtarier“ bei der Tätigkeit im öffentlichen Dienst diskriminiert hatte, zielten die sogenannten Nürnberger Rassengesetze mit ihren Heiratsbeschränkungen ausdrücklich nur auf Juden ab; andernfalls wäre das Bündnis mit Japan gescheitert,[59] das sich entschieden gegen die Rassendiskriminierung in den USA, insbesondere die Gesetzgebung in Kalifornien, soweit sie gegen Japaner gerichtet war, gewandt hatte und damit im Verhältnis mit Deutschland nicht etwas Vergleichbares hinnehmen konnte. Dabei ist zu berücksichtigen, dass das kaiserliche Japan zwar als solches nicht als „national-sozialistisch“ oder als „faschistisch“ klassifiziert werden kann, die offizielle japanische Argumentation in außenpolitischer Hinsicht lässt sich aber im faschistischen ideologischen Kontext verorten: *Kanji Ishihara* und *Seishiro Itagaki*, die führenden Militärs, die die japanische Regierung zur China-Intervention zwangen, indem sie

1931 den Mandschurei-Zwischenfall inszenierten, äußerten[60] sich 1928 dahingehend, dass nur japanische Kapitalisten und chinesische Kriegsherren vom zeitgenössischen Chaos in China profitierten: „Vom Standpunkt des Proletariats, der die Angleichung des nationalen Reichtums fordert, kann die grundlegende Lösung nicht innerhalb der bestehenden Grenzen des von Natur aus armen Japan gefunden werden, das den Lebensunterhalt für das Volk insgesamt sicherstellen muss,“ das heißt die Mandschurei würde, von den „feudalistischen Kriegsherren“ befreit, in eine „proletarische Kolonie“ Japans verwandelt werden, wobei diese Revolution von der japanischen Armee als Instrument des proletarischen Fortschritts herbeigeführt werden müsse. Damit wird der maßgebliche ideologische Ausgangspunkt des japanischen „Militarismus“ deutlich, der zahlreiche kommunistische Konvertiten[61] auswies, welche Japan in Übereinstimmung mit der in den Kriegsschriften von *Lensch* vorgenommenen Transformation des Marxismus als „proletarische Nation“ begriffen, deren Aufgabe in der pan-asiatischen Befreiung vom westlichen Kolonialismus bestünde.

Dabei erscheint es durchaus möglich, dass die schließlich von *Hitler* gewünschte Strategie, entgegen den italienischen Interessen sich mit den aufstandsbereiten Arabern zu verbünden, zumindest ideologisch hätte aufgehen können. So sei daran erinnert, dass sich der Gründer und langjährige Führer der arabischen *Baath*-Partei, *Michel Aflaq*, in seinen Pariser Jahren für die NS-Ideologie[62] und Politik des damaligen Deutschlands begeisterte. Der Baath-Sozialismus, der sich dem panarabischen Nationalismus verpflichtet wusste, sich in Irak und Syrien an die Macht putschen sollte und im Irak zuletzt von *Saddam Hussein* repräsentiert wurde, kann schon wegen seines Verzichts auf ausdrückliche marxistische Dogmen sicherlich als genuiner Nationalsozialismus angesprochen werden. Der tatsächliche arabische Kollaborateur des deutschen NS war allerdings der Mufti von Jerusalem, *Mohammed Amin el-Husseini*, dessen ihn bewundernder Neffe *Jassir Arafat al Quadwa al-Husseini* die palästinensisch-sozialistische nationale Unabhängigkeitsbewegung *Al Fatah* gründen sollte. Um die (angebliche) Affinität zwischen Islam und Nationalsozialismus zu beweisen, rekrutierte *Amin el-Husseini* unter anderem die 21. Waffengebirgsdivision der SS Skanderbek (alb. Nr. 1) und die 23. Waffengebirgsdivision der SS Kama (kroat. Nr. 2) auf dem Balkan. Im übrigen weist der „Sozialismus der dritten Art", wie man deutschen NS und Drittweltsozialismus, zumindest soweit er sich nicht-marxistisch / -kommunistisch verortet (hat), zusammenfassen könnte, eine sehr große Bandbreite auf: Er reicht von mehr im parlamentarischen Sinne demokratischen Formen, wie dem „demokratischen Sozialismus" von Indien und Sri Lanka über den „fortschrittlichen Sozialismus" von Singapur zu den totalitären Formen, die allerdings in der Regel eine ausdrückliche Bezugnahme auf Marxismus und Kommunismus aufwiesen, wie etwa der Extremfall des *Pol Pot*-Regimes in Kambodscha. Beim demokratischen Sozialismus des indischen Subkontinents ist darauf hinzuweisen, dass mit „demokratisch" dort, anders als bei den sich so bezeichnenden sozialdemokratischen Sozialisten Westeuropas, weniger oder kaum die Abgrenzung zum diktatorischen Sowjetkommunismus vorgenommen, sondern damit das Synonym von „national" zum Ausdruck gebracht werden sollte. Als Vater dieses demokratischen, also nationalistischen Sozialismus kann man den (neben *Nehru*) langjährigen Generalsekretär der Indischen Kongresspartei *Subhas Chandra Bose* ansehen; dieser baute unter anderem mit Zustimmung *Hitler*s ein aus indischen Kriegsgefangenen bestehendes Freiwilligenkorps, die Legion *Freies Indien*[63] auf, das zunächst auf deutscher Seite und später auch in Indien kämpfen sollte. Diese *Indische Legion* wurde im sachsen-anhaltinischen Annaburg und im sächsischen Königsbrück aufgebaut und der Waffen-SS unterstellt. Die indischen Soldaten trugen Wehrmachtsuniform und legten ihren Fahneneid sowohl auf *Hitler* als auch auf *Bose* ab. Die Verdienste von *Bose* um die indische Unabhängigkeit sind unbestritten, zumal es die Briten nach der Niederlage der sogenannten Achsenmächte zur Vermeidung von offenen Unruhen nicht mehr wagen konnten, die Soldaten der von *Bose* aufgestellten Armee, die schwerpunktmäßig von Burma mit japanischer Unterstützung aus operierte, strafrechtlich zu verfolgen. Dies hatte dann zur Folge, dass der sozialistisch geprägte

Nationalismus auf die im Dienste des Britischen Empire stehenden indischen Soldaten übersprang: Geschwächt vom Zweiten Weltkrieg wäre unter diesen Bedingungen die Aufrechterhaltung des Britischen Empire in Indien nicht nur finanziell, sondern auch moralisch – man hätte dann weniger „Bewältigung“ gegenüber Deutschen machen können[64] – zu kostspielig gewesen, was dann den wesentlichen Ausschlag für die Gewährung der indischen Unabhängigkeit gegeben hat. Zahlreichen Indern ist durchaus bewusst, was den wirklichen Grund der indischen Unabhängigkeit ausmacht: Dies geht mit einer für den freiheitlichen Bundesdeutschen äußerst peinlichen positiven Einstellung gegenüber *Hitler* einher, der bekanntlich in Deutschland amtlich ein indisches Symbol eingeführt hatte, das in Deutschland selbst völlig fremdartig und damit ersichtlich nicht konservativ war!

Zum Zwecke des vorliegenden Werkes, die Legitimität des sozialistischen Anspruchs des deutschen National-Sozialismus im Kontext der sozialistischen Ideologieentwicklung nachzuvollziehen, soll diese grobe Skizze genügen, die wohl hinreichend belegt, dass der Nationalismus geschichtlich zum zentralen Element des Sozialismus geworden ist, so dass der extreme Nationalismus des deutschen NS absolut keinen Grund darstellen kann, diesem selbst den sozialistischen Charakter abzustreiten. Wäre dies berechtigt, dann müsste man dies auch bei den maßgeblichen Unabhängigkeitsbewegungen der Dritten Welt unter Einschluss der sich ausdrücklich als „kommunistisch“ bezeichnenden Parteien, wie dem *Maoismus,* ebenfalls tun. Dies haben aber etwa die deutschen 68er, die mit *Mao*-Postern protestiert haben, absolut nicht getan. Vielmehr haben die bundesdeutschen 68er deshalb mit derartigen Postern posiert, weil sie sich für links hielten und dementsprechend auch ihre Bezugsperson, diesen „orientalischen Hitler“, so eingeordnet haben.

Nun kann und soll mit der hier vorgenommenen Darlegung nicht in Frage gestellt werden, dass deutscher National-Sozialismus und der ideologisch verwandte Drittwelt-Sozialismus etwas anderes darstellen als der (klassische) Marxismus. Eine derartige Feststellung trifft in etwas anderer Weise allerdings auch für die „revisionistische“ Sozialdemokratie zu, die die *Marx*schen

Lehren als offizielle Doktrin entweder sehr modifiziert oder sich gar davon – teilweise offen, teilweise implizit – verabschiedet hat. Trotzdem wird im letzteren Falle nicht ernsthaft bestritten, dass ein Zusammenhang im Sinne einer historischen (Ideen-) Entwicklung und eines ideologischen Kontinuums besteht, die zu entsprechenden ideologiepolitischen Wandlungen geführt haben, die selbstverständlich auch mit besserer Einsicht und Erkenntnis verbunden oder dem Wandel der Zeiten geschuldet waren, was den politischen Akteuren nicht immer bewusst sein musste. Dabei geht das Selbstverständnis in der Regel noch von einem Zusammenhang aus, der mit „Sozialismus“ erklärt wird: Dieser sei dann zwar nicht mehr als Produkt einer sich fast naturgesetzlich ergebenden Entwicklung zu verstehen, sondern (etwa nach dem Godesberger SPD-Programm) als ethisches Prinzip aufzufassen, das es tagtäglich politisch zu verwirklichen gelte. Dabei mag das sogenannte Endziel, wie es in etwa im *Kommunistischen Manifest* formuliert ist, falls es sich einstellen sollte, mehr oder weniger dasselbe bleiben. Sein Eintritt wird allerdings wesentlich von der Zustimmung der demokratisch zustandegekommenen Mehrheit abhängig gemacht. Die Vermutung, dass das „Endziel“, das allerdings, wenn überhaupt, in anderer Weise erreicht werden soll, doch irgendwie dasselbe ist wie einst verkündet und geglaubt, kommt darin zum Ausdruck, dass man konkurrierende Strömungen, die gemessen an den weltanschaulichen Fortschritten des Sozialdemokratismus diesbezüglich noch traditionellere Auffassungen vertreten, die gemeinsame Zurechnung „links“ zugesteht und besondere (SPD-SED-) „Dialoge“ pflegt.

In ähnlicher Weise wird man dann allerdings legitimerweise das Verhältnis von klassischem Marxismus und Faschismus / Nationalsozialismus ansehen dürfen: Die Bruchlinie, die sich unter politisch anderen Bedingungen vielleicht überhaupt nicht hätte ergeben müssen, ist insofern nicht primär (im konkreten deutschen Fall allerdings auch), wie im Falle der Spaltung Sozialdemokratie-Kommunismus, die Frage des Demokratie- und Revolutionskonzepts mit jeweils sicherlich weitreichenden Implikationen, sondern sozialistischer Nationalismus gegen proletarischen Internationalismus. Diese Trennung erklärt sich nicht zuletzt aus der Unfähigkeit des klassischen Marxismus, die Nationalitätenfrage ideologisch plausibel zu verorten. Hinsichtlich der inneren Nationalitätenpolitik von *Lenin* ist berechtigterweise gesagt[65] worden, dass sie in dem Sinne authentisch marxistisch war, als sie zwei sich gegenseitig ausschließende Prinzipien zu verwirklichen trachtete: Das – dem demokratischen Nationalismus geschuldete – Selbstbestimmungsrecht der Völker und den – mehr dem Sozialismus geschuldeten – zentralistischen Staat, der ja eigentlich absterben soll, so dass dann wohl nur noch Nationen verbleiben würden (es sei denn, man erklärt diese als Produkte von Staaten, die dann mit den Staaten ebenfalls verschwinden müssten). Dementsprechend verteidigte die bolschewistische Partei der Sowjetunion zumindest ideologisch das Recht auf Selbstbestimmung bis zur Forderung nach nationaler Unabhängigkeit und bestand gleichzeitig realpolitisch darauf, dass das nationale Selbstbestimmungsrecht Instrument des Sozialismus und diesem nachgeordnet sein müsse. Diese Ambivalenz führte bei der Sowjetunion zu einem Pseudo-Föderalismus im Inneren und zum Antikolonialismus in den Außenbeziehungen; dabei nahm man entsprechend der Imperialismustheorie an, dass der vom Antikolonialismus geförderte (Dritte-Welt-) Nationalismus notwendigerweise den Sozialismus fördern müsse. Angesichts dieser zwielichtigen Einstellung konnte ein maßgeblicher Vertreter des deutschen Nationalsozialismus überzeugend ausführen: „Ursprung und Ursache von Nationalsozialismus und Bolschewismus sind in den Massen dieselben: die Sehnsucht nach Freiheit und Erlösung ... Im Wege trennen sich die Geister: hier internationale Korruption des wahren sozialistischen Gedankens, hier der letzte verzweifelte Versuch, die Weltidee der sozialen Gerechtigkeit praktisch im Staate, d.h. auf nationalem Wege zu verwirklichen."[66] Diese Modifikation der sozialistischen Idee ergibt sich dabei, wie ausgeführt, aus der sozialistischen Ideenentwicklung, da sich diese nationalistisch orientierte Modifikation als zentrale Möglichkeit angeboten hat, eine Antwort auf eine grundlegende Frage zu finden, die im Revisionismusstreit innerhalb der Sozialdemokratie als Krise des Marxismus aufgeworfen wurde und dabei gleichzeitig auf so etwas wie auf eine, in der Regel allerdings unbewusste (verdrängte), Rückkehr zum Nationalisten *Lassalle* hinauslief. Im Rahmen des Sozialismus schloss diese Antwort allerdings die Möglichkeit ein, den Marxismus selbst zu überwinden oder aber nur zu modifizieren oder durch formale Modifizierung vielleicht unausgesprochen zu überwinden. So ist ja unter Bezugnahme auf *Kautsky* (und damit den Marxismus verharmlosend!) gesagt[67] worden, dass das nationale Denken von *Lassalle*, dessen idealistische Geschichtsauffassung ohnehin weniger von Klassenkämpfen als von nationalen Kämpfen als Fortschrittsdoktrin ausging, „mit dem marxistischen proletarischen Internationalismus fast nichts und mit dem Imperialismus des 20. Jahrhunderts sehr vieles gemein hat." Für den politischen Erfolg der nationalistischen Modifikation oder Regression des Sozialismus gegenüber dem Internationalismus sprach sein politisch größerer Realitätsbezug, dessen Mangel das Scheitern der Zweiten (sozial-demokratischen) Internationale verursacht hatte.

Im Unabhängigkeitskampf der Kolonialvölker bot sich die Kombination von Sozialismus und Nationalismus vor allem deshalb an, weil man den nach *Marx*scher Theorie auf die Notwendigkeit der Kapitalexpansion zurückzuführenden Imperialismus als Herrschaft des Kapitalismus ansehen konnte. Die Beseitigung des Kapitalismus, also die Verwirklichung des Sozialismus, war dann in diesem Verständnis die Voraussetzung der nationalen Unabhängigkeit, so wie umgekehrt die nationale Unabhängigkeit – entsprechend der Imperialismustheorie *Lenin*s – als Voraussetzung für die Ankunft des Sozialismus angesehen wurde. In diesem ideologischen Kontext musste der Nationalismus zur Kehrseite des Sozialismus werden. Genau diese Konstellation erklärt auch die Verwandtschaft, wenn nicht Gemeinsamkeit zwischen dem deutschen Nationalsozialismus des sogenannten Dritten Reichs und dem sozialistischen Befreiungsnationalismus der sog. Dritten Welt. Die Stellung des Deutschen Reiches der Weimarer Republik unter dem „Versailler Diktat" (so das allgemeine parteiübergreifende Verständnis) mit seinen exzessiven Kriegsentschädigungsverpflichtungen wurde mit einiger Plausibilität als vergleichbar mit den Gebieten der später so genannten

Dritten Welt gesehen, die in der Tat, wie etwa im Falle von Ägypten nachweisbar, häufig über internationale Gläubigerkonsortien, die die Staatsschulden verwalteten, im Laufe der Zeit förmlich ihre Unabhängigkeit an europäische Kolonialmächte verloren hatten. *Oswald Spengler* schrieb deshalb auch von Deutschland als einer „Reparationskolonie", „von einem deutschen Indien" (dessen Fürstentümer großenteils nur indirekt, etwa über die britische Finanzkontrolle beherrscht wurden). Ein vergleichbares Schicksal, wodurch eine indirekte Beherrschung in eine formale hätte übergeleitet werden können, drohte in der 30er Jahren etwa dem formal noch unabhängigen China, das einer Vielzahl sog. ungleicher Verträge unterworfen war, die westlichen Ausländern weitgehende Extraterritorialität garantierten; dies schloss ganze internationalisierte Siedlungsgebiete wie Shanghai ein, an dessen Parkanlagen Anschriften angebracht waren wie: *Chinese and dogs not allowed!* Dies erklärt auch das Aufgreifen rassistischer Tendenzen in den sozialistischen Unabhängigkeitsbewegungen, was etwa den seinerzeit führenden chinesischen Marxisten *Li Ta-chao* argumentieren[68] ließ, dass sich in weltweiter Sicht der Klassenkampf in einen Rassenkampf verwandelt habe.

e) Ideologiepolitischer Stellenwert des Hitler-Stalin-Paktes

Für die damit implizierte Wandlung des Sozialismus zum Nationalismus, der aus marxistischer Perspektive dann als „progressiver" angesprochen wurde, sprach eigentlich schon die marxistische Dialektik: Wenn der Kapitalismus gemäß den insofern sogar hymnisch zu nennenden Ausmalungen des *Kommunistischen Manifests* notwendigerweise den Internationalismus zum Ausdruck brachte, dann war die seine Aufhebung vorbereitende Antithese der Nationalismus, der den Sozialismus vorbereiten oder darstellen würde: Die kommunistische Synthese mag dann auf höherer Ebene wieder Sozialismus und Internationalismus verbinden oder gar durch einen Universalismus vollständig im Sinne der Dialektik *Hegels* (endgültig) „aufheben". Deshalb ist auch zu Recht betont worden, es sei nicht angezeigt, „*Marx* als internationalen und *Lassalle* als nationalen Sozialisten"[69] antagonistisch zu etikettieren, weil auch hier von einem ideologischen Kontinuum auszugehen ist, und es davon abhing, in welcher Phase der dialektischen Weltentwicklung man sich sah, um Nationalismus aus sozialistischer Perspektive progressiv oder reaktionär zu finden. Dialektisch sprach dann in der Tat wohl einiges dafür, dass zumindest „vorerst" der antikapitalistische Nationalismus den gebotenen (Weg zum) Sozialismus darstellen würde. In diesem Sinne behielt dann sogar der deutsche Nationalsozialismus die universalistische Endzeit-Perspektive des Sozialismus bei: Die sozialistischen Nationalismen würden die Herrschaft des „Weltkapitals" beenden und eine weltgeschichtlich neue Epoche einleiten, nämlich ein kollektivistisches Zeitalter, in dem dann das Volk, das am konsequentesten sozialistisch wäre, die Weltherrschaft[70] erringen würde. Und dass gerade Deutschland als Avantgarde der weltgeschichtlichen Revolution[71] in Betracht käme, geht nun wirklich schon auf *Marx* zurück, wurde allerdings von *Lassalle* als gewissermaßen selbstverständlich angesehen, nämlich mit dem Sozialismus als „Idee der deutschen Sendung" so etwas wie eine deutsche Weltherrschaft herzustellen: Genau diese Perspektive hatte *Lenin* so verzweifelt auf die Revolution in Deutschland hoffen lassen und gleichzeitig *Goebbels* nachdrücklich zur Auffassung gebracht, dass *Marx* die Entwicklung schon „halbwegs richtig dargestellt"[72] habe: „Während Marx´ Prognose auf der Analyse der Produktionsverhältnisse beruhte, bezog sich Goebbels auf den Liberalismus, also die seiner Überzeugung nach hinter dem Kapitalismus stehende Idee. Marx ging von der Basis, Goebbels vom Überbau aus. Im Ergebnis allerdings folgte der nationalsozialistische Ideologe dem Philosophen aus Trier: Die Herrschaft des Kapitals werde einmal im globalen Maßstab fallen."[73] Wenn aber schon nach *Marx* die soziale Revolution in Deutschland, dem Land der Dialektik, für den Sozialismus und daher für die Menschheitsentwicklung die zentrale Rolle einnimmt, dann hing Sozialismus wesentlich von der Verwirklichung des deutschen Nationalismus ab, wie schon *Marx* die deutsche Einheit und damit die deutsche Macht als Voraussetzung der sozialen Revolution erkannt hatte.

Die Kombination von Nationalismus und Sozialismus stellte sich, den Umständen der Zeit nach dem Ersten Weltkrieg entsprechend, innerhalb der sozialistischen Ideenströmung zumindest als (wieder) so zwingend dar, dass sich dem auch die Sowjetunion unter *Stalin* nicht verschließen konnte, die äußerst radikalisiert den traditionelleren Marxismus repräsentierte und der aufgrund des Scheiterns des sozialistischen Umsturzes im deutschen Oktober von 1923 und damit eigentlich der Weltrevolution, zur Rettung der sozialistischen Idee nichts anderes verblieb als den „Sozialismus in einem Land" zu propagieren, so wie sich dann in Deutschland selbst folgerichtig die Chance des Nationalsozialismus ergab. Dabei kann auch nicht verkannt werden, dass insbesondere *Hitler* in dem sowjetischen Konzept des „Sozialismus in einem Land" eine Annäherung des Sowjetsystems an sein Konzept des Nationalsozialismus erkannte, auch wenn er öffentlich weiterhin auf den „jüdischen Bolschewismus" schimpfte, dem – dies sei schon vorweggenommen[74] – von Seiten der NS-Führung (anders als bei vielen, die sich von der in zentralen Punkten häufig zwielichtigen NS-Propaganda täuschen ließen) nicht der Kommunismus zum Vorwurf gemacht wurde, sondern dass der Bolschewismus ein vom Judentum manipuliertes staatskapitalistisches System sei. Innerhalb der Führungszirkel tat *Hitler*[75] jedoch kund, dass sich seiner Auffassung nach *Stalin* der Juden entledigt hätte, wodurch aus der staatskapitalistischen Sowjetunion ein russischer nationaler Sozialismus entstehe, der sich zunehmend dem Konzept des deutschen Nationalsozialismus annähern würde. Insbesondere für *Goebbels* stellte die Verwirklichung eines russischen Nationalsozialismus die Hoffnung auf die weltweite Durchsetzung des Sozialismus[76] dar, was im Wesentlichen seinen rabiaten Antisemitismus erklärt, der sich trotz seines antikapitalistischen Charakters gegen das kommunistische Russland wandte, weil im Bolschewismus das Judentum den hehren Sozialismus manipulieren und damit die Völker um Erlösung bringen würde. Immerhin hat diesen Gedanken der Führer der britischen Faschisten, Sir *Oswald Mosley*, als ideologische Implikation des *Hitler-Stalin*-Paktes offen zum Ausdruck gebracht, wonach die hoffnungsvollste Interpretation des für viele Zeitgenossen überraschenden Geschehens sei, dass sich Russland der jüdischen Kontrolle entzogen habe, „and may determine under Russian leadership to pursue the course of a national revolution which is primarily concerned with the Russian people."[77]

Dieser Einschätzung entsprach die Sowjetunion *Stalin*s zu dieser Zeit immerhin, da mit dem Pakt eine antijüdische Säuberung insbesondere der mit dem sowjetischen Außenamt verbundenen Institutionen (unter Einschluss von Post und Verkehrsmitteln) einherging: *Molotow*, der das Volkskommissariat für Auswärtige Angelegenheiten vom Juden *Litwinow* übernahm, soll[78] bei einer internen Versammlung erklärt haben: „Wir werden hier ein für alle Mal mit der Synagoge Schluss machen" – und noch am selben Tag mit der Entlassung von Juden begonnen haben. Gelegentlich wurde sogar die antisemitische Politik des *Hitler*-Regimes offen gebilligt: „For the first time since the founding of the Soviet state anti-Semitism was becoming official policy."[79] Außerdem wurde in der Sowjetunion der deutsche NS amtlich als solcher angesprochen und nicht mehr als „Faschismus" diffamiert (lediglich für die gegnerische Sozialdemokratie war weiterhin der Begriff „sozialfaschistisch" reserviert), womit erkennbar zum Ausdruck gebracht werden sollte, dass „die Nazis" doch eine Art von Sozialisten darstellen[80] würden. Umgekehrt steigerte sich *Hitler*s Bewunderung für *Stalin* zunehmend, und er begann zu bedauern, nicht dieselbe sozialistische Entschlossenheit an den Tag gelegt zu haben wie *Stalin*. Sein eigenes innenpolitisches Bündnis mit der bürgerlichen Rechten, das der Legalitätstaktik geschuldet war, habe ihn, *Hitler*, daran gehindert, eine ähnliche Säuberung in der Armee durchzuführen wie dies *Stalin* gemacht habe. Während *Stalin* eine Armee hätte, die entschlossen für den Sieg des Kommunismus eintrete, habe er selbst eine Armee, deren Generäle mehrheitlich gar nicht den Sieg des Nationalsozialismus[81] wollten.

Es ist schwer zu sagen, inwieweit die Ansätze zur gegenseitigen Erkenntnis der zunehmenden Ähnlichkeit des deutschen sozialistischen Nationalismus und des russischen nationalen Sozialismus, die beide auf dieselbe Wurzel im klassischen Sozialismus zurückgehen, einen maßgeblichen Grund für diesen *Hitler-Stalin*-Pakt vom 23.08.1939 dargestellt haben, ohne den es sicherlich nicht zum baldigen Ausbruch des Zweiten Weltkrieges hätte kommen können. Immerhin war *Goebbels* deshalb so nachdrücklich dafür eingetreten, dass Deutschland sozialistisch werden sollte, um mit der Sowjetunion bündnisfähig[82] zu sein. Im Ergebnis spricht sicherlich einiges dafür, dass es sich bei diesem Pakt eher um ein Bündnis jenseits ideologiepolitischer Einschätzung nach klassischen Grundsätzen der Machtpolitik handelt, wonach unmittelbare Nachbarn natürliche Feinde und der Nachbar des Nachbarn der natürliche Verbündete, beziehungsweise der „Feind meines Feindes mein Freund" ist, allerdings mit der entscheidenden Modifizierung, dass mit dem Bündnis aus sowjetischer Sicht ein Krieg zum Ausbruch gebracht[83] werden sollte, der als Neuauflage des vorausgegangenen Weltkriegs endlich die sozialistische Weltrevolution realisieren würde, die *Lenin* schon von diesem erwartet hatte. Für die Einschätzung, dass das Bündnis weniger auf einem gemeinsamen ideologischen Verständnis basierte, spricht, dass sich die – nach außen ohnehin kaum zum Ausdruck gebrachte – Wertschätzung *Hitler*s für *Stalin* erst nach dem Bruch dieses Bündnisses in besonderem Maße einstellte, während die deutsche Propaganda antibolschewistisch, wenngleich gerade in Bezug auf die Sowjetunion entschieden pro-sozialistisch blieb: Mit großer Ankündigung erschien in dieser Zeit, das heißt im November 1938 das Buch von *Karl Albrecht*, Der verratene Sozialismus, eines ehemaligen Kommunisten,[84] der zehn Jahre als Parteifunktionär in der Sowjetunion gearbeitet hatte und schockierende Berichte über die Hinschlachtung der besitzenden Klasse in *Stalin*s Russland enthielt. Aufgrund dieser Erfahrung zog das Buch den sozialismusadäquaten Schluss, dass *Hitler*, der anstelle des Klassenkampfes die Volksgemeinschaft setzte, als der „größte Sozialist des gegenwärtigen Zeitalters" angesehen werden müsse. Dieses Buch wurde auch in der Zeit des *Hitler-Stalin*-Paktes weiter aufgelegt. Trotz des mehr „pragmatischen" Charakters dieses Paktes ist dieses vorübergehende Bündnis des deutschen National- mit dem sowjetischen International-Sozialismus ideologiepolitisch bedeutsam, weil doch einige wesentliche Vertreter des westlichen Sozialismus in ihrem Bedürfnis nach einer ideologischen Einordnung des Geschehens plötzlich die Bereitschaft zeigten, den sozialistisch-fortschrittlichen Charakter des deutschen Nationalsozialismus zu akzeptieren[85] und bestimmte „Unvollkommenheiten" nicht zu negativ zu sehen. Mehr macht- als ideologiepolitisch argumentierte etwa *Hewlett Johnson* (1874-1966), Dean of Canterbury und Verfasser des Buches *The Socialist Sixth of the World*, der den *Hitler-Stalin*-Pakt damit rechtfertigte, dass der Führer des ersten sozialistischen Staates der Welt (gemeint ist *Stalin*), berechtigt sei, alles zu tun, was dem Sozialismus nützt. Ähnlich äußerte sich ein *G.D.H. Cole*, der davon ausging, dass jede Moral Klassenmoral sei und deshalb „das Proletariat", das heißt *Stalin*, alle Mittel anwenden könne, um den Sieg des Sozialismus herbeizuführen. Immerhin war damit dargetan, dass also unter bestimmten Umständen die Unterstützung *Hitler*s dem Sozialismus als solchem nützlich sein konnte. Ideologisch bemerkenswerter ist die Stellungnahme des ehemaligen Unterhauskandidaten für die sozialdemokratische Labour Party und Verfasser prosowjetischer Bücher, *H.N. Brailsford* (1873-1958), der am 25.10.39 vom Nationalbolschewismus in Deutschland berichtete, der mit der Roten Armee zusammenarbeiten wolle, um eine Säuberung konservativer Elemente in der Nazi-Partei herbeizuführen, so dass die Hoffnung bestünde, dass *Hitler* „bolschewisiert" würde. *Brailsford* entdeckte dabei, dass die Nazi-Propaganda eine Position einnehme, wonach die deutsche und russische Revolution mit etwas unterschiedlichen Methoden dieselben Ziele anstreben würden. Allerdings bleibe der Unterschied, dass Russland das Privatkapital zerstört habe (was positiv gemeint war!), während es in Deutschland nur unter „eiserne Kontrolle" geraten sei, aber immerhin betrieben beide einen Kreuzzug gegen den erschöpften Liberalismus der „Pluto(kratischen)-Demokratien". Schließlich war für *Orwell* klar, dass Nazi-Deutschland ein sozialistischer Staat war oder zumindest einer mit einer sozialistischen Wirtschaft. Schon vorher hatte *Bernard Shaw* „Hitler als eine Verbesserung der sogenannten Demokratie" bezeichnet, die in Wirklichkeit überhaupt keine[86] sei. Dementsprechend sah sich der unorthodoxe Kommunist *J.B.S. Haldane* verpflichtet, in einem Leserbrief die britische Linke aufzufordern, nicht zu schlecht über *Hitler* zu denken: "I would sooner be a Jew in Berlin than a Kaffir in Johannesburg or a Negro in French Equatorial Africa. If the Czechs are treated as an inferior race, do Indians or Annamites enjoy complete equality?“ Da die Linke im Allgemeinen eine ideologische Begründung auch für außenpolitische Koalitionen benötigt und dabei die marxistische Dialektik, mit der man fast alles beweisen kann, im Wesentlichen auf die Affirmation sozialistischer Macht hinausläuft, war der *Hitler-Stalin*-Pakt notwendige Voraussetzung, um insbesondere die französische linke Intelligenz zu einer umfassenden Kollaboration mit den deutschen Besatzungsbehörden zu bringen: „Für sie (die Intellektuellen, *Anm.*) brach eine neue Zeit an, nachdem die Regierungen ihrer Länder abgewirtschaftet hatten. Der nationale Sozialismus schien die Ideologie der Zukunft zu sein und nicht der internationale und marxistische Sozialismus, der mit den Volksfrontregierungen in Frankreich und Spanien Fuß gefasst hatte. Die Vorstellungen von einem neuen Europa, das, als Staatenbund konzipiert, die Bevölkerung aller Länder in korporativen Organisationen zur Mitarbeit mit dem Sieger verpflichtete, war eine Vision, der sich während des Krieges wie nach dem Krieg nur wenige entziehen konnten... Besonders in Frankreich gehörten viele Intellektuelle und Künstler zur Kollaborationsbewegung.“[87] Der nationalistische Sozialismus war also schon damals durchaus akzeptabel, was seine Fortsetzung etwa in der Unterstützung nationalistischer Befreiungsbewegungen, die sich dem Sozialismus verpflichtet fühlten, durch bundesdeutsche 68er[88] finden sollte.

f) Bewertung des sozialistischen Nationalismus

Wie immer man das Maß an marxistischer Orthodoxie im Dritte-Welt-Sozialismus unter Einschluss der sich explizit „kommunistisch“ nennenden Parteien einzustufen hat, entscheidend ist, dass sich „die von uns bewunderte Moral der Khmer Rouges, der Vietcong und der Pathet Lao kaum auf die Überzeugung (gründet), dass sich mit dem Marxismus-Leninismus das Paradies auf Erden schaffen ließe, sondern vor allem auf den Wunsch nach nationaler Selbstbestimmung“, schreibt in einer die bundesdeutschen 68er kennzeichnenden Apologetik *Sontheimer* in seinem Buch über Kambodscha.[89] Wenn *Sontheimer* dabei meint, die westlich „aufgeklärten“ bundesdeutschen 68er hätten die nationalistischen und rassistischen Ressentiments der sozialistischen Dritte-Welt-Bewegungen nicht erkannt, dann ist dies zum einen unglaubwürdig, weil bei den Demonstrationszügen zahlreiche fremdnationalistische Parolen wie „Vietnam den Vietnamesen" mitgeführt worden sind, was ja wohl, wenn das der Parole zugrundeliegende Prinzip richtig ist, auch die Akzeptanz des „rechtsextremistischen" Slogans „Deutschland den Deutschen" einschließen müsste. Zumindest war der nationalsozialistische Aspekt des Drittweltsozialismus doch selbst dem bekennenden Neo-Nazi *Michael Kühnen*, der wohl intelligenter als die intellektuellen 68er war, nicht entgangen, der dementsprechend mit dem *Maoismus* kokettierte. Da man sowohl dem Selbstverständnis als auch der Einordnung durch Dritte entsprechend, den linken Charakter der nationalen Sozialismen der Dritten Welt nicht bestreiten kann, wird von der bundesdeutschen linken Apologetik aus erkennbar durchsichtigen Gründen versucht, bestimmte Folgeerscheinungen der radikalsten dieser linksnationalistischen Dritte-Welt-Regime, wie den politischen Massenmord eines *Pol Pot*-Regimes, darauf zurückzuführen, dass sich dieser Kommunismus „nationalistisch" oder „völkisch" habe vereinnahmen lassen. Dementsprechend gibt ein ehemaliger bundesdeutscher 68er und Unterstützer von *Pol Pot*, der später im bundesdeutschen Außenamt beschäftigte „*Joscha*" *Schmierer* auf die Frage: „War Pol Pot ein Kommunist?"[90] die erhellende Antwort: „Ja, wenn man es in der historischen Konsequenz sieht – nein, wenn man die ideelle Substanz des Kommunismus nimmt ... Überall vermischten sich im siegreichen Kommunismus imperiale Restauration und kommunistische Ideologie ... Aber man kann die tödliche Mischung aus Völkisch-Imperialem und Kommunistischem auch nicht fein säuberlich trennen... In allen kommunistischen Bewegungen der Geschichte liegen beide Elemente vor, und zwar in Form eines Widerspruchsverhältnisses, das teilweise blutig ausgetragen wurde". Die eigenartige Begriffsbildung „völkisch-imperial" zeigt an, dass es bei diesen ideologischen Verrenkungen letztlich – unausgesprochen und tabuisierend – um die sich hierbei notwendigerweise aufdrängende Frage der ideologischen Einordnung des deutschen National-Sozialismus geht.

Auch wenn hier eine gewisse Differenzierung versucht wird und *Schmierer* in seinen Antworten die ideologisch noch krudere Auffassung des Interviewpartners *Jürgen Elsässer* (insoweit anerkennenswert) zurückweist, wonach die besonders kritikwürdige Seite der entsprechenden kommunistischen Dritte-Welt-Regime allein darauf beruhen würde, dass sie die kommunistische Ideologie zugunsten des „Völkisch-Imperialen" verdrängt hätten, so ist doch das Bedürfnis erkennbar, die Integrität der kommunistischen und sozialistischen Idee aufrechtzuerhalten, indem man das Böse auf den unverkennbar vorhandenen Nationalismus im Drittwelt-Sozialismus schiebt: „Vermutlich hätte das kommunistische Element für sich genommen keine Massenmorde zur Folge gehabt" (*Schmierer*). Am liebsten würde man deshalb *Pol Pot* als „rechtsextrem" ausgeben wollen, was aber dann doch (noch?) nicht geht, weil man sich dann als bundesdeutscher 68er beschuldigen müsste, die „Rechtsextremisten" *Mao*, *Pol Pot* und auch „*Ho*" unterstützt zu haben. Wie groß das Bedürfnis von interessierter Seite ist, im Zusammenhang mit ideologisch-moralisch „unangenehmen" Seiten des Drittweltsozialismus aufgrund seines Nationalismus zu dem bereits bei der linken „Bewältigung" des deutschen National-Sozialismus so erfolgreich angewandten Verdammungsvokabel „rechtsextrem" zu kommen, ergibt sich zum Beispiel aus einer „antifaschistischen" Einordnung der nationalistischen Marxistengruppe *JVP* von Sri Lanka als „rechtsnationalistisch" durch das „demokratische Jugendforum Brandenburg".[91] Die JVP, die zweimal einen gewaltsamen Umsturz versucht hatte, der ihr beim zweiten Mal fast gelungen wäre, dürfte diejenige Gruppierung sein, welche neben dem „leuchtenden Pfad" von Peru von allen Drittweltbewegungen der radikal- und national-sozialistischen *Pol Pot*-Ideologie am nächsten steht. Wäre daher der Versuch, eine derartige Gruppierung ideologisch-politisch als „rechtsextrem" einzuordnen, bewältigungspolitisch erfolgreich, könnten die „liberalen" Sympathisanten der kommunistischen Unschuld dazu übergehen, wie schon *Adolf Hitler* so auch *Pol Pot* und schließlich *Mao* als „rechtsextrem" einzustufen, nachdem es diesen Ideologiepolitikern vorübergehend zur *Gorbatschow*-Zeit fast gelungen war, *Stalin* und *Honecker* offiziös, also im sozialisierten Rundfunksystem (mit Resonanzboden „unabhängige Presse") als „konservativ" einzustufen, was dann die bundesdeutsche bewältigungsinduzierte Verdammungsvokabel „eigentlich rechts" suggeriert!

Dabei sollte doch erstaunen, wieso die Beantwortung der Frage, warum der Sozialismus mit politischem Massenmord einherging, davon abhängen soll, ob er mehr mit Nationalismus oder mehr mit Internationalismus verbunden war. Diese Unterscheidung kann schon deshalb nicht so bedeutsam sein, weil es wahrscheinlich einen wirklichen Internationalismus noch nie gegeben hat und, solange die Mechanismen der Weltpolitik nicht aufgehoben sind (was allerdings der Sozialismus erträumt), auch nicht geben wird: Der Internationalismus pflegt nämlich in der Regel derjenige einer machtvolleren Nation[92] zu sein, so wie der sowjetische Internationalismus im Ergebnis auf einen sozialistischen Nationalismus der Großrussen hinauslief und dabei diesem die Formeln liefern sollte, gegnerische Nationalitäten dadurch zu unterdrücken – und zwar nachhaltig bis zur Massendeportation und Ausrottung –, dass man sie mit dem Vorwurf des „Nationalismus" überzieht, der sich gegen den völkerverbindenden Internationalismus richten würde wie er von der Sowjetmacht und damit von den maßgeblichen Großrussen vertreten werde. Die Frage kann deshalb nur lauten, wieso der Nationalismus, falls man ihm die Schuld gibt, im Sozialismus derartige Konsequenzen annehmen kann, die er offensichtlich im Liberalismus (zumindest so weitgehend) nicht hat, obwohl unbestreitbar der Liberalismus ursprünglich (nicht nur in Deutschland) die Grundlage des Nationalismus[93] gewesen ist. Ansatz für die Beantwortung dieser Frage kann vielleicht der sozialistische Nationalist *Lassalle* darstellen, dessen sozialistische Revolutionstheorie, worunter entgegen sozialdemokratischen Verharmlosern durchaus ein sehr gewalttätiger Vorgang gemeint war, unverkennbar mit der Bereitschaft zum fortschrittsbedingten Angriffs- und Eroberungskrieg einherging, ja Tendenzen zur Verherrlichung der Gewalt[94] und Terror sichtbar macht, weil Krieg positive Auswirkungen auf den Gemeinsinn eines Volkes habe. Damit wird „Lassalles Theorie gefährlich in die Nähe späterer militaristischer Ideologen gerückt. Thilo Ramm hat es sich versagt, diese Parallelen im Einzelnen zu ziehen, wohl aber darauf hingewiesen, dass man Lassalle – gerade wegen seiner Theorie der Gewalt – als den 'großen Vorläufer jener Weltanschauungen' bezeichnen kann, 'die die bisherige Geschichte des 20. Jahrhunderts gestaltet haben.'"[95] Damit man nicht zu der sich aufdrängenden Schlussfolgerung: *Lassalle* = Vorläufer von *Hitler* kommt, wird dann verharmlosend auf *Treitschke* und *Ludendorff* als „Parallelfälle" hingewiesen. Mit letzterem war ja *Hitler* immerhin kurzfristig verbündet, aber beide „Parallelfälle" haben keinen Sozialismus angestrebt, was aber neben der Herrschaftslehre[96] *Lassalle* gerade mit *Hitler* verbindet.

Das Problem der sozialistischen Theorie ist wohl, dass ihr letztlich eine Erklärung für den Völkerpluralismus nie gelungen ist, außer der Erkenntnis, dass sich halt die Menschheitsgeschichte bislang in dieser Weise entwickelt hat, aber die sozialistische Prämisse doch dahin geht, dass die Staaten- und Völkervielfalt irgendwann zu verschwinden habe und man sich ihrer nur zum Zwecke der Sozialismusförderung bedienen könne, sie aber eigentlich oder zumindest, falls opportun, aus taktischen Gründen auch verdammen müsse. Demgegenüber hat im klassischen Liberalismus der Völker- und Staatenpluralismus seinen bleibenden Wert, weil dieser ein wesentliches Mittel ist, die durchaus nicht von vornherein garantierte Kompatibilität von Liberalismus und Demokratie zu sichern: Die Föderation[97] (wie dieser Komplex in der klassischen liberalen Literatur lautet) „ist das einzige Mittel, um nicht nur die Herrschaft der Mehrheit, sondern auch die Macht der Volksgemeinschaft zu zügeln."[98] In vergleichbarer Weise geht eine genuin konservative Philosophie davon aus, dass der Mensch aufgrund seiner Knappheit an Zeit (Sterblichkeit) und sonstiger Unzulänglichkeiten nicht universeller Kulturvermittler sein kann, so dass unterschiedliche Kulturen erforderlich werden, die letztlich nur durch unabhängige Staaten zu garantieren sind, um den kulturellen Reichtum der Menschheit zu gewährleisten, der in einem einheitlichen Weltstaat so nicht zu gewährleisten wäre, weil die mit Staat verbundene Integration notwendigerweise zur Reduzierung von Kulturelementen führt. Für Liberalismus und Konservativismus stellt also die den Staaten- und Völkerpluralismus garantierende Nationalität einen bleibenden Wert dar, der auch bei internationaler Wirtschaftsintegration nicht schwindet, sondern weiterhin seine politische Rechtfertigung behält. Für den Sozialismus als Fortschrittsdoktrin kann die Nationalität kaum einen bleibenden Wert darstellen, was auch für den deutschen NS zutrifft, der über seinen Sozialismus die Nation schließlich durch die Rasse ersetzen musste – was entgegen bewältigungspolitisch induzierter Annahmen ebenfalls keine sozialismusfremde Folgerung[99] darstellt. Damit muss bei der Erörterung etwa der Frage, was beim Drittweltsozialismus eines *Pol Pot*-Regimes „schiefgelaufen" ist, in angemessener Weise der Sozialismus wieder an den Mittelpunkt der Betrachtung gestellt werden. Was stellt denn dann eigentlich die Substanz der „kommunistischen Utopie" dar, das „kommunistische Element", das „für sich genommen" nach Ansicht des Experten *Schmierer* gar nicht zu Massenmorden fähig (gewesen) sein soll. Und dies, obwohl *Mao* sich ausdrücklich deshalb dem Kommunismus zugewandt und sich von den ihm eigentlich näher stehenden chinesischen Nationalisten abgewandt hatte, weil er sich vom Kommunismus brutalere Machtausübung[100] versprach.

Man muss sicherlich zum Ergebnis kommen, dass die Zuwendung der Sozialdemokratie zur parlamentarischen Demokratie (sofern ihr dies wirklich vorbehaltlos gelungen sein sollte), eine größere Abwendung vom ursprünglichen marxistischen Konzept (und auch von dem von *Lassalle*) darstellt als die vom Faschismus oder auch NS vorgenommene Ersetzung des proletarischen Internationalismus durch den sozialistischen Nationalismus, dem sich dann aber der Kommunismus, insbesondere der sogenannten Dritten Welt ebenfalls nicht verschlossen hat. Und vielleicht erklärt diese jenseits von der Frage Nationalismus-Internationalismus angesiedelte Problematik des Demokratiekonzepts, die dem „Demokraten" *Schmierer* noch immer nicht wirklich relevant erscheint, warum sich National-Sozialismus und Kommunismus im Ergebnis in äußerst kritikwürdiger Weise so ähnlich dargestellt haben, mag es auch auf Anhieb so aussehen, als würden sich ideologisch linke Sozialdemokratie und linksextremer Kommunismus näher stehen als linker Kommunismus und „rechtsextremistischer" NS. Dementsprechend ist der links-sozialistischen Richtung innerhalb der Sozialdemokratie mit nationalen Vorzeichen, die bewältigungsinduziert mit „junge Rechte"[101] fehlbezeichnet ist, kaum vorzuwerfen, dass sie aufgrund ihres Nationalismus eine relative ideologische Affinität mit dem Nationalsozialismus aufwies, sondern es ist ihr vor allem zugutezuhalten, dass sie sich gerade in der politisch entscheidenden Frage der parlamentarischen Demokratie entschieden vom NS abgesetzt hat. Deshalb hätte gerade der konsequente und überzeugende SPD-Nationalismus unter günstigeren politischen Rahmenbedingungen zur Sicherung der parlamentarischen Demokratie eine wirkliche Alternative für diejenigen Sozialisten sein können, welche wegen des Internationalismus des traditionellen Sozialismus den Weg zum National-Sozialismus fanden. Nur derjenige, welcher allerdings am sozialistischen Diktatur- und Revolutionskonzept festhalten wollte, für den boten sich als Sozialist nur der Kommunismus an, wenn er sich dem großrussischen Nationalismus (Internationalismus) hingezogen und als Alternative der Nationalsozialismus, wenn er sich als Sozialist von diesem Internationalismus abgestoßen fühlte. Dass für Vertreter der Nach-Godesberger Sozialdemokratie und der 68er-Generation (innerhalb oder außerhalb der SPD) immer noch die Frage von Nationalismus / Internationalismus entscheidend ist, kann dann durchaus auch Zweifel aufwerfen, ob insbesondere die Sozialdemokratie wirklich den Marxismus[102] überwunden hat. Dass die 68er, zumindest soweit sie *Schmierer* folgen und die Bewältigungsbedürftigkeit selbst des *Pol Pot*-Regimes in dessen Nationalismus und nicht in seinem maßgeblichen Diktatur-Sozialismus sehen, zumindest ideologisch immer noch nicht wirklich bei der liberalen Demokratie angelangt sind, dürfte allerdings schon feststehen. Hält man die Prämissen der Bewältigungspolitik für richtig, dann kann man nur schließen, dass doch vieles für die Annahme spricht: Die totalitären Tendenzen bei den 68ern[103] hätte es nicht gegeben, wenn der Sozialismus des Nationalsozialismus wirklich „bewältigt" gewesen wäre!

[1] S. bei *Huhn*, a. a. O., S. 63, unter Bezug auf eine vom *Vorwärts* gedruckte Broschüre *Sozialdemokratie und Nationale Verteidigung*.

[2] S. *Höver*, a. a. O., S. 70; die Selbsteinschätzung von *Goebbels* als „deutscher Kommunist" findet sich in „Tagebücher" Bd. 1, S. 85; die Priorität des Sozialismus vor dem Nationalismus, ebenda, S. 194; hier zitiert bei *Höver*, a. a. O., S. 40.

[3] S. zusammenfassend bei *Wette*, a. a. O., S. 105 f.: Das demokratische und das nationale Prinzip.

[4] So in der Darstellung von *Stefan Vogt*.

[5] S. ebenda, S. 11.

[6] So die Kritik von *Grotjahn* an der SPD vor dem Ersten Weltkrieg, Erlebtes, S. 154.

[7] S. ebenda.

[8] Geb. am 17.11.1893 bei Dresden, gest. am 17.06.1975 in Waldbröl/Rheinland; Mitbegründer der sozialistischen Jugendinternationale, dann Wechsel von KPD zur SPD; in seinem 1933 erschienenen Roman *Das unsterbliche Volk* stellte *Barthel* die Wandlung eines Kommunisten zum „Gefolgsmann des Führers" dar.

[9] Geb. am 10.03.1886 in Nürnberg, gest. am 4.05.1944 in Erlangen; von 1912 bis 1933 Redakteur der sozialdemokratischen *Fränkischen Tagespost*; 1933 Bekenntnis zum Nationalsozialismus im Sinne einer die Klassenschranken niederreißenden Volksgemeinschaft.

[10] Geb. am 12.09.1899 in Mönchengladbach, gest. am 18.06.1936 in Remagen; erste Veröffentlichungen in der sozialistischen Wiener *Arbeiterzeitung*; in der Weimarer Republik stark vom Expressionismus beeinflusster Schriftsteller; 1933 in die Preußische Dichterakademie aufgenommen, 1935 Rheinischer Literaturpreis; an der Beerdigung des „Nationaldichters" in Remagen nahmen über 100 000 Personen teil.

[11] In der Neuauflage von 1888 durch die Formulierung ersetzt: „zur führenden Klasse der Nation"; das Feilen an der Formulierung könnte durchaus anzeigen, dass hier zwei schwer vereinbare Positionen harmonisiert werden sollten.

[12] S. *Meinecke*, a. a. O., S. 9.

[13] Und zwar von *Barth / Naumann*, a. a. O., S. 28 unter IX; diese Schrift spricht sich für ein (links-)liberales Bündnis mit der zeitgenössischen „revisionistischen" SPD aus; dazu auch *Gilg*, a. a. O., S. 88 ff. und 178 ff.

[14] S. *Valjavec*, a.a. O., S. 332 f.

[15] So die richtige Erkenntnis des ansonsten gegen den Nationalismus anschreibenden *Wehler*, a. a. O., S. 15 f.

[16] So bei *Stromberg*, a. a. O., S. 114.

[17] S. hierzu die Ausführungen im 6. Kapitel der vorliegenden Abhandlung.

[18] S. *Mehring*, a. a. O., S. 121; zusammenfassend: *Maehl*, a. a. O.

[19] S. *Friedrich Engels* an *Paul Lafargue* am 27.6.1893, in: *MEW* Bd. 39, S. 90.

[20] S. *Otto Bauer*, a. a. O., S. 105 f. (Hervorhebung im Original).

[21] S. ebenda, S. 108.

[22] Dies wurde im Vorwort von 1924, s. ebenda, S. X, ausdrücklich hervorgeho-

ben: Auflösung des Reiches war zur Lösung des Nationalitätenproblems notwendig.

[23] S. Zitat bei *Aly*, a. a. O., S. 26.

[24] Auch dies war schon ein längerer Prozess, da die Legitimationskraft der Monarchie auch schon in der Vorkriegszeit im Schwinden begriffen war; von allen politischen Strömungen war ursprünglich der Konservativismus als ursprünglicher Antipode des Liberalismus am wenigsten nationalistisch; erst die Konstellation von 1871 konnte die Verbindung von Konservativismus und deutschem Nationalismus herstellen.

[25] S. *Zitelmann*, a. a. O., S. 153 ff., „Kritik des bürgerlichen Nationalismus".

[26] S. *Meinecke*, a. a. O., S. 21 f.

[27] So *Höver*, a. a. O., S. 82 ff., insbes. S. 87.

[28] So allerdings die für den bundesdeutschen Inlandsgeheimdienst maßgebliche Auffassung des Bundesverfassungsgerichts in seinem ideologiepolitischen Argumentieren beim *SRP*-Parteiverbot (BVerfGE 2, 1 ff., 15 f.), wo letztlich der Nationalsozialismus als eine der „Rechtsparteien" eingeordnet wird, die im Kaiserreich gewohnt waren, die natürlichen Regierungsparteien darzustellen; da sie dies in der Weimarer Republik nicht mehr waren, trat eine Radikalisierung ein, die irgendwie – das Gericht zählt einige Schlagworte auf – zum NS geführt haben soll.

[29] S. zusammenfassend *Wette*, a. a. O., S. 105 f.

[30] S. *Karl Marx* / *Friedrich Engels*: Der demokratische Panslawismus. *Neue Rheinische Zeitung* vom 15.02.1848, in: *MEW* Bd. 6, S. 281.

[31] In einem Kommentar der *Neuen Rheinischen Zeitung* vom 12. Juli 1848, s. *Konrad Löw*, a. a. O., S. 67; soweit möglich werden *Marx* und *Engels* im Folgenden anhand der empfehlenswerten Zitatensammlung von *Löw* zitiert, weil diese allgemeiner zugänglich ist als die Originalwerke.

[32] S. *Löw*, a. a. O., S. 107.

[33] S. zusammenfassend unter Bezugnahme auf *Kautsky*, *Wette*, a. a. O., S. 108.

[34] So *Walther Pahl*, Leiter der Zentralstelle für den Freiwilligen Arbeitsdienst und bedeutsamste Vertreter dessen, was *Vogt*, a. a. O., S. 377 f. als „junge Rechte" fehlbezeichnet.

[35] Die einschlägigen Imperialismustheorien sind gut zusammengefasst bei *Kruger*, a. a. O., der auch darauf hinweist, dass *Hobson*, auf den sich *Lenin* vor allem gestützt hat, seine Ansichten in der Folgezeit grundlegend revidieren sollte, ohne dass dies Auswirkungen auf *Lenin*s Ansichten gehabt hätte.

[36] S. *Marx* über „Die künftigen Ergebnisse der britischen Herrschaft in Indien": „England hat in Indien eine doppelte Mission zu erfüllen: eine zerstörerische und eine erneuernde – die Zerstörung der alten asiatischen Gesellschaftsordnung und die Schaffung der materiellen Grundlage einer westlichen Gesellschaftsordnung in Asien", s. bei *Löw*, a. a. O., S. 107, der zu Recht die Aussage wie folgt kommentiert: „Mit derlei Überlegungen lässt sich jeder Weltkrieg legitimieren"; in der Tat ein Vorwurf, den *Kautsky* nicht nur *Lassalle*, sondern auch seinen eigentlichen Lehrvätern hätte machen müssen!

[37] Zur entsprechenden Haltung von *Bernstein*, s. *Gilg*, a. a. O., S. 155 f.

[38] S. Nachweise bei *Wette*, a. a. O., S. 107.

[39] S. Nachweis bei *Hans-Christoph Schröder*, a. a. O., S. 89.

[40] So zusammenfassend *Schröder*, ebenda, S. 93.

[41] Die Tatsache eines sowjetisch-kommunistischen Umsturzversuchs im Deutschland der Weimarer Republik und damit in der Tat das Vorliegen eines Weltbürgerkriegs (*Nolte*) kann aufgrund der Dokumentation von *Bayerlein* u. a. wohl nicht mehr bestritten werden.

[42] S. *Haffner / Venohr*, a. a. O., S. 304.

[43] So *Jean-Louis Margolin*, in: *Courtois et al.*, S. 508.

[44] Nachweis bei *Johnson*, Modern Times, S. 197.

[45] S. dazu *Chang / Halliday*, a. a. O., S. 53.

[46] S. ebenda, S. 69.

[47] S. *Johnson*, a. a. O., S. 443 f.

[48] S. *Johnson*, a. a. O., S. 546.

[49] So die (wohl berechtigte) Einstufung von *Johnson*, ebenda.

[50] Zum parallelen Vorgang in Westeuropa s. *Zeev Sternhell*, Nation schlägt Klasse; die Darstellung von *v. Hayek* ist diesbezüglich leider ausschließlich auf Deutschland bezogen.

[51] Zum entsprechenden Problem s. die Ausführungen im 5. Kapitel der vorliegenden Abhandlung.

[52] S. *Höver*, a. a. O., S. 52 f.

[53] S. *Syring*, a. a. O., S. 193

[54] S. *Sieferle*, a. a. O., S. 457.

[55] So *Höver*, a. a. O., S. 233 ff.

[56] S. dessen Bemerkung vom 20. 12. 1930, wo er die „rassentheoretische“ Begründung des Antisemitismus als „Rassenfimmel“ verspottet, zitiert bei *Köhler*, a. a. O., S. 54 ff.

[57] S. *Höver*, ebenda.

[58] S. *Zitelmann*, a. a. O., S. 419.

[59] S. dazu *Fox*: a. a. O., S. 93 ff.: “The Nuremberg Laws, resolving as they did (mit der Beschränkung auf „Juden” statt auf „Nichtarier”) a contentious issue between Germany and Japan, came just in time to allow negotiations for the crucial Anti-Comintern Pact to proceed”.

[60] S. *Johnson*, a. a. O., S. 202.

[61] S. *Fujita Shozo*, Die ideologischen Konversionen um 1933, in: *Nishikawa/Miyachi*, a. a. O., S. 379 ff.

[62] S. *Tibi*, a. a. O., S. 101.

[63] S. dazu das Werk *Hartog*.

[64] Wenn man sich die moralischen Kosten der Holländer ansieht, die unter sozialdemokratischer Führung die letztlich auf die Japaner zurückgehende Unabhängigkeit Indonesiens nicht akzeptieren wollten und deshalb zum letzten Kolonialkrieg mit wohl an die 100 000 indonesischen Opfern schritten (s. dazu: *Frankfurter Rundschau* vom 08.02.1995: Das Indonesien-Trauma. Holland entdeckt seine verdrängte koloniale Vergangenheit), kann man sich leicht vorstellen, dass die Todeszahl eines letzten britischen Kolonialkrieges in Indien in die Millionen gegangen wäre.

[65] So *Heller / Nekrich*, a. a. O., S. 76 f.

[66] So die Erklärung von *Goebbels*, Nachweise bei *Höver*, a. a. O., S. 76.

[67] S. *Wette*, a. a. O., S. 106.

[68] S. *Thorne*, a. a. O., S. 30 ff.

[69] S. *Wette*, a. a. O., S. 106.

[70] So kann man etwa die Ansichten *Goebbels* zusammenfassen; s. *Höver*, a. a. O., S. 251 ff.: „Den Erdball vom Glauben an das Geld erlösen": Goebbels´ Vision einer Weltherrschaft.

[71] Damit setzt sich vor allem *Künzli*, a. a. O., S. 180 ff. auseinander.

[72] S. *Höver*, a. a. O., S. 61.

[73] S. *Höver*, a. a. O., S. 255.

[74] Dies wird dann im 6. Kapitel der vorliegenden Abhandlung weiter ausgeführt.

[75] S. im Einzelnen *Zitelmann*, a. a. O., S. 476 ff.

[76] S. *Höver*, a. a. O., S. 203 ff.: Der „Russe Stalin" gegen den „Juden Trotzki": Goebbels´ Hoffnung auf Russland (1927-1929).

[77] Zitiert bei *Watson*, The Eye-Opener, a. a. O., S. 50.

[78] S. *Solschenizyn*, a. a. O., S. 340; *Litwinow*, der während des Krieges noch als Sowjet-Botschafter in den USA von Nutzen war, sollte *Roosevelt* ein persönliches Schreiben überreichen, wonach *Stalin* eine „antisemitische Kampagne" betreibe.

[79] S. *Heller / Nekrich*, a. a. O., S. 364.

[80] S. ebenda, S. 363.

[81] In diesem Sinne *Goebbels* in seiner Tagebucheintragung vom 16.03.1945: „Unsere Generalität ist zu alt und zu verbraucht, und sie steht dem nationalsozialistischen Gedanken- und Haltungsgut völlig fremd gegenüber. Ein großer Teil unserer Generäle will nicht einmal den Sieg des Nationalsozialismus. Dagegen sind die Sowjetgeneräle nicht nur vom Bolschewismus fanatisch überzeugt ..."; Nachweis bei *Zitelmann*, a. a. O., S. 481.

[82] S. *Höver*, a. a. O., S. 196.

[83] Nach Einschätzung von *Heller / Nekrich*, a. a. O., S. 350: „The Soviet-German pact actually was motivated in part by the idea of setting the capitalist powers against one another. The Leninist doctrine that contradictions between capitalist states should be exploited to further the cause of socialism made any policy justifiable as long as it promoted war between the imperialist powers"; s. außerdem *Hoffmann*, a. a. O., S. 24 ff.

[84] S. *Karl Iwanowitsch Albrecht*, pseudonym für *Karl Matthäus Löw* (1897-1969) war deutscher Kommunist und dann Nationalsozialist; Der verratene Sozialismus. Zehn Jahre als hoher Staatsbeamter in der Sowjetunion. Volksausgabe 1941. Nibelungen-Verlag, Berlin-Leipzig.

[85] Im Folgenden, soweit nicht anders vermerkt, die von *Watson*, Eye-opener, zusammengetragenen sozialistischen Stellungnahmen, a. a. O.

[86] „Hitler is an improvement on a so-called democracy that is not really a democracy at all", in: *Star* vom 04.08.1938, s. *Watson*, Disinvitation, S. 35.

[87] So *Seidler*, a. a. O., S. 142.

[88] S. dazu weiter die Ausführungen im 7. Kapitel der vorliegenden Abhandlung.

[89] S. *Sontheimer*, a. a. O., S. 74.

[90] S. Interview von *Jungle World*, http://www.nadir.org/nadir/periodika/

jungle_world/33/05b.htm

[91] S. www.djb-ev.de/mode/1183; Eintrag vom 28.02.2006.

[92] So wie derzeit der UNO-Universalismus notwendigerweise einen US-Nationalismus darstellt, was den sog. „Anti-Deutschen“ zu denken geben sollte, die Marxismus mit US- (und Israel-)Bewunderung verbinden und sich deshalb für besondere Anti-Nationalisten halten, s. dazu *Frankfurter Allgemeine Sonntagszeitung* vom 25.02.2007, S. 6.

[93] S. dazu die Ausführungen in *Schüßlburner / Knütter*, a. a. O., S. 548 ff.

[94] S. *Wette*, a. a. O., S. 115 ff.

[95] S. ebenda, S. 116 f.; *Ramm*, a. a. O., S. 215.

[96] S. dazu nachfolgend im 3. Kapitel der vorliegenden Abhandlung.

[97] Die klassische Gewaltenteilungslehre, die ja die politische Freiheit gewährleisten soll, ist bei *John Locke*, aber auch schon bei *Montesquieu* so konstruiert, dass die dritte Gewalt nicht die richterliche ist (diese wird im Ergebnis berechtigterweise der Exekutive zugeordnet), sondern in der „föderativen Gewalt“ besteht, also in den besonderen Außenbeziehungen eines Staates, das heißt die Tatsache, dass es Außenpolitik und nicht bloße „Weltinnenpolitik“ (wie dies neuerdings UN-Ideologen nennen) gibt, stellt ein Wesenselement der politischen Freiheit dar!

[98] So der große liberale und katholische Schriftsteller *Lord Acton*; zitiert als Motto bei *v. Hayek*, a. a. O., S. 271.

[99] S. dazu das 5. Kapitel der vorliegenden Abhandlung.

[100] S. *Chang / Halliday*, a. a. O., S. 69: „Da Mao sich lautstark für ein gewalttätiges Vorgehen eingesetzt hatte, musste er sich ... von den Nationalisten verabschieden.“

[101] S. das Werk von *Stefan Vogt*, insbesondere S. 12.

[102] S. dazu *Schüßlburner / Knütter*, a. a. O., S. 475 ff.

[103] Zu diesen noch ausführlicher im Schlusskapitel der vorliegenden Abhandlung.

3. Kapitel (National-) Sozialismus als totalitäre Demokratie

Diese beiden geschichtlichen Erfahrungen, Nationalsozialismus und Kommunismus ... sind dazu angetan, die Freiheitsvorstellungen der Sozialdemokratie und ihren Willen, sie zu verwirklichen, in Frage zu stellen.[1]

Gibt es einen herrlicheren und schöneren Sozialismus und eine wahrhaftigere Demokratie als jenen Nationalsozialismus? (Hitler am 30.01.1937 zum vierten Jahrestag der Machtergreifung)[2]

Um die im vorausgegangenen Kapitel sich ergebende Frage zu beantworten, ob wirklich Nationalismus erforderlich gewesen ist, um den Kommunismus und damit den Sozialismus etwa eines *Pol Pot* dahin zu bringen, politischen Massenmord zu begehen, während dazu die „Substanz des Kommunismus" als solche nach Ansicht des ehemaligen KBW-Vorsitzenden *Joscha Schmierer* nicht ausgereicht haben soll, ist es erforderlich, den Inhalt dieser wohl als menschenfreundlich zu verstehenden „kommunistischen Utopie" zu bestimmen. Danach stellt sich die Frage, wie dann das Verhältnis dieser „Substanz" zum deutschen National-Sozialismus einzuschätzen ist. Diese Frage ist deshalb naheliegend, da es ja, wie nicht zuletzt am Beispiel von *Pol Pot* exemplifiziert werden kann, – erstaunlicher Weise? – möglich erscheint, dass sich „kommunistische Utopie" mit Nationalismus („imperiale Restauration") verbindet, wobei letzterer nach amtlicher und insoweit sogar einmal zutreffender Lehre durchaus für den deutschen NS kennzeichnend war, der sich aber – zu Unrecht? – eben auch als Sozialismus verstanden hat.

a) Was ist die kommunistische Utopie?

Die Frage nach der kommunistischen „Substanz" lässt sich anhand des Selbstverständnisses eines geschichtlich maßgeblichen Anhängers, der zur bleibenden Definition beigetragen hat, nämlich nach *Friedrich Engels,* in einer *prima facie* vielleicht für viele überraschenden Weise dahingehend beantworten: „echte Freiheit und echte Gleichheit, das heißt Kommunismus."[3] Dieser Definition sekundiert dann *Marx* selbst, indem er die Demokratie als „das aufgelöste Rätsel aller Verfassungen" bestimmt: „Hier ist die Verfassung nicht nur an sich, dem Wesen nach, sondern der Existenz, der Wirklichkeit nach in ihrem wirklichen Grund, den wirklichen Menschen, das wirkliche Volk, stets zurückgeführt und als sein eigenes Werk gesetzt. Die Verfassung erscheint als das, was sie ist, freies Produkt des Menschen."[4] Dies scheint zwar auf Anhieb für die vorgenannte Annahme von *Schmierer* zugunsten der Unschuld dessen zu sprechen, was bald als „Kommunismus" auf den Begriff gebracht wurde, es muss aber gleich darauf hingewiesen werden, dass die dabei vertretene Idee der „wahren Demokratie" nicht verwechselt werden darf[5] mit der Verfassung einer demokratischen Republik. Der Streit zwischen Monarchie und Republik ist nach *Marx* nämlich noch ein Streit „innerhalb des abstrakten Staates". Das wahre Gemeinwesen, die „wahre Demokratie", liegt jenseits der Sphäre der Trennung des privaten und öffentlichen Seins. Bei der „wahren Demokratie" ist nämlich der politische Staat verschwunden, „abgestorben". Was mit dieser letztlich frühromantischen Poetologie[6] gemeint ist, kann vielleicht am deutlichsten bei der Frage nach der Menschenrechtskonzeption beantwortet werden. Wie stehen nun *Marx* und *Engels* zu dieser Frage, die sich aufgrund der mittlerweile üblichen Vorstellung ergibt, dass Grundwerte wie Freiheit und Gleichheit in einzelnen Grund- oder Menschenrechten, wie Freiheit des Eigentums, der Meinung oder der Religion konkretisiert werden müssen, um in Abwägung mit öffentlichen Belangen juristisch in einer angemessenen Weise verwirklicht werden zu können? Diesbezüglich haben sich 1845 die beiden sozialistischen Theoretiker wie folgt geäußert: „In den Deutsch-Französischen Jahrbüchern wurde nun dem Herrn Bauer entwikkelt, dass diese 'freie Menschlichkeit' und ihre 'Anerkennung' nichts anders ist als die Anerkennung des egoistischen, bürgerlichen Individuums und der zügellosen Bewegung der geistigen und materiellen Elemente, welche den Inhalt seiner Lebenssituation, den Inhalt des heutigen bürgerlichen Lebens bilden, dass die Menschenrechte den Menschen daher nicht von der Religion befreien, sondern ihm die Religionsfreiheit geben, ihn nicht von dem Eigentum befreien, sondern ihm die Freiheit des Eigentums verschaffen, ihn nicht von dem Schmutz des Erwerbs befreien, sondern ihm vielmehr die Gewerbefreiheit verleihen."[7] In diesen Sätzen kommt unverkennbar eine Ablehnung der Menschenrechtsidee zum Vorschein, der vorgeworfen wird, lediglich den Egoismus zu fördern. Die sich dabei aufdrängende Frage, was dann Freiheit bedeutet, wenn man kein „Egoist" sein darf, hat *Marx* in seinem berühmt-berüchtigten Werk *Zur Judenfrage*[8] nach Betonung seiner bleibenden Ablehnung der Menschenrechtskonzeption wie folgt beantwortet: „Vor allem konstatieren wir die Tatsache, dass die sogenannten Menschenrechte, die droits de l´homme im Unterschied von den droits du citoyen, nichts anderes sind als die Rechte des Mitglieds der bürgerlichen Gesellschaft, d.h. des egoistischen Menschen, des vom Menschen und vom Gemeinwesen getrennten Menschen. Keines der sogenannten Menschenrechte geht also über den egoistischen Menschen hinaus, über den Menschen, wie er Mitglied der bürgerlichen Gesellschaft, nämlich auf sich, auf sein Privatinteresse und seine Privatwillkür zurückgezogenes und vom Gemeinwesen abgesondertes Individuum ist. Weit entfernt, dass der Mensch in ihnen als Gattungswesen aufgefasst wurde, erscheint vielmehr das Gattungsleben selbst, die Gesellschaft, als ein den Individuen äußerlicher Rahmen, als Beschränkung ihrer ursprünglichen Selbständigkeit."

Auf was dann *Marx* hinauswill, hat seiner Ansicht nach *Rousseau* richtig formuliert, den er deshalb wie folgt zitiert: „Wer den Mut hat, einem Volke eine Rechtsordnung zu geben, muss sich fähig fühlen, sozusagen die menschliche Natur zu ändern, jedes Individuum, das in sich selbst und für sich allein ein vollkommenes Ganzes ist, in den Teil eines größeren Ganzen umzuwandeln, von dem dieses Individuum in gewisser Weise sein Leben und Sein empfängt, an die Stelle einer physischen und unabhängigen eine moralische[9] Teilexistenz zu setzen. Er muss dem Menschen seine eigenen Kräfte nehmen, um ihm fremde dafür zu geben, die er nur mit Hilfe anderer gebrauchen kann," um hinzuzufügen: „Erst wenn der wirkliche individuelle Mensch den abstrakten Staatsbürger in sich zurücknimmt und als individueller Mensch in seinem empirischen Leben, in seiner individuellen Arbeit, in seinen individuellen Verhältnissen, Gattungswesen geworden ist, erst wenn der Mensch seine 'forces propres' als gesellschaftliche Kräfte erkannt und organisiert hat und daher die gesellschaftliche Kraft nicht mehr in der Gestalt der politischen Kraft von sich trennt, erst dann ist die menschliche Emanzipation vollbracht." Die „kommunistische Substanz" besteht demnach darin, mit anderen Menschen so eins zu werden, dass Menschenrechte schon deshalb überflüssig werden, ja diese Idee erledigt werden muss, weil es aufgrund der Interessenidentität einer Berufung auf sie nicht mehr bedarf. Dieser Zustand wäre deshalb als „vollkommene Freiheit" zu kennzeichnen, weil der Wille des Einzelnen mit den Willen der anderen identisch ist. Die Demokratie, verstanden als demokratische Staatsform, welche Menschenrechte benötigt, die nur die Vereinzelung der Menschen manifestieren, ist danach unvollkommen, weil sie Sklaverei und Freiheit verknüpfen will und somit „Scheinfreiheit, also Heuchelei – 'Theologie wie wir Deutschen es nennen'" (*Engels*) – darstellt. Da Heuchelei keinen Bestand habe, ergebe sich nach *Engels* die Wahl zwischen offener Despotie, wie sie im Zuge der Französischen Revolution als „Ursprung der Demokratie in Europa" durch *Napoleon* verwirklicht worden sei, oder Kommunismus, wie es *Babeuf* entsprechend der Darstellung von *Buonarotti* versucht habe. Diese Bezugnahme von *Engels* auf einen historischen Vorgang und auf zwei Gestalten desselben erleichtert das Verständnis der kommunistischen Utopie erheblich: Es handelt sich beim Kommunismus um das, was *Talmon* in seinem immer noch grundlegenden einschlägigen Werk als „totalitäre Demokratie"[10] bezeichnet hat. Diese Demokratieform hat sich gleichzeitig mit der – später sogenannten – „liberalen Demokratie"[11] als Konzept entwickelt und im Laufe der Französischen Revolution (soweit man hierbei die Herrschaft von *Cromwell* unberücksichtigt lässt) ihre erstmalige Verwirklichung erfahren.

b) Kern der sozialistischen Demokratiekonzeption

Die Ablehnung der Menschenrechtskonzeption durch *Marx* und *Engels* erklärt sich nämlich aus ihrer auf *Rousseau* zurückgehenden Demokratiekonzeption. Zwar wird von ihnen die Demokratie als Staats- oder Regierungsform, aufgrund dessen, was ihre Verknüpfung mit der Menschenrechtskonzeption ermöglicht oder letztlich – bei liberalem Verständnis – gar zwingend erfordert, im Ergebnis abgelehnt. Da aber diese Ablehnung gewissermaßen demokratietheoretisch begründet wird – immerhin gebraucht *Marx* den Begriff „Demokratie" (mit der Einschränkung „wahre") positiv – und man zudem beim Versuch der Beschreibung der kommunistischen Utopie auf Begriffe angewiesen ist, die auch die „liberal" genannte Demokratie[12] beschreiben und begründen, kann man bei Bedarf die kommunistische Konzeption, vielleicht sogar mit einer gewissen Berechtigung, auch als „wahre Demokratie" definieren. Demokratie setzt im Verständnis von „Volksherrschaft" den Willen eines Volkes voraus. Bei konsequenter Anwendung der Prämissen des liberalen Individualismus müsste dieser Wille etwas sein, dem alle zustimmen, weil nur dann der Einzelne sich als nicht beherrscht, also als frei verstehen kann und somit Demokratie Freiheit bedeutet, wodurch sie sich wiederum seit der Antike ideologisch legitimiert. Für das demokratietheoretisch wohl nicht gänzlich lösbare Problem, inwieweit man sich als Überstimmter frei fühlen kann,[13] hat die radikale Richtung der Französischen Revolution, die zum einen von den Jakobinern (*Robespierre*), die jedoch nicht die letzten Konsequenzen gezogen haben, und zum anderen von den von *Engels* als ideologischem Bezugspunkt genannten kommunistischen Verschwörern *Babeuf* und *Buonarotti* repräsentiert wird, die Antwort gefunden, dass die Bildung dieses Volkswillens als „frei" letztlich kommunistische Verhältnisse zur Voraussetzung hat. Die damit verbundene Vorstellung[14] der sozialen Harmonie würde die Bildung des wahren Volkswillens ermöglichen, bei dem dann die Abstimmung auf eine vollständige Selbstidentifizierung mit dem allgemeinen Willen hinausläuft. Deshalb müssen alle diesen Volkswillen verfälschenden Sonderinteressen ausgeschaltet werden. Von diesen Sonderinteressen muss das Volk befreit werden, damit es frei sein kann, um wollen zu können, was es wollen müsse, wenn die freien Verhältnisse vorlägen. Damit ist auch klar, dass es nicht nur um die Abschaffung des Rechts auf Privateigentum gehen kann, auch wenn dies schlagwortartig im Zentrum der Vorstellung von „Kommunismus" (Gemeinschaftlichkeit, Kollektivismus) steht. Vielmehr müssen sämtliche Grundrechte zur Disposition stehen, indem man den Freiheitsgehalt etwa der Religionsfreiheit (dialektisch) dahingehend „steigert", dass man darunter die Freiheit von der Religion versteht oder in der Meinungsfreiheit die Freiheit von einer (wohl zu individuellen) Meinung. Bei dieser Eliminierung des liberalen Gehalts der „Menschenrechte" gewinnen dann die „Bürgerrechte" (Abstimmungs- und Wahlrecht) ihre „wahre demokratische" Bedeutung, weil nämlich bei diesem kommunistischen Zustand gewährleistet ist, dass sich ein einheitlicher und unverfälschter Wille des Volkes bildet und manifestiert. Nicht anders kann man das Ausspielen der „droits de l´homme im Unterschied von den droits du citoyen" bei der zitierten Kritik von *Marx* verstehen.

Kann aber Demokratie erst verwirklicht werden, wenn die kommunistischen Verhältnisse bestehen, dann dürfte auch klar sein, dass es in dem Zustand, der bald als „Kapitalismus" beschrieben werden sollte, keine Demokratie geben kann, weil danach die – vereinfacht gesagt – vom „Kapital"[15] letztlich durch die Garantie von Menschenrechten, insbesondere natürlich des Eigentumsrechts, beherrschten oder zumindest manipulierten Institutionen wie Parlament und Regierung, keinen unkorrumpierten Volkswillen zulassen: Selbst der Wille aller (*volunté des tous*) wäre unter diesen korrupt-kapitalistischen Bedingungen nicht der demokratische Allgemeinwille (*volunté generale*). Was ist zu tun, um diese korrupten Bedingungen zum Zwecke der Demokratieverwirklichung zu überwinden? Dies geht letztlich nur, indem diejenigen, welche erkennen, was die Menschen wollen würden, wenn die Bedingungen wirklicher Demokratie, also kommunistische Verhältnisse, vorhanden wären, revolutionär die Macht ergreifen und ihre Diktatur errichten. Diese Diktatur rechtfertigt sich als Verwirklichung der Demokratie mit dem Anspruch, dass die sie tragende revolutionäre Truppe (Partei oder Führer) erkennt, was der wahre Volkswille ist, das heißt wie er sich frei ergeben würde, wenn demokratische Verhältnisse gegeben wären. Bis diese vorliegen, was die Schaffung kommunistischer Verhältnisse zur Voraussetzung hat, verwirklicht sich Demokratie durch die Zustimmung zur Diktatur, die den wahren Volkswillen unter den bestehenden korrupten Verhältnissen jetzt schon erkennt und machtvoll umsetzt.

Die Verwirklichung demokratischer Verhältnisse erfordert die Schaffung eines wahren Volks, das am besten aus der unteren sozialen Schicht gebildet wird, da hier mangels hinreichenden Eigentums der korrumpierende Einfluss des Eigentumsrechts am wenigsten schädlich sein konnte. Weil der Reichtum dieser unteren Schicht, aus denen das wahre demokratische Volk gebildet werden könnte, sich auf die Nachkommenschaft (*proles*) reduzierte, wurde dieser Kern der wirklichen Nation alsbald nach der Französischen Revolution als „Proletariat“ oder „Arbeiterklasse“ bekannt. Die Minderheit, die sich wegen ihrer kapitalistischen Korruption nicht ins Proletariat integrieren könne, müsse letztlich eliminiert werden. Zum „Volk“ konnte schon bei *Robespierre*[16] nur jemand gehören, der sich geistig mit der Substanz identifiziert, die die (französische) Nationalität konstituiert. Zum Nachweis dieser Identifizierung war erforderlich, nicht gegen das Volk oder die Demokratie zu opponieren. Das Recht auf Opposition[17] und Widerstand war zwar ein heiliges Recht im tyrannischen System des Königs. Nun aber, da die Herrschaft der Freiheit des Volks errichtet war, konnte Opposition nur die individualistische Perversität der reinsten Selbstsucht bedeuten, die gegen das Allgemeinwohl gerichtet war. Dementsprechend[18] ist auch die Presse als wichtige Waffe des Volks gegen Tyrannei und Usurpation der Volkssouveränität (gemeint: im *ancien régime*) angesehen worden, aber in der Volksherrschaft, die das Eigentumsrecht abgeschafft hatte, hätte die Presse eine grundlegend andere Funktion, die nur ohne das Risiko ausgeübt werden dürfe, dass das Recht des Volks infrage gestellt würde. Eine im überholten Verständnis freie Presse könnte, wenn überhaupt, erst dann wieder gestattet werden, wenn der Allgemeinwille und der Wille der einzelnen so zusammenfielen, dass es zur Demokratie keine Opposition mehr gäbe, das heißt wenn ein Bedürfnis nach individueller Freiheit nicht mehr besteht!

Diese Elemente, die hier in ihren zentralen und im notwendigen inneren Zusammenhang stehenden Punkten zusammengefasst sind, sollten deutlich machen, dass im radikalen Zweig der Französischen Revolution die sozialistische Ideologie schon voll ausgebildet war. Die weitere theoretische Formulierung dieser Ideologie durch *Marx* und *Engels* und der darauf aufbauende Marxismus (der nicht immer mit der Ansicht der Gründer identisch sein musste, aber in der Regel sich vertretbar daraus ableiten ließ) waren nicht die einzig mögliche, wenngleich historisch wirkungsvollste Ausprägung, neben vielleicht derjenigen von *Lassalle*, welche aber in einer mehr „verdrängten" Weise nachwirkte, um dann im Nationalsozialismus[19] allerdings ohne direkte Bezugnahme (die wohl wegen der jüdischen Abstammung von *Lassalle* unterblieb) aufgegriffen zu werden. Zur Konstituierung des Marxismus mussten einige Modifikationen und Fortentwicklungen des von der Französischen Revolution vorgeprägten theoretischen Konzepts vorgenommen werden, die aber an der Substanz des sozialistischen Anliegens und Weltverständnisses kaum etwas änderten. So wurde aus der jakobinischen Konzeption des Kampfes zwischen der Tugend und der Selbstsüchtigkeit die Theorie des Klassenkampfes, dem historisch ein Rassenkampfkonzept[20] hinterlegt war. Diese sicherlich nicht fernliegende Mutation wird erleichtert durch die Ersetzung moralisierender Konzepte durch die Annahme des Wirkens unpersönlicher und a-moralischer Kräfte, die mehr oder weniger zwingend, das heißt mit wissenschaftlicher Gewissheit[21] zu dem postulierten demokratischen Endziel führen müssten. Diese „Wissenschaftlichkeit" konnte die als notwendig erachtete sozialistische Diktatur, auch „Diktatur des Proletariats" genannt, im Verständnis der Freiheit als „Einsicht in die Notwendigkeit" (*Engels*) besser legitimieren. Dazu diente auch die Ersetzung der ursprünglichen individualistischen Prämissen durch offen kollektivistische Konzepte, die jedoch ihren individualistischen Ausgangspunkt, der in Form einer *conclusio ad absurdum* überschritten war, weiterhin unschwer erkennen ließen, so wenn etwa aus der demokratischen Staatsform die „wahre Demokratie" im Sinne von *Marx* werden konnte. So nahm der sinnvoll nur als Individualrecht zu verstehende Freiheitsbegriff im Sozialismus weiterhin eine zentrale Bedeutung ein, nur war damit die Freiheit eines Kollektivs, nämlich der Klasse und dann der sozialistischen Nation oder auch der Menschheit beziehungsweise des „Menschen an sich" gemeint. Diese Transformation des Freiheitsbegriffs in ein totalitäres Konzept ist durch eine vielleicht gar nicht fehlverstandene, aber zumindest nicht im liberalen Sinne verstandene Konzeption von Demokratie möglich geworden.

c) Totalitäres Denken in der Sozialdemokratie

Die Etablierung der von der Französischen Revolution ausgehenden totalitären Strömung in Deutschland manifestiert sich in dem Beschluss des Parteitages der *Sozialistischen Arbeiterpartei Deutschlands* (SAPD) von 1890 zu Halle, mit dem *Karl Marx* laut Parteitagsprotokoll als „unser großer Führer"[22] angesprochen wurde. Diese Entwicklung hat sich in Deutschland deshalb verhängnisvoll ausgewirkt, weil mit einer SPD, die mit dem beschriebenen demokratischen Totalitarismus schwanger ging, dabei aber gleichzeitig, teilweise sicherlich genuiner Weise, als einzige deutsche Partei des Kaiserreichs den demokratischen Gedanken schon in der (späteren) Namensbezeichnung „sozial*demokratisch*" repräsentierte, keine Parlamentarisierung der Monarchie möglich war. Insbesondere der liberalen Seite, deren Zusammengehen mit der Sozialdemokratie politische Voraussetzung einer Parlamentarisierung hätte sein müssen, erschien das aktive Betreiben einer Demokratisierung des Reichs verständlicherweise zu riskant, da dies zu einer sozialdemokratischen Regierung hätte führen können, von der man befürchten musste, dass sie auf gesamtdeutscher Ebene verwirklichen würde, was sich unter spezifischen historischen Umständen später als „Deutsche *Demo-*

kratische Republik" etablieren sollte. Die 1891 vom liberalen Reichstagsabgeordneten *Eugen Richter* veröffentlichten *Sozialdemokratischen Zukunftsbilder*, die mit großer Plausibilität so etwas wie eine das Deutsche Reich umfassende „DDR" als Ergebnis einer sozialdemokratischen Regierungsübernahme aufgrund der seinerzeitigen SPD-Programmatik und SPD-Ideologie voraussagten, zeigen an, wie berechtigt die Befürchtungen gegenüber der SPD waren, der von konservativer Seite (*Bismarck*) ebenfalls vorgeworfen wurde, „ein allgemeines sozialistisches Zuchthaus"[23] anstreben zu wollen.

Schuld an dieser Entwicklung, die der Parlamentarisierung der deutschen (und auch skandinavischen) konstitutionellen Monarchien entgegenstand, war nicht erst die formale Übernahme des Marxismus als Parteidoktrin mit dem Erfurter SPD-Programm von 1891, sondern schon die kollektivistische Freiheitskonzeption von *Lassalle*, die zu einer Abspaltung der Arbeiterbewegung vom (Links-) Liberalismus[24] geführt hatte. Die Erfahrung mit Vertretern des totalitären Demokratiekonzepts hat den Nationalliberalismus[25] sogar veranlasst, von der Idee der Demokratie überhaupt Abstand zu nehmen, um sich stattdessen – erfolgreich – auf die rechtsstaatliche Ausgestaltung des „Obrigkeitsstaates" zu beschränken. Die deutschen Liberalen, die man um 1848 überwiegend als Demokraten, wenn nicht gar mehrheitlich als Republikaner ansprechen konnte, hatten erkennen müssen, dass demokratische Forderungen auf Errichtung einer deutschen Bundesrepublik und Abschaffung von Adel und Beamtentum sich schnell mit der Forderung nach Vertreibung der Juden[26] verbanden. Dass (Links-) Liberalismus und *Lassalle* getrennte Wege gehen mussten, wird besonders verständlich, wenn man sich vergegenwärtigt, dass *Lassalle* sich zur Freiheit des Individuums fast ausschließlich in polemischer Form ausgelassen[27] hat. Er ist stattdessen davon ausgegangen, dass sich in seiner Zukunftsgesellschaft nach Aufhebung der gesellschaftlichen Widersprüche, was er als „Demokratie" begriff, eine derartige Interessenharmonie einstellen würde, die das Anliegen des Liberalismus als bloß theoretisches erscheinen lassen würde, das heißt wenn alle demokratisch übereinstimmen und somit das Volk frei ist, braucht man keine Individualrechte mehr. In der Kritik an dieser Konstruktion konnte er nur „negativen, ätzenden Individualismus" und „subjektive, eigenwillige Persönlichkeitssucht" der liberalen Bourgeoisie[28] erkennen, der er wiederum zum Vorwurf machte, ihren Kapitalbesitz dazu missbraucht zu haben, „die Rechtsgleichheit zwischen Besitzenden und Nichtbesitzenden aufzuheben und die Freiheit des Volkes und seiner Entwicklung dadurch zugunsten des größeren Besitzes und seiner festen Herrschaft zu konfiszieren." Da die Arbeiterschaft keine solche „Privilegien" habe, könne nur sie den wahren Staat verwirklichen – daher „*Allgemeiner Deutscher Arbeiterverein*" (ADAV) – der dann die Freiheit des Volks verwirklicht, indem er einen so großen „Stimmenakkord" herbeiführt, dass Individualrechte nicht mehr benötigt würden. Auch wenn *Lassalle* wohl nicht direkt von *Marx* beeinflusst war, so vertraten beide letztlich doch Analoges, wobei sich diese Parallelität nahezu automatisch einstellt, wenn man bestimmte demokratische oder demokratisch erscheinende Grundkonzeptionen, die in der Französischen Revolution formuliert und auch praktiziert worden waren, einmal akzeptiert hat. Die Ähnlichkeit zeigt sich schließlich im Postulat der Notwendigkeit von Revolution und Diktatur, die bei *Lassalle* als „Diktatur der Einsicht" formuliert ist und von denjenigen ausgeübt werden müsse, welche fähig sind, die objektiven Zwecke zu begreifen und zu verwirklichen, also von Menschen, die das „substanzielle Wesen der Freiheit" erfasst[29] hätten. Mit seiner Konzeption der Übergangsdiktatur, der er vor allem einen erzieherischen Aspekt zuschreibt, bringt sich *Lassalle* sogar in die Nähe[30] zu *Lenin* und wohl gar noch mehr[31] zu *Hitler*! Auch der Revolutionsbegriff trägt gewaltsame Züge, mag sich *Lassalle* auch darauf hinausgeredet haben, dass Revolution einfach eintrete, wenn „ein ganz neues Prinzip an die Stelle des bestehenden Zustandes gesetzt wird". Er deutete trotz der Relativierung[32] „gleichviel ob mit oder ohne Gewalt" an, dass das allgemeine Wahlrecht als gesetzliches Mittel zur Verwirklichung des wahren Staates, nämlich der Errichtung der sozialistischen Führerdiktatur, nicht ausreichen könnte, zumal *Lassalle* ohnehin seinen Anhängern einschärfte, dass er mit seiner Forderung auf Einführung des allgemeinen und gleichen Wahlrechts in Wirklichkeit „Revolution“[33] meine. „Er rechnete namentlich auch mit einer kriegerischen Niederlage Preußens, die zu einem Zusammenbruch der Monarchie und zur Aufrichtung einer auf die Arbeiterschaft gestützten Diktatur führen könnte.“[34]

Maßgeblich für die ideologische Entwicklung der klassischen Sozialdemokratie war zunächst weniger *Lassalle*, sondern, was durchaus nicht schlechter aber natürlich auch nicht besser ist, die sehr von *Marx* und *Engels* beeinflussten *Karl Kautsky* als maßgeblicher Parteiideologe und *August Bebel* als verehrter Parteiführer. Betrachtet man deren theoretische Konzeption, dann reiht sich diese – was angesichts des Marxismus nicht erstaunlich ist – eindeutig in die dargestellte Entwicklung der „totalitären Demokratie“ ein. Eine Untersuchung[35] zum „eigentümlichen Freiheitsbegriff“ der Sozialdemokratie, die immerhin in einem SPD-nahen Verlag erschienen[36] ist, kommt deshalb zum Ergebnis, dass der Ansatzpunkt der Freiheitsvorstellungen der Sozialisten stets die Freiheit eines Kollektivs, nämlich des Proletariats, des Volkes oder der Menschheit, niemals jedoch die des einzelnen war. „Sowohl bei Marx wie bei Lassalle wird dieser Eigenwert (des Individuums, *Anm.*) aufgehoben. Bei Lassalle wird als neuer Wert, der diese Eigenwertigkeit des Menschen aufhebt, das Volk gesetzt.“[37] Der mögliche Gegensatz zwischen Volk und Individuum wurde als durch die Identifikation von Individuum und Gemeinschaft („identitär“) aufgelöst angesehen, da sich die Differenzen lediglich aus der kapitalistischen Klassengesellschaft ergäben. Wenn aber dieses Kollektiv so etwas Gutes ist, dann musste es notwendigerweise zum absoluten Wert erhoben werden, hinter dem der Einzelne als „nichtig“ (*Kautsky*) betrachtet werden müsse. Dem Individuum wird deshalb auch „das Recht abgesprochen, seine Freiheitsansprüche gegenüber einer sozialistischen Gesellschaft geltend zu machen, sobald diese dem etablierten Kodex dieser Gesellschaft nicht entsprechen.“[38] – „Das Volk ist der Zentralbegriff, nicht das Individuum. Der Einzelmensch hat keine eigenen Rechte, weder Grundrechte, noch ein Widerstandsrecht, und kann sie auch nicht besitzen, denn er hat selbst keinen in sich ruhenden Eigenwert, sondern ist nur Teil eines größeren Ganzen."[39] So wies *Kautsky*[40] den Vorwurf, die sozialistische Gesellschaft würde die Freiheit gerade auch des Arbeiters vernichten, nicht etwa damit zurück, dass diese Furcht unbegründet sei, sondern mit der Behauptung, dass diese Freiheitsbeschränkung nicht als solche empfunden werden würde.

Soweit dieser demokratietheoretisch zweifelhafte Charakter der klassischen Sozialdemokratie[41] – meist widerwillig – in der einschlägigen Literatur zugestanden wird, so wird sofort relativierend entgegengehalten, dass sich die Sache anders darstellen würde, wenn es um die praktischen Forderungen ginge, so dass die traditionelle SPD zwar theoretisch totalitär, praktisch jedoch liberal-demokratisch gewesen sei. Wenngleich davon auszugehen ist, dass der bundesdeutsche „Verfassungsschutz" eine derartige Kombination (zumindest außerhalb der Sozialdemokratie) nicht für möglich halten dürfte, so könnte für deren Möglichkeit im Falle der klassischen SPD angeführt werden, dass diese Partei gegenüber dem „Obrigkeitsstaat" immer für Demokratisierung, Meinungs-, Versammlungsfreiheit und so weiter eingetreten ist und dies sogar zugunsten der von ihr eigentlich bekämpften Kirchen im sogenannten „Kulturkampf". Dieser Feststellung braucht nicht widersprochen zu werden, weil dies am grundlegenden Dilemma wenig ändert: Auch die zur demokratisch legitimierten Unterdrückung bereiten radikalen Anhänger der Französischen Revolution haben zugestanden, dass etwa die Pressefreiheit gegenüber und im *ancien régime* gefordert werden musste, diese Freiheit aber unter der „Herrschaft des Volks" eine andere Form bekommen müsse. In dieser Tradition stehend konnte daher auch die klassische SPD ihren Gegnern nicht garantieren, dass sie deren Grundrechte auch beachten würde, wenn sie die Möglichkeit bekäme, ihren „demokratischen Sozialismus" zu verwirklichen. Die Tatsache, dass die nachhaltig befürwortete Parlamentarisierung des Kaiserreichs für *Kautsky* kein Selbstzweck war, sondern nur die sozialistische Revolution erleichtern sollte, geht schon aus der Formulierung hervor, dass ein parlamentarisches Regierungssystem den „Boden" bilden müsse, „aus dem die Diktatur des Proletariats und die sozialistische Gesellschaft erwachsen"[42] könne. Um dies bewerkstelligen zu können, ist

Kautsky nachhaltig, bei Ablehnung ursprünglich, das heißt vor allem im Gothaer SPD-Programm vertretener plebiszitärer Konzepte, für das eingetreten, was nun als „Fraktionszwang" bekannt ist, den *Kautsky* als „Diktatur der Parteileitung" bezeichnete, welche mit „militärischer Disziplin durchzuführen" sei. Deshalb lehnte *Kautsky* auch entschieden ein Koalitionsministerium ab, das heißt er beanspruchte für die SPD die gesamte Macht, was wohl nicht die Vorstellung vermittelt, dass sie auch wieder abgegeben werden würde (vielleicht wäre dies konzeptionell ja auch gar nicht möglich gewesen, weil ja zwischenzeitlich der Staat aufgrund der Sozialisierung „abgestorben" wäre). Damit ist unbestreitbar, dass bei dieser Konzeption die (liberale) Demokratie im vorrevolutionären Zeitalter als bloßes Kampfmittel des Proletariats, nicht jedoch als Zweck („Wert" würde der bundesdeutsche VS-Patriot sagen) an sich[43] erscheint. Der Französische-Revolutions-Mythos kommt dann voll zum Ausdruck, wenn *Kautsky* mit der Überlegung spielt, dass die Bevölkerung der Hauptstadt der Kammer ihren Willen diktiert und diese somit zum revolutionären Werkzeug würde. „Der Satz ruft in Erinnerung, dass die proletarische Revolution auch in einem demokratischen Staate nicht unbedingt in verfassungsmäßigen, parlamentarischen Rahmen ablaufen müsse. Die Revolution bildet das Ende der bewusst demokratischen Wegstrecke der sich zu Marx bekennenden Sozialdemokratie; nur solange mit ihr nicht zu rechnen ist, bleibt die Partei auch für nichtmarxistische Begriffe sicher auf dem Boden der Demokratie."[44]

Damit konnte der SPD legitimerweise von ihren Gegnern zum Schaden der demokratischen Fortentwicklung des deutschen Kaiserreichs unterstellt werden, sich dessen zu befleißigen, was in einem anderen Zusammenhang, auf den gleich einzugehen ist, als „Legalitätstaktik" bezeichnet werden sollte und was letztlich auf folgende Ausführungen von *Engels* zurückgeht: „Die Kommunisten, weit davon entfernt, unter den gegenwärtigen Verhältnissen mit den Demokraten nutzlose Streitigkeiten anzufangen, treten vielmehr für den Augenblick in allen praktischen Parteifragen selbst als Demokraten auf. Die Demokratie hat in allen zivilisierten Ländern die politische Herrschaft des Proletariats zur notwendigen Folge, und die politische Herrschaft des Proletariats ist die erste Voraussetzung aller kommunistischen Maßregeln. Solange die Demokratie noch nicht erkämpft ist, solange kämpfen Kommunisten und Demokraten also zusammen, solange sind die Interessen der Demokraten zugleich die der Kommunisten."[45] Auch bei *Lassalle* „bleibt als einzige Aufgabe der Demokratie nur die Machtübertragung an die einsichtigen Führer. Sie ist nichts als ein Werkzeug politischer Taktik."[46] Diese (Legalitäts-)Taktik ist auch nicht dadurch aufgegeben worden, dass der alte *Engels* angesichts der Wahlerfolge der SPD die Ansicht äußerte, dass die Gewinnung der Mehrheit Voraussetzung[47] einer erfolgreichen Machtübernahme sei. Diese Stimmengewinne reflektieren nämlich ohnehin eine quasi-naturgesetzlich eintretende Entwicklung und erleichtern nur den Machtgewinn im Falle der theoretisch für unvermeidbar gehaltenen Revolution, als deren Vorbild auch *Bebel* die Pariser Kommune anführte, die mit einem parlamentarischen Regierungssystem kaum etwas zu tun hatte. Man kann selbstverständlich darauf hinweisen, dass der „Revisionismus" sich dahingehend auswirkte, dass die parlamentarische Demokratie zunehmend als Selbstzweck verstanden wurde und nicht nur als Durchgangsstadium zur effektiveren Durchsetzung des Sozialismus, das heißt des demokratischen Totalitarismus oder der (Staats-)Knechtschaft, um den Begriff von *v. Hayek* zu verwenden. Dieser „Revisionismus" mag sogar eine faktische Mehrheit erlangt haben – zumindest kann man die SPD-Politik in der Weimarer Republik und wohl schon in der Endphase des Kaiserreichs (wenigstens nachträglich) so interpretieren. Es muss aber darauf hingewiesen werden, dass dieser Revisionismus von der Partei grundsätzlich und wiederholt formal abgelehnt worden ist, am schärfsten noch auf dem Dresdner Parteitag[48] von 1903 und dies mit einer Mehrheit von 288:11 Stimmen! Man stelle sich nur vor, wie der bundesdeutsche Verfassungsschutz (außerhalb der Sozialdemokratie natürlich) eine derartige Situation „bewerten" würde! Dabei wurde das Dogma der stetigen Verschärfung der Klassengegensätze bestätigt, die Verantwortung für die auf dem Kapitalismus beruhenden Zustände abgelehnt und die Beteiligung an einer Regierung „innerhalb der bürgerlichen Gesellschaft" – und nicht etwa: innerhalb des monarchischen Systems und dergleichen – als nicht erstrebenswert bezeichnet. Damit trägt gerade die SPD, auch wenn oder gerade weil sie die einzige Partei des Kaiserreichs war, die sich ideologisch und schon in der Namensbezeichnung auf „Demokratie" ausgerichtet hatte, entgegen der üblichen Bewältigungshistorie die Hauptschuld daran, dass an eine weitere Demokratisierung / Parlamentarisierung des Kaiserreichs nicht gedacht werden konnte. Gerade die „wehrhafte Demokratie" der Bundesrepublik, die die Sicherungen des „Obrigkeitsstaates", nämlich die Monarchie und die nur auf den Monarchen eingeschworene Wehr, durch Parteiverbot und Inlandsgeheimdienst zu ersetzen[49] sucht, müsste volles Verständnis für die Haltung der gegnerischen politischen Kräfte gegenüber der zeitgenössischen SPD haben!

Wie es um die geistige Situation dieser Partei[50] noch in der Weimarer Republik bestellt war, geht daraus hervor, dass sich trotz der Stellung der SPD als maßgeblicher Partei der Republik das Heidelberger Programm in seinem *theoretischen* Gehalt kaum vom marxistischen Erfurter Programm unterschied. Damit hat sich diese Partei – wiederum zum Schaden der Demokratie in Deutschland – nach den eigenen ideologischen Prämissen selbst delegitimiert, indem sie innerhalb der „bürgerlichen Gesellschaft" Regierungsfunktionen ausübte, ohne den Sozialismus herbeizuführen. Die Aufrechterhaltung der marxistischen Position unter den geänderten Umständen lief dabei nämlich auf die Annahme hinaus, dass die „bürgerliche Demokratie" immer noch keine Volksherrschaft sei, weil „die Macht der Bourgeoisie über die Presse, über die Kanzel, über den Wahlapparat es ihr ermöglicht, den Ausgang der Wahlen zu bestimmen, dass die aus allgemeinen Wahlen hervorgehende Regierung zur Klassenregierung der Bourgeoisie, zur Regierung einer Minderheit des Volkes wird. Darum zieht sich durch die ganze revolutionäre Bewegung, die der große Krieg hervorgerufen hat, überall der Kampf der Arbeiterklasse gegen die bloß parlamentarische Demokratie."[51] Diese zeitgenössisch durchaus maßgebende sozialdemokratische Position bringt die Vorstellung zum Ausdruck, dass zwar eine SPD oder SPÖ regieren mag, „das Kapital“ aber herrscht, so dass zur Verwirklichung der „wahren Volksherrschaft“ doch die Revolutionsoption virulent bleiben musste, weil sich das als solches aufrechterhaltene „Endziel“ („kommunistische Substanz“) rein parlamentarisch letztlich doch nicht verwirklichen lasse. Deswegen sollte auch nicht übersehen werden, dass innerhalb der kontinentaleuropäischen Sozialdemokratie der Zwischenkriegszeit sehr wohl die Option bestand, den Sozialismus gegebenenfalls, wenn sich dies als „Verteidigung der Republik gegen die bürgerliche Reaktion“ verkaufen ließe, doch auch diktatorisch umzusetzen. Am deutlichsten war dies im Linzer Programm der SPÖ formuliert[52] worden, wo explizit davon die Rede war, dass sich „die Arbeiterklasse gezwungen“ sehen könnte, „den Widerstand der Bourgeoisie mit den Mitteln der Diktatur zu brechen.“ Diese Aussage in einem sozialdemokratischen Parteiprogramm ist deshalb bemerkenswert, weil man es ansonsten vermied, den Begriff „Diktatur“ offiziell aufzunehmen; vielmehr gehörte die Konzeption „Diktatur des Proletariats“ als Bestandteil der marxistischen Doktrin eher zu den (im Sinne des bundesdeutschen „Verfassungsschutzes“ gesprochen) „geheimen“ Programmzusätzen. Zu diesem Zwecke wurde ein zum offiziellen Militär paramilitärischer „Republikanischer Schutzbund“ aufgebaut. Eine kampfbereite Organisation hielt sich auch die SPD mit dem „Reichsbanner“, dessen Aktivisten 1931, auf einem Höhepunkt der bürgerkriegsähnlichen Auseinandersetzungen[53] in Deutschland mit 8 248 getöteten und verletzten Personen, in 1 849 Fällen als Täter identifiziert wurden. Es darf ja nicht verkannt werden, dass in der Vorkriegs-SPD hinsichtlich des revolutionären Prozesses große Erwartungen aufgrund eines europäischen Kriegs und die Hoffnung auf eine Durchsetzung der Armee mit sozialdemokratischen Elementen[54] bestanden. Ihr tatsächliches Verhalten, nämlich die Revolutionsoption dann doch nicht auszuüben[55] und davon Abstand zu nehmen, ohne entsprechende Parlamentsmehrheit den Sozialismus einzuführen, kann der Sozialdemokratie sicherlich positiv angerechnet werden, was sie aber nicht von der Bewältigung der Vergangenheit freistellen kann, hat sie doch den Revolutionsmythos, diesen Militarismus der politischen Linken gepflegt. Bei *v. Hayek*[56] findet sich dabei folgende Erklärung: „Dass der Sozialismus nur mit Methoden verwirklicht werden kann, die die meisten Sozialisten ablehnten, ist natürlich vielen Sozialreformern der Vergangenheit nicht entgangen. Die alten sozialistischen Parteien, gehemmt durch ihre demokratischen Ideale, brachten die Rücksichtslosigkeit nicht auf, die zur Durchführung des von ihnen gewählten Zieles erforderlich war. Charakteristischerweise setzte sich sowohl in Deutschland wie in Italien der Faschismus erfolgreich durch, nachdem die sozialistischen Parteien sich der Übernahme der Regierungsverantwortung entzogen hatten. Sie waren in keiner Weise zur Anwendung der Methoden bereit, für die sie selbst den Weg gewiesen hatten...". In Österreich führte das von vielen doch als „Versagen" empfundene Verhalten der SPÖ, die Revolutionsoption effektiv anzuwenden, als es vielleicht einmal zu rechtfertigen gewesen wäre, dann dazu, dass die am meisten entschlossenen „Schutzbündler" schnell zu den NS-Kampfverbänden[57] fanden.

d) Verwirklichung des Totalitarismus durch den Nationalsozialismus

Das von *v. Hayek* wohl etwas zu verständnisvoll beschriebene Verhalten der Sozialdemokratie lässt sich neben ihrer Sozialisation durch den rechtsstaatlichen „Obrigkeitsstaat" (weniger durch die im Zweifel doch etwas ambivalenten „demokratischen Ideale") – und die Tatsache, dass manche anrüchigen Ansichten der Klassiker[58] noch nicht oder nicht mehr bekannt waren – im Wesentlichen wohl damit erklären, dass die russisch-sowjetische Revolution eher ausgebrochen war als die Revolution in Deutschland, die eigentlich die „Weltrevolution" hätte darstellen sollen – und man an diesem höchst polit-kriminellen Vorgang der bolschewistischen Machtergreifung anschaulich erkennen konnte, was revolutionärer Sozialismus wirklich bedeutet. Aufgrund dieser Einsicht ist *Kautsky* spontan sogar zur Schlussfolgerung geführt worden, dass man den „Sozialismus über Bord werfen"[59] müsse, wenn das „Endziel", hinsichtlich dessen er noch Übereinstimmung von Sozialdemokratie und Bolschewismus[60] erkannte, besser oder nur auf der Grundlage des Privateigentums zu erreichen wäre. *Kautsky* schaffte aber die Rettung der sozialistischen Idee, indem er den bolschewistischen Staatsstreich und den sich schnell abzeichnenden Staatsterrorismus als „die letzte bürgerliche, nicht die erste der sozialistischen Revolutionen"[61] erkannte, während es ja wohl angemessener ist, gerade im *terreur* der „bürgerlichen" Französischen Revolution den Ausgangspunkt des Sozialismus zu sehen. Bei der in dieser Weise dialektisch begründeten Aufrechterhaltung der marxistischen Theorie konnte der SPD ihr demokratisches Verhalten zugunsten der Weimarer Republik jedoch gerade von ihren besonders überzeugten (ehemaligen) Anhängern und den von ihr ausgebrüteten Radikalsozialisten als „Verrat"[62] vorgehalten werden. Wem der Vorwurf des „Verrats" aufgrund der sozialistischen Lehren und Grundüberzeugungen richtig oder zumindest plausibel erschien, konnte allerdings auch nicht daran vorbeikommen, dass sich mit der Sowjetrevolution und ihren Genickschussmethoden auch die aus der Sozialdemokratie hervorgegangenen konsequenteren Marxisten, die sich nunmehr (wieder) aus Abgrenzungsgründen ausschließlich „Kommunisten" nannten, nachhaltig diskreditiert hatten. Wer angesichts dieser historischen Konstellation dann auch nicht die Folgerung ziehen wollte, dem Sozialismus überhaupt abzuschwören, der sah sich gezwungen, nach einem Sozialismus der dritten Art zu suchen, womit man – bei Aufrechterhaltung bestimmter tragender Grundannahmen und -einstellungen – mehr oder weniger zwingend beim Nationalsozialismus ankommen musste.

Schon in der Parteibezeichnung *Nationalsozialistische Deutsche Arbeiterpartei* (NSDAP) kommt die Selbstverortung in der sozialistischen Tradition zum Ausdruck, hat sich doch die SPD von 1875 bis 1890 als *Sozialistische Arbeiterpartei Deutschlands* bezeichnet, die aus dem Zusammenschluss von *Lassalle*schem *Allgemeinem Deutschen Arbeiterverein* und der *Sozialdemokratischen Arbeiterpartei* hervorgegangen war. Zwar ist nicht bekannt, ob bei der Namenswahl der NSDAP ein bewusstes Aufgreifen dieser Vorgängerbezeichnungen vorlag, aber es ist bemerkenswert, dass sich sprachlich die größere Nähe zur *Lassalle*schen Tradition ergibt, wird doch „deutsch" adjektivisch als Bezeichnung für die „Arbeiterpartei" bzw. den „Arbeiterverein" verwendet, während die marxistische Tradition aufgrund ihres internationalistischen Ansatzes sinngemäß von der „sozialistischen Arbeiterpartei von / in Deutschland" spricht. Die mit der Bezeichnung implizierte Abgrenzung zum Internationalismus wird durch die Klassifizierung des „Sozialismus" als „national" unterstrichen, was aber nichts daran ändert, dass es hier nicht um so etwas wie einen sozialen Nationalismus geht, sondern in der Tat um einen nationalen Sozialismus, was wiederum durch die Selbstkennzeichnung als „Arbeiterpartei" unterstrichen wird, eine Bezugnahme, für die in Deutschland nur die sozialdemokratische Tradition zur Verfügung stand. Hätte sich der NS in einer eher nicht-sozialistischen Tradition gesehen, hätte er sich insbesondere im Substantiv anders bezeichnet, etwa als „Volkspartei", eine Überlegung, mit der *Hitler* durch den Dichter *Hanns Johst*[63] konfrontiert wurde. Die Wahl als „Arbeiterpartei" ist jedoch bewusst erfolgt, um nicht als „bürgerlicher Flügel der Rechten" zu erscheinen, das heißt in bewusster Abgrenzung gegenüber den „sogenannten nationalen Verbänden und Vereinigungen", die „im Wesentlichen ihre Anhänger doch aus bürgerlichen Kreisen erhielten". Die Bezeichnung „Arbeiterpartei" bedeutete also eine entschiedene Abgrenzung „gegen Rechts", sicherlich nicht, um sich dabei gemäß BRD-VS-Anordnung als „rechtsextrem" einzuordnen, sondern um mit sozialistischer Überzeugung deutlich zu machen, dass „der Arbeiter" den Kern des deutschen Volkes darstelle. Durch Insistieren auf dem „Arbeiter" konnte sich *Hitler* auch des Einflusses der „Völkischen" entledigen, „die Hitler als Meinungsgedusel verspottete",[64] weil sie nicht nur den Sozialismus, gleich welcher Prägung, nicht akzeptieren wollten, sondern sich häufig auch ostentativ gegen den Arbeiter richteten. Die dagegen von *Hitler* vertretene Auffassung, dass die Arbeiter die eigentliche Nation bilden, auf der der sozialistische Zukunftsstaat gegründet werden könne, stellt eine *Lassalle*sche Grundauffassung dar, die wie alle entscheidenden sozialistischen Elemente auf die radikalsten Ausprägungen der Französischen Revolution zurückgehen. In dieser (nationalen) Volksgemeinschaft wären dann entsprechend der sozialistischen Endzeitvorstellung die Klassengegensätze überwunden. Leute, die sich aufgrund „Standesdünkels" nicht als „Arbeiter" einstufen wollten, waren für die angestrebte Volksgemeinschaft ohnehin nicht erwünscht – ein Argumentationstopos, der unmittelbar auf die antiaristokratische Propaganda von *Robespierre* zurückgeht: „Standesvorurteile kann man nicht mehr aufrechterhalten in einer Zeit, in welcher das Proletariat aus derart hochwertigen Menschen besteht wie vielfach heute!"[65] – „Die Arbeiter verkörperten für Hitler jene Eigenschaften, die er so schätzte und die seiner Ansicht nach dem Bürgertum völlig abgingen: Mut, Entschlusskraft, Energie und die Fähigkeit zu glauben."[66] Diese Haltung erinnert stark an die traditionellen sozialistischen Sentenzen: „Der Arbeiter schafft Alles... Der Arbeiter schafft sogar den Menschen; der Kritiker wird stets ein Unmensch bleiben, wofür er freilich die Genugtuung hat, kritischer Kritiker zu sein."[67] Dazu kommt, dass *Lassalle* gerade beim Arbeiterstand die größte Bereitschaft zu einer demokratisch legitimierten Diktatur[68] erkennen konnte.

Die auf den „Arbeiter" basierende „Volksgemeinschaft" stellt nach positiver Überwindung des Klassenkampfes[69] auch den Zustand dar, bei dem gemäß der sozialistischen Lehre die Interessenidentität der Individuen so groß ist, dass es keiner die asoziale Vereinzelung herbeiführenden Menschenrechte mehr bedarf und somit die „wahre Demokratie" verwirklicht ist, weil es zum Volkswillen keine Opposition mehr gibt. So ist es zu verstehen, dass *Hitler* 1930 von einer „großen Zeitenwende" sprechen konnte, bei der eine „individualistische Weltanschauung ... durch eine sozialistische ersetzt"[70] werde. Im Kontext der Zeitenwende zum Sozialismus bringt *Hitler* „dem deutschen Volk den nationalen Sozialismus, die politische Lehre von der Volksgemeinschaft, der Zugehörigkeit aller, die zum deutschen Volk gehören und die bereit und willens sind, sich als ein unlösbares, aber mitverantwortliches Teilchen der Gesamtheit des Volkes zu fühlen."[71] Dementsprechend stellt nach *Hitler* die nationalsozialistische Gedankenwelt eine „Überwindung des Individualismus" dar, „nicht etwa in dem Sinne, dass sie die individuelle Freiheit beschneidet oder die Initiative des einzelnen lähmt, sondern nur in dem Sinne, dass über der individuellen Freiheit und über jeder

Initiative des einzelnen das gemeinsame Interesse steht, dass dieses gemeinsame Interesse das Regulierende, das Bestimmende, wenn notwendig das Hemmende, wenn notwendig auch das Befehlende ist."[72] Die höhere Kulturstufe,[73] die mit „Sozialismus" bezeichnet wird, lasse sich nur durch eine straffe Organisation verwirklichen, die einen Freiheitsverzicht beinhalte, der jedoch nicht als solcher gefühlt werden sollte; denn je mehr der Mensch aufsteige, desto mehr müsse er die Notwendigkeit dieses Verzichts einsehen, wenn nur die Einschränkung für alle gleichmäßig erfolge. An Stelle der Freiheit des einzelnen tritt auf diese Weise die Freiheit des Volkes, die der einzelne Volksgenosse dann als seine Freiheit erkennen müsse. *Hitler* war sich bewusst, dass diese Verschmelzung der Individual- und Gemeinschaftsinteressen einen längeren Umerziehungsprozess[74] erfordern würde. Ein „wahrer Sozialismus" habe „eine völlige innere Umbildung der Menschen zur Voraussetzung". Die Verwirklichung des Sozialismus sei daher eine „ungeheuere Erziehungsaufgabe, die sich erst in den kommenden Generationen vollenden könne."

Nicht nur die Notwendigkeit dieser in der sozialistischen Tradition immer wieder für notwendig erachteten Umerziehung erforderte die Diktatur, sondern auch die grundlegende Vorstellung, dass sich die – kollektivistische – Freiheit des Volks am besten durch die Diktatur als „wahre Volksherrschaft" verwirklicht, weil danach nur die Diktatur geeignet ist, den Volkswillen, in den die Freiheit der Individuen eingegangen (oder im Sinne von *Hegel* „aufgehoben") ist, zu realisieren. *Hitler* lehnte zwar aufgrund seiner antikapitalistisch-sozialistischen Haltung die parlamentarische Demokratie ab, nahm jedoch „gleichzeitig für sich in Anspruch, die Demokratie nicht einfach abzuschaffen, sondern aufzuheben in einer höheren Form".[75] In der Tat stellt sich *Hitler* im Grunde seines Herzens als Demokrat dar: „Die wahre Selbstverwaltung eines Volkes, die für mich (*Hitler*, Anm.) der tiefste Sinn der Demokratie ist, kann zweifellos nicht auf dem Wege des reinen Parlamentarismus erreicht werden, sondern nur auf dem Wege einer Selbstverwaltungsorganisation, in der die Besten und Geeignetsten nach oben kommen müssen." Stellt man sich die Frage, warum sich *Hitler* diese „wahre Selbstverwaltung des Volks" nicht vom „reinen Parlamentarismus“ erwartet hat, dann lautet die Antwort: aus ziemlich ähnlichen Gründen wie sie der maßgebliche Vertreter des Austro-Marxismus, *Otto Bauer*, formuliert hatte: Die parlamentarische Demokratie bleibe eine Form der Herrschaft des Kapitals. Das „derzeitige System“ (der Weimarer Republik, *Anm.*) verwirkliche keine Volksherrschaft: „In Wirklichkeit regiert heute doch nicht das Volk, sondern das Kapital.“[76] Die Sozialisten hätten ihr Ziel nicht erreicht, denn „der kapitalistische Gedanke herrscht heute mehr in der Welt als jemals zuvor ... Kein Mensch glaubt, dass das Großkapital zerschmettert worden ist. Es herrscht heute ... unverschämter als jemals vordem.“[77] Die öffentliche Meinung stelle nichts anderes dar als das Ergebnis der vom Großkapital finanzierten oder beherrschten Äußerungen, weshalb „das Volk“ keine wirkliche Möglichkeit habe, „seinen Gedanken oder seinen Wünschen Ausdruck zu geben.“ Dies würde durch die Freiheit des Kapitals in der sogenannten freien Wirtschaft verhindert werden, womit die Individualrechte konzeptionell genau aus demselben Grunde abgelehnt werden wie schon bei *Marx* und *Engels* und den radikalen Anhängern der Französischen Revolution: Sie stehen der kollektiven Freiheit des Volks entgegen. Diese Freiheit wiederum erfordert zu ihrer effektiven Durchsetzung die souveräne Diktatur, mit deren Hilfe erst die Bedingungen geschaffen würden, in denen es zum Volkswillen keine Opposition mehr gibt. Dementsprechend kann es auch keine Grundrechte geben, da die Verfassung die Wirksamkeit und Schlagkraft der politischen Gewalt erhöhen soll. Sie soll dabei nicht Individuen und Gruppen gegen das Ganze schützen, sondern die Verfassung dient der „Einheit und Ganzheit des Volkes gegen alle individualistischen und gruppenmäßigen Zersetzungen“.[78] Die Interessen des Individuums werden in der staatlichen Gemeinschaft, mit der es substantiell verbunden ist, als „aufgehoben“ angesehen. Zusammengefasst ist dieser Komplex in *Hitler*s Kampfansage an die kapitalistischen Feindstaaten vom 30.01.1941: „Auch hier behilft man sich mit Phrasen, man redet von Freiheit, man redet von Demokratie, man redet von den Errungenschaften des liberalen Systems und versteht darunter doch nichts anderes als die Stabilisierung des

Regimes einer Gesellschaftsschicht, die es möglich macht, dank ihres Kapitals die Presse in ihre Hand zu bekommen und zu organisieren und zu dirigieren und damit die öffentliche Meinung zu bilden."

Man muss in der Tat schon sehr stark bewältigungspolitisch verbohrt sein, um die Ähnlichkeit, wenn nicht gar den Gleichklang dieser national-sozialistischen Parlamentarismus- oder auch Demokratiekritik mit der international-sozialistischen Kritik der „Herrschaft des Kapitals" zu bestreiten. Gelegentlich wird dieser Gleichklang in diesem politisch und verfassungsrechtlich zentralen Punkt in der Literatur zwar eingeräumt, aber dann unterstellt, es hätte sich da (allerdings nur beim NS) doch irgendwie um eine Manipulation gehandelt: „Der Nationalsozialismus war zu allem fähig, gewiss jedenfalls zu einer Politik, die in der Praxis antibürgerlicher und antikapitalistischer ausfallen konnte, als es den Nachgeborenen, die von eben diesem Bewusstsein durchdrungen sind, theoretisch statthaft erscheint."[79] Nun, „zu allem" war der NS auch nicht fähig; wenn er einigermaßen glaubwürdig sein wollte, dann konnte er nur im Rahmen der nationalsozialistischen Grundannahmen handeln. Zu diesen gehörte aber die Überzeugung von *Hitler*, „dass jede Staatsgewalt vom Volk ausgehen muss und von ihm in freier und geheimer Wahl bestätigt werden" müsse.[80] Diese demokratische Bestätigung wurde in der oppositionslosen Abstimmung über das Staatsoberhauptgesetz vom 01.08.1934 erkannt, das mit einer Mehrheit von 89,9 Prozent gebilligt worden ist.[81] Damit war allerdings der nationalsozialistischen Vorstellung der Volkssouveränität Genüge getan.[82] Auf der Grundlage dieses Aktes konnten nunmehr die Vertreter des Volkes nicht mehr vom Volk in unmittelbarer und mittelbarer Wahl bestimmt werden, sondern wurden vom Führer ausgewählt. Der Führer als „*legislateur*" im Sinne von *Rousseau* durfte dabei allerdings nicht nur seinen individuellen Willen zum Ausdruck bringen, sondern in ihm musste sich der Volkswille verkörpern. Um dies sicherzustellen, bedurfte der Führer der Beratung, welche durch die nun von oben ausgewählten Vertreter erfolgt, die besonders befähigt sein müssen, wobei die Einheitspartei diese Rekrutierung sicherstellen sollte. Die Unterscheidung von „Führerwille“ und „Volkswille“ spiegelt den *Rousseauschen* Gegensatz von *volonté de tous* und *volonté générale* wider. Sollte das Volk demnach anderer Auffassung sein als der Führer, was etwa in beratenden Volksabstimmungen festgestellt werden könnte, ist dies für die national-sozialistische Auffassung unerheblich gewesen, da das Volk nur einmal seinen wahren Willen erkennen musste.

Zu diesem ideologischen Komplex gehört naturgemäß die Revolutionskonzeption, weil wohl nachvollziehbar ist, dass die Ablösung der „Herrschaft des Kapitals“ durch die sozialistische Volksgemeinschaft – selbst bei einer absoluten Stimmenmehrheit – parlamentarisch nicht gelingen konnte, war doch letztlich auch das Parlament Ausdruck der „Herrschaft des Großkapitals“. Dementsprechend kann wohl nicht mehr bestritten werden, dass *Hitler* seinem Selbstverständnis nach ein sozialistischer Revolutionär war, da aufgrund der dargestellten Prämissen der angestrebte nationale Sozialismus, der die Lösung der sozialen Frage durch Herstellung einer auf der Arbeiterschaft begründeten Volksgemeinschaft als „wahrer Selbstverwaltung des Volks“ letztlich nur gewaltsam herbeigeführt werden konnte. Aus diesem revolutionären Ansatz erklärt sich die Kritik an der von *Hitler* als „so genannt“ bezeichneten Revolution von 1918, die keine wirkliche gewesen sei. „Der Kapitalismus sollte vernichtet werden, heute marschiert er mehr denn je.“[83] Nach *Hitler*[84] habe der Umsturz von 1918 nicht die von ihm erkennbar erwünschte sozialistische Republik begründet; man habe die Waffen zu schnell aus der Hand gelegt und dann keine Möglichkeit mehr der Verteidigung gegen das „internationale Finanzkapital“ gehabt: „Was ist der größte Irrsinn der Novemberverbrecher gewesen? Man kann nicht sagen, die Revolution an sich, sondern die Form der Durchführung der Revolution, das heißt der Wehrlosmachung des deutschen Volkes. Denn damit hat man außenpolitisch den jungen sozialistischen Staat der kapitalistischen Welt ausgeliefert und die Festigung dieses Gebildes unmöglich gemacht.“[85] Die Sozialisten (gemeint: die Vorkriegs-Sozialdemokratie) wären weder auf die Revolution vorbereitet gewesen noch hätten sie etwas damit anfangen können, so dass, nachdem der große Augenblick verpasst war, „nur noch eine bürgerliche Revolution“ herauskommen konnte, die ihren Ausdruck in der Weimarer Verfassung fand. Es ist keine Unterstellung, wenn man davon ausgeht, dass große Teile der zeitgenössischen Sozialdemokratie diese Einschätzung teilten. *Hitler* versprach, das zu realisieren, „was vielleicht so viele am 9. November 1918 erwartet haben“; womit nur gemeint sein kann, dass er sich mit dem sozialistischen Anliegen identifizierte. Dies kommt sogar in der Antwortrede *Hitlers* auf die gegen das „Ermächtigungsgesetz“ gerichtete Rede des SPD-Fraktionsvorsitzenden *Otto Wels* am 23.03.1933[86] zum Ausdruck, in der er sich auf die Proklamation der Dritten (französischen) Republik von 1870 als Vorbild bezog: „Es wäre in Ihrem Ermessen gewesen, die deutsche Erhebung zu einer wirklich nationalen zu gestalten, und Sie hätten dann das Recht gehabt, wenn die Fahne der neuen Republik nicht siegreich zurückgekommen wäre, immerhin zu erklären: Wir haben das Äußerste getan, um diese Katastrophe durch den letzten Appell an die Kraft des deutschen Volkes abzuwenden.“ Damit nahm *Hitler* für sich in Anspruch, mit dem Akt der Revolution, die sich letztlich mit dem Ermächtigungsgesetz vollzog, umzusetzen, was die SPD 1918 nach den eigenen Prämissen, so wie dies *Hitler* legitimerweise verstehen durfte, hätte machen müssen. Nichts anderes ist gemeint, wenn *Goebbels* die „sinkende Fahne des Sozialismus“ aufgreifen wollte, um das 1918 Versäumte nachzuholen, um „der historischen Mission des deutschen Arbeitertums neuen Sinn und Zweck“[87] zu geben, womit sich *Goebbels* ausdrücklich mit dem Anliegen der klassischen Sozialdemokratie, wie er dieses – ebenfalls legitimerweise – verstehen durfte, identifiziert hat.

Als Grund für das Scheitern der deutschen Revolution von 1918 im Verständnis als sozialistischer Revolution erkannte *Hitler* wiederum die Verbürgerlichung der Sozialdemokratie durch ihre Verwandlung zur Massenbewegung, die letztlich eine Schwächung beinhaltet hätte; „denn die letzten Ziele der marxistischen Weltanschauung sind derart radikal, dass sie nur von einer absolut fanatischen Stoßtruppe durchzufechten sind.“[88] Revolution könne nur durch eine entschlossene Minderheit erzwungen werden, wobei ihm als Vorbild die USPD erschien, wohl weil das, was dann 1918/19 doch noch als Revolution gelingen konnte, von dieser veranlasst worden sei. Dementsprechend hielt *Hitler*[89] der Sozialdemokratie insgesamt die Beseitigung der Monarchie zugute, „ein großer Schritt vorwärts. Durch sie erst wurde für uns der Weg bereitet." Aber nur dadurch, dass aus der großen Masse (gemeint: der SPD-Anhänger) sich die USPD als aktive, kämpferische Minorität loslöste, konnte die Revolution durchgeführt werden. „Hitler orientierte sich also bewusst am Marxismus und sah eine radikale, relativ kleine Partei wie die USPD (die linke Abspaltung von der SPD) als Vorbild für die 'historische Minorität', die er in der NSDAP sammeln wollte."[90] Weitere Bezugspunkte dieses Revolutionskonzepts waren die KPdSU und die italienische faschistische Partei, womit sich *Hitler* im Ergebnis das Avantgarde-Konzept zu eigen machte, wenngleich er dabei weniger den Erkenntnisaspekt hervorhob, das heißt dass die Avantgarde erkennt, was der wahre Wille des Volkes sei, sondern mehr die Entschlossenheit, diesen von ihm als Führer im Sinne von *Lassalle* als erkannt vorausgesetzten wahren Volkswillen auch entschlossen umzusetzen. Von diesem revolutionären Anspruch her gesehen, wäre *Hitler* sicherlich eine gewaltsame Machtergreifung, wie er sie 1923 versucht hat (und womit er wohl noch 1932 gespielt hatte), lieber gewesen. Da *Hitler* jedoch erkennen musste, dass das Regierungssystem schon zu gefestigt war, hat er nach seiner Haftentlassung zur Verwunderung seiner fanatischen Anhänger die Strategie verfolgt, die als „Legalitätstaktik" bekannt ist: Man gewinnt mit den Mitteln der parlamentarischen Demokratie gestützt auf die Grundrechte die Regierungsmacht und sichert damit den Erfolg der Revolution. Letztlich stellt dies nichts anderes dar als das Konzept, das *Engels* ausformuliert hatte und noch bei *Kautsky* zu erkennen ist. Der Unterschied besteht nur darin: Da bereits die parlamentarische Regierungsweise eingeführt war, musste sich *Hitler* selbst nicht mehr für die parlamentarische Demokratie stark machen, was er in Übereinstimmung mit der aufgezeigten Grundposition der klassischen Sozialdemokratie sicherlich getan hätte, wenn noch die verfassungsrechtlichen Verhältnisse des 19. Jahrhunderts bestanden hätten. Dies ist keine ins Blaue gemachte Vermutung, sondern ergibt sich daraus, dass es *Hitler* der (österreichischen) Sozialdemokratie ausdrücklich als positiv angerechnet[91] hat, für das allgemeine und geheime Wahlrecht in der Habsburger Monarchie eingetreten zu sein. Auch die bereits angeführte positive Zurechnung, wonach sich die Sozialdemokratie wegen der Abschaffung der Monarchie progressive Verdienste erworben habe, bedeutet im Kern nichts anderes, als dass *Hitler* der SPD zugutehielt, die parlamentarische Regierungsweise eingeführt zu haben, in der ein Volksführer wie er die Chance hat, Regierungschef zu sein, ohne sich mit formalen und informellen Vetobefugnissen eines Monarchen herumschlagen zu müssen. Die wahre Bedeutung dieses Vorteils begriff *Hitler* bei seinem Besuch in *Mussolini*s Italien, wo die Monarchie selbst in der faschistischen Diktatur die Machtstellung der traditionellen Mächte, Militär, Kirche etc. abzustützen half und daher einer konsequenten Volksdiktatur entgegenstand. Wegen der Verwirklichung des parlamentarischen Regierungssystems musste sich der NS auch nicht mehr mit der die Vorkriegs-SPD kennzeichnenden Frage herumschlagen, ob die (parlamentarische) Demokratie Selbstzweck sei oder nur Mittel, die sozialistische Revolution erfolgreich(er) durchzuführen. Diese Frage war zugunsten der Revolutionsförderung entschieden (da man sich andernfalls der zeitgenössischen SPD hätte anschließen müssen). Dem sich aus dem sozialistischen Kontext ergebenden Revolutionskonzept und seiner eigenen Glaubwürdigkeit war es jedoch geschuldet, dass *Hitler* darauf bestand, seine (einigermaßen) legale Regierungsübernahme würde eine weltgeschichtlich entscheidende Revolution darstellen. Als Revolution kann dies in der Tat trotz – wenngleich nicht zweifelsfreier – Legalität angesprochen werden, ging es doch darum, „das deutsche Volk zum Sozialismus zu bekehren",[92] womit nur gemeint sein konnte, dass die Individualrechte durch die „Freiheit des Volks" ersetzt würden. Aus der Tatsache, dass der Erwerb der Diktaturgewalt, der die nachhaltige Durchsetzung des Volkswillens ermöglichen sollte, formal doch nicht so revolutionär erschien, zog *Hitler* propagandistischen Vorteil, indem er wiederholt darauf hinwies, dass die deutsche Revolution nicht wie die französische oder russische „Hekatomben an

Menschen abschlachtete,"[93] womit im übrigen deutlich wird, was die historischen Bezugspunkte *Hitler*s waren; die Erlangung der Regierungsgewalt etwa durch *Bismarck* sicherlich nicht. An seine diesbezügliche Propaganda scheint *Hitler* selbst geglaubt zu haben, wies er doch noch in seiner Rede zum 11. Jahrestag der Machtergreifung am 30.01.1944 darauf hin, dass in Deutschland eine sozialistische Revolution ohne Zerstörung von Eigentum stattgefunden[94] habe.

Allerdings sah sich *Hitler* wegen der Legalitätstaktik gerade von seinen entschiedensten Anhängern in einer Weise herausgefordert, wie er selbst den traditionellen Sozialismus durch Konfrontation von Idee und Wirklichkeit herausgefordert hatte: Nach *Ernst Röhm* war die „nationale Erhebung", also der Regierungsantritt *Hitler*s und der Erwerb der – formal vom Reichstag mit verfassungsändernder Mehrheit lediglich vorübergehend gewährten – Diktaturgewalt nur „eine Teilstrecke der deutschen Revolution, die wir durchschreiten müssen, um zum *nationalsozialistischen* Staat, unserem letzten Ziel, zu gelangen",[95] womit gemeint war, dass der Sozialismus noch nicht verwirklicht war. Bekanntlich wurde der „*Röhm*-Putsch" niedergeschlagen, wobei dieser Vorgang wegen der verbrecherischen Vorgehensweise der Regierung *Hitler*, die in diesem Zusammenhang nebenbei auch konservative Opponenten liquidierte, die eigentliche Revolution (politische Illegalität) darstellen dürfte, weil damit eine wesentliche Zäsur markiert war, nämlich „die endgültige Auslieferung noch existierender rechtsstaatlicher Elemente an das nationalsozialistische Willkürregime."[96] Und in der Tat war damit klar, dass *Hitler* nicht bereit sein würde, die Diktatur entsprechend den Bedingungen des die Weimarer Verfassung nur suspendierenden aber nicht aufhebenden Ermächtigungsgesetzes am 01.04.1937 zu beenden, womit der Revolutionscharakter der Regierungsübernahme endgültig belegt war: Aus der „kommissarischen" war eine „souveräne Diktatur" geworden. Genau dieser Übergang stellte die Revolution dar, die plebiszitär durch die oppositionslose Zustimmung zu dem Gesetz, das nach dem Tode *Hindenburg*s die Funktion des Reichspräsidenten und des Reichskanzlers vereinigte, legitimiert wurde. Das geschichtliche Paradox besteht nun darin, dass *Hitler* das Vorhaben von *Röhm*, die Regierungsübernahme der „nationalen Erhebung“ durch eine sozialistische Volksrevolution, die von der „Volksmiliz“ SA geführt werde, zu vollenden, eigentlich richtig[97] fand. Trotz einiger entgegenstehender Äußerungen war *Hitler* nämlich davon überzeugt, dass die Revolution noch vollendet werden müsse, „es harrten unser soziale, kulturelle, wirtschaftliche und nicht zuletzt juristische Arbeiten, die nicht leicht durchzuführen seien.“[98] Die Revolution sei erst dann beendet, „wenn die ganze deutsche Welt innerlich und äußerlich völlig neu gestaltet ist,“ womit – allerdings etwas verfremdet – so etwas wie die Endzeitvorstellung des traditionellen Sozialismus durchschimmert, dass es so einen Zustand tatsächlich geben könnte, der aufgrund der allgemeinen Übereinstimmung eines jeden mit jedem Staat und Regierung überflüssig machen würde, so dass dann in absoluter Harmonie nur das Volk als solches übrigbliebe, das keiner entfremdenden Institutionen mehr bedarf.

e) Nationalsozialismus als sozialistisches Herrschaftskonzept

Auch wenn *Hitler* diese Art von sozialistischem Endziel, also die eigentliche „kommunistische Utopie“ (*Schmierer*), nicht vertreten und wohl auch nicht wirklich an derartiges geglaubt haben[99] dürfte, weil er eher – wie auch *Mao* – von der „permanenten Revolution“ als einem „ewigen Kampf“[100] ausging, so kann *Hitler* und mit ihm der National-Sozialismus beim zentralen Herrschaftskonzept nur in der sozialistischen Tradition verortet werden, die ihren Ausgangspunkt in der radikalen Richtung der Französischen Revolution genommen hatte. In dieser Tradition hat sich *Hitler* in seinem Selbstverständnis und mit der Selbstbezeichnung seiner Partei selbst gesehen. Soweit es negative Aussagen zur Französischen Revolution gibt, sind diese bei *Hitler* in Übereinstimmung mit anderen Sozialisten dialektisch zu verstehen: Entsprechend der sozialistischen Tradition sah man sich im Gegensatz, soweit diese Revolution das „liberale Zeitalter“ eingeleitet habe, das aber durch die mit ihm begründete technisch-wissenschaftliche Modernität und die Abrechnung mit Aberglauben, Irrationalismus und Religion – so die Einschätzung *Hitlers*[101]

– allerdings auch als notwendige und damit unvermeidbare Voraussetzung für das sozialistische Zeitalter angesehen wurde. Die in diesem historischen Kontext entwickelte moderne totalitäre Diktatur stellt in der Herrschaftsgeschichte etwas qualitativ Neues dar, das sich nur aus den in der sozialistischen Tradition entwickelten Vorstellungen angemessen begreifen lässt. In dieser Tradition wird die Diktatur mit Argumenten begründet, die auch zur Demokratiebegründung angeführt werden, was, wie schon bei *Engels* exemplifiziert, einerseits zur Ablehnung der (parlamentarischen) Demokratie führt und wodurch andererseits grundlegende Begründungselemente der Demokratie aufgegriffen und totalitär als „wahre Demokratie" zu einer *reductio ad absurdum* gesteigert werden, so dass Diktatur und Abschaffung der Menschenrechte als so etwas wie „Vollendung der Demokratie" erscheinen beziehungsweise als Verwirklichung dessen, was die Demokratie nach dieser Ansicht scheinheilig verspricht, aber nur Sozialismus / Kommunismus real verwirklichen würde, nämlich die Freiheit des Volks als Kollektiv. Genau in dieser Diktaturbegründung zeigt sich *Hitler* als ein genuiner Sozialist, der mit diesem Ansatz immerhin insoweit Erfolg hatte, als durch seine – völlig unsolide finanzierten[102] – sozialpolitischen Maßnahmen seine Popularität bald weit über die engere Parteigefolgschaft hinausreichte und der innerdeutschen Opposition gänzlich die Grundlage entzog. „Bis 1938 festigte sich ein politischer Zustand, den Mussolini treffend als *democrazia totalitaria* bezeichnete",[103] womit nichts anderes als die sozialistisch erwünschte oppositionslose Demokratie gemeint ist, die immerhin zumindest im Vergleich mit dem Kommunismus („Volksdemokratie") bei weitem weniger mit terroristischen Methoden[104], sondern durch Sozialpolitik herbeigeführt wurde.

Das maßgebliche Selbstverständnis des NS-Herrschaftskonzepts dürfte bei *Ernst Rudolf Huber* als wohl offiziösem Vertreter des NS-Verfassungsrechts zum Ausdruck kommen, der unter Zurückweisung andersgearteter NS-Ansichten, wonach[105] „das völkische Führerreich ... eine Demokratie sei, ja erst es sei die eigentliche und echte Demokratie, die der verderbten westeuropäischen Formaldemokratie entgegengesetzt werden müsse", es abgelehnt hat, das Deutsche Reich unter *Hitler* als Demokratie[106] zu kennzeichnen. Der Begriff „Demokratie" sei auf etwas anderes festgelegt, während im „völkischen Führerreich" das souveräne Volk sich nicht selbst regiert, sondern „die Substanz der politischen Einheit ist, während der Volkswille durch den Führer hervorgehoben wird". Aufgrund der Übereinstimmung von Führer und Volk im nationalsozialistischen Reich würde sich allerdings ergeben, dass das Führerreich auch keine Diktatur darstellen würde: „Die häufige antithetische Entgegensetzung 'Demokratie oder Diktatur?' kann auf das Deutsche Reich in keinem Sinne angewandt werden. Es ist weder Demokratie noch Diktatur, sondern ein völkisches Führerreich."[107] Dieser offiziöse Erklärungsversuch für die – erkennbar dialektische – Aufhebung der Gegensätze Demokratie und Diktatur ordnet sich in die sozialistische Tradition ein, in der das „Endziel" einerseits als dialektisches Gegenteil von Demokratie, andererseits als „wahre Demokratie" beschrieben wird, die aber wiederum doch keine Demokratie ist, sondern eben „Sozialismus" (beziehungsweise Kommunismus). Letztlich läuft dies banal darauf hinaus, dass entsprechend der Annahme von *Lassalle* die vor allem in der Arbeiterschaft vermutete Diktaturbereitschaft formal-demokratisch zur Institutionalisierung einer Volksdiktatur führen würde, die man dann allerdings auch nicht wirklich als Diktatur bezeichnen kann, weil sie vom Volk gewollt (worden) sei und damit als „Verwirklichung der Freiheit" gekennzeichnet werden kann, wenn man dabei die Freiheit des Volkskollektivs (oder auch eines anderen Kollektivs) vor Augen hat. Das wirkliche Vorbild und auch das Instrumentarium, um das Wesen des nationalsozialistischen Herrschaftssystems sowohl möglichst objektiv als auch dem NS-Selbstverständnis gerecht werdend zu beschreiben, bietet dann wohl nicht so sehr die marxistische Doktrin, sondern die mit ihr sehr verwandte Doktrin von *Lassalle*: „Lassalles Totalitarismus ist völkisch... Das Volk soll nicht denken, sondern hat nur gemäß seinen Instinkten die Denkenden an die Macht zu bringen. Dieses instinktmäßige Verhalten, das *Lassalle* dem Volk unterstellt, ist ein entscheidendes Indiz für seine totalitären Vorstellungen. Entscheidungen in einem totalitären System sollen keine rationalen Entscheidungen sein, sondern eine rauschhafte Hingabe an das Allgemeine. Dieses ekstatische Außersichsein soll im vollendeten totalitären System den Normalzustand darstellen"[108] und Beleg für die para-demokratische Übereinstimmung von Führer- und Volkswillen sein. Um diesen Zustand herzustellen, schwebte *Lassalle* vor allem die Erzeugung von Kriegsbereitschaft[109] vor; denn während das Volk im Frieden den öffentlichen Dingen überwiegend indifferent gegenübersteht, könne der Krieg den Egoismus des Privatlebens überwinden und ein „Pathos des öffentlichen Lebens" erzeugen. Dieses Kriegspathos würde dann der Revolutionierung der inneren Verhältnisse dienen, die dann zu einer Gleichgerichtetheit des Denkens und Wollens überleiten. „Der Mensch soll nicht mehr ein sich selbst bestimmendes Wesen sein, das seinen Wert und seine Rechte zuerst in sich selbst findet, sondern nur Teil eines Hyperstaates oder Hypermenschen". Dementsprechend betrachtet *Lassalle* die individuelle Freiheit als „negative Idee". Das Recht, auf das es ankommt, „legt sich im Gang der weltgeschichtlichen Entwicklung dar und soll kein historisch gesetztes sein. Verwalter des Rechts, insofern er Einsicht in dieses hat, ist der Führer."

Aufgrund dieses Begründungsansatzes stellt eine (national) sozialistische Diktatur auch keine „orientalische Despotie" dar, wie dies einer der zahlreichen Verharmloser des Sozialismus, nämlich *Wittfogel* meint, der die „Fehlentwicklung" des Sozialismus in der Sowjetunion auf den „halbasiatischen Charakter" der russischen Entwicklung zurückführt. Wäre diese Theorie richtig, dann könnte man gerade Existenz und Wesen des national-sozialistischen Deutschlands[110] nicht erklären: Entweder muss man dann zur Erkenntnis gelangen, dass dieses Regime nicht im Sinne der realsozialistischen Regime totalitär war und deshalb im Sinne des „asiatischen" Erklärungsansatzes nicht erklärt zu werden braucht, oder es wird als totalitär angesehen, dann ist der Erklärungsansatz von *Wittfogel* gerade durch die Existenz des deutschen NS widerlegt. Die richtige Antwort ist dann wohl, das NS-System entsprechend der Selbstverortung den Sozialismen zuzuordnen und als „okzidentale Despotie"[111] einzuordnen. Diese stellt sicherlich eine gänzlich neue Herrschaftskonzeption dar, die als „Despotie“ gekennzeichnet werden mag, das heißt mit einem Begriff, mit dem üblicherweise, schon auf die Antike zurückgehend, asiatische Regime aufgrund ihres größeren, in (West-)Europa kritisierten Unterdrückungsgrades bezeichnet worden sind. Aber dieses sozialistische Herrschaftssystem ist gerade nicht „asiatisch“, sondern aufgrund seiner demokratischen oder demokratieähnlichen Ideologie, die in Asien nicht bekannt war, als „okzidental“ einzustufen, was dann selbst für die neuzeitlichen asiatischen Regime wie Rot-China unter *Mao* und Kambodscha unter *Pol Pot* gilt, die den westlichen Sozialismus zur Herrschaftsbegründung und Machtausübung übernehmen sollten.

Aufgrund seines para-demokratischen Anliegens kann das *Hitler*-Regime selbstverständlich auch nicht in die Tradition des deutschen „Obrigkeitsstaates“ gestellt und in diesem Sinne als „Rechtsdiktatur“ gekennzeichnet werden. Der autoritäre „Obrigkeitsstaat“ oder eine genuine Rechtsdiktatur sind nämlich konzeptionell ganz anders begründet als ein sozialistisches Herrschaftssystem. Der Obrigkeitsstaat hatte seine Legitimation als Gegengewicht zur demokratischen Strömung bezogen, die sich in der Französischen Revolution in ihrer potentiell totalitären Seite offenbart hatte, und auf deren Domestikation die konstitutionelle Monarchie ausgerichtet war und dabei eine gewisse Ähnlichkeit mit dem ursprünglichen Republikanismus des amerikanischen Verfassungsrechts[112] aufwies, bis unter US-Präsident *Jackson* unter den Nachwirkungen der Französischen Revolution *democracy* an die Stelle von *republic* treten sollte. Der „Obrigkeitsstaat“ hatte mit diesem Legitimationsansatz solange Erfolg, wie die Erinnerung an die Französische Revolution und die damit verbundene Erfahrung, insbesondere die revolutionäre Kriegs- und Expansionspolitik, noch gegenwärtig war und überwiegend – außer eben bei den Sozialisten – als negativ empfunden wurde. Die intellektuelle Mehrheit dürfte in der Französischen Revolution den Beleg dafür gesehen haben, dass der Demokratismus die Gefahr beinhaltete, zu dem zu führen, was im 20. Jahrhundert die Bezeichnung „Totalitarismus“ erhalten sollte. Bereits antiken Autoren wie *Cicero* oder *Polybios* war bekanntlich Demokratie eine Staatsform der Vergangenheit gewesen und aus einer solchen Perspektive, die aus plausiblen Gründen im 19. Jahrhundert insbesondere in Deutschland maßgebend war, musste die Jakobiner-Herrschaft als Versuch erscheinen, das Rad der Geschichte zurückzudrehen, was nur im Blutbad enden konnte.[113] Verfassungsrechtliche Antwort auf den Demokratismus der Französischen Revolution war dann im Sinne der *Aristotel*ischen Politie-Konzeption eine sogenannte gemischte Regierungsform, wie sie in republikanischer Version in den USA und in monarchischer Version im sogenannten Obrigkeitsstaat verwirklicht wurde. *Hitler* war aber gegen diesen „Obrigkeitsstaat" entschieden eingestellt, auf dessen mentale Auswirkungen er den Mangel an Zivilcourage[114] bei den Deutschen zurückführte, was ihn aber zur Einsicht zwang, besser doch zum Mittel der „Legalitätstaktik" zu greifen. Eine genuine Rechtsdiktatur wiederum ist im Sinne von *Carl Schmitt* eine „kommissarische", das heißt eine vorübergehende Notstandsdiktatur, die im Zweifel wie diejenige von General *Pinochet* in Chile gegen einen sozialistischen, das heißt totalitär-demokratischen Umsturz(versuch) gerichtet ist. Gegen eine derartige Diktatur, mit der etwa *von Papen* gespielt hatte, wandte sich *Hitler* naturgemäß[115] mit dem wirklich bezeichnenden sozialistischen Argument, dass eine Diktatur nur denkbar[116] sei, „wenn sie der Träger eines Volkswillens ist oder sicherste Aussicht hat, in kurzer oder absehbarer Zeit als Träger eines solchen Volkswillens anerkannt zu werden." Und genau letzteres war das eigentliche Anliegen *Hitler*s, was im ideologischen Kontrast sowohl zum Obrigkeitsstaat als auch zur Rechtsdiktatur steht. Die sozialistische Diktatur, etwa in Form der „Diktatur des Proletariats", stellt eine „souveräne Diktatur" dar, die nach eigenem Anspruch „irreversibel" einen neuen Gesellschaftstyp herbeiführt. Zwar behält auch noch die kommunistische Utopie mit der Annahme des „Absterbens des Staates" die Erinnerung an die traditionell als vorübergehend gedachte Funktion der Diktatur, aber gerade die Utopie, das „Nirgendwo", gewährleistet, dass die Diktatur konzeptionell nie aufhört, weil sie etwas anstrebt, was eben nirgendwo (und auch nirgendwann) vorzufinden sein wird, nämlich die Herrschaftslosigkeit, die auch noch mit völliger Interessenidentität verbunden ist. Und genau in dieser ideologischen Perpetuierung der Diktatur sind die verbrecherischen Konsequenzen aller sozialistischen Diktatursysteme des 20. Jahrhunderts begründet und nicht etwa in dem – ohnehin spezifischen – Nationalismus, wie der Verharmloser von *Pol Pot* und Kommunismus, *Schmierer*, immer noch meint. Wenn der – als „rechts" insinuierte – Nationalismus entscheidend sein sollte, dann müsste sich wirklich die Frage aufdrängen, wie es dazu kommt, dass sich der wohl als universalistisch gedachte Sozialismus immer wieder „nationalistisch vereinnahmen" lässt. Dies war allerdings bereits in der Französischen Revolution vorgezeichnet, in der man feststellen konnte, dass schon die kosmopolitisch ausgerichtete Ideologie von *Babeuf*,[117] den *Engels* hinsichtlich der Herrschaftsbegründung als seinen unmittelbaren ideologischen Bezugspunkt angesehen hat, auf eine extreme nationale Isolierung hinauslief. Dieser Nationalismus des revolutionären Regimes wurde letztlich damit begründet, dass ausländischer Einfluss der unverfälschten Bildung des Gemeinwillens des Volks in ähnlicher Weise entgegenstehen könnte wie nach Ansicht der Sozialisten die individual-rechtlich gesicherten Kapitalinteressen. Durch die Abgrenzung gegenüber Ausland und Ausländern könne dann Frankreich, so *Buonarroti*, seiner Pflicht, der Menschlichkeit und Brüderlichkeit zu entsprechen, ein besseres und nachahmenswertes Beispiel geben. *Lassalle* ist diesen Verrenkungen aus dem Weg gegangen, indem er von vornherein den Deutschen die weltgeschichtlich maßgebliche Rolle bei der Sozialismusverwirklichung zuschrieb: „Dem metaphysischen Volke, dem deutschen Volke, ist ... durch seine gesamte Entwicklung und in höchster Übereinstimmung seiner inneren und äußeren Geschichte dieses höchste metaphysische Los, diese höchste weltgeschichtliche Ehre zugefallen, sich aus dem bloßen geistigen Volksbegriff einen nationalen Boden, ein Territorium zu schaffen, sich aus dem Denken ein Sein zu erzeugen ... Es ist ein Akt wie der Weltschöpfungsakt Gottes."[118]

Den mehr praktischen Grund, warum der Sozialismus sich letztlich mit einem Nationalismus oder ähnlichem Partikularismus verknüpft, hat *v. Hayek*[119] wie folgt formuliert: „Man kann sich in der Tat fragen, ob überhaupt ein kollektivistisches Programm vorstellbar ist, das nicht auf eine begrenzte Gruppe zugeschnitten ist, ob also der Kollektivismus anders denn als eine Art von Partikularismus existieren kann, als Partikularismus einer bestimmten Nation (Nationalismus), einer bestimmten Rasse oder einer bestimmten Klasse.“ Im partikularistischen Kontext lassen sich die Gemeinschaftsziele und die sozialistische Homogenitätsvorstellung eben noch am ehesten darstellen. Genau in dem völkischen Gleichheitsversprechen des NS als „Sozialismus des guten Blutes“[120] lag dessen besondere Attraktivität. Wenn die Entwicklung der „totalitären Demokratie“ mit innerer Schlüssigkeit[121] dahin ging, dass die ins Absurde gesteigerten individualistischen Prämissen der Aufklärungsphilosophie des 18. Jahrhunderts, wozu der politische Universalismus gezählt werden kann, im Laufe des 19. Jahrhunderts offen durch kollektivistische Konzepte ersetzt wurden, dann war es angesichts der Verrenkungen, die etwa innerhalb der Sozialdemokratie gemacht werden mussten, den theoretischen Internationalismus mit dem praktischen Nationalismus zu versöhnen, eigentlich naheliegend, den Sozialismus von vornherein im Sinne von *Lassalle* als primär nationalistisches Anliegen zu formulieren.

Sofern man den Nationalismus als „rechts“ einstuft, was historisch schon nicht ohne Weiteres zutrifft, und damit auch *Hitler*, entgegen seiner Selbstverortung, in dieser Weise einordnet, so kann ihm gerade der Nationalismus selbstredend weniger zum Vorwurf gemacht werden als sein maßgeblicher Sozialismus, der die wesentliche Herrschaftslegitimation nach den Formeln der „totalitären Demokratie“ lieferte. Sicherlich wies nämlich das *Hitler*regime insbesondere im Vergleich mit der kommunistischen „Volksdemokratie“ eher „rechte“ Züge auf, die sich damit erklären lassen, dass die sogenannte Legalitätstaktik doch ihren ideologischen Preis forderte: Dies zwang zu Anpassungen an etablierte Verhältnisse, Gesellschaftsstrukturen und rechtlich-kulturelle Argumentationen und Verhaltensmuster, was sogar dazu führt, dass durchaus plausibel – zumindest bei der Messlatte „Volksdemokratie“ – die Bewertung vorgenommen werden kann, das sogenannte Dritte Reich wäre „kein eigentlich totalitärer Staat“[122] gewesen. Zur ausgeprägten totalitären Machtausübung[123] sahen sich dagegen die kommunistischen Regime schon von vornherein gezwungen, weil sie sich in der Regel gegen breite Mehrheiten der beherrschten Bevölkerung ausschließlich gewaltsam durchsetzen mussten, während es beim *Hitler*regime in der Konsolidierung nach dem sogenannten *Röhm*putsch bis etwa zur sogenannten Reichskristallnacht oder gar bis zum Kriegsausbruch sogar so erschien, als könnte sich dieses Herrschaftsgebilde, das bedingt durch den Kompromisscharakter der Legalitätstaktik in der Tat herrschaftstheoretisch etwas schwer eingeordnet werden kann, zu einem autoritären Staat etwa nach Art einer südamerikanischen Militärdiktatur entwickeln, in der man für eine Partei wie die NSDAP eigentlich gar keine wirkliche Verwendung[124] hatte. Es muss aber betont werden, dass *Hitler* diese Entwicklung überhaupt nicht passte und er sich schließlich doch als Gefangener dieser Legalitätstaktik erkannte, die ihn daran hindern sollte, den Sozialismus wirklich durchzusetzen. Es hätten – so seine wirkliche Überzeugung – anstelle der *Röhm*-Revolutionäre „eher einige hundert Generäle"[125] erschossen werden müssen. Deshalb sollte *Hitler* spätestens seit dem 20. Juli 1944 das Scheitern seines sozialistischen Projekts darauf zurückführen, im Konflikt zwischen Wehrmacht und SA nicht für letztere Stellung genommen zu haben, um dann die Armee in einer Weise zu säubern, wie dies *Stalin* gemacht hatte, der sich doch als der konsequentere Sozialist herausstellte. Dessen Entschlossenheit habe er selbst nicht aufbringen können, worauf er sein Scheitern zurückführte: Er hat – bundesdeutsch gesprochen – den „Kampf gegen rechts" vernachlässigt. Trotz dieser durchaus erklärbaren, im Sinne des NS-Selbstverständnisses ideologisch eher ungewollten „rechten" Züge sollte jedoch nicht verkannt werden, in welcher Tradition das *Hitler*sche Herrschaftssystem nun wirklich[126] steht: „Mit *Lassalle*s Demokratiebegriff zeichnen sich die Möglichkeiten ab, an denen die Demokratie im 20. Jahrhundert scheiterte. Der Nationalsozialismus benutzte die Demokratie der Weimarer Republik zu eben den gleichen Zwecken, wie sie *Lassalle* seiner Demokratievorstellung unterschob. Es mag als Ironie der Geschichte erscheinen oder als List der Vernunft, dass der *Lassalle*sche Demokratiebegriff in der deutschen Sozialdemokratie als Hinwendung zum Staat interpretiert wurde, dass die Sozialdemokratie aufgrund eben dieser Haltung die totalitäre Tendenz des ursprünglichen *Lassalle*schen Begriffs (in der nationalsozialistischen Ideologie) bekämpfte."

Aufgrund dieser Verortung der Grundkonzeption des NS-Herrschaftssystems in der klassischen sozialdemokratischen Tradition lässt sich, dieses Kapitel abschließend, die Annahme von *Schmierer*, der Nationalismus und nicht die von *Pol Pot* in erster Linie vertretene „kommunistische Utopie" sei für die politischen Massenmorde verantwortlich, als abwegig und extremistisch relativierend zurückweisen. Vielmehr ist es die sozialistische Komponente, die den Totalitarismus konstituiert. Dieser hat natürlich die dabei – realpolitisch wohl unvermeidbar – sich ergebende nationalistische Komponente, wie auch bei *Stalin*, *Mao* und schließlich *Pol Pot* (neben vielen anderen), in einer jeweils spezifischen Weise ausgeprägt, die aber beim liberalen oder konservativ geprägten Nationalismus, den *Hitler* und erst recht *Goebbels*[127] nicht ohne Grund sarkastisch abgelehnt hatte, in dieser Weise einfach nicht vorhanden war: Sonst hätte ja schon der „Obrigkeitsstaat" so funktionieren müssen wie das *Hitler*-Regime! Der im „Dritten Reich" übliche Nationalismus, der sicherlich bei vielen Zeitgenossen jenseits seiner von *Hitler* vorgenommenen sozialistischen Fixierung angesiedelt war, lässt vielmehr das *Hitler*-Regime als bei weitem gemäßigter erscheinen als die rein marxistische „Volksdemokratie". Allerdings muss hinzugefügt werden, dass dies damit zu erklären ist, dass es die Umstände, zu denen an prominenter Stelle die – nach Selbsteinschätzung – selbst gestellten Fänge der „Legalitätstaktik" gehören, es dem *Hitler*-Regime nicht erlaubt haben, die sozialistische Konzeption – außer unter Weltkriegsbedingungen in der „Judenfrage"[128] – in einer Weise umzusetzen, wie dies kommunistische Regime machen konnten. Deshalb wird auch mit der Verharmlosung der „kommunistischen Substanz" zur Fehlerklärung des *Pol Pot*-Regimes die Anti-Rechts-Polemik der bundesdeutschen „Bewältigung" nicht besonders überzeugend. Vielmehr sollte man sich grundsätzlicher die Frage stellen, was der Grund sein könnte, dass einem derartigen, erkennbar irrationalen Konzept wie Sozialismus gefolgt worden ist und teilweise immer noch gefolgt wird.

[1] So *Susanne Miller*, a. a. O., S. 15, die dabei einen in ihrem Buch ausdrücklich gar nicht erörterten bemerkenswerten und sehr zutreffenden Zusammenhang herstellt.

[2] Zitiert bei *Zitelmann*, a. a. O., S. 133.

[3] Zitiert bei *Löw*, a. a. O., S. 41.

[4] Zitiert bei *Röhr*, a. a. O., S. 46.

[5] So die berechtigte Einschätzung von *Röhr*, ebenda.

[6] Zu Recht weist *Röder* darauf hin, dass Ausgangspunkt der Marxschen Theorie die frühromantische Poetologie darstellt.

[7] S. Die heilige Familie oder Kritik der kritischen Kritik. Gegen Bruno Bauer und Konsorten, zitiert bei *Löw*, a. a. O., S. 45 f.

[8] S. *Löw*, a. a. O., S. 37 f.

[9] Mit „moralisch" ist in diesem Zusammenhang „juristisch" gemeint; das heißt der physische Mensch wird politisch gesehen irrelevant, sondern muss eine gedachte Größe werden, was eine „juristische Person" wie eine Aktiengesellschaft in der Tat darstellt.

[10] S. *J. L. Talmon*, a. a. O.

[11] Zur Abgrenzung dieser Demokratieformen, die bei der Grundgesetzinterpretation am Begriff „freiheitliche demokratische Grundordnung" festzumachen ist, s. die Darstellung bei *Schüßlburner*, Demokratie-Sonderweg, S. 61-126.

[12] Die theoretische Fragwürdigkeit der Demokratiekonzeption ist bei *Zolo*, a. a. O., und zusammenfassend bei *Buchstein / Jörke,* a. a. O., dargelegt; nimmt man die US-Verfassung als Ausgangspunkt der modernen Staatsentwicklung, dann muss mit *McDonald*, a. a. O., darauf hingewiesen werden, dass diese bewusst nicht als Demokratie konstruiert wurde, weil man mit *Cromwell* als historischer Bezugsperson eines „demokratischen Diktators" (was sich vielleicht erstmals mit *Cäsar* manifestiert hat) genau das befürchtet hat, was dann später mit Sozialismus / Kommunismus auf den Begriff gebracht werden sollte.

[13] Man kann auch die derzeit im Westen (außerhalb der BRD!) maßgebliche und in der Tat einzig sinnvoll zu nennende Demokratietheorie, nämlich die hauptsächlich auf *Schumpeter* zurückgehende Wettbewerbskonzeption von Demokratie, die schon im Widerspruch zum Grundgesetz steht, wie es üblicherweise verstanden wird (dazu ausführlich *Schüßlburner*, Demokratie-Sonderweg) theoretisch als durchaus unzulänglich ansehen; *Zolo*, a. a. O., S. 37 ff., der die *Schumpeter*sche Demokratiekonzeption, die schon auf einem allerdings sehr produktiven Missverständnis beruhe, für die immer noch beste hält, befürwortet im Ergebnis den Verzicht auf diesen irreführenden Begriff; man muss an ihm aber wohl deshalb festhalten, weil man sich sonst nicht der totalitären Demokratiekonzeptionen erwehren könnte, wenn man sich etwa für die „liberale Oligarchie" als ökonomisch wünschenswertes Verfassungssystem (was die rechtsstaatlichen „Demokratien" realiter darstellen müssen) aussprechen würde.

[14] S. *Talmon*, a. a. O., S. 251.

[15] Im 6. Kapitel der vorliegenden Abhandlung wird ausführlich dargestellt, dass hierunter in der sozialistischen Tradition häufig „Judentum" verstanden wur-

de; dies sollte man schon bei der Lektüre des vorliegenden Kapitels stillschweigend mit berücksichtigen.

[16] S. bei *Talmon*, a. a. O., S. 113.

[17] Der entscheidende Unterschied zwischen einer freien (BRD: „freiheitlichen") Demokratie und der totalitären Variante lässt sich auf das Recht zur Ausübung politischer Opposition zurückführen; wie im 1. Kapitel von *Schüßlburner*, Demokratie-Sonderweg, ausgeführt ist, einem Werk, dessen akademisch gelehrter Titel gewesen wäre (falls man in der BRD so ohne weiteres trotz Vorliegens der rechtlichen Voraussetzungen zu politisch unerwünschten Problemen promovieren könnte): „Die Beeinträchtigung des Verfassungsprinzips der freien Bildung politischer Opposition in der Bundesrepublik Deutschland".

[18] S. *Talmon*, a. a. O., S. 242.

[19] *Ebeling*, a. a. O., S. 85, weist zurecht darauf hin, dass die SPD mit dem Nationalsozialismus letztlich „die totalitäre Tendenz des ursprünglichen *Lassalle*schen Begriffs (in der nationalsozialistischen Ideologie)" von Demokratie bekämpfte.

[20] S. dazu die Ausführungen im 5. Kapitel der vorliegenden Abhandlung.

[21] Zur Irrationalität dieser „Wissenschaft", s. im 4. Kapitel der vorliegenden Abhandlung.

[22] S. Protokoll des Parteitages zu Halle 1890, S. 41; hier zitiert bei *Löw*, a. a. O., S. 272 und 279, Fn.

[23] „Im Zuchthaus von heute ist der Aufseher wenigstens ein achtbarer Beamter, über den man sich beschweren kann. Aber wie werden die Aufseher sein in dem allgemeinen sozialistischen Zuchthaus? ... Die erbarmungslosesten Tyrannen, die je gefunden wurden", zitiert bei *Fischer-Fabian*, a. a. O., S. 124.

[24] S. dazu die grundlegende, wenngleich aus sozialdemokratischer Perspektive geschilderte Entwicklung bei *Gustav Mayer*, Radikalismus, insbes. S. 108 ff., Die Trennung der proletarischen von der bürgerlichen Demokratie in Deutschland, 1863-1870.

[25] Dies lässt die Aussage des national-liberalen Fraktionsführers *Ernst Bassermann* verstehen, als er forderte, sich eingedenkt zu sein „unserer Geburtsstunde, in der liberale Männer ... der Demokratie absagten und ihre eigenen nationalliberalen Wege gingen"; s. *Gall*, a. a. O., S. 436.

[26] S. *Paret*, a. a. O., S. 111; *Gall*, a. a. O., S. 287; zum demokratisch-sozialistischen Antisemitismus s. das 6. Kapitel der vorliegenden Abhandlung.

[27] S. *S. Miller*, a. a. O., S. 35 m. w. N.

[28] S. *ebenda*, S. 52.

[29] S. *ebenda*, S. 53.

[30] So die Einschätzung von *Gilg*, a. a. O., S. 57.

[31] So eher die Einschätzung von *Ebeling*, a. a. O., insbes. S. 81-85.

[32] Diese ist sicherlich darauf zurückzuführen, dass *Lassalle*, anders als die sich in England aufhaltenden *Marx* und *Engels* immer im Auge haben musste, wie die preußische Staatsanwaltschaft seine Ausführungen unter dem Gesichtspunkt einer Hochverratsklage verstehen würde; so auch die Einschätzung bei *Wette*, a. a. O., S. 112 f. unter „Revolution und Krieg".

[33] S. Nachweis bei *Groh*, a. a. O., S. 57.

[34] S. *Ramm*, a. a. O., S. 116 ff.

[35] Gemeint ist die von *Miller*; a. a. O., s. dort die Zusammenfassung auf S. 291 ff.

[36] Dies zeigt an, in welcher Defensivposition sich die Sozialdemokratie in der bundesdeutschen Nachkriegszeit befand, als noch gefühlt wurde, dass ein Zusammenhang von NS und Sozialismus bestehen müsse; s. dazu die Ausführungen im 7. Kapitel der vorliegenden Abhandlung.

[37] So zusammenfassend *Ebeling*, a. a. O., S. 83.

[38] S. *Miller*, a. a. O., S. 294 f.

[39] So die zusammenfassende Würdigung bei *Ramm*, a. a. O., S. 81.

[40] S. Nachweise bei *Gilg*, a. a. O., S. 80.

[41] S. dazu auch den Beitrag von *Schüßlburner*, Diskussion über Verbot der SPD? - Würdigung der Sozialdemokratie nach VS-Methodik, in: *Schüßlburner / Knütter*, a. a. O., S. 475 ff.

[42] S. Nachweise bei *Gilg*, a. a. O., S. 64., wobei *Kautsky* (wenig überzeugend) versuchte, den Parlamentarismus als Erscheinungsform der Diktatur des Proletariats darzustellen.

[43] So auch *Gilg*, a. a. O., S. 73.

[44] So zusammenfassend *Gilg,* a. a. O., S. 82 f.

[45] Zitiert bei *Löw*, a. a. O., S. 56.

[46] So die Bewertung bei *Ebeling*, a. a. O., S. 82.

[47] S. dazu *Gilg*, a. a. O., S. 66 f.

[48] S. *ebenda*, S. 178.

[49] Insbesondere anhand der Wirkungsweise der (sozialdemokratisch-kemalistischen) türkischen Militärdemokratie lässt sich erschließen, dass BRD-Parteiverbot, „Verfassungsschutz" und dergleichen ein Surrogat für die Schutzmaßnahmen des Obrigkeitsstaates gegen die Gefahren des demokratischen Totalitarismus darstellen, s. dazu *Schüßlburner*, Demokratie-Sonderweg, insbes. S. 105 ff., 162 ff. und S. 315 ff.

[50] So auch das negative Urteil bei *S. Miller*, a. a. O., S. 298.

[51] So die Position des maßgeblichen österreichischen Sozialdemokraten *Otto Bauer*, zitiert bei: *Leser*, a. a. O., S. 117.

[52] S. dazu *Naderer*, a. a. O., S. 202.

[53] S. dazu *Striefler*, a. a. O., S. 312, mit dem Hinweis: „Bemerkenswert ist die hohe Zahl von Reichsbannermitgliedern unter den Gewalttätern, die sich in den Gerichtsakten nicht widerspiegelt."

[54] So der wichtige Hinweis bei *Gilg*, a. a. O., S. 65.

[55] Außer im Falle des spanischen Bürgerkriegs, für dessen Ausbruch die Sozialdemokratie allerdings weniger verantwortlich ist; wobei allerdings die Entschlossenheit zum Bürgerkrieg auf das Gefühl des Versagens in Österreich zurückgeht.

[56] S. *v. Hayek*, a. a. O., S. 176 f.; es muss hier doch einmal darauf hingewiesen werden, dass die Schrift von *v. Hayek* während des Weltkrieges erschien, wo der Liberalismus mit dem Sowjetsozialismus verbündet war und deshalb gegenüber dem heimischen Sozialismus eher nachsichtige Töne angeschlagen werden mussten; auch die wohl zu positive Wertung des Marxis-

mus und die demgegenüber wohl zu negative der Richtung von *Lassalle* lassen sich damit erklären, dass man *Marx* wegen des verbündeten Sowjetkommunismus nicht zu nachhaltig kritisieren durfte, während *Lassalle* als „typisch deutsches" Sozialismusprodukt dargestellt werden konnte - was *Marx* nicht war?

[57] S. Nachweise bei *Naderer*, a. a. O., S. 321 und 340.

[58] So wurde etwa der Briefwechsel zwischen *Bismarck* und *Lassalle* erst 1928 bekannt; s. *Ebeling*, a. a. O., S. 82.

[59] S. Nachweis bei *Courtois*, a. a. O., S. 818.

[60] S. ebenda, S. 809.

[61] S. ebenda, S. 807.

[62] S. aus dieser Perspektive das Buch von *Wiegand*.

[63] S. bei *Zitelmann*, a. a. O., S. 176 f.

[64] S. *Maser*, a. a. O., S. 226.

[65] So *Hitler* in einem seiner Tischgespräche, zitiert bei *Zitelmann*, a. a. O., S. 188.

[66] So die Zusammenfassung bei *Zitelmann*, a. a. O., S. 189 f.

[67] S. *Marx / Engels*, Die heilige Familie oder Kritik der kritischen Kritik. Gegen Bauer und Konsorten, zitiert bei *Löw*, a. a. O., S. 45, der die Bemerkung hinzufügt: „Derlei Sentenzen sind *einer* der Gründe, warum der Marxismus in den sozialistischen Parteien Aufnahme fand"; im 4. Kapitel der vorliegenden Abhandlung wird dargestellt, dass es dabei noch um etwas Grundlegenderes geht, nämlich um die marxistische Seinsphilosophie.

[68] So in einem seiner Briefe an *Bismarck*, wo er diesen von der Oktroyierung des allgemeinen Wahlrechts in Preußen zu überzeugen suchte; s. *Ebeling*, a. a. O., S. 82.

[69] Bei *Höver*, a. a. O., S. 56 f. ist nachzulesen, dass *Goebbels* sich ausdrücklich für den Klassenkampf ausgesprochen hat, der jedoch sein Ziel in und mit der sozialistischen Volksgemeinschaft erreichen würde.

[70] S. bei *Zitelmann*, a. a. O., S. 102.

[71] S. bei *Zitelmann*, a. a. O., S. 124.

[72] So *Hitler* in einer Rede am 31.01.1941, zitiert bei *Zitelmann*, a. a. O., S. 390.

[73] S. einzelne Nachweise, die hier auf den zentralen Kern gebracht werden, bei *Zitelmann*, a. a. O., S. 397.

[74] S. bei *Zitelmann*, a. a. O., S. 220.

[75] So *Zitelmann*, a. a. O., S. 439 f.

[76] So *Hitler* in einer Rede am 09.06.1927, s. bei *Zitelmann*, a. a. O., S. 390.

[77] So *Hitler* in einer Rede am 18.09.1928, s. bei *Zitelmann*, a. a. O., S. 390 f.; im Folgenden werden die einzelnen Äußerungen, die *Zitelmann*, a. a. O., auf S. 391 ff. anführt, zusammengefasst.

[78] So *Huber*, Verfassungsrecht, S. 363.

[79] So *Kettenacker*, Sozialpsychologische Aspekte der Führer-Herrschaft, in: *Hirschfeld / Kettenacker*, a. a. O., S. 106.

[80] S. Erlass des Reichskanzlers zum Vollzug des Gesetzes vom 1. August 1934 über das Staatsoberhaupt des Deutschen Reiches, RGBl. 1934 I S. 758.

[81] Was das Ergebnis genuiner erscheinen lässt als die absurden Mehrheiten von 99,9 Prozent in Sowjetregimes; ganz hat das *Hitler*regime aber dieser ple-

biszitären Herrschaftslegitimation nicht vertraut, weil man es notwendig fand, das parlamentarisch erteilte Ermächtigungsgesetz ausdrücklich zu verlängern, und zwar im Januar 1937 und im Januar 1939 durch den Reichstag auf jeweils beschränkte Zeit und im Mai 1943 durch *Hitler* selbst auf unbestimmte Zeit.

82 Die repräsentativste Selbstdarstellung des NS-Verfassungsrechts dürfte im Werk von *Huber* (Vater des bundesdeutschen protestantischen Bischofs) bestehen, des wirklichen Kronjuristen des Dritten Reiches; s. dort vor allem das IV. Kapitel (Der Führer), S. 194 ff. und das VII. Kapitel (Die Rechtstellung des Volksgenossen), S. 359 ff.

83 S. *Zitelmann*, a. a. O., S. 52.

84 S. *Zitelmann*, a. a. O., S. 60 f.

85 So *Hitler* in einer Rede am 21.09.1928, s. bei S. *Zitelmann*, a. a. O., S. 61.

86 Zitiert bei *Zitelmann*, a. a. O., S. 79 f.

87 S. *Höver*, a. a O., S. 253.

88 S. *Zitelmann*, a. a. O., S. 403; wodurch deutlich wird, um nochmals darauf hinzuweisen, dass *Hitler* entgegen der gegen den „Marxismus" gerichteten Wahlpropaganda sehr wohl verstand, was Marxismus genuiner Weise bedeutet, dem er dann doch nicht so fern stand, was wiederum *Goebbels* eigentlich nie bestritten hat.

89 S. bei *Zitelmann*, a. a. O., S. 55.

90 So die Zusammenfassung bei *Zitelmann*, a. a. O., S. 400.

91 S. bei *Zitelmann*, a. a. O., S. 463.

92 S. bei *Zitelmann*, a. a. O., S. 90.

93 In einer Rundfunkrede am 14.10.1933, s. bei *Zitelmann*, a. a. O., S. 403.

94 S. *Zitelmann*, a. a. O., S. 95.

95 S. *Longerich*, a. a. O., S. 180; s. auch bei *Venohr*, a. a. O., S. 80, wonach die SA mit dem Sozialismus in Deutschland Ernst machen wollte.

96 So die Formulierung bei *Longerich*, a. a. O., S. 220.

97 S. bei *Zitelmann*, a. a. O., S. 110 f.

98 So *Hitler* in einem Gespräch mit dem italienischen Justizminister *Grandi* am 25.11.1940, s. bei *Zitelmann*, a. a. O., S. 113, wobei er sich die Revolution vom „Kameraden Frank" erwartete.

99 Vgl. aber die Ausführungen im 5. Kapitel der vorliegenden Abhandlung unter e), wo dargelegt wird, dass auch bei *Hitler* so etwas wie das sozialistische „Endziel" aufscheint.

100 S. bei *Zitelmann*, a. a. O., S. 113.

101 S. bei *Zitelmann*, a. a. O., S. 74 ff., insbes. S. 78.

102 Darauf weist *Aly* zurecht hin, s. a .a. O., etwa S. 53 unter Bezugnahme auf die zeitgenössische Einschätzung von *Carl Friedrich Goerdeler*.

103 S. *Aly*, a. a. O., S. 27 f.

104 S. ebenfalls bei *Aly*, S. 27: „Nach dem Anfangsterror waren dort (in den Konzentrationslagern, *Anm.*) am Jahresende 1936, also nach knapp vier Jahren des Konsolidierens, nur noch 4 761 Häftlinge eingesperrt - einschließlich der Alkoholkranken und Kriminellen".

105 S. bei *Huber*, Verfassungsrecht, S. 209.

[106] S. *ebenda*, S. 210.

[107] S. ebenda, S. 211.

[108] S. bei *Ebeling*, a. a. O., S. 84; dort auch die nachfolgenden Zitate; an *Ebeling* ist nur zu kritisieren, dass er die Grundvorstellungen von *Marx* und *Lassalle* als „sehr verschieden" ansieht, da *Marx* die Grundideen von *Lassalle* als „alten verkommenen Spekulationskehricht" bezeichnet hat; *Marx* hat aber immer die inner-sozialistische Konkurrenz am gehässigsten kritisiert; die Ähnlichkeit der Ansichten ist doch offensichtlich, wenn man die zu Beginn des vorliegenden Kapitels dargestellten *Marx*- und *Engels*zitate mit der *Lassalle*schen Konzeption vergleicht.

[109] S. Nachweise bei *Wette*, a. a. O., S. 116 f.

[110] Auf S. 552 wird mehr in der Fußnote 132 der „Faschismus" gestreift, ohne dass dies zu einer Revision der Thesen Anlass gibt; auf S. 422 wird immerhin die Tatsache, dass *Stalin* seine Befehlshaber liquidieren konnte, in Parallele zu *Hitlers* Sieg über die Generalität, die ihn 1944 zu stürzen suchte, hergestellt, ohne dies wirklich in den Zusammenhang mit der „orientalischen Despotie" zu stellen.

[111] Mit *Vollrath,* a. a. O., S. 321 ff.

[112] S. dazu die Ausführungen von *McDonald*, a. a. O., die wohl mit das Beste darstellen, was über das ursprüngliche amerikanische Verfassungsrecht verfasst worden ist.

[113] S. *Buchstein / Jörke*, a. a. O., S. 472 f.

[114] S. bei *Zitelmann*, a. a. O., S. 436.

[115] Auch bei *Huber*, Verfassungsrecht, wird deutlich, dass man die größte Gefahr für das Gelingen des NS in der Perpetuierung des „rechten" Präsidialregimes gesehen hat; s. S. 33 ff.

[116] In einer Rede am 16.08.1932, s. bei *Zitelmann*, a. a. O., S. 438.

[117] S. bei *Talmon*, a. a. O., S. 244 f.

[118] So *Lassalle* in „Die Philosophie Fichtes und die Bedeutung des deutschen Volksgeistes", Gesammelte Reden VI, 150; hier zitiert bei *Ebeling*, a. a. O., S. 84.

[119] S. *v. Hayek*, a. a. O., S. 179 f.

[120] So die Einschätzung von *Aly*, a. a. O., S. 28 f.

[121] So die zusammenfassende Erkenntnis bei *Talmon*, a. a. O., S. 254 (reductio ad absurdum).

[122] So *Haffner*, Von Bismarck zu Hitler, S. 248.

[123] Dazu nochmals *Aly*, ebenda, S. 27: „Die spätere DDR setzte zur Kontrolle ihrer 17 Millionen Bürger 190 000 hauptamtliche und ebenso viele nebenamtliche Stasi-Spitzel ein, die Gestapo zählte 1937 einschließlich der Sekretärinnen und Verwaltungskräfte knapp 7 000 Mitarbeiter, der SD deutlich weniger. Sie reichten aus, um 60 Millionen im Auge zu behalten."

[124] S. dazu etwa die Beschreibung bei *Höhne*, a. a. O., S. 149 ff. und S. 293 ff. mit der Unterüberschrift: Die Angst der NSDAP vor ihrer Auflösung.

[125] S. *Zitelmann*, a. a. O., S. 110 f.

[126] So nachfolgend die Zusammenfassung bei *Ebeling*, a. a. O., S. 85.

[127] S. bei *Höver*, a. a. O., etwa S. 67 ff.: „Der endlose Hass gegen den Bourgeois.

Goebbels und die Rechte (1924-1926)"; S. 82 ff. „Schwarz-weiß-rote Geldsäcke. Goebbels und die Rechte (1927-1932/33)"; S. 341 ff. „Gegen Kompromisssucht" und „bürgerliche Verflachung"; S. 365 ff.: „Schärfere Abgrenzung zur Reaktion"; und S. 389 ff.: „Keine Versöhnung mit den Reaktionären" - eine schärfere Abgrenzung „gegen rechts" schafft auch die bundesdeutsche „Antifa" nicht!

[128] S. dazu im 6. Kapitel der vorliegenden Abhandlung.

4. Kapitel
(National-)Sozialismus als gnostischer Irrationalismus

Das Irreale dieser Konstruktion ist grotesk.
(Bewertung der „Endzeitvorstellungen" des SPD-Vorsitzenden *August Bebel*)[1]

Die Gattung ist ewig, das Individuum vorübergehend.[2]

Wenn die menschenfreundliche „kommunistische Substanz" im Glauben daran besteht, dass sich im Laufe der Geschichte ein Zustand ergibt, in dem Menschenrechte wegen der umfassenden Interessenidentität zur Gewährleistung der Freiheit nicht mehr benötigt werden, vielmehr diese Grundrechte, wie insbesondere das Eigentumsrecht, der „wahren Freiheit" des Volks entgegenstehen, müsste sich die Frage ergeben, ob diese Annahme nicht völlig irreal und irrational ist. Damit ist die weitere Frage verbunden, woher der sozialistische Theoretiker überhaupt weiß, dass ein derartiger Zustand gewollt wird oder gewollt werden müsste, wenn die vorausgesetzten Bedingungen verwirklicht wären, so dass ein von der richtigen Erkenntnis des Geschichtsverlaufs erfasster sozialistischer Diktator diesen Zustand gewissermaßen vorab im Wege erkenntnistheoretischer Selbstermächtigung, die *v. Hayek* als „Konstruktivismus" bezeichnet hat, schon einmal gewaltsam herstellen darf. Zum Zwecke der in vorliegender Abhandlung behandelten Themenstellung ergibt sich schließlich die Frage, inwieweit auch der National-Sozialismus von diesem sozialistischen Irrationalismus erfasst war.

a) Sozialistische Seins- und Geschichtstheologie

Stellt man sich die Frage, woher *Marx* seine eigenartigen Erkenntnisse erworben hat, dann lautet die Antwort: Unmittelbar von *Moritz Hess* (1812-1875), der sich unbestritten als einen der ersten Kommunisten Deutschlands[3] eingestuft hatte und zu gewissen Zeiten als der „Vater der deutschen Sozialdemokratie" galt, wie seine Freunde in der SPD auf seinem Grabstein im Friedhof zu Deutz/Köln einmeißeln[4] ließen. Dieser „Kommunisten-Rabbi" (so *Arnold Ruge*), der seinen Vornamen bewusst in *Moses* abänderte, wandelte sich später zu einem radikalen jüdisch-nationalen Sozialisten, der die Überzeugung zum Ausdruck brachte, dass der „Rassenkampf dem Klassenkampf"[5] vorgehe, weshalb er die Schaffung eines jüdischen Nationalstaates mit messianischer Verve erstrebte und somit zum anerkannten Vorläufer des Zionismus wurde: „Moses Hess, widely known and respected as one of the first socialists in Germany, subsequently revealed himself as an extreme Jewish racist, whose views about the pure Jewish race published in 1858 were not unlike comparable bilge about pure Aryan race."[6] Für *Hess* stellt die Menschheitsgeschichte explizit eine Heilsgeschichte dar. Am Anfang der Menschheitsgeschichte bestanden danach Gütergemeinschaft und natürliche Gleichheit. Diese menschliche Harmonie wurde durch das Eigentumsrecht vernichtet, welches soziale Ungleichheit und Egoismus hervorrief. Dieser Zustand erreicht gerade in der modernen kapitalistischen Gesellschaft seinen Kulminationspunkt, in der sich der Antagonismus zwischen den Klassen, der Geldaristokratie und den Volksmassen beträchtlich verschärfen würde. Dieser Antagonismus nimmt apokalyptische Ausmaße an und schlägt dann in das „Heil der kommunistischen Gesellschaft" um, in der dann wieder Gütergemeinschaft und soziale Harmonie einkehren. Damit ist eigentlich schon die Grundstruktur der *Marx*schen Theorie und verwandter sozialistischer Ideologeme beschrieben. Die umfangreichen Ausführungen, die etwa *Marx* mit seinem Hauptwerk *Das Kapital* vornahm, stellen nichts anderes dar als den erkennbar verfehlten Versuch, diesem willkürlichen Geschichtsschema zur Rechtfertigung revolutionärer Praxis auch durch Krieg einen wissenschaftlichen Anstrich zu geben. Damit soll verschleiert werden, was *Hess* explizit zum Ausdruck brachte, dass es sich nämlich bei seinem Geschichtsschema um – schlechte – Theologie handelt, die dann bei ihm im Lichte der zeitgenössischen Religionskritik, insbesondere von *Feuerbach* und *Bruno Bauer* in eine Immanenzideologie transformiert wurde, die für *Marx* grundlegend blieb. Gerade durch diese Immanentisierung[7] (der Transzendenz) wird aber die wirkliche Irrationalität deutlich, weil die Immanenzannahme zu einer Begründung von Behauptungen zwingt, die man in der expliziten Theologie als Glaubenssätze dem transzendenten Bereich zuordnet, der letztlich der menschlichen Erkenntnis und vor allem der „Praxis" nach den Postulaten der Theologie entzogen ist, und wo nur geglaubt werden kann. *Marx* sieht in Anschluss an *Feuerbach* in Nachfolge von *Hess* in der Religion, also insbesondere im Heilsversprechen – Paradiesvorstellung, ewiges Leben – des Christentums eine Projektion des menschlichen Selbstbewusstseins und Selbstgefühls, das der Mensch sich selbst entweder noch nicht erworben oder schon wieder verloren hat. Hat der Mensch diese Projektion einmal als solche durchschaut, wird er „wirklicher Mensch". Das Besondere ist dabei, dass *Marx* diese Projektion gerade nicht für eine Illusion hält, sondern als „das Beste im Menschen" für real. Indem zwar die Religion selbst als Illusion enthüllt wird, kann die als real verstandene Projektion aber wieder in den Menschen zurückgeholt werden. „Der Marxische *homo novus* ist nicht ein Mensch ohne religiöse Illusionen, sondern der Mensch, der ontisch Gott wieder in sich aufgenommen hat. Der Unmensch, der Illusionen hat, wird zum Vollmenschen dadurch, dass er den Übermenschen absorbiert,"[8] das heißt er wird Gott. Dies muss der Mensch in der Verstiegenheit der *Marx*schen Axiome schon deshalb werden, weil er nur dann als „frei" im kommunistischen Sinne angesprochen werden kann: Ein Wesen, das seine Existenz nicht sich selbst verdankt, ist ein abhängiges Wesen: „Ich aber lebe vollständig von der Gnade eines anderen, wenn ich ihm nicht nur die Unterhaltung meines Lebens verdanke, sondern wenn er noch außerdem mein Leben geschaffen hat; wenn er der Quell meines Lebens ist; und mein Leben hat notwendig einen solchen Grund außer sich, wenn es nicht meine eigene Schöpfung ist."[9] *Marx* gesteht zu, dass seine Konstruktion eigentlich unbegreiflich ist, weil sie „allen Handgreiflichkeiten des praktischen Lebens widerspricht" (sic!) und „löst" das Problem der praktischen Erfahrung, dass der einzelne Mensch erkennbar nicht aus sich selbst heraus existiert, indem er postuliert: „Wenn du nach der Schöpfung der Natur und des Menschen fragst, so abstrahierst du vom Menschen und der Natur." In seiner Kritik an dieser *Marx*schen Konstruktion sieht *Voegelin*[10] hierin ein Frageverbot aufgestellt, das *Marx* als bewussten intellektuellen Schwindler entlarve.

Man könnte *Marx* beispringen, indem man seine Aussage im Sinne der Metaphysikkritik von *Topitsch* als Kritik an einer irreführenden, wenngleich vorwissenschaftlich naheliegenden „handwerklichen" Analogie der Produktion menschlicher Artefakte auf die Entstehung von Welt und Mensch versteht. In diesem bloß a-religiös, a-gnostischen Sinn kann man *Marx* aber nicht verstehen. Setzt man seine Annahme, dass der Mensch aus sich selbst existiert oder existieren muss, um als wirklich freies Wesen angesprochen werden zu können, in Beziehung zu seiner (und *Engels'*) Definition der die Menschenrechte überwindenden „echten Freiheit und echten Gleichheit" des „Gattungsmenschen", dann kann mit dieser kryptischen Aussage nur gemeint sein: Als „Gattungsmensch", also als Kollektivum existiert der „Mensch als solcher" ja gewissermaßen „ewig"; „der Mensch" zeugt sich immer wieder selbst, wenn man annimmt, dass jeder so sehr mit allen identisch ist, dass es auf individuelle Akte nicht wirklich ankommt. Dann sind alle Menschen gewissermaßen ein Mensch, der Hypermensch,[11] der dann als solcher frei ist, weil er aus sich heraus existiert. Damit wird auch das Problem des individuellen Todes[12] hinwegdialektisiert; dieser erscheint zwar als „harter Schlag der Gattung über das bestimmte Individuum und ihrer Einheit zu widersprechen; aber das bestimmte Individuum ist nur ein bestimmtes Gattungswesen, als solches sterblich." Da der einzelne mit der Gattung und diese mit der (menschlichen) Gesellschaft identisch ist, die damit das Allgemeine und Ewige, also die Transzendenz bezeichnet, lebt dann der Mensch als solcher gewissermaßen ewig, da er nur insoweit zählt, als er mit der Gattung, dieser Inkarnation der Transzendenz, identisch ist: „Sein Tod hatte gar keine Bedeutung mehr, da seine Identität mit der Ewigkeit der Gesellschaft und Gattung diesen Tod dialektisch aufhob."[13] Soweit damit eine rein (quasi-) theologische Auffassung zum Ausdruck gebracht wäre, bräuchte sie hier nicht weiter zu interessieren, doch wird in der sozialistischen Ideenwelt mit einer vergleichbaren Konstruktion im Zweifel ein real-politischer Vorgang beschrieben: Die Konzeption, wonach die „echte Freiheit“ darin besteht, dass man zur Überwindung des Egoismus und damit der Entzweiung des Menschen diesen vom Eigentum und ähnlichen Rechten „befreit“, wird in der Vorstellung der Selbstentstehung des Kollektivmenschen zu ihrem finalen Ziel getrieben: Neben den anderen Rechten wird nämlich damit schließlich selbst das Recht auf Leben konzeptionell (und nicht nur im Sinne eines explizit unter bestimmten Umständen zu rechtfertigenden Eingriffs) zur Disposition gestellt, weil es auf das selbstsüchtige Individuum ohnehin nicht ankommt, sondern auf den durch alle Menschen existierenden „Menschen an sich“. Es bestätigt sich die Einschätzung von *Talmon*, dass der moderne Totalitarismus nicht auf der Verneinung der Werte des Individualismus des 18. Jahrhunderts beruht, sondern auf deren Übersteigerung im Sinne einer irrationalen *reductio ad absurdum*, die dann im Laufe des 19. Jahrhunderts – was angesichts der Irrealität dieses pseudo-individualistischen Ansatzes nicht verwunderlich ist – durch explizite kollektivistische Konzepte ersetzt wird: Die der Religionskritik von *Marx* implizit zugrundeliegende Devise: „Du bist nichts, der (kommunistische) Mensch (als solcher) ist alles“ wird ersetzt durch „Du bist nichts, dein Volk ist alles!“, wobei anstelle von „Volk“ natürlich auch andere Kollektive wie „Klasse“, „Rasse“ oder „Menschheit“ stehen können, was zwar inner-sozialistisch einen Unterschied ausmachen mag, für einen Nichtsozialisten dagegen kaum entscheidend sein kann. Ironische Aussprüche wie „der Mensch ist schlecht, die Menschheit ist gut“ (gegebenenfalls auch umgekehrt) markieren den Übergang vom impliziten zum expliziten Kollektivismus.

Die praktischen Konsequenzen, die sich dann im 20. Jahrhundert zeigen sollten, deuten sich in den selbst von *Marx*kritikern für „humanistisch“ gehaltenen Frühschriften von *Marx*, insbesondere bei seiner spezifischen Religionskritik dadurch an, dass die Kritik nicht mehr Theorie bleibt, also ein vielleicht anderes philosophisches Weltverständnis aufzeigt, über das man diskutieren könnte, sondern politische „Praxis“ wird: „Ihr Gegenstand ist ihr *Feind*, den sie nicht widerlegen, sondern *vernichten* will ... Sie gibt sich nicht mehr als Selbstzweck, sondern nur noch als *Mittel*. Ihr wesentliches Pathos ist die *Indignation*, ihre wesentliche Arbeit ist die *Denunziation*.“[14] Man kommt nicht umhin, der Bewertung von *Voegelin*[15] zuzustimmen: „Hier spricht der Mordwille des gnostischen Magiers. Das Realitätsband ist zerrissen; der Nebenmensch ist nicht mehr Partner im Sein; die Kritik ist nicht mehr Argument. Das Urteil ist gesprochen; es folgt die Exekution.“ Da bei sozialdemokratisch orientierten Sozialisten häufig eine Ahnung besteht, dass an den Lehren von *Marx* doch irgend etwas Totalitäres und zutiefst Unmoralisches sein muss, wenngleich man sich nicht zugestehen will, dass dies an seinem speziellen „Humanismus“ liegen könnte, ist zu gewissen Zeiten betont worden, dass sich der Kommunismus von *Marx* und der seines wesentlichen Lehrmeisters, des späteren *Lassalle*-Mitstreiters *Hess* darin unterschieden, dass bei ersterem Ethik keine Rolle spiele und er nie eine normative Position eingenommen[16] habe. Dies ist aber deshalb nicht richtig, weil die *Marx*sche Konstruktion nichts anderes darstellt als die im Wege der – allerdings magisch-gnostischen – Erkenntnisfindung garantierte Selbstverwirklichung des wahrhaft Gerechten. Diese Ethik wird nicht als Moral verkündet, sondern als objektive Seinsgesetzlichkeit dargestellt, die sich nach der normativen Vorstellung einer „wahren Menschennatur“ erfüllen *muss*: Die Klassengesellschaft ist zu verurteilen, weil sie es dem Menschen unmöglich macht, so zu *sein*, wie er sein *soll* und daher seinsgeschichtlich sein *muss*. Die durch Erkenntnis gewonnene Garantie der geschichtlichen Selbstaufhebung der Selbstentfremdung, „die man auch paradox als determinierte Aufhebung des Determinismus bezeichnen könnte“, steht „den gnostischen Vorstellungen vom Abfall und der Erlösung näher als einer Kausalitätsgesetzlichkeit“[17] im modernen Sinne. Was bei *Hess* noch explizite Eschatologie und Chiliasmus[18] darstellt, erhält bei *Marx* eine „wissenschaftliche“ Verbrämung, die auch durch explizites Absetzen von den utopischen Sozialisten nicht „Wissenschaft“ wird, sondern Poesie bleibt und damit in der gescheiterten Tradition der deutschen Frühromantik steht, „eine herrschaftsfreie Gesellschaft aus den Möglichkeiten souveräner, künstlerischer Aktivitäten“[19] zu imaginieren. *Marx* kritisiert[20] an den sogenannten (sozialistischen) Utopisten, dass sie ihre Entwürfe und Ziele „im eigenen Kopf suchen“, statt sich „zum Organ der historischen Bewegung zu machen“, indem sie die Anweisungen und Richtlinien für ihr Handeln den „Tendenzen“ der „geschichtlichen Selbsttätigkeit“ entnehmen. Damit wird das Ganze aber noch irrationaler; denn dass Leute bestimmte Wunschvorstellungen von einer idealen Gesellschaft haben, kann man ihnen als nicht ganz überwundenes Pubertätsstadium nachsehen,[21] diese aber auch noch „aggressiv-kämpferisch“ (BRD-VS-Vokabel) umsetzen zu wollen, übertrifft den gedanklichen Utopismus bei weitem! Im Übrigen dürfte die Kritik von *Marx* nur bedeuten, dass die immerhin als sehr verwandt verstandenen Utopisten sich nicht seiner Führung unterordnen und nicht entschlossen genug seinen zur „Wissenschaft“ verklausulierten Irrationalismus umsetzen.

b) Chiliasmus und tausendjährige Dritte Reiche

Die in der Spätantike entstandene Gnosis,[22] die sich in der Geschichte des Christentums[23] immer wieder in häretischen Erscheinungen äußern sollte, beruht im Kern auf der Vorstellung, dass das Universum entstanden sei, weil die Gottheit, die so verborgen ist (*deus absconditus*), dass der Begriff Existenz eigentlich nicht adäquat ist, sich selbst erkennen wollte und damit Raum schaffen musste. Der damit implizierte Willensprozess verminderte an bestimmten Stellen des so bewirkten Universums das urgöttliche Licht und deshalb konnten dämonische Kräfte frei werden, die etwa – wie der böse Judengott Jahwe oder sonstige Vatergottheiten wie Zeus[24] – als Demiurg die materielle Welt erschufen, in die sie der Ur-Gottheit entstammende Geistespartikeln lockten, um sie als Menschen durch geoffenbarte falsche Vorschriften und Rechtssysteme, wie durch zinstragendes Eigentum, knechten zu können. Der Mensch ist daher in dieser Welt fremd, er ist seiner göttlichen Natur, also sich selbst entfremdet. Diese Entfremdung (lat. *alienatio*) wird durch Auflehnung gegen die Institutionen dieser als unwirklich empfundenen Welt überwunden, die die Form der extremen Askese oder auch der bewussten Amoralität,[25] die sich vor allem in pseudo-religiös motivierter Promiskuität äußert, annehmen konnte. Der Sieg dieser unter Führung von „Lichtträgern“ (lat. Luzifer) veranstalteten Auflehnung gegen die bösen Mächte (Archonten) und den Schöpfergott (Demiurg) ist garantiert, da der Prozess der Selbsterkenntnis der Ur-Gottheit als heilsgeschichtlicher Vorgang erst abgeschlossen ist, wenn das gesamte Sein wieder in ihr aufgegangen sein wird und damit wohl – wieder – verschwinden[26] dürfte. Die „Gesetze“ der Dialektik würden sonst ewig wirken, das heißt der erträumte Endzustand könnte dann logisch gar nicht eintreten (aus dem kommunistischen Gemeineigentum der „Endzeit“ würde ja dann wieder Privateigentum hervorgehen müssen, wie schon zur „Urzeit“ geschehen). Damit hat die marxistische Theorie notwendigerweise die gnostische Verheißung vor Augen, mag dies auch *Marx* nicht bewusst gewesen sein. Der weltimmanente Erlösungsprozess, an dem die durch ihre Erkenntnis (gr. *gnosis*) selbst erlösten Menschen beitragen, was der Urgottheit magisch zuwächst, indem sie die Träger des Unheils vernichten, vollzieht sich in drei Stufen: Heil – Unheil – (mehrwertiges) Heil, wobei sich die Unheilsphase der Menschheitsgeschichte dualistisch-antagonistisch zur Heilsphase entfaltet: Menschen, die mehr der Geistessphäre angehören, stehen Menschen gegenüber, die mehr der zu überwindenden Seinswelt verhaftet sind.

Es ist ein Leichtes, auf dieser Grundlage die Fabula der *Marx*schen Anthropologie und Geschichtstheologie vorgezeichnet zu finden. Bei *Marx* ist die Entfremdung in die Welt[27] gekommen, weil der Mensch nicht nur ein geistiges (gemeint: göttliches, *Anm.*) Wesen ist, sondern auch Natur, die ihm gegenübertritt. Diese Natur überwindet der Mensch durch Arbeit, durch die er sich gleichsam selbst erschafft. Gleichzeitig drückt dies jedoch den Entfremdungsprozess aus, weil die Produkte dieser den Menschen selbst erschaffenden Arbeit einen entäußernden Warencharakter annehmen. Damit ist letztlich gemeint, dass Schuld und Schulden entstehen. Dieser Zustand wird überwunden durch die ersehnte Einheit von Wesen und Existenz (gemeint: das Einzelwesen, dieses nichtige „Atom“, wird mit der ewigen Gattung, dem „Gesamtkörper“ identisch), was deshalb möglich erscheint, weil die Natur nur eine Sonderform des noch nicht zu sich selbst gekommenen, entfremdeten Menschen darstellt (die schlechte „Materie“ des Gnostikers). Im Kommunismus als vollendetem Naturalismus = Humanismus und als vollendetem Humanismus = Naturalismus werden dann Natur und Mensch eins sein: „Indem aber für den sozialistischen Menschen die ganze sogenannte Weltgeschichte nichts anderes ist als die Erzeugung des Menschen durch menschliche Arbeit, als das Werden der Natur für den Menschen, so hat er also den anschaulichen, unwiderstehlichen Beweis von seiner Geburt durch sich selbst.“ Dies ist nichts anderes als die Botschaft der Gnosis vom Fall der Gottheit in die materielle Welt und Auferstehung daraus, wobei *Marx* den (nicht existierenden) „Menschen an sich“ für diese Gottheit setzt, was den gnostischen Annahmen nicht widerspricht, die durchaus nahelegen, dass „der Mensch“ (an sich), zumindest die „Menschheit“, die (werdende) Gottheit[28] darstellt. Die „Naturgesetze der kapitalistischen Produktion“ als von „mit eherner Notwendigkeit wirkenden und sich durchsetzenden Tendenzen“ (so die Formulierung im *Kapital*) würden die Verwirklichung dieses Prozesses garantieren. Dass sich diese als „Dialektik“ verstandenen „Naturgesetze“ auch gegen den Willen des Individuums durchsetzen, ist ohnehin irrelevant, weil es nur auf die (unsterbliche) „Gattung“ ankommt.

Dieser Dialektik entsprechend tritt im utopischen Denken immer wieder das Schema von drei Stadien der Menschheitsgeschichte auf, die in ein tausendjähriges drittes Reich mündet, wovon das wohl geschichtsträchtigste Schema von *Joachim de Fiore* (*von Flore*) stammt: Danach dauerte das erste, die Herrschaft des Vaters, von der Welterschaffung bis zur Geburt Christi, welche die Herrschaft des Sohnes einleitete, um dann etwa um 1260 durch die Herrschaft des Heiligen Geistes abgelöst zu werden. Die radikalen Taboriten, frühe Vorläufer sowohl des Kommunismus als auch des Nationalsozialismus der Tschechen (die sich untereinander nie so spinnefeind waren wie bei den Deutschen), hat dies zur Ausrufung ihres tausendjährigen Dritten Reiches[29] inspiriert, in dem die Menschen schließlich so leben würden wie vor dem Sündenfall (also vor Schuld und Schulden), bei völliger Gleichheit ohne Institutionen wie Eigentum, Gesetze und Zwang. Die Sakramente würden überflüssig und die Wahrheiten des Klerus als nutzlose Buchweisheiten entlarvt. Diese Reichsstadien werden bei *Moses Hess* durch drei Epochen abgelöst, wobei die erste Epoche mit Adam und den Adamiten in Indien (!) beginnt und bis Christi Geburt dauert. In dieser Zeit waren Gott und Natur miteinander vereint, die Menschen sind passiv und phantasievoll. In der zweiten Epoche, die bis *Spinoza* dauert, entfaltet der Mensch geistige und kulturelle Aktivitäten, zieht sich aber aufgrund des Christentums in die Innerlichkeit des Gemüts zurück, wodurch es zum Widerspruch und Kampf zwischen Innen- und Außenwelt, Religion und Politik, Kirche und Staat kommt. In der dritten Epoche, der des Verstandes, realisiert sich die Rückkehr zur Einheit von Geist und Natur in bewusster Erkenntnis. Der Zwiespalt zwischen Innerem und Äußerem, Geist und Realität, Göttlichem und Menschlichem, Phantasie und Verstand wird für immer aufgehoben. Es bildet sich eine konfessionslose Religion, die dem dogmatischen Christentum ein Ende macht. Die Entwicklungsstadien bei *Comte*, bei dem ein theologisches Zeitalter durch ein metaphysisches abgelöst wird, das abschließend durch ein wissenschaftliches Zeitalter überwunden wird, sind sehr ähnlich. Bei *Hegel* realisiert sich das Schema als Verwirklichung der Freiheit, was dann endgültig zum Schema von *Marx* und *Engels* führte. Letztere waren sich schon bewusst, in welcher Tradition sie standen, wie insbesondere die Begeisterung *Engels* und der DDR-Kommunisten für *Thomas Müntzer* belegt, der als Figur angesehen wurde, die ihrer Zeit weit voraus war, aber eigentlich doch nur die archaische Inspiration[30] des „modernen" Sozialismus unter Einschluss natürlich des Nationalsozialismus belegt. Dabei ist nicht ganz klar, wie sich der *Luther*-Feind *Müntzer* sein drittes Reich vorgestellt hat, da seine Schriften mehr Interesse an den diesem Reich wohl notwendigerweise vorausgehenden Massenmorden[31] erkennen lassen. Immerhin ist bekannt, dass *Müntzer* die Inspiration der böhmischen Taboriten suchte, und es ist deshalb nicht zu weit hergeholt zu vermuten, dass er damit ähnliche Auffassungen vertrat wie der namentlich unbekannte „oberrheinische Revolutionär“: Dieser bemerkenswerterweise aus Trier, dem späteren Geburtsort von *Marx*, stammende Revolutionär war in einer zwischen 1409 und 1439 erschienenen Schrift[32] dafür eingetreten, im Wege eines zur Entstehung des tausendjährigen Reiches[33] notwendigen Blutbads die Geistlichen und die Wucherer (mit letzteren dürften vor allem die Juden gemeint sein) auszurotten, um so die Trennung von „Mein und Dein“ zu überwinden. Diese Entzweiung habe durch die Machenschaften der römischen Kirche vermittels des römischen und kanonischen Rechts die auf dem Gemeineigentum beruhende Gesellschaft der Germanen und ihre Brüderlichkeit zerstört. Die Herstellung von Brüderlichkeit und Gemeineigentum würde den Deutschen unter einem Kaiser als mächtigen Führer, der alle Stände wie Herzöge und Grafen absetzt und enteignet, wieder den Status des auserwählten Volkes verschaffen (etwa ähnliches sollten die Taboriten für die Tschechen annehmen), den die Manipulation eines *Moses* den Juden zugeschrieben habe, weshalb selbstverständlich das Alte Testament als wertlos[34] angesehen werden müsste.

Vielleicht beruht ja sein Erfolg über den International-Sozialismus in Deutschland des 20. Jahrhunderts darauf, dass sich der National-Sozialismus offen zum „dritten Reich“ als dem Beginn des „kollektivistischen Zeitalters“ (*Hitler*) bekannt hat, während dies bei den international ausgreifenden Sozialisten gnostische Unterströmung bleiben musste, außer in Russland, wo die Lehre von „Moskau, das Dritte Rom“ („...und ein viertes wird es nicht geben“) ein gewisses Äquivalent bot. Diese Lehre wurde zwar nicht offiziell aufgegriffen, die Bezugnahme darauf zur Rechtfertigung des Sowjetkommunismus etwa durch *Valerian Muravev* wurde aber geduldet, der die (kommunistische) Dritte Internationale als zeitgemäßes Projekt zur Verwirklichung des alten russischen Traums vom „dritten Rom“[35] kennzeichnete. Immerhin sollte dann *Ernst Bloch* den Gedanken aufgreifen, wonach das dritte Reich Joachims „in der Sowjetunion anfängt zu beginnen.“[36] *Hitler*-Deutschland und *Lenin-/Stalin*-Russland erfüllten neben der Vorstellung vom „dritten Reich“ weitere Voraussetzungen des Schemas von *Joachim de Fiore*, nämlich den „Führer" („dux e Babylone"), dessen Auftritt den Beginn dieser neuen Ära anzeigt. Die Vorstellung vom gotterfüllten „Parakleten" war zwischenzeitlich, wie nicht zuletzt durch die Religionskritik von *Marx* deutlich wird, durch den „Menschen an sich", den (sozialistischen) „Übermenschen", abgelöst worden. *Marx* selbst war zu früh gekommen, so dass er nur das Schreiben eines Abtrünnigen[37] erhalten konnte, das an seine Londoner Anschrift mit „Charles Marx the future Dictator of Germany" adressiert war. Dass der SPD-Parteitag von 1890 diesen von humanitärem Drang erfüllten Diktator *in spe* als „unser großer Führer"[38] ansprach, konnte ihm diesen Posten, den er sicherlich gerne gehabt hätte, nicht verschaffen, sondern er musste sich stattdessen mit der Rolle des Propheten des sozialistischen „dritten Roms" abfinden, was ihm aufgrund seiner antirussischen Einstellung wohl weniger behagt hätte. Nach dem Zweiten Weltkrieg sollte dann die „Dritte Welt" für die sogenannten 68er diese Erlösungsfunktion[39] übernehmen.

c) Ökonomie als Umsturz- und Diktatur- und Kriegsanweisung

Marx hat sich zur wissenschaftlichen Verschleierung der gnostisch-konstruktivistischen Irrationalität seines Projekts aus naheliegenden Gründen die Ökonomie als Beschreibung des „Stoffwechsels zwischen Mensch und Natur" ausgesucht, die dabei nichts anderes darstellt[40] als die pseudo-rationalistische Umformulierung des ästhetischen Programms der deutschen Romantik. Trotz seiner voluminösen Ausführungen ist der Kerngedanke seiner Wirtschaftstheorie relativ simpel und erkennbar[41] verfehlt: Danach eignet sich in der kapitalistischen Gesellschaft der Kapitalist den vom Arbeiter erzeugten „Mehrwert" an, der die Differenz des Arbeitsaufwands, der zur Reproduktion notwendig ist, zu dem tatsächlichen (Mehr-)Aufwand beschreibt. Da dieser Mehrwert eigentlich dem Arbeiter zustehen müsste, wird er vom Kapitalisten „enteignet" (expropriiert). Diese „Enteignung" führt zu einer Kapitalanhäufung, durch die die Arbeitskraft zunehmend durch Maschinen ersetzt wird. Dadurch vermindert sich jedoch tendenziell die Profitrate, weil sich der Anteil der Arbeit am Entstehungsprozess reduziert und sich damit entsprechend der sog. objektiven Wertlehre (Arbeitswerttheorie), nach der sich der Wert eines Produkts nach dem Anteil der darin enthaltenen Arbeit bemisst, der Wert mindert. Dem kann eine Zeitlang durch Kapitalkonzentration entgegengewirkt werden, was aber dazu führt, dass immer weniger Kapitalisten immer mehr Proletariern gegenüberstehen. Dies erzwingt den Gesetzen (Zauberformel) der – gnostischen – Dialektik („Negation der Negation") entsprechend dann durch „Expropriation der Expropriateure" die Ablösung dieses als Herrschaftsordnung verstandenen Wirtschaftssystems und dessen Ersetzung durch ein System, in dem den Arbeitern der volle Arbeitswert zufließt und damit die „Entfremdung" aufhört. Dieser zentrale Begriff der Gnosis bedeutet in diesem Zusammenhang, dass die menschlichen Produkte im Kapitalismus nach der Formel „W-G-W" einen in Geld bemessenen Warencharakter annehmen, der dem Kapitalisten das Geldverdienen nach der Formel „G-W-G" erlaubt: „Der Kapitalist weiß, dass alle Waren, wie lumpig sie immer aussehn oder wie schlecht sie immer riechen, im Glauben und in der Wahrheit Geld, innerlich beschnittene Juden (sic!, *Anm.*) sind, und zudem wundertätige (sic!, *Anm.*) Mittel, um aus Geld mehr Geld zu machen."[42] Dieser Prozess raubt jedoch den Arbeitern die Arbeitsmittel, das heißt sie müssen sich in Abhängigkeit begeben und verdienen nur soviel, dass sie am nächsten Tag wieder zur Arbeit antreten müssen, womit bewiesen ist, dass die Sklaverei nur formell abgeschafft sei. Allerdings ist dieser Prozess wiederum kein Unrecht, weil im Kaufvertrag „Äquivalent ... gegen Äquivalent ausgetauscht" wird, womit gesagt wird, dass es im „Kapitalismus" für das Proletariat keine Gerechtigkeit geben kann, sondern diese die Vernichtung des kapitalistischen Systems erfordert. Die parallele Formel vom „ehernen Lohngesetz" des SPD-Gründers *Lassalle* bedeutet ebenfalls nichts anderes als die Überzeugung, dass es im Kapitalismus keine Gerechtigkeit geben könne, sondern es dazu einer grundsätzlich durch Gewaltanwendung (Revolution) zu verwirklichenden anderen Gesellschaftsform bedarf.

Allerdings werden Marxisten sofort darauf hinweisen, dass sich *Marx* immer gegen diese eher verständliche, wenngleich ebenfalls verfehlte Lehre vom „ehernen Lohngesetz“ gewandt hatte, so dass es dann wiederum schwierig wird, herauszufinden, was er mit seinem *Kapital* eigentlich zum Ausdruck bringen will, da man daraus durchaus herauslesen könnte, dass die Sache mit dem Kapitalismus eigentlich in Ordnung sei. Die wirkliche Kritik besteht jedoch am „Warencharakter der Produkte“, der aber nur dann kritikwürdig ist, „wenn man sich unter dem Lohnarbeiter so etwas wie einen demiurgischen Gott oder eine Art absolutes Ich vorstellt,“[43] der zur Selbstentäußerung gezwungen ist, indem er sich in ein Ich und Nicht-Ich entzweit, woraus dann das gesamte endliche Sein hervorgegangen sein soll. Es zeigt sich hier der Seinshass des Gnostikers; denn es wird mit starken Worten, etwa dass das „Kapital von Kopf bis Zeh, aus allen Poren, blut- und schmutztriefend“ sei, etwas als Übel charakterisiert, was im Grundsatz ontologisch nicht geändert werden kann: Es gibt nun einmal kein Schlaraffenland, und daher ist der Mensch zu arbeiten gezwungen, nicht durch den „Kapitalisten“, sondern aufgrund des Daseins als solchem. Geändert werden können nur gewisse Bedingungen, die der Gnostiker allerdings für irrelevant hält, die aber doch die bedeutsamen Bereiche wirklicher menschlicher und damit politischer Gestaltungsmöglichkeit beschreiben, wie Abschaffung der Schuldknechtschaft und der Sklaverei, Einführung der Gewerbefreiheit und des Eigentums als Kreditsicherungsmittel oder auch der Sozialgesetzgebung etc. Für den Gnostiker sind dies Scheinlösungen, weil für ihn das Problem darin besteht, dass man überhaupt dem Elend des schmutzigen Daseins ausgesetzt ist, das er schon gar nicht einer religiösen Einstellung entsprechend – irdisches Dasein als „Tal der Tränen“ – erdulden, sondern als selbstbestimmter Prometheus überwinden will. Dieses „Joch“ oder „Schicksalsfluch“, wie der junge *Marx* das Dasein anspricht, ist deshalb entfremdet, weil es einen „Vampir“[44] gibt, „der dem Irdischen seine Wirklichkeit aussaugt, um selbst davon zu leben,“ wogegen man sich rächen kann, indem das Seinsdefizit als religiöse Illusion begriffen wird, die man überwindet, indem man das volle Sein in sich aufnimmt. Die dadurch angestrebte Überwindung dieses existenziellen Elends läuft letztlich auf nichts anderes als die Beseitigung des Individuums hinaus, weshalb es richtig ist, in den Sozialismen so etwas wie den „Todestrieb der Geschichte“[45] zu erkennen. Schon deshalb kommt letztlich nur die gewaltsame Revolution als „Lösung“ in Betracht, die gemessen an den aufgestellten oder implizit formulierten humanitaristischen Postulaten allerdings immer scheitern wird, weil es dem Menschen nun einmal nicht gegeben ist, Gott zu spielen, eine Einsicht, die sich gerade auch dann ergeben müsste, wenn man die Vorstellung eines mit Allmacht und Allwissen verbundenen Gottes für illusionär hält. Aber *Marx* hielt die in der Illusion seiner Ansicht nach enthaltene menschliche Projektion für real und hat damit seine Zauberei gefunden, aufgrund einer willkürlichen Geschichtskonstruktion, die allerdings die Ideo-Logik einer starken religiösen (wohl fast weltweit existierenden) Untergrundströmung auf ihrer Seite hat, als real – „wissenschaftlich“ – gedachte Prophezeiungen zu machen, die letztlich für Wirklichkeit genommene Wortmagie darstellen, die bei Gutmeinenden (zu denen *Marx* nicht gehört) nur auf Selbsttäuschung hinausläuft. Letzteres kommt, um nur eines von vielen Beispielen zu nennen, etwa beim *Marx*-Schüler und SPD-Vorsitzenden *Bebel* zum Ausdruck, wenn er meint, die „Heranziehung aller Arbeitsfähigen zur Arbeit“ als „Grundgesetz des Sozialismus“[46] („Faulenzer gibt's *nur* in der bürgerlichen Welt“) könne bei „kommunistischer Küche“[47] ohne Zwang in aller Harmonie („In der sozialistischen Gesellschaft ist der Gegensatz der Interessen *beseitigt*“)[48] erfolgen, weil sie „demokratisch“ angeordnet werde, obwohl diese Anordnung nach Aufhebung des Privateigentums und des Handels[49] ja wohl nur bürokratisch, das heißt diktatorisch vorgenommen werden kann. *Bebel* scheint zwar zu behaupten, dass diese Diktatur im Sozialismus gar nicht möglich wäre, weil entsprechend der *Marx*-Verheißung ausgerechnet mit der revolutionären „Diktatur des Proletariats“ durch Abschaffung des Kapitalismus der Staat[50] als Voraussetzung einer Diktatur abgestorben sei. „Demokratisch“ setzt aber – sofern der Begriff überhaupt einen Sinn haben soll – als „Herrschaft des Volkes“ irgendwie doch noch Staat oder ein entsprechendes Machtgebilde voraus, mag man dies dialektisch „Gesellschaft“[51] oder „wahre Demokratie“ (*Marx*) nennen. Damit konnte *Bebel* nicht den berechtigten Vorwurf seiner liberalen und konservativen Gegner widerlegen, dass Sozialismus Zwangsarbeit bedeuten wird. Weniger skrupellose Sozialisten sollten dann unmittelbar als Verlängerung des Kriegskommunismus über die militärische Konskription offen die Zwangsarbeit anstreben und sie dialektisch mit dem üblichen Wortbetrug begründen, wonach diese im Kapitalismus etwas ganz anderes sei als unter der Diktatur des Proletariats. Im ersteren Fall wäre dies natürlich, so Sowjetrevolutionär *Bucharin*,[52] „Versklavung der Arbeiterklasse“, im letzteren Falle „die Selbstverwaltung der Arbeiterklasse“; Kritik daran wurde in Übereinstimmung mit dem sozialistischen Grundrechtsverständnis von *Radek* als „bourgeoises Vorurteil“ von der „Freiheit der Arbeit“ (die es ja eh nicht gibt, weil das Leben zur Arbeit „zwingt“) zurückgewiesen.

Wie im klassischen Marxismus die Ökonomie lediglich revolutionäre Machtergreifungs- und Machtdurchsetzungsideologie darstellt, die in wissenschaftlicher Verkleidung gnostischen und damit letztlich tödlichen Seinshass zum Ausdruck bringt, so war dies im NS nicht anders, wenn er die „Brechung der Zinsknechtschaft“ forderte. Insbesondere beim überzeugten Sozialisten *Goebbels* ist die irrationale Dämonisierung des Geldes als „Fluch der Menschheit“[53] ein zentraler Punkt seiner Weltanschauung, die ihn die Parole vom „Krieg bis aufs Messer gegen das internationale Großkapital“[54] aussprechen ließ, in dem der „Erdball vom Glauben an das Geld“ – durch die Deutschen – „erlöst“[55] werden müsse. Auch dies erforderte die – demokratische oder zumindest demokratisch begründete – Diktatur, weil danach die im Parlamentarismus sich verkörpernde Herrschaft des durch die „Zinsausbeutung“ sich bildenden Börsenkapitals den genuinen sozialistischen Volkswillen nicht zulässt, der wiederum erforderlich ist, um im internationalen Rahmen den Sozialismus durchsetzen zu können. Auch hier wird letztlich in einem unverkennbaren Seinshass die Abschaffung von etwas angestrebt, nämlich des Kreditvertrages, was Voraussetzung normaler, zumindest erfolgreicher („kapitalistischer“) Wirtschaftstätigkeit ist. Die

Unterscheidung zwischen „gutem" (deskriptiv in einer vertretbaren Weise definierten) Industriekapital, wo der Arbeiter gerecht entlohnt werde, und dem „bösen" Leihkapital, das unabhängig vom Arbeitseinsatz[56] Profit schöpft und somit ausbeutet, mag zwar nicht gänzlich der marxistischen Dogmatik entsprechen[57] (was wegen deren fundamentalen Unzulänglichkeit und letztlich Unverständlichkeit nicht vorwerfbar wäre) und Sein und Wesen des Kapitalismus verwechseln, ist aber letztlich ebenfalls gegen diesen als solchen gerichtet, dessen Kern im Kreditwesen, also im (eigentlichen Finanz-) „Kapital" besteht. Eine Erkenntnis, die auch *Marx* mit seiner „G-W-G´" Formel erahnt, aber nicht begriffen hat, da er nicht wirklich erklären kann, warum G´ > G, was ja nur die Verzinsung darstellen kann. Am nächsten ist *Marx* dabei wohl mit seiner Aussage[58] zum Problem vorgedrungen, wonach das „Kapital verstorbne Arbeit (ist), die sich vampirmäßig (sic!, *Anm.*) belebt durch Einsaugung lebendiger Arbeit, und um so mehr lebt, je mehr sie davon einsaugt"; das heißt mit der Kapitalverzinsung tritt dann das wirkliche „Blutsaugen"[59] ein, was der NS mit dem von *Gottfried Feder*[60] als Programmpunkt formulierten Begriff „Brechung der Zinsknechtschaft" dann wenigstens auf den Punkt gebracht hat, zu dem *Marx* nicht wirklich vorgedrungen ist.

Anstelle der die Notwendigkeit und Unvermeidbarkeit des Sozialismus begründenden Theorie vom Fall der Profitrate tritt beim NS die erkennbar von der entsprechenden *Marx*schen Annahme inspirierte Lehre von der „Schrumpfung der Märkte"[61] durch den Trend zur allgemeinen Industrialisierung. Dies würde dann ein Missverhältnis zwischen Bevölkerungsentwicklung und Lebensraum deutlich machen, eine Annahme, die so etwas wie eine objektive Arbeitswertlehre[62] zur Voraussetzung hat, weil man sich bei derartigen Prämissen nicht vorstellen kann, dass allgemeines Wirtschaftswachstum stattfindet, was der „Schrumpfung der Märkte" entgegenwirkt, wobei das Wachstum der Wirtschaft in keiner erkennbaren Relation zur Gebietsgröße steht, und mitnichten das Ende des Kapitalismus eingeleitet wird. Geht man jedoch von dessen Ende aus, was der NS eindeutig angenommen hat, dann muss die erkannte Disproportionalität zu einer „politischen" Lösung führen, nämlich zur „Schaffung von Lebensraum" zum Ausgleich der Bevölkerungsentwicklung und der damit anzustrebenden Autarkie, die schlüssig in den Zusammenhang mit dem Übergang zur Planwirtschaft („Organisierung der freien Wirtschaft") als „Organisierung des freien Handels, des freien Warenverkehrs auf der Welt" gestellt[63] wurde. Während etwa der fast konservativ gewordene ehemalige „etwas eklektische Marxist" (so *Engels*) *Werner Sombart* (der einst als kommender SPD-Theoretiker betrachtet worden war) aus derartigen Prämissen das Postulat einer Reagrarisierung aufstellte (Überführung der Arbeitslosen in die Landwirtschaft und Erhöhung von deren Anteil an der Gesamtwirtschaft), bildet dieser Ansatz für den weiterhin sozialistisch auf den technisch-industriellen Fortschritt ausgerichteten *Hitler* die Grundlage seines in sich durchaus schlüssig[64] entwickelten Lebensraumkonzepts, das – nach Überwindung des internen Klassenkampfes und an dessen Stelle – einen Eroberungskrieg theoretisch einschloss oder gar als unvermeidbar kennzeichnete.

Die sich aufdrängende Frage, ob ein derartiger Eroberungskrieg noch als „sozialistisch" angesehen werden kann, muss eindeutig bejaht werden! Es müsste eigentlich nachvollziehbar sein, dass das pseudo-ökonomisch untermauerte Postulat der Notwendigkeit der Revolution auch die Notwendigkeit des Krieges einschließt, da Krieg im Zweifel im zwischenstaatlichen Bereich den Gewaltzustand meint, den eine Revolution als Form des Bürgerkriegs (unter Einschluss der Diktatur) im Inneren bedeutet, mag dies schließlich alles auf eine friedliche Zukunftsgesellschaft (im Nirgendwo?) hinauslaufen. Dementsprechend haben die sozialistischen Klassiker, sicherlich etwas unterschiedlich akzentuiert und taktisch modifiziert, die Notwendigkeit des Krieges[65] ähnlich begründet, wie die Notwendigkeit von Klassenkämpfen und der sozialistischen Revolution. So meinte *Engels*, dass im Falle eines Angriffes auf Deutschland von Ost und West „jedes Mittel der Verteidigung gut" sei. „Es geht um die nationale Existenz und auch für uns um die Behauptung der Position und der Zukunftschancen, die wir erkämpft haben. Je revolutionärer der Krieg geführt wird, desto mehr in unserm Sinn wird er geführt. Und es kann kommen, dass gegenüber der Feigheit der Bourgeois und Junker, die ihr Eigentum retten wollen, *wir* (Sozialisten, *Anm.*) die einzige energische Kriegspartei sind."[66] Die Sozialismus-Verharmloser können sich auch nicht darauf hinausreden, dass es hier nur um Verteidigungskriege gegangen sei, weil diese im Zweifel nicht juristisch, sondern entsprechend den Kategorien der Fortschrittsdoktrin klassifiziert wurden, also „nach dem Recht der Zivilisation", „Fortschritts" etc., weshalb ein Krieg gegen Russland eigentlich immer gerecht war: „Es ist das Verdienst von *Marx*, zuerst und wiederholt seit 1848 betont zu haben, dass die westeuropäische Arbeiterpartei aus diesem letzten Grunde genötigt ist, mit dem russischen Zarentum einen Krieg auf Leben und Tod zu führen." Daher: „Also druf, wenn Russland Krieg anfängt, druf auf die Russen und ihre Bundesgenossen, wer sie auch seien. Dann haben wir dafür zu sorgen, dass der Krieg mit allen revolutionären Mitteln geführt und jede Regierung unmöglich gemacht wird, die sich weigert, diese Mittel anzuwenden."[67] Dass damit nach den Prämissen der sozialistischen Überlieferung sehr wohl ein Angriffskrieg zu legitimieren war, ergibt sich deutlich aus der Position von *Lassalle*, der schließlich im erkennbaren Widerspruch zu dem von ihm an sich befürworteten demokratischen Nationalstaatsprinzip den Eroberungskrieg der Kulturnationen mit Kriegsfolge, Zwangsassimilation und „Aussterben"[68] begründet hat. Unter einer „revolutionären Kriegsführung" (die dem Sozialismus geschuldet ist) verstand *Engels* einen Vernichtungskrieg gegen die Slawen,[69] zu dem er aufgerufen hat, als gerade die Tinte eines Textes getrocknet war, der mit der pazifistisch klingenden Formel „Proletarier aller Länder vereinigt Euch!" abgeschlossen ist. Es sollte damit schon klar geworden sein, in welche historische Kontinuität sich bei ideologischer Betrachtungsweise *Hitlers* (Vernichtungs-) Krieg im Osten einordnet.

d) Okkulte sozialistische Menschenproduktion

Wie passen aber der von *Engels* befürwortete revolutionäre Ausrottungskrieg („auch ganze reaktionäre Völker vom Erdboden verschwinden machen") und die Menschheitsverbrüderung des *Manifests* zusammen? Die Antwort kann nur darin bestehen, dass angesichts der ohnehin ewigen Gattung Mensch, die nur als ein derartiges „Gattungswesen“ von Bedeutung ist, die Einzelwesen, die *Marx* nur als „Atome“ anspricht, aber auch die einzelnen Völker, die *Lassalle* als „besondere Adern“ (des mystischen Gesamtmenschen „Menschheit“) versteht, letztlich nichts bedeuten, außer sofern sich in ihnen das dialektische Drama der Menschheits- und Gesellschaftsentwicklung entfaltet, indem gewissermaßen der „Sozialkörper“ seine kranken Zellen abstößt und erkrankte Adern regeneriert: „In der Gesellschaft vollzieht sich eine lautlose Revolution, vor der es kein Entrinnen gibt, und die sich um die menschlichen Existenzen, die sie zerbricht, ebenso wenig kümmert wie ein Erdbeben um die Häuser, die es zerstört. Unterliegen müssen jene Klassen und Rassen, die zu schwach sind, die neuen Lebensbedingungen zu meistern.“[70]

Der Einzelne mag sich vielleicht damit trösten, dass die sozialistische Theorie ja doch so etwas wie die menschliche Unsterblichkeit[71] garantiert: Stellt die *Marx*sche Geschichtstheorie nämlich die gnostische Konstruktion der garantierten Selbstverwirklichung des Gerechten im Geschichtsprozess dar, dann erscheint nämlich wie von selbst die Auferstehung der Toten als politisches Programm realistisch, weil sich danach in der Weltgeschichte mit naturgeschichtlicher Notwendigkeit erfüllen muss, was sozialistisch gerecht ist; es wäre aber ersichtlich ungerecht, dass zwar irgendwann der gerechte und freie Gesellschaftszustand eintritt, aber diejenigen, welche für diesen Zustand eingetreten waren und dafür, vielleicht als politisch Verfolgte, gelitten haben, daraus keinen Vorteil ziehen. Dies liefe auf eine Ausbeutung der verstorbenen Geschlechter durch das – zeitlos existierende? – Geschlecht der sozialistischen Endzeit hinaus. Die Abschaffung des Privateigentums wäre nicht wirklich abgeschlossen, wenn das Individuum noch sein privates Stück Zeit besitzt, so dass Sozialismus die staatlich garantierte Unsterblichkeit der Körper beinhaltet. Mit dieser Schlussfolgerung, die die aberwitzigen Annahmen von *Marx* ihrerseits ins Absurde zieht, soll mitnichten der Sozialismus ironisiert werden, auch wenn dies selbstverständlich völlig berechtigt wäre: Nein, derartige Forderung als politisches Programm hat man tatsächlich aufgestellt! So wurde in der sowjetischen Regierungszeitung *Izvestija* im Januar 1924 dazu aufgerufen, die Arbeiten an der Überwindung des Todes zu beschleunigen, da „das Bewusstsein der Werktätigen und Unterdrückten in aller Welt sich niemals mit der Tatsache von Lenins Tod abfinden“[72] würde. Entgegen der dabei naheliegenden Vermutung[73] von Zeitgenossen war allerdings die Mumifizierung des Leichnams von *Lenin* nicht von der Erwägung getragen, ihn für die Auferstehung der Toten als Ergebnis kommunistischer Errungenschaften zu präparieren. Es ist aber bemerkenswert, dass das fortschrittliche Sowjetregime mit staatlicher Mumifizierung in eine Herrschaftspraxis zurückfiel, die an altägyptische Religiosität gemahnt, bei der die politische Herrschaft durch die Hoffnung auf ein Weiterleben nach dem Tode legitimiert[74] wurde.

Dabei kann gesagt werden, dass als biopolitische Utopien zu kennzeichnende okkulte Postulate wesentlich zur Stabilisierung der Macht der jungen russischen Sowjetrepublik beigetragen[75] haben dürften, weil sie insbesondere die Intellektuellen mit der Sowjetmacht versöhnt haben! Neben zahlreichen Vertretern derartiger Vorstellungen, zu denen durchaus auch der Gründer der Roten Armee, *Leo Trotski* und der Schriftsteller *Maxim Gorki*[76] zählen, ist insbesondere der Vater der sowjetischen Raketenforschung, *Konstantin Ciolkovskij*, zu nennen, da bei letzterem der ansonsten eher verhüllte gnostische Charakter des Sozialismus besonders gut in Erscheinung tritt, wobei sich diese irrationale Weltsicht bei einigen Personen anscheinend doch mit wissenschaftlich-technischer Intelligenz vereinbaren[77] lässt. Die Raketenforschung (Entwicklung der Antriebssysteme) war bei *Ciolkovskij* nicht zuletzt dadurch motiviert, die aufgrund des Gerechtigkeitspostulats durch politische Maßnahmen zur Auferstehung gebrachten Ahnen auf andere Planeten zu bringen. Sein gedanklicher Ansatz besteht darin, im Gehirn nur einen materiellen Teil des Universums zu sehen, so dass alle Prozesse, die sich darin abspielen, letztlich nur Prozesse seien, die ihren Ursprung im ganzen Universum haben. Allerdings muss dann die natürliche Auslese entscheiden, wessen Gehirn die Kreativität des Universums angemessen zum Ausdruck bringt, was bedeutet, dass im

Interesse des Überlebens der Menschheit „höhere Wesen“ das Recht und die Pflicht haben, die niedrigen Wesen zu zerstören, das heißt das Gattungswesen Mensch (Gesamtkörper Menschheit) stößt dann seine krankhaften und unbrauchbaren Zellen ab. Durch Übergang zur geschlechtslosen Fortpflanzung könnten die Menschen schließlich ihre Körperlichkeit verlieren und sich in eine Art Strahlung verwandeln. Dies ginge jedoch nur, wenn der Anlage jedes Atoms nach Vollkommenheit und Glückseligkeit dadurch Rechnung getragen würde, dass alle Spuren von Krankheit, Leiden und Unvernunft ausgelöscht werden, was nach *Ciolkovskij* bedeutet, dass alle Tiere (er war Vegetarier), die meisten Pflanzen, aber auch physisch und moralisch defekte Menschen als Leidensquellen und Opfer beseitigt werden müssten. Eindeutiger als in dieser Auflösung des materiellen Seins und dem spirituellen Eingehen in einem für die Ewigkeit des Menschen stehenden „Gesamtkörper“ kommt der gnostische und letztlich okkulte Charakter der grundlegenden Axiome der sozialistischen Seins- und Gerechtigkeitsvorstellungen kaum zum Ausdruck, der sich notwendigerweise mit dem grundlegenden Seinshass verbindet: „Immer wieder ergeht sich *Ciolkovskij* geradezu lustvoll in pedantischen Beschreibungen der planmäßigen Isolierung, Ausjätung und Ausrottung aller nutzlosen und schädlichen Lebewesen durch straff organisierte Arbeitsarmeen im Verlauf der Verwandlung des Universums in ein kosmisches Paradies ‘ewiger Glückseligkeit’.“[78] In der Tat war „Kennzeichen ‘linker’ Unsterblichkeitsprojekte“,[79] dass das unbegrenzte Leben nicht für alle vorgesehen war, sondern für eine Elite sozialistischer Übermenschen, während das historisch Unterlegene als „Feinde des Volks“ spurlos im kosmischen Prozess verschwinden sollte. Auch der bekannteste der sozialistischen Auferstehungsideologen, *Valerian Muravev*, der die menschliche Ewigkeit schließlich dadurch herstellen wollte, dass alle zu einem einheitlichen Sozialkörper mit einheitlichem Weltbewusstsein verschmelzen, kam bei seiner „Menschenproduktion“ zum Ergebnis, dass die notwendigen Wachstumsprozesse, die das „Reich der Freiheit“ herbeiführen, indem alle zu einem planvollen Gesamtkörper verschmolzen werden, die bislang nur zufällige Produktion wertvoller Menschen planvoll durch bewussten Ausschluss „minderwertiger Menschentypen“ bewerkstelligen würden. Ganze Völker, die sich der Erfüllung dieser Aufgabe verweigern, haben „kein Recht auf Leben“.[80] Der berühmte russische Biologe[81] *Konstantin Merezkovskij* (1855-1921) wollte neben zahlreichen anderen Vertretern dieses okkulten Marxismus den beschriebenen kosmischen Prozess durch planmäßige künstliche Zuchtwahl und künstliche Befruchtung der Menschheit herbeigeführt sehen, was natürlich mit der zwangsweisen Sterilisation und Kastration ihrer psychisch und physisch defekten Vertreter einhergeht, wozu – hier sei nur beiläufig darauf hingewiesen – alle Juden gehören. Die so gezüchteten unbeschwert glücklichen und schönen Wesen werden dann nach seiner Vorstellung mit dem Gift „Nirwana“ von staatswegen schmerzlos getötet, um sie vor den Beschwernissen des Alters zu bewahren (sie können dann ja als Teil des Gesamtkörpers irgendwie fortleben). Beifällig rezensiert wurden *Merezkovskij*s Züchtungs- und Vernichtungsideen von *Lanz-Liebenfels*, von dem vermutet wird, er sei „der Mann, der Hitler die Ideen gab“,[82] was in dieser Apodiktik sehr zweifelhaft, aber als Inspirationsquelle wohl anzunehmen ist.

e) Sozialistischer Sozialdarwinismus

Es besteht unter den Experten allgemeine Übereinstimmung, dass die Weltanschauung von *Hitler* den „sozialdarwinistischen Theorien der älteren Richtung“[83] folgte. Diesen Theorien wird der zentrale Ideologiekomplex „(Kampf um) Lebensraum“ zugeordnet, der die Herrschaftskonzeption erklärt, aber vor allem die Vorstellung der Selbstreinigung des „Volkskörpers“, also des (sozialistischen) „Gattungswesens“, durch Eugenik und Euthanasie, um in diesem weltweiten Kampf erfolgreich zu sein. Die Bezugnahme auf „*Darwin*“ spricht für ein biologistisches Politikverständnis, was dann auch die rassistische Komponente der NS-Weltanschauung erklärt. Bei diesen im Kern durchaus richtig gesehenen Zusammenhängen bleibt in der Regel unerörtert, was dies alles mit „Sozialismus“ zu tun haben könnte, dem sich der „Nationalsozialismus“ begrifflich zugeordnet hat, was in der Tat aufgrund einer eigenartigen „Vergangenheitsbewältigung“

schleierhaft erscheint. Aber: „'Der Marxismus der Zweiten (sozialdemokratischen, *Anm.*) Internationale war im Anschluss an den stark wirksamen Kautskyanismus von darwinistischem Gedankengut stark beeinflusst.' So oder ähnlich werden in der Sozialismus-Rezeption oft die Texte kommentiert, die als peinlich, als 'unmarxistisch', als der Arbeiterbewegung 'fremd' empfunden werden. Kaum ein Leser dürfte eine Vorstellung haben, welche Inhalte damit gemeint sind."[84] Um es vorwegzunehmen: Damit sind genau die „Inhalte" gemeint, die den klassischen Sozialismus mit den vielleicht schrecklichsten Aspekten der nationalsozialistischen Ideologie und vor allem Praxis verbinden und denen es deshalb nachzugehen gilt.

Als 1859 das zentrale Werk *Charles Darwin*s vom *Ursprung der Arten durch Mittel der natürlichen Selektion oder die Erhaltung bevorzugter Rassen im Kampf um das Leben* erschien, verstand es *Marx* ziemlich schnell „als naturwissenschaftliche Unterlage des geschichtlichen Klassenkampfes."[85] Beim Begräbnis von *Marx* meinte *Engels*, dass so wie *Darwin* das Gesetz der Entwicklung der organischen Natur entdeckt habe, so *Marx* das Entwicklungsgesetz der menschlichen Geschichte.[86] Obwohl dem späteren SPD-Chefideologen *Kautsky* klar war, dass beides nicht wirklich[87] zusammenpasste, sollte er selbst, der einst über den Darwinismus zum Marxismus gekommen war, diese Zusammenfügung – die „Dialektik" macht´s möglich – vornehmen, und erst in dieser „darwinistischen" Umformung konnte der Marxismus, häufig als „Vulgärmarxismus" kritisiert, zu einer verständlich erscheinenden Lehre werden, die man der „Arbeiterklasse" vermitteln konnte. Diesen so begründeten sozialistischen Sozialdarwinismus muss man als ideologischen Kern der SPD von der Jahrhundertwende bis zum Zweiten Weltkrieg ansehen, als diese Ideologie dann stillschweigend aus nachvollziehbaren Gründen im Vergessen verdrängt wurde, was im Übrigen belegt, dass die – zumindest politisch – erfolgreichste Art der „Bewältigung" nun einmal das Vergessen darstellt! So ist ja fast gänzlich vergessen, dass die Exil-SPD (Sopade)[88] das 1935 verabschiedete NS-Ehegesundheitsgesetz wegen dessen allgemeiner Tendenz, Eheverbote gegen „Minderwertige" zu verhängen, „nicht zu beanstanden“ hatte und noch 1938 mit Befriedigung die selbstkritischen „Überlegungen nationalsozialistischer Rassentheoretiker“ gegenüber den unerwünschten Folgen der „übersteigerten quantitativen NS-Bevölkerungspolitik“ vermerkte, die zu einer von SPD-Eugenikern befürchteten „ungehemmten Vermehrung des Lumpenproletariats“ führen müsse. Vielleicht macht die Tatsache, dass der führende Labour-Eugeniker *K. Pearson* (Universität London) das *Hitler* positiv angerechnete „Gesetz zur Verhütung erbkranken Nachwuchses“ als den „Versuch, das deutsche Volk zu regenerieren“[89] nachdrücklich lobte, auch deutlich, wo das Gesetz wohl seinen ideologischen Ursprung hatte und wieso es so schnell nach *Hitler*s Amtsübernahme verabschiedet werden konnte. Lediglich der pro-kommunistische Sexologe *Magnus Hirschfeld* meinte, dass das NS-Gesetz zu kurz greife: „Wenn man wirklich eine energische Ausjätung betreiben will, hätte man die Rauschsüchtigen und unter ihnen die Alkoholiker vor allem ins Auge fassen müssen.“ In dieser sozialdemokratischen technokratischen Ideologie, die sich aufgrund des Verschmelzens von Marxismus und Darwinismus ergab, war dann virulent, was sich zu Beginn der Sowjetherrschaft in den schon erwähnten linken Unsterblichkeitsvorstellungen sicherlich noch um einiges übersteigerter äußern sollte (was aber wiederum bereits in der *Marx*schen Naturphilosophie angelegt ist) und eine sozialdarwinistisch fundierte Eugenik als autoritative Wissenschaftsreligion des autonomen Menschen zur neuen gesellschaftlichen Leitwissenschaft erhob, „zum integrativen Weltbild, dem alle anderen denkbaren Standpunkte unterzuordnen waren“.[90] Den Eugenik-Technokraten – *Grotjahn* sprach von der „generativen Unsterblichkeit“ (des eugenischen Kollektivs, *Anm.*) – „fiel dabei in ihren szientistischen Allmachtsphantasien die Rolle des göttergleichen Prometheus zu: „Der souverän gewordene Mensch“ sollte „in die Speichen althergebrachten Räderwerks“ greifen, um „neue Bewegungskräfte, neue Rhythmen und Normen selbstverantwortlichen Menschentums an ihre Stelle zu setzen.“[91] – „Nach 1918/19 erhielten solche Utopien gewisse Realisierungschancen: In der Krise nach der Niederlage des Ersten Weltkrieges wurde nicht nur die Eugenik politikfähig; die Sozialdemokratie ihrerseits wurde regierungsfähig – und ihr gestiegener politischer Einfluss in der neuen Republik führte auch zu einer gesteigerten praktisch-politischen Relevanz ihrer sozialistischen Eugenik."[92] Dies ist deshalb bemerkenswert, weil 1913, also noch in der Endblüte des Kaiserreichs, die Darstellung der innovativ-progressiven Sterilisationsgesetzgebung in US-Bundesstaaten durch *Géza v. Hoffmann, Die Rassenhygiene in den Vereinigten Staaten von Nordamerika*, überwiegend zur Verurteilung als Rückfall in die Barbarei geführt hatte. Die sozialdemokratische Utopie sollte hierzu vor allem ideologisch, aber auch schon in praktischen Schritten (eugenische Eheberatungsstellen und Abtreibungsdebatte) und Vorbereitungen (Entwurf des Preußischen Landesgesundheitsrates für ein Sterilisationsgesetz von 1932) den Weg öffnen!

Die Marxisten faszinierte an den Lehren *Darwin*s, neben der Tatsache, dass dadurch der Mensch als Produkt eines chemischen Prozesses erkannt[93] wird, vor allem, dass damit immerhin belegt werde, es müsse eine „Entwicklung" in der organischen Weltgeschichte gegeben haben, die man mit der Entstehung des Menschen als „Fortschritt"[94] in Form der *Hegel*schen Selbstbewusstwerdung des naturgeschichtlichen Prozesses verstehen konnte. Das dem Marxismus zugrundeliegende gnostische Entwicklungsschema konnte dann den von *Darwin* beschriebenen unbewussten organischen Prozessen die welt- und (letztlich) heilsgeschichtliche Intentionalität hinzufügen: Die Weltgeschichte musste – vom Menschen nunmehr bewusst gestaltet – weitergehen, und somit schienen die Erkenntnisse von *Darwin* wissenschaftlich zu „beweisen", dass die vom Marxismus vorausgesagte Weiterentwicklung, die nunmehr als Höherentwicklung verstanden werden konnte, vermittels des Konzepts des Klassenkampfes eintreten „musste". Was in der von *Darwin* beschriebenen organischen Natur als „bevorzugte Rassen" benannt ist, das sollten in der menschlichen Entwicklung „Klassen" darstellen. Das Verhältnis „Rasse"/„Klasse"[95] konnte man dabei im Sinne einer bloßen Analogie verstehen, die nicht wörtlich genommen werden dürfe, weil man sich auf verschiedenen Ebenen, der unbewussten Natur und der bewussten (menschlichen) Kultur mit etwas anderen Gesetzmäßigkeiten bewege, wie insbesondere im grundlegenden Werk von *Ludwig Woltmann* von 1899 über *Die Darwinsche Theorie und der Sozialismus* ausgeführt ist. Dieses Werk hat den zeitgenössischen SPD-Standpunkt wohl überzeugender – und auch „humanistischer" – dargelegt als der Chefideologe *Kautsky* in seinen einschlägigen Schriften, denen ein Kritiker[96] vorhielt, sie schienen direkt *Brehms Tierleben* entsprungen. Wie problematisch dabei die Zusammenführung von Marxismus und Darwinismus war, mussten die Sozialisten daran erkennen, dass der Darwinismus als politisches Argument zunächst zur Widerlegung des Sozialismus verwendet wurde, wozu er sich deshalb anbot, weil einem Bonmot von *Bertrand Russell* zufolge der Darwinismus im Wesentlichen „die Ausdehnung der Volkswirtschaft des Laissez-faire auf die Tier- und Pflanzenwelt"[97] gewesen sei. Deshalb dürfte der „Darwinismus" als politisches Argument – und genau dies bedeutet „Sozialdarwinismus" – zunächst insbesondere aus dem Bereich des deutschen Nationalliberalismus[98] etwa von *Haeckel* in einer pro-kapitalistischen (und zugleich auch anti-demokratischen) Weise gegen die sozialistische Ideenwelt verwendet worden sein, was der bundesdeutschen Ideologiepolitik den Vorwand liefert, den sozialistischen Charakter von *Hitler*s Sozialdarwinismus zumindest zu ignorieren oder gar unter Bezugnahme auf sozialdarwinistische Anti-Sozialisten zu bestreiten. In der Tat erscheint die Argumentation plausibel, wonach der Entwicklungsprozess nach *Darwin* einfach zu viele „Akteure" enthält, um von einem gesteuerten Prozess ausgehen zu können. Die „bevorzugten Rassen" haben sich nicht als solche erwiesen, weil sie die anderen aufgefressen (getötet oder gar ermordet) hätten, ein häufiges Fehlverständnis, wenn nicht gar bewusste Fälschung der *Darwin*schen Theorie, sondern weil sie den Herausforderungen, die sich aus der „Umwelt" (das heißt von anderen Arten, teilweise auch Rassen, die bei der Nahrungssuche schneller waren, oder physischen Gegebenheiten wie Erderwärmung) ergeben, eher zufällig und unbewusst (etwa wegen besserer Mimikry oder Toleranz gegenüber Klimaänderung) besser standgehalten haben; das heißt der Entwicklungsprozess ist danach ein „liberal" ablaufender sehr „konservativer" Vorgang, weil es primär um die Selbsterhaltung und nicht um ein – kaum oder bei weitem weniger beherrschbares – „Fortschreiten" geht. Für das Überleben einer Art zahlt sich dabei die Ungleichheit (Differenziertheit) aus, weil sich damit die Chance erhöht, neue Herausforderungen zumindest durch eine der Varianten zu bestehen, so dass (sozialistische) Gleichheit, die auf menschlicher Ebene nur Ergebnis „unnatürlicher" politischer Maßnahmen sein kann, die Überlebenschance einer Art vermindert. Gegenüber dieser Widerlegung des Sozialismus durch die unter Bezugnahme auf *Darwin* begründeten Behauptung der „Natürlichkeit" des marktwirtschaftlich-kapitalistischen Selektionsprozesses sahen sich die Sozialisten bei Verzicht auf eine Widerlegung des Darwinismus, was ihr Bestreben nach szientistischer Gewissheit verbot, gezwungen zu argumentieren: Gerade weil der nicht mehr als naturwüchsig anzusehende kulturelle Prozess, der zur Industriegesellschaft geführt hat, die Wirkung der von *Darwin* erkannten natürlichen Selektionsmechanismen vermindere, müsse der Staat – so *Kautsky*[99] – zur Vermeidung der „Entartung der menschlichen Rasse" bei der natürlichen Zuchtwahl tätig werden, eine Vorstellung, die letztlich schon auf *Darwins* Cousin *Francis Galton* zurückgeht, der befürchtet hatte, dass in einer Zivilisation die natürliche Selektion nicht mehr richtig funktionieren würde und deshalb überlegene Menschenrassen von unterlegenen Rassen überflutet würden; damit war die Eugenik („Gutentstehungslehre") gedanklich begründet, die in Deutschland als „Rassenhygiene", gelegentlich als „Sozialhygiene" bezeichnet wurde. Auf sozialistischer Seite räumte schon *Woltmann*[100] ein, dass „ohne Zweifel unsere humanitären Bestrebungen, der Schutz der Schwachen, in Konflikt mit den Forderungen einer auf naturwissenschaftlicher Erkenntnis beruhenden Läuterung der Rasse" komme; damit stellte sich zwingend die Frage, welcher Gesichtspunkt in der „Praxis" entscheidend sein sollte.

Sozialistisch wurde aber gegenüber dem Liberalismus der Spieß umgedreht, indem gerade dem „Kapitalismus" vorgehalten wurde, der richtigen Art der menschlichen Fortpflanzung und damit dem menschlichen Fortschritt, dessen hauptsächlichen Hebel die geschlechtliche Zuchtwahl[101] darstelle, entgegenzustehen: „Heute hat die eheliche Auslese, namentlich in besseren bürgerlichen Kreisen einen widerlichen metallischen Beiklang. Mehr als körperliche und geistige Tüchtigkeit bestimmen Rang und Reichtum die Wahl."[102] Dies bedeutet, dass die kapitalistische Klassengesellschaft einer optimalen Entwicklung der menschlichen Rasse entgegensteht, die von „Verantwortung für die vererbte physische und geistige Ausstattung der Nachkommenschaft"[103] geprägt sein müsste. Wenn dann durch Klassenkampf der Sozialismus hergestellt ist, und damit die Klassenschranken überwunden seien, könne man die Erkenntnisse der Eugenik objektiv zur Anwendung bringen und auf diese Weise den *Darwin*schen Evolutionsprozess politisch bewusst gestalten. Dies beinhaltet die Vorstellung, dass die Entwicklung zum Sozialismus auch ein biologischer Evolutionsvorgang ist, wobei die *Marx*schen (gnostischen) Endzeitvorstellungen die Richtung definieren, in die man sich biologiepolitisch (rassenpolitisch) bewegen müsse. Damit ist eine Möglichkeit beschrieben, die an sich unvereinbaren Konzepte Darwinismus und Marxismus zusammenzuführen. *Engels* musste sich bei seinem Streit mit *Dühring*[104] intensiv in die moderne Naturwissenschaft einarbeiten (man merkt es etwa an den chemischen und mathematischen Formeln, die *Engels* verwendet), um sie mit der *Hegel*schen Dialektik, auf denen der Marxismus beruht, vereinbar zu machen. Dabei kam *Engels*[105] zum Ergebnis, dass die Gesetze des Umschlagens von Quantität in Qualität, von der Durchdringung der Gegensätze und von der Negation der Negation die Vereinbarkeit von marxistischer Intentionalität und Darwinismus begründen könnten: So „beweist"[106] dann die Multiplikation: (- a) x (- a), die unvermeidbar als „Negation der Negation" + a^2 ergebe, dass nach dem Privateigentum, das den Urkommunismus negiert habe, wiederum der Endkommunismus als Negation des Privateigentums resultieren „muss". Auch der notwendige Umschlag[107] von Despotie zur Freiheit wird dadurch „bewiesen": Da „vor dem Despoten alle gleich, nämlich gleich Null" seien, kann daraus nur die Freiheit resultieren: Es wäre demnach sozialistisch konsequent, ein totales Unrechtsregime anzustreben, weil nur dann die marxistische Naturgesetzlichkeit die Erzeugung der Freiheit[108] garantiert! Soviel zum „wissenschaftlichen" Charakter der sozialistischen Doktrin.

Nicht verkannt werden sollte, dass die eigentlich adäquatere theoretische Verknüpfung zwischen biologischer und sozialer Evolution die Theorie von *Jean-Baptiste Pierre Antoine de Monet de Lamarck*[109] liefert, dessen wesentlicher Kern die Lehre von der Vererbung erworbener Fähigkeiten darstellt: So wird der lange Hals der Giraffe damit erklärt, dass sie in Trockenperioden den Hals hochstreckt, was sich dann als für die Ernährung vorteilhaft vererbt hätte. Deshalb ist zu vermuten, dass Sozialisten – wie wohl auch *Hitler* – bei Bezugnahme auf *Darwin* häufig eher eine Evolutionstheorie vor Augen hatten, die mit den Kategorien von *Lamarck* zu verstehen ist, so wenn *Engels* die Menschwerdung[110] durch den Gebrauch von Arbeitsmitteln durch die äffischen Vorfahren erklärt, die damit Fähigkeiten erworben hätten, die dann ins Erbgut eingegangen seien und sich dabei wiederum als „Arbeiter" sozialistisch selbst zu Menschen[111] gemacht haben. Zu dem wissenschaftlich wohl nicht begründbaren Ansatz der Lehre von *Lamarck* – auf die aber doch gelegentlich wieder zurückgegriffen wird, um noch nicht ganz gelöste Probleme der Evolutionsbiologie zu erklären[112] – ist im Rahmen der sozialistischen Ideenströmung immer wieder rekurriert worden, wenn sich die Gefahr auftat, dass im Konfliktfall zwischen (gnostischem) Marxismus und (szientistischem) Biologismus letzterer ersteren zu verdrängen drohte, wie dies beim „biologischen Materialismus" des NS-Ideologen *Karl Zimmermann*[113] der Fall war, und was etwa schon dem maßgeblichen sozialistischen Intellektuellen Südamerikas[114] um den Ersten Weltkrieg, *José Ingenieros*, bewusst geworden war, der aufgrund des sozialistischen Sozialdarwinismus nicht umhin kam, die republikanische Trilogie als „wissenschaftlich absurd" zu bezeichnen: „Der (marxistische, *Anm.*) Determinismus verneint die Freiheit, der Biologismus die Gleichheit und das Prinzip des Kampfs ums Dasein, dem alles Leben unterworfen ist, die Brüderlichkeit," so dass sich die Frage ergeben musste, welches der unvereinbaren Elemente man selektieren oder relativieren wollte, um zu einer konsistenteren Lehre zu kommen. In der Sowjetunion unter *Stalin*[115] hat diese Problematik zum Schaden der sowjetischen Landwirtschaft und Wissenschaft zum kruden Neo-Lamarckismus[116] nach Art von *Lyssenko* geführt, der vorher nicht vertreten[117] worden war, aber die Zuversicht vermittelte, die kommunistische Prägung des Sowjetmenschen, das heißt die Errungenschaften der sozialistischen Revolution, sei durch Milieubestimmung vererbbar und somit auch biologisch irreversibel. Dies führte dann zur Verdammung der „reaktionären Morgan-Weismannschen Genetik." Damit wird deutlich, dass sich der sozialistische Irrationalismus[118] auch in Form eines spezifischen Biologismus selbst ohne Darwinismus allein aufgrund der *Marx*schen (pseudo-theologischen) Prämissen ergeben hätte, die allerdings vom „biologischen Materialismus" des NS mit der Forderung konfrontiert wurden, im Interesse einer wissenschaftlicheren sozialistischen Bevölkerungspolitik (ohne *Marx*-Dogmen) aufgegeben zu werden. Zu dieser Fortentwicklung der sozialistischen Idee hatte der (eher anti-marxistische) SPD-Eugeniker *Grotjahn*[119] schon seinen Beitrag geleistet, indem er in Anlehnung an die Behauptung von *Bebel*, wonach „Sozialismus angewandte Wissenschaft" sei, forderte, sich an der jungen Wissenschaft der Eugenik zu orientieren, nicht an „Dogmen, die die sozialistischen Klassiker zu einer Zeit aufstellten, in der es jene Wissenschaft noch nicht gab. Erleichtern dürfte dies die Erinnerung daran, dass die Bahnbrecher der Eugenik in Deutschland, *W. Schallmayer* und *A. Ploetz*, ihren Ausgangspunkt von der sozialistischen Gedankenwelt genommen haben." Dabei ist hinzuzufügen, dass *Marx* diese Fortentwicklung des Sozialismus sicherlich begrüßt hätte, hatte er doch auf Anfrage von *Kautsky* schon 1881 die Überzeugung zum Ausdruck gebracht, dass sich die kommunistische Gesellschaft genötigt sehen könnte, „die Produktion von Menschen ebenso zu regeln, wie sie die Produktion von Dingen schon geregelt hat", wobei er gerade dieser Gesellschaftsform die Fähigkeit[120] zumaß, „dies ohne Schwierigkeiten" auszuführen.

f) Sozialdemokratische Menschenselektion

Schon *Bernard Shaw*[121] hat dementsprechend als „einzig grundlegenden und möglichen Sozialismus" „the socialisation of the selective breeding of Man: in other terms, of human evolution" bezeichnet. „We must eliminate the Yahoo, or his vote will wreck the commonwealth." Zum Zwecke der künstlichen Befruchtung müsse das Zellplasma sozialisiert werden (so *H. Brewer*), um jedem Individuum das Recht zu geben, bester Abstammung zu sein (*Julian Huxley*). Selbstverständlich muss es dann als a-sozial angesehen werden, Eheschließungen als Privatangelegenheit anzusehen; denn es komme die Zeit, in der die Gesellschaft die Erzeugung eines Schwächlings als Verbrechen gegen sich selbst ansehen werde (*Harald Laski*). Diese Ansicht des Labour-Chefideologen hatte schon *Woltmann*[122] formuliert, wenn er meinte, es wäre nicht einzusehen, „warum die Erzeugung kranker und schwächlicher Kinder nicht ebenso gut als ein Verbrechen wider die 'Sittlichkeit' aufgefasst wird", wenn schon Vergehen wie Ehebruch und andere Verbrechen wider die „Sittlichkeit" nach der modernen Strafgesetzgebung bestraft würden. Der maßgebliche SPÖ-Gesundheitspolitiker[123] der Zwischenkriegszeit, *Julius Tandler*, meinte in vergleichbarer Weise, dass die „Zeugung kranker Kinder dem Volksbewusstsein ebenso zuwider sein wird wie die Blutschande."[124] Da die Kinder ein entsprechendes Anrecht auf Gesundheit haben, müsse ihr „natürlicher Sachwalter", „die Gesellschaft", im Wege obligatorischer Eheerlaubnis, die „augenblicklich undurchführbar"[125] sei – also erst im Sozialismus zu verwirklichen wäre –, im Interesse der Bevölkerungspolitik, bei der „die Wertung des Menschenlebens aber nicht vom individualistischen Standpunkt ... auch nicht vom Standpunkt des Gefühls und der Moral"[126] vorgenommen werden dürfe, für die Geburt gesunder Kinder sorgen. Der „an Geist und Körper völlig gesunde Mensch" war – so das sozialdemokratische Postulat – „die Grundlage des Idealstaates."[127] – „Auch für kommunistische Intellektuelle stand es außer Frage, dass eine künftige sozialistische Rassenhygiene das Ziel verfolgen würde, „innerhalb der Gattung Mensch diejenigen Menschenschläge bewusst zu entwickeln ..., die den neuen wirtschaftlichen und kulturellen Daseinsbedingungen des Sozialismus am weitestgehenden entsprechen."[128]

Die Frage drängt sich dann auf, was man mit „Menschenmaterial" (durchaus ein üblicher Begriff im entsprechenden Diskurs) machen soll, das diesen Gesundheits- und Effizienzanforderungen der sozialistischen Gesellschaft nicht entsprechen würde. Das Verbandsorgan der sozialdemokratischen „Lebensreformer“ erklärte noch im Januar 1933[129] (als „Kampf gegen den „Faschismus“?): „Während man einen Tierzüchter, der auch die minderwertigen Exemplare sich fortpflanzen lasse“, „mindestens für sehr dumm halten“ würde, sei es im Falle der menschlichen Gesellschaft „wirklich höchste Zeit“, der „Überwucherung der minderwertigen Elemente“ endlich mit rassenhygienischen Mitteln Einhalt zu gebieten. Das Recht auf Leben wurde als ein „bedingtes“ formuliert, da die Natur keine Sündenvergebung kenne; soweit der Mensch die naturgesetzlichen Bedingungen nicht erfülle, müsse er unter den Folgen seiner Fehler leiden. Es wird zwar dann ausdrücklich betont, dass diese natürliche Selektion keinesfalls politisch durch „Vernichtung von Menschenleben“ nachgeahmt werden dürfe; statt dessen wurde für eine Verhinderung der Fortpflanzung erblich „Minderwertiger“ durch eugenische Maßnahmen bis hin zur Zwangssterilisation plädiert, eine Forderung, die im sozialdemokratischen Musterstaat Schweden[130] aufgrund entsprechender 1934 und 1941 (man beachte die Jahreszahlen!) erfolgter Gesetzgebung in Höhe von 62 888 Eingriffen zwischen 1935 bis 1975 umgesetzt[131] wurde, also keine bloße Theorie blieb. Es dürfte klar sein, dass vom gedanklichen Ansatz her der sozialistische Sozialdarwinismus zum Zwecke der Menschenveredelung die staatliche Tötung gebietet, auch wenn die entsprechenden sozialdemokratischen Theoretiker davor zurückschreckten, ähnlich wie sie auch nicht die Konsequenzen der Revolutionsrhetorik ziehen wollten, sondern sich des typischen Attentismus befleißigten, dem bekanntlich vorgeworfen werden konnte, zu den Methoden der „Faschisten“ greifen zu müssen, wenn er denn konsequent wäre. Die Tötung von staatswegen wurde dann gedanklich auf die sozialistische Zukunftsgesellschaft verschoben, wie schon der Labour-Futurologe *H. G. Wells* meinte, dass im sozialistischen Zukunftsstaat das Recht Unheilbarer und Alkoholiker nur unter der Bedingung akzeptiert würde, dass sie sich nicht fortpflanzten, weil andernfalls die (sozialdemokratische Zukunfts-)Gesellschaft nicht vor Tötung[132] zurückschrecken würde. Wohl noch für das vorliegende bürgerliche Zeitalter wurde[133] neben der Zwangsabtreibung „von Amts wegen bei Idioten, um den biologischen Abfall jeder Generation auf ein Mindestmaß zu reduzieren", die Euthanasie befürwortet von der entschiedenen SPD-Sozialhygienikerin *Oda Olberg*. „Doch als 'Mutter' sieht sie den drohenden Konflikt. Denn die 'Mutterliebe', aus der 'für die Rasse unrationelles Erbarmen sprießt, ist gleichzeitig mit einer für die Rasse notwendigen Funktion verknüpft'. Korrektur also auch für die 'Natur' der 'Mutterliebe', in welcher der rassenhygienische Grundwiderspruch seinen Brennpunkt erfährt. 'Das triebhafte Erbarmen kann durch klar sehendes, abwägendes Erbarmen überwunden werden'."[134]

Wohl eher aufgrund des erforderlichen, aber noch nicht eingetretenen Mentalitätswechsels wieder mehr auf die sozialistische Zukunftsgesellschaft wurde die Euthanasie verschoben bei *Julius Tandler*: „Welchen Aufwand übrigens die Staaten für vollkommen lebensunwertes Leben leisten müssen, ist zum Beispiel daraus zu ersehen, dass die 30 000 Vollidioten Deutschlands diesen Staat 2 Milliarden Friedensmark kosten. Bei der Kenntnis solcher Zahlen gewinnt das Problem der Vernichtung lebensunwerten Lebens im Interesse der Erhaltung lebenswerten Lebens an Aktualität und Bedeutung. Gewiss, es sind ethische, es sind humanitäre oder fälschlich humanitäre Gründe, welche dagegen sprechen, aber schließlich und endlich wird auch die Idee, dass man lebensunwertes Leben opfern müsse, um lebenswertes zu erhalten, immer mehr und mehr ins Volksbewusstsein dringen. *Denn heute vernichten wir vielfach lebenswertes Leben um lebensunwertes zu erhalten*."[135] Man muss sich im Kontext dieses sozialistischen Ideengebäudes dann schon die Frage stellen, was es bedeuten sollte, dass es nach *Shaw* gelte, ein „humanes Gas" zu erfinden, das schmerzlos töte, wozu „extermination" auf eine wissenschaftliche Ebene[136] zu bringen sei. Immerhin sorgten die radikalen Aussagen dieses Labour-Hobbyeugenikers für Furore in der britischen Presse, die Sensationsmeldungen über „free love" und „lethal chambers"[137] brachte, die ja in der Tat in den utopischen Phantasien bemerkenswerterweise immer wieder zusammenkommen und auch in Bezug auf „Lebensborn e. V." noch immer die Phantasie etwa als „SS-Bordell" oder „Deckstelle" beflügeln. Immerhin kann diesbezüglich gesagt[138] werden: „Während in den Konzentrationslagern die industriell organisierte Menschenvernichtung sogenannten ‘minderwertigen Lebens’ sich vollzog, dienten die Entbindungsheime der Austragung rassisch erwünschter Kinder." Die Hemmung, im Zweifel zur sozialistischen Menschenverbesserung auch „humanes Gas" durch den in der realsozialistischen Sowjetunion von *Isaj Dawidowitsch Berg* entwickelten[139] Gaswagen („Seelenvernichter") einzusetzen, wie es denn auch erstmals im Sowjetsystem praktiziert worden ist,[140] konnte erheblich gesenkt werden, wenn man mit einem führenden Politiker in der Anfangsphase der Sowjetzeit, *Preobraschenkskij*, der (wie dargestellt, durchaus marxistischen) Auffassung war, wonach es vom sozialistischen Standpunkt aus „absurd" sei, den Körper als persönliches Eigentum zu begreifen, da das Individuum doch nur einen Übergangspunkt der Gattung darstelle.[141] Um derartigen weitreichenden, aber in der Logik des Utopismus liegenden, allerdings moralisch doch irgendwie beunruhigenden Schlussfolgerungen nach Möglichkeit aus dem Weg zu gehen, das heißt um gar nicht erst zu einer solchen humanitaristischen Entscheidung im Interesse des Menschheitsfortschritts gezwungen zu sein, war es naheliegend, dass der Fabianer *Havelock Ellis* schon 1912 in seinem Werk *The Task of Social Hygiene* für die Abschaffung der freien Fortpflanzung eintrat: Die Quantität aller Dinge unter Einschluss des Menschenlebens sei ein „kapitalistischer Fetisch". Der Zweck des Sozialismus sei jedoch die Gleichheit; da aber einige Ungleichheiten genetisch bedingt seien, könnten sie nur im Wege staatlich geplanter Heraufselektierung „schöner Individuen" ausradiert werden. Auch *Preobraschenkskij* hatte die Vorstellung „eigener Nachkommenschaft" angesichts des Übergangscharakters des Einzelmenschen als „absurd" bezeichnet und sich deshalb zum „völligen und selbstverständlichen Recht der Gesellschaft" bekannt, das Geschlechtsleben streng zu reglementieren, „um die Rasse durch natürliche Selektion zu verbessern." Worauf diese – zumindest theoretisch vorgenommene – sozialdemokratische Menschenselektion gerichtet war, hatte zwei Jahre vor *Ellis* schon SPD-Chefideologe *Kautsky* eindrucksvoll[142] beschrieben: „Ein neues Geschlecht wird erstehen, stark und schön und lebensfreudig, wie die Helden der griechischen Heroenzeit, wie die germanischen Recken der Völkerwanderung, die wir uns als ähnliche Kraftnaturen vorstellen dürfen, wie etwa heute noch die Bewohner Montenegros."

Der „Sozial-Demokrat"[143] (Eigenbezeichnung) *Trotzki*, der Gründer der Roten Armee und eigentlicher Begründer des sowjetischen Zwangsarbeitersystems, meinte, dass dieser „befreite Mensch", der nicht mehr bereit sei, sich „demütig undurchsichtigen Gesetzen von Vererbung und blinder Geschlechtsauslese zu beugen", „ungleich stärker, klüger und sensibler sein" werde als die bisherige Menschenvariante; „sein Körper harmonischer, seine Bewegungen rhythmischer, seine Stimme musikalischer. Die Formen des Alltagslebens werden zu dynamischer Theatralik finden. Der durchschnittliche Menschentyp wird sich zum Niveau eines Aristoteles, Goethe und Marx emporschwingen."[144] Es wird dann schon nachvollziehbar, dass man den Advent des Zukunftsmenschen nicht von der bloßen Entwicklung zum Sozialismus erwarten kann, sondern dass vielmehr umgekehrt so etwas Anspruchsvolles wie Sozialismus mit Eugenik oder Rassenhygiene als „sozialistisches Kampfmittel" erst herbeiselektiert werden müsse. Dazu[145] müsse man nach dem bei den thüringischen freien Gewerkschaften tätigen SPD-Experten *Karl-Valentin Müller* mit den Methoden eines Gärtners Unkraut vernichtend unnötigen „Bevölkerungsballast" abwerfen, um kluge sozialistische Qualitätsarbeiterschichten, ja sogar eine „möglichst fähige sozialistische Unternehmerschicht"[146] zu züchten. Zeitgenössische amerikanische Überlegungen[147] aufgreifend, gingen 1930 *Müllers* Überlegungen dahin, möglichst „humane" Sterilisationstechniken auf etwa 10 Prozent der Bevölkerung anzuwenden. *Müller* ist dann konsequent seinen Weg von der Sozialdemokratie zum maßgeblichen Ideologen der Deutschen Arbeits-Front des Nationalsozialismus gegangen, weil er erkannte, dass „dort von einer beim Sozialismus verständlichen Scheu, sich zu anerkannten naturwissenschaftlichen Lehren in Widerspruch zu setzen", keine Rede sein konnte, „gilt heute die Eugenik als durchaus vereinbar mit dem Bekenntnis zum Sozialismus". Dieser Weg war schon durch die Bereitschaft etwa des SPD-Abgeordneten und

Staatsanwalts (und späteren bayerischen Ministerpräsidenten) *Wilhelm Hoegner* vorbereitet, 1931 in Fragen der Umsetzung eugenischer Maßnahmen sogar eine Abstimmungsgemeinschaft mit der NSDAP in Kauf zu nehmen, während die SPD-„Reichstagsfraktion Anfang 1932 ihre bis dahin verfolgte Sterilisationspolitik aus Furcht vor dem wachsenden Einfluss des Nationalsozialismus vorerst"[148] aufgab. Wie schon Kommunisten in anderem Zusammenhang, so konnten in Bezug auf diesen Komplex die Nationalsozialisten der SPD „Verrat" vorwerfen. Der „Vater" der deutschen Genetik *Alfred Ploetz* (1860-1940), ein „guter Freund Bebels", der während der Zeit der Sozialistengesetze als Sozialdemokrat im Schweizer Exil verbracht hatte, der SPD zumindest nahestand und von *Grotjahn* der sozialistischen Ideenströmung zugerechnet wurde, schien wie auch *Eugen Fischer* dagegen keine großen Schwierigkeiten gehabt zu haben, „Anhänger des Nazi-Rassismus zu werden, und das, obwohl sie vor 1933 zwar in rassischen Kategorien dachten, aber doch nicht ausgesprochen anti-semitisch waren".[149]

Es ist richtig: Die sozialdemokratischen Theoretiker hatten ihre weitestgehenden Menschenzüchtungsvorstellungen für die Zeit nach Eintritt des Sozialismus reserviert und befleißigten sich für die Gegenwart in dieser Sache, sieht man von eugenisch gedachter Eheberatung, überwiegend eugenisch motivierter Abtreibungsdiskussion und Vorarbeiten zu Gesetzentwürfen ab, die jedoch aufgegriffen werden konnten (und auch wurden), in diesen „Grundsatzfragen" weitgehend ihres üblichen „Attentismus"; der sie von der BRD-Vergangenheitsbewältigung freistellt? Der Nationalsozialismus, der sich wohl doch nicht zufällig so nannte, ging aber – sicherlich bewältigungsbedürftig – davon aus, dass dieser Sozialismus nunmehr mit *Hitler*s Machtantritt gekommen sei und es daher Zeit wäre, endlich einmal mit bestimmten Sachen Ernst zu machen. Dies meinte zeitgleich, nämlich 1933, im übrigen auch der Sowjettheoretiker *Gorki*: „Die Zeit ist nahe, da die Wissenschaft eine unabweisbare Anfrage an die sogenannten Normalen richten wird: Wollt ihr, dass alle Krankheiten, die Behinderungen, die Unvollkommenheiten, die Senilität und der frühzeitige Tod des Organismus präzise untersucht werden? Diese

Untersuchung könnte nicht mit Experimenten an Hunden, Kaninchen und Meerschweinchen durchgeführt werden. Dazu wird man Hunderte von menschlichen Einheiten benötigen. Das wird ein echter Dienst an der Menschheit sein, das wird ganz offensichtlich viel bedeutender, viel nützlicher sein als die Vernichtung vieler Millionen Gesunder für das bequeme Leben einer miserablen, psychisch und moralisch degenerierten Klasse von Räubern und Parasiten."[150] Dieses real-sozialistische Bekenntnis ist wohl berechtigterweise wie folgt kommentiert worden: „Die Perspektive dieses Prozesses war ... nichts anderes als Auschwitz",[151] womit angezeigt ist, welcher Gedankenströmung, bei ideologiebewertender Betrachtungsweise, das entsprechende national-sozialistische Geschehen wohl zuzuordnen ist.

[1] So *Gilg*, a. a. O., S. 70.

[2] So *Oskar Pollak*, Zur Frage der Geburtenbeschränkung, in der sozialdemokratischen Zeitschrift *Der Kampf*, 1920; hier zitiert bei *Byer*, a. a. O., S. 120 (nebenbei: angesichts derartiger sozialdemokratischer Zeitschriftentitel wird wohl schon klar, wie jemand auf den Buchtitel *Mein Kampf* kommen konnte).

[3] S. *Rosen*, a. a. O., S.73: „Ich war vielleicht einer der ersten, die in Deutschland für kommunistische Ideen geschwärmt haben; schon im Jahre 1836 trat ich in einer Schrift ... für die Abschaffung des Erbrechts auf."

[4] S. ebenda, S. 187.

[5] S. dazu im nachfolgenden Kapitel der vorliegenden Abhandlung.

[6] S. *Shahak*, a. a. O., S. 30.

[7] So der Ausdruck bei *Molnar*, a. a. O., S. 35.

[8] S. *Voegelin*, a. a. O., S. 78.

[9] S. *Marx*, Nationalökonomie und Philosophie, zitiert nach *Landshut / Mayer*, S. 305 f.

[10] S. *Voegelin*, a. a. O., S. 36.

[11] Davon spricht *Ebeling*, a. a. O., S. 84, im Zusammenhang mit der Herrschaftskonzeption von *Lassalle*.

[12] S. zu dieser Problematik bei *Marx*, *Künzli*, a. a. O., S. 520.

[13] So zusammenfassend *Künzli*, ebenda.

[14] S. *Marx*, in: *Landshut / Mayer*, S. 266.

[15] S. *Voegelin*, a. a. O., S. 79 f.

[16] So *Rosen*, a. a. O., S. 174.

[17] S. *Topitsch*, a. a. O., S. 255.

[18] S. *Rosen*, a. a. O., S. 175.

[19] So *Röder*, a. a. O., S. 1.

[20] Nachweise bei *Topitsch*, a. a. O., S. 256.

[21] So kann man *Thomas Morus* seine *Utopia* nachsehen, weil er deutlich macht, dass seiner Ansicht nach der menschliche Sündenfall der Verwirklichung dessen entgegensteht, was dann als Sozialismus oder Kommunismus bezeichnet werden sollte.

[22] Es gibt hierzu eine kaum mehr überschaubare Literatur; grundlegend ist die Darstellung von *Hans Jonas*; eine schnelle Übersicht über die kompliziert und widersprüchlich erscheinenden Lehren bietet etwa *Benjamin Walker*.

[23] In gewisser Weise ist die Gnosis eine Schmarotzerreligion: Sie ist unabhängig vom Christentum entstanden (dies betont etwa *Quispel*, a. a. O., S. 28), hat sich dort aber durch Umwertung fast aller Werte eingenistet, um dann als Manichäismus schließlich doch noch eigenständige Religion zu werden.

[24] Im Vorwort seiner Promotion greift *Marx* dezidiert den gegen Zeus gerichteten Prometheus-Mythos auf, wobei er, worauf *Voegelin*, a. a. O., S. 47 f., großen Wert legt, verschweigt, dass bei *Äschylos* der Götterbote Hermes den Gotteshass von Prometheus als „Wahnsinn" kennzeichnet; aus demselben Grund wie bei *Marx* ist Prometheus einer der Helden der antiken Gnosis und wird in das gleiche Verhältnis gesetzt wie Kain zu Jahwe; s. *Jonas*, a. a. O., S. 218 ff.

[25] Die gleichermaßen die Verachtung gegenüber dem natürlich-biologischen Vorgang von Zeugung und Geburt und der mit dem Privateigentum eng verbundenen Institution von Ehe und Familie zum Ausdruck bringen; s. dazu *Jonas*, a. a. O., S. 233 ff.

[26] Eine entfernte Verwandtschaft mit der Nirwanalehre (die Identität von allem mit allem im Reich der Formlosigkeit = das Nichts) erscheint unverkennbar, die zumindest in manchen Ausprägungen ziemlich sicher von der mediterranen Gnosis beeinflusst ist; dies kann hier nicht weiter dargestellt werden, obwohl es für das hier behandelte Thema durchaus von Bedeutung wäre, weil damit Phänomene wie *Maoismus* und *Pol-Potismus* besser aus einer genuinen Tradition erklärt werden könnten, die im Falle des chinesischen Sektenwesens historisch durchaus identifizierbar ist; s. bei *Courtois*, a. a. O., S. 514.

[27] Gut zusammenfassend dargestellt bei *Künzli*, a. a. O., S. 523 ff.

[28] Gut zusammengefasst bei *Molnar*, a. a. O., S. 35: „Es ist bemerkenswert, dass Gott bei dieser Entwicklung nur zu Anfang und am Ende auftritt; die übrige Zeit ist er untätig und greift nicht in den titanischen Konflikt ein ... Es handelt sich also um einen ohnmächtigen Gott, der mit Recht nur darauf zu warten braucht, dass die Menschen, wenn sie das negative Werk des Bösen zunichte gemacht haben, kommen, ihn zu befreien, ihm seine ganze Wesenheit wiederzugeben, ihn zu erschaffen. Die Folgerung liegt auf der Hand: der wahre Gott ist der Mensch, oder, genauer, die Gesamtheit aller Menschen."

[29] S. zu diesen *Cohn*, a. a. O., S. 201 ff.

[30] So auch die Bewertung von *Cohn*, a. a. O., S. 271.

[31] S. *Cohn*, a. a. O., S. 227.

[32] S. ebenda, S. 106 ff.

[33] Das bei ihm allerdings einer Tradition folgend, die auf das Buch Daniel zurückgeht, ausdrücklich als das fünfte und damit letzte vor dem Weltende, bezeichnet wird.

[34] Dies hat als erster der Kirchenlehrer und „Erzketzer" *Markion* postuliert, der eigentlich kein Gnostiker war, aber gut in deren Schema passte, weil er Jesus nicht als Sohn des „Judengottes" Jahwe, sondern der eigentlichen (Ur-) Gottheit ansah; s. ausführlich *Leisegang*, a. a. O., S. 271 ff.

[35] Zum Problem „Moskau: Das dritte Rom?", s. *Schüßlburner*, Kirche und Nation in der Orthodoxie. Zugleich ein Beitrag zur Problematik Russlands, in: *Dewald / Motschmann*, a. a. O., S. 233 ff., 238; diese Lehre musste auf Druck des Patriarchats von Konstantinopel aufgegeben werden, vielleicht auch wegen der gnostischen Implikation, und ist dann von der russischen Kirche und Politik offiziell nie mehr vertreten worden, was aber wesentlich die Abspaltung der sogenannten Altgläubigen erklärt, so dass diese Abart der Lehre vom dritten Reich als Ausdruck des Volksprotestes in der russischen Volksmythologie sehr verbreitet war und mit dem russischen Sozialismus säkularisiert werden konnte.

[36] S. bei *Künzli*, a. a. O., S. 807 f.

[37] Von *Müller-Tellering*; s. bei *Löw*, a. a. O., S. 100.

[38] S. bei *Löw*, a. a. O., S. 279.

[39] S. dazu *Koenen*, a. a. O., S. 47, der zu Recht feststellt: „Diese neuentdeckte „Dritte Welt" war selbst eine theoretische Konstruktion und Vision – mit allen mythologischen Beiklängen, die eine solche „dritte" Größe von jeher hatte (Drittes Rom, Drittes Reich, Dritte Internationale, Dritter Weg)."

[40] S. bei *Röder*, a. a. O., insbes. S. 102 ff.

[41] Die Bewertung ist im Untertitel des Werkes von *Werner Becker* ausgedrückt: methodische Irrationalität!

[42] So *Marx* im Kapital Bd. 1, hier zitiert bei *Löw*, a. a. O., S. 198; damit ist natürlich nicht erklärt, außer durch „Wunder" (wie „wissenschaftlich"!), wie es wirklich zum Wirtschaftswachstum kommt – durch bloßen Tausch sicherlich nicht, außer bei dem einen der Beteiligten, dem es gelingt, den anderen zu täuschen, eine Vorstellung, die *Marx* in der Tat zu haben scheint.

[43] So *Werner Becker*, a. a. O., S. 120; diese Einsicht eines Ökonomen ist deshalb bemerkenswert, weil er die pseudoreligiösen Aspekte der Marxschen Theorie nicht wahrnimmt, sondern eben als Ökonom an die Analyse herangeht und dann doch zur Erkenntnis dieser impliziten Theologie genötigt ist!

[44] S. Nachweis bei *Künzli*, a. a. O., S. 507 f.

[45] Darauf ist die Darstellung des Mathematikers und Sowjetdissidenten *Schafarewitsch* ausgerichtet.

[46] S. *Bebel*, a. a. O., S. 342.

[47] S. ebenda, S. 417.

[48] S. ebenda, S. 348; Hervorhebung im Original.

[49] S. ebenda, S. 370 ff.

[50] S. ebenda, das 23. Kapitel: Aufhebung des Staates.

[51] S. ebenda, S. 396, wo es heißt: „... die Besitzergreifung der Produktionsmittel im Namen der Gesellschaft – ist zugleich sein letzter selbständiger Akt als Staat."

[52] S. Nachweis bei *Johnson*, Modern Times, S. 92.

[53] S. *Höver*, a. a. O., S. 41 ff.

[54] S. *Höver*, a. a. O., S. 223 ff.

[55] S. *Höver*, a. a. O., S. 251 ff.

[56] S. die Darlegung der diesbezüglichen Kapitalismuskritik *Hitler*s bei *Zitelmann*, a. a. O., S. 298 ff.

[57] Es ist aber reichlich übertrieben, wenn *Zitelmann*, ebenda, von „diametral entgegengesetzt" spricht.

[58] Zitiert bei *Löw*, a. a. O., S. 199.

[59] Man darf dabei den theologischen Subtext nicht übersehen, der sich aus der Wortbildung leicht erahnen lässt: „Der Vampir" (Gott) saugt dem Menschen sein Wesen aus, um selbst existieren zu können!

[60] Zum Verhältnis von *Goebbels*, *Hitler* und *Feder* s. *Höver*, a. a. O., S. 258 ff

[61] S. dazu bei *Zitelmann*, a. a. O., S. 311 ff.

[62] Die mathematische Widerlegung der *Marx*schen Wertgleichung und damit eigentlich der theoretischen Prämissen des gesamten Marxismus (falls man diesen als Ökonomismus versteht) findet sich bei *Werner Becker*, a. a. O., S. 79 ff.; allerdings hat der Marxismus, wie der Sozialismus allgemein, letzt-

lich mit der Ökonomie kaum etwas zu tun – es geht hier nur um pseudotheologische Herrschaftsideologie.

[63] S. *Zitelmann*, a. a. O., S. 332 f.

[64] So die Bewertung bei *Jäckel*, a. a. O., etwa S. 119.

[65] S. dazu *Wette*, a. a. O., insbes. S. 37 ff. (Die Verflechtung von Klassenkampftheorie und Kriegstheorie), 65 ff. (Die Rechtfertigungstheorie von Kriegen), 77 ff. (die Unvermeidbarkeit des revolutionären Krieges).

[66] S. Zitat bei *Löw*, a. a. O., S. 266.

[67] S. ebenda.

[68] S. *Wette*, a. a. O., S. 106 f.; auf die rassistischen Implikationen der sozialistischen Fortschrittsdoktrin wird im 5. Kapitel der vorliegenden Abhandlung eingegangen.

[69] S. *Wette*, a. a. O., S. 76 f.

[70] S. *Marx-Engels*, MEW Bd. 8, 1966/67, S. 544.

[71] S. auch die etwas kryptische Bemerkung von *Engels*, in: MEW Bd. 20, S. 554: „Der Tod ... hinterlässt ein Lebensprinzip, mehr oder weniger Seele, das alle lebenden Organismen überdauert, nicht bloß den Menschen. Hier wird also einfaches Sichklarwerden vermittels der Dialektik über die Natur von Leben und Tod hinreichen, einen uralten Aberglauben (Unsterblichkeit der Seele, *Anm.*) zu beseitigen."

[72] S. bei *Hagemeister*, in: Unsterbliche Körper, in: *Groys / Hagemeister*, a. a. O., S. 37.

[73] Schließlich hat sich *Konstantin Melnikov*, der Architekt des gläsernen Sargs *Lenin*s eingehend mit der Frage der Überwindung des Todes beschäftigt, so *Hagemeister*, ebenda.

[74] S. *Assmann*, Herrschaft, S. 137 ff.

[75] So die Einschätzung von *Boris Groys*, a. a. O., S. 9.

[76] Dessen Ideologie ist gut dargestellt bei *Hans Günther*; an dessen Darstellung ist nur zu kritisieren, dass er die Ähnlichkeit von *Gorki* mit *Alfred Rosenbergs* Ausführungen erkennt, aber meint, dabei „von völlig anderen weltanschaulichen Voraussetzungen" sprechen zu können (s. S. 150 f.), und dies obwohl sich die Ähnlichkeit in der Kunstpolitik fortsetzt: Was bei *Stalin* die Kampagne gegen „Formalismus und Naturalismus" dargestellt hat, verwirklichte sich gleichzeitig im NS-Regime als „Kampf gegen die entartete Kunst"; s. S. 153 f.

[77] So wird auch den deutschen „Vätern der Raumfahrt", *Hermann Ganswindt*, *Max Valier* und *Hermann Oberth* ein Hang zu mystisch-phantastischen und okkultistischen Spekulationen und Faszination von paranormalen Phänomenen nachgesagt; zumindest *Valier* entwickelte nicht nur Raketentriebwerke, sondern verfasste auch eine umfangreiche *Okkulte Weltallslehre*, 1922, in der – ähnlich wie bei *Ciolkovskij* – das gesamte Universum als „lebendiger und beseelter Organismus" betrachtet wird; s. dazu *Hagemeister*, a. a. O., S. 65, Anm. 136.

[78] S. *Hagemeister*, ebenda, S. 62.

[79] So die Formulierung bei *Hagemeister*, ebenda, S. 35.

[80] S. in dem bei *Groys / Hagemeister*, a. a. O., abgedruckten Aufsatz von 1924,

dort S. 447.

[81] Nachweise ebenda, S. 62, Anm. 126, m. w. N.

[82] So das Werk von *Daim*, 1985.

[83] So *Syring*, a. a. O., S. 20.

[84] So *Byer*, a. a. O., S. 199, Anm. 3.

[85] So in einem Schreiben an *Lassalle* von 1861, s. *Löw*, a. a. O., S. 137.

[86] S. *Löw*, a. a. O., S. 231.

[87] Gut beschrieben ist dieses innere Ringen von *Kautsky* bei *Kelly*, a. a. O., S.125 f.; wie überhaupt das 7. Kapitel dieses Buches: „Darwin, Marx, and the German Workers", S. 123 ff., das Beste sein dürfte, was zu diesem Komplex geschrieben worden ist.

[88] S. dazu *Schwartz*, Proletarier, S. 568 f.

[89] S. *Mosse*, a. a. O., S. 99.

[90] So *Schwartz*, Sozialistische Eugenik, S. 29.

[91] So *Henriette Fürth*, Die Regelung der Nachkommenschaft als eugenisches Problem, 1929, S. 138, hier zitiert bei *Schwartz*, Sozialistische Eugenik, S. 29.

[92] So *Schwartz*, Proletarier, S. 569.

[93] So *Künzli*, a. a. O., S. 533 f.

[94] Zur diesbezüglichen Fortschrittsidee grundlegend: *Peter J. Bowler*, Evolution; gegen die Vorstellung einer menschlichen Evolution, s. *Eldredge / Tattersall*.

[95] S. dazu ausführlich im 5. Kapitel der vorliegenden Abhandlung.

[96] S. bei *Kelly*, a. a. O., S. 125.

[97] Zitiert bei *Poliakov*, a. a. O., S. 245.

[98] S. dazu *Weikart*, a. a. O., S. 469 ff., wo dann auf S. 488 auch auf die Sozialisten hingewiesen ist.

[99] S. *Kautsky*, Vermehrung, S. 262 ff.

[100] S. *Woltmann*, Darwinsche Theorie, S. 370.

[101] S. ebenda, S. 371.

[102] S. ebenda, S. 380.

[103] S. ebenda.

[104] S. dazu die Ausführungen im 6. Kapitel der vorliegenden Abhandlung zum sozialdemokratischen Anti-Antisemitismus.

[105] S. MEW Bd. 20, S. 348 ff.

[106] S. ebenda, S. 127 ff.

[107] S. ebenda, S. 130 f.

[108] So wie die freiheitliche BRD nur entstehen konnte, weil es das *Hitler*regime gegeben hat: also die sozialistische „Bewältigung" sollte mit dessen Verdammung doch etwas vorsichtiger sein; denn frei nach *Engels*: ohne *Hitler* keine FDGO (was ja auch zutreffend ist), so dass – wie der VS schließen müsste – übertriebene *Hitler*kritik gegen die FDGO als ihre notwendige Voraussetzung gerichtet und damit „verfassungsfeindlich" ist!

[109] S. dazu *Bowler*, a. a. O., S. 76 ff. unter „Erasmus Darwin und Lamarck"; ersterer war der Großvater des bekannten *Darwin*, der Ideen vertrat, die dem Lamarckismus näher waren als den Auffassungen seines Enkels.

[110] S. MEW Bd. 20, S. 444: Anteil der Arbeit an der Menschwerdung des Affen.

[111] Zur theologisch-absurden Erklärung bei *Marx*, s. *Künzli*, a. a. O., S. 531 ff.

[112] S. *Bowler*, a. a. O., S. 243 ff. unter "Neo-Lamarckism" und S. 278 ff. „Neo-Lamarckism and Society".

[113] S. dazu die Veröffentlichung bei *Poliakov / Wolf*, a. a. O., S. 418 ff.

[114] S. dazu *Eduardo A. Zimmermann*, a. a. O., S. 23 ff.

[115] Für wie bedeutsam *Stalin* diese Problematik nahm, geht aus dem Beitrag von *Rossianov*, a. a. O., S. 728 ff. hervor, wo aufgezeigt wird, wie genau *Stalin* Vortragstexte von *Lyssenko* korrigierte.

[116] Dazu umfassend *Medwedjew*, a. a. O., wo insbesondere auf S. 50 ff. und 133 ff. deutlich wird, dass *Stalin* befürchtete, über den Darwinismus könnte sich der Sowjetkommunismus in einen Faschismus verwandeln!

[117] S. dazu *Graham*, a. a. O., insbesondere S. 1157, wo dargelegt wird, dass man ab den 1930ern in beiden Ländern Deutschland und Sowjetunion eine gegensätzliche Richtung einschlug, als in der Sowjetunion explizit Lamarckismus mit Marxismus gleichgesetzt wurde, was vorher nicht der Fall gewesen war.

[118] Es ist abwegig, wenn *Spektorowski*, a. a. O., S. 85, meint, dass die Glaubenssätze des Marxismus-Leninismus eine wichtige Schranke gegenüber dem Konzept der sozialbiologischen Manipulation des menschlichen Fortschritts gesetzt haben, weil man die Eugenik herunterzuspielen begann; bei dieser Einschätzung muss der Verfasser den marxistischen Charakter der der Eugenik sehr zuneigenden schwedischen Sozialdemokratie herunterspielen, die dann mehr dem deutschen NS gleichgeordnet wird, obwohl es sich hierbei wiederum um angeblich Gegensätzliches – rassistisch gegen volksgemeinschaftlich – gehandelt habe (immerhin würde der deutsche VS „volksgemeinschaftlich" in jedem Fall für „rassistisch" halten).

[119] S. *Grotjahn*, Hygiene, S. 290 f.

[120] S. bei *Löw*, a. a. O., S. 223, der diese Stelle berechtigterweise wie folgt kommentiert: „Wie das geschehen soll ohne Zwang und hoheitliche Gewalt, der Staat ist ja dann abgestorben, bleibt gänzlich im Dunkeln".

[121] S. *Shaw*, Man and Superman, S. 298.

[122] S. a. a. O., S. 374, dort Anm. 2.

[123] Zu dieser Geistesströmung s. umfassend: *Byer*.

[124] S. *Julius Tandler*, a. a. O., S. 21 f.

[125] S. ebenda, S. 21.

[126] S. ebenda, S. 7.

[127] So etwa ein *Andreas V. Knack*, Ein Aktionsprogramm zum Gesundheitswesen? in: *Neue Zeit* 1922, 174, hier zitiert von *Schwartz*, Proletarier, S. 562 und Anm. 116.

[128] S. *Schwartz*, wie vor.

[129] Nachfolgend zitiert bei *Schwartz*, Proletarier, S. 555 und Anm. 88.

[130] S. *Huntford*, zu Schweden generell, dessen jahrzehntelang regierende Sozialdemokratie als „deutsches Erzeugnis" sich auf eine „apostolische Nachfolge von Marx" berufen kann (S. 52 ff.), was wohl auch die großen zeitgenössischen Sympathien mit dem deutschen Nationalsozialismus (S. 51) verständlich macht.

[131] Diese Zahl ist genannt bei *Spektorowski*, a. a. O., S. 90, unter Bezugnahme auf *G. Broberg / N. Roll-Hansen*, Eugenics and the Welfare State, 1996, S. 108 f.

[132] S. Nachweise im 1. Kapitel der vorliegenden Abhandlung.

[133] S. die Nachweise bei *Byer*, a. a. O., S. 133.

[134] S. ebenda.

[135] S. *Tandler*, a. a. O., S. 17; kursiver Satz ist im Original gesperrt gedruckt und bedeutet: Wenn man schon im Krieg im Allgemeininteresse „wertvolles" Leben opfert, darf man erst recht und dies dann schon im Frieden, „wertloses" Leben opfern; im dem Zitat nachfolgenden Absatz wird dann die nicht mehr als rational angesehene Einstellung kritisiert, es sich als Humanität anzurechnen, wenn es der Gesellschaft in „sorgsamer Ängstlichkeit" gelingt, „Idioten" „ein behagliches Greisenalter zu sichern"!

[136] Hier zitiert bei *Watson*, Disinvitation, S. 35.

[137] S. *Freeden*, a. a. O., 645 ff., dort Anm. 20.

[138] So in einer *FAZ*-Rezension von *Heike Hupertz* vom 21.02.07, S. 38, des Films „Sie ist meine Mutter" unter der Überschrift *Himmlers Rasseklasse*. Die Kinder vom Lebensborn.

[139] S. *Solschenizyn*, a. a. O., S. 483.

[140] S. *Joachim Hoffmann*, a. a. O., S. 171 ff.

[141] S. Nachweise bei *Schafarewitsch*, a. a. O., S. 300 ff.

[142] S. *Kautsky*, Vermehrung, S. 267 im Schlusskapitel „Rassenhygiene".

[143] S. *Margolina*, a. a. O., S. 100, wonach *Leo Trotzki* auf die Frage, ob er sich zum Judentum zähle, geantwortet hat: „Ich bin Sozial-Demokrat und sonst nichts."

[144] In einem Aufsatz in der Parteizeitung *Prawda* von 1923 unter dem Titel: Die Kunst der Revolution und die sozialistische Kunst; abgedruckt in: *Groys / Hagemeister*, a. a. O., S. 416 ff., 421.

[145] Zu *Karl-Valentin Müller* s. *Schwartz*, Proletarier, a. a. O., S. 565 f., und *Byer*, a. a. O., S. 160 ff.

[146] S. *Karl-Valentin Müller*, a. a. O., S. 89.

[147] S. dazu die Ausführungen bei *Black* und von *Ludmerer*, a. a .O.

[148] S. *Schwartz*, Proletarier, a. a. O., S. 567 f.

[149] So *Mosse*, a. a. O., S. 99; womit allerdings einiges verwechselt wird, was zwar nach bundesdeutscher Bewältigung und Erkenntnis des sozialdemokratisch geführten Inlandsgeheimdienstes zusammengehört und auch historisch häufig zusammengefallen ist, aber durchaus nicht unbedingt zusammengehört wie Rassismus und Antisemitismus: es gab Rassisten, die keine Antisemiten waren und umgekehrt.

[150] Zitiert bei *Courtois*, a. a. O., S. 820.

[151] S. *Margolina*, a. a. O., S. 74, unter Bezugnahme auf *Paramonow*.

5. Kapitel
Sozialistischer Klassen-Rassismus

Der nächste Weltkrieg wird nicht nur reaktionäre Klassen und Dynastien, er wird auch ganze reaktionäre Völker vom Erdboden verschwinden machen. Und das ist auch ein Fortschritt (Friedrich Engels)[1]

... genug einheimisches Ungeziefer, das man sehr gut entbehren könnte, um so weniger bestehe Anlass, den Zuzug und Aufenthalt ausländischer gemeingefährlicher Elemente zu unterstützen (aus dem Protokoll über eine Rede von Reichsjustizminister Otto Landsberg, SPD)[2]

Nach üblicher Ansicht stünde „schon die rassistische Komponente seiner Weltanschauung" einer Zuordnung *Hitler*s zur politischen Linken entgegen.[3] Der dieser Bewertung zugrundeliegenden Annahme, wonach Rassismus ideologisch wohl – ausschließlich – „rechts" einzuordnen sei, steht allerdings folgende mehr beiläufige Beurteilung[4] gegenüber: „Sozialismus und Eugenik (gewissermaßen der praktische Zweig der „Rassenlehre", *Anm.*) waren von Natur aus keine gegensätzlichen Konzepte, so wie auch Sozialismus und Rasse von Zeit zu Zeit zusammengehörten." Auch wenn die Eugenik (Rassenhygiene, Sozialhygiene), die nach der insbesondere durch *Kautsky* erfolgten Verknüpfung von Marxismus und Darwinismus als sozialistischer Sozialdarwinismus zu einem wesentlichen ideologischen Anliegen der Sozialdemokratie geworden ist, nicht notwendigerweise Rassismus bedeutet, so dürfte es naheliegend sein, dass der mit der *Darwin*-Rezeption implizierte politische Biologismus bei der politischen Linken den Weg – beziehungsweise die Rückkehr – zu einer rassistischen Weltsicht auftun konnte.

a) „Klasse“ oder „Rasse“: ein Unterschied?

Kern der *Marx*schen gnostischen Theologie bildet bekanntlich das Klassenkampfschema: Die Geschichte der Menschheit sei durch Klassenkämpfe gekennzeichnet, die den menschlichen Fortschritt bewirkten, der dann notwendigerweise zur klassenlosen Gesellschaft führt, in der eine so weitgehende menschliche Harmonie herrscht, dass Menschenrechte in der „wahren Demokratie“ überflüssig sind. Sieht man nun in den biologischen Erkenntnissen *Darwins* mit seinen Arten und Unterarten, also „Rassen“, die Bestätigung des mehr politologischen Konzepts des Klassenkampfes, dann stellt sich die Frage, wie das Verhältnis zwischen dem Kampf der „Klassen“, bei dem es um die grundlegende politische und gesellschaftliche Herrschaftsordnung geht, und dem biologischen Kampf der „Rassen“, bei dem das „Überleben des Tüchtigsten“ auf dem Spiel steht, zu bestimmen ist. Um eine bloße Analogie kann es dabei dann nicht gehen, wenn man – wie geschehen – die Eugenik zu einem sozialistischen Kampfmittel macht, das biologiepolitisch die Ergebnisse des Klassenkampfes, also Fortschritt und Volksgemeinschaft, irreversibel festschreiben oder gar erst herbeiführen soll. *Moses Hess*, den man wohl als den unmittelbarsten Ideengeber von *Marx* ausfindig machen kann, hat den Zusammenhang zwischen „Klassenkampf“ und „Rassenkampf“ wie folgt dargestellt: „Social life-tendencies are, like spiritual life-views, typical and primal race creations. The entire past history of humanity originally moved only in the circle of race and class struggle. The race struggle is the primal one, and the class struggle secondary. The last dominating race is the German. But, thanks to the French people, which succeeded not only in reconciling race antagonism in its own land, but also uprooted every form of race domination within the borders of France, the race struggle is nearing its end. And along with the cessation of race antagonism, the class struggle will also come to a standstill. The equalization of all classes of Society will necessarily follow the emancipation of the races, for it will ultimately become only a scientific question of social economics.”[5]

Diesem Text ist zu entnehmen, dass *Hess* und mit ihm auch *Marx* unter dem Einfluss von Ansichten standen, die etwa an der

Geschichtsdarstellung von *Augustin Thierry*[6] festgemacht werden können. Dieser maßgebliche zeitgenössische Historiker der Französischen Revolution hat in diesem geschichtlichen Vorgang letztlich das Phänomen eines Rassenkampfes gesehen und damit das nahezu allgemeine Verständnis zum Ausdruck gebracht, dass sich hinter den feudalistischen Macht- und Klassenverhältnissen unterschiedliche Völker oder Rassen verbergen, so dass die revolutionäre Verdrängung eines Standes notwendigerweise auch auf die Verdrängung einer Rasse hinauslief. Dieser Vorstellung liegen noch die grundlegenden (dabei sicherlich nicht völlig verfehlten) Ausführungen[7] von *Ludwig Gumplowicz* (den man im Übrigen durchaus als (Mit-) Begründer der Soziologie ansehen muss) über den *Rassenkampf* zugrunde. Noch auf die Zeit der Voraufklärung geht die Vorstellung zurück, in den Figuren der lange für maßgeblich genommenen biblischen Genealogie Japhat, Sem und Ham nicht nur die Stammväter von Europäern, Asiaten und Afrikanern zu sehen, sondern – zum Zwecke der Legitimation einer gottgegebenen Herrschaftsordnung – auch von Herren, Geistlichen und Leibeigenen. Da in Europa aufgrund des vom Mönchstum übernommenen Zölibats der Status des Priesters (durchaus weitgehend im Unterschied zur sonstigen Religionsgeschichte) nicht mehr vererbt wurde, blieben nur noch „Herren und Knechte" übrig, was dann zwanglos in das entsprechende dialektische Schema von *Hegel* und darauf basierend zum Klassenkampf-Schema von *Marx* führte, das beim Ideenvermittler *Hess* noch explizit Züge des Rassenkampfkonzepts aufwies. Eine weit verbreitete Ansicht des 18. und überwiegend auch des 19. Jahrhunderts hat dementsprechend das Entstehen von Klassenverhältnissen, deren Beseitigung aber gegebenenfalls auch Wiederbegründung den politischen Fortschritt oder zumindest den kulturschaffenden politischen Wandel markiert, auf Eroberungen zurückgeführt: Das Eroberervolk hat sich als herrschende Klasse etabliert und die eroberte Rasse zur dienenden Klasse gemacht: „Die ersten Klassen und Staaten werden aus Stämmen gebildet, die der Akt der Eroberung zusammenschweißt und übereinander schichtet", so[8] der spätere SPD-Chefideologe *Kautsky*. In diesem Sinne wurde, wie auch an einer meist nicht zitierten Stelle des berühmten Aufrufs an den „Dritten Stand" von Abbé

Sieyés demonstriert[9] werden kann, die französische Aristokratie auf die germanischen Eroberer, die Franken, also die „Deutschen" im Sinne des vorgenannten *Hess*-Zitats, zurückgeführt, während der Dritte Stand die unterdrückten Romano-Gallier darstellen würde. Die Französische Revolution, die dem Marxismus als Grundmuster des Klassenkampfes diente, brachte damit nicht nur die bürgerliche Klasse an die Macht, sondern stellte danach gleichzeitig den Sieg der gallisch-römischen Rasse über die germanische Unterdrückerrasse der Aristokratie dar. Nach *Sieyés* sollten die Revolutionäre die besiegte Erobererrasse „in die Wälder Frankens", das heißt nach Deutschland[10] zurückschicken, um auf diese Weise die französische Nation, rassisch gereinigt, „aus Abkömmlingen der Gallier und der Römer" zu bilden. Diese Erklärung steht durchaus im Einklang mit dem freiheitlichen Selbstverständnis, das etwa bei *Montesquieu* nachzuweisen[11] ist, der als bewusster Aristokrat in „les anciens Germains" die „nos perès"[12] erkannte, was ihm sein Gegner *Voltaire* sehr übel nehmen sollte. In ähnlicher Weise verstanden die zeitgenössischen englischen Republikaner die britische Monarchie und Aristokratie als Ergebnis des „normannischen Jochs"[13] über die freiheitsliebenden Sachsen, denen der Arzt und Paläontologe *Robert Knox*, der „britische Gobineau",[14] eine rassisch angeborene Veranlagung für die Demokratie zuschrieb, die sich in den republikanischen USA am besten entfalten würde, eine Ansicht, die für den linken amerikanischen Progressismus[15] prägend wurde.

Dies soll aufzeigen, dass die Begriffe „Klasse", „Rasse" und auch „Nation", „Volk" oder „Kultur(kreis)" tendenziell als Synonyme verwendet wurden, aber auch Unterschiedliches bedeuten konnten. Diese begriffliche Bandbreite sollte es im Zuge der Biologisierung der sozialistischen Argumentationsweise sehr erleichtern, den Klassenkampf bei Bedarf – auch oder wieder – rassenkategorisch zu erfassen, wobei einiges dafür spricht, dass innerhalb der sozialistischen Ideenströmung (wie natürlich auch außerhalb derselben) gelegentlich durchaus Unterschiedliches verstanden wurde, wenn man etwa den zentralen Begriff „Klasse" verwandt hat: Was dem einen eine mehr soziologische, war für den anderen eine mehr biologische und für den Dritten eine politische oder sozioökonomische Kategorie; dies musste solange nicht auffallen oder konnte zur Vermeidung unnötiger politischer Auseinandersetzungen dahingestellt bleiben, bis sich dann doch unterschiedliche politische Konsequenzen ergaben. Schon *Marx* kann deshalb vorgehalten werden, dass auch bei ihm „die Ideengeschichte zur alten Verwechslung von 'Gesellschaftsklassen' und 'historischen Rassen' führt".[16] Wie leicht der Wechsel von der einen in die andere Begriffsebene möglich war, geht etwa daraus hervor, dass der junge *Kautsky* als begeisterter „Darwinist" den naturgesetzlichen Fortschritt durch „Rassen- und Völkerkampf"[17] begründet sah, um dann um 1914 als Verwalter des *Marx*schen Erbes in der SPD die Überzeugung[18] zu vertreten, dass die Zukunft und das Heil in der „Auflösung der Rassen" und der Entwicklung zu einem „einheitlichen Menschengeschlecht" bestünde, was wohl das internationale Proletariat im Klassenkampf herbeiführen soll. Wie ambivalent jedoch das Postulat der Rassenvereinigung dabei war, geht daraus hervor, dass *Kautsky* weiterhin davon ausging, dass die „zurückgebliebenen" Kolonialvölker „aus eigener Kraft" den zu großen Vorsprung der Kulturvölker nicht aufholen könnten, sondern nur „durch Aneignung der geistigen und materiellen Waffen der Herrenvölker". Damit schien *Kautsky* weiterhin, wie in seinen jungen Jahren[19], davon ausgegangen zu sein, dass der „Kampf ums Dasein" fortschrittsbedingt zum weiteren Verschwinden „primitiver Rassen" führen dürfte, auch wenn „den Menschenfreund" dabei ein „melancholisches Gefühl" befalle, „diesen Vernichtungsprozess ruhig ansehen" zu müssen, „ohne helfen zu können"; aber, so die theoretische Ableitung: „Das Gesetz des Kampfes ums Dasein ist ein hartes und unerbittliches." Damit steht in Einklang, dass selbstverständlich für *Marx* und *Engels*[20] die weiße Rasse als Trägerin des Fortschritts begabter als alle anderen Menschenrassen wäre. *Engels* meinte denn auch, dass „die niedrigsten Wilden" in einen Zustand zurückfallen könnten, der dem des Tieres sehr nahe sei, eine Überlegung, die er unter Bezugnahme auf *Hegel* und *Lamarck* mit der Behauptung abschloss, dass die Neger biologisch unfähig seien, die Mathematik zu verstehen.

Wenn in der bundesdeutschen „Bewältigung" der Sozialdemokratie zugutegehalten wird, sie hätte etwa bei der Eugenik eine Verknüpfung mit Rassismus abgelehnt und deshalb „war es nicht zuletzt den Sozialisten jüdischer Herkunft[21] möglich, einerseits Rassismus und Antisemitismus entschieden abzulehnen, andererseits eugenikpolitische Initiativen engagiert zu befürworten",[22] dann bezieht sich dies – zumindest im Allgemeinen – eher nur darauf, dass man innerhalb von Europa unter Einschluss der „Semiten" keine biologischen Rassenhierarchien (mehr) anerkennen und daher in den Klassen des Klassenkampfes, dessen Ende noch nicht eingetreten war, keine Rassen mehr erkennen und auch den zunehmend positiver aufgefassten Begriff der „Nation" von dem der „Rasse" getrennt wissen wollte. Dies wird bestätigt durch den SPD-Eugeniker *Grotjahn*, den man sicherlich nicht als „Rassisten" im wirklichen Sinne ansehen kann, und der auch im Allgemeinen, bewusst dem rechten Flügel der Sozialdemokratie zugehörig, politisch äußerst gemäßigt war und entschieden die parlamentarische Demokratie vertrat, doch die zu große Zahl von Fremdlingen, wozu schon Slawen zählten, als negativ[23] einstufte: „Dass wir (Deutschen als Ergebnis des Ersten Weltkrieges, *Anm.*) die polnische Bevölkerung aus unseren Grenzen losgeworden sind, ist allerdings ein Vorteil. Denn in Zukunft wird immer mehr erkannt werden, dass fremdsprachige Volksteile für das Staatsvolk mehr eine Belastung ... bedeuten." Wie unsicher dementsprechend die Entwicklung innerhalb der sozialistischen Ideenströmung war, kann man bei *Woltmann* erkennen, der gewissermaßen den *Kautsky* entgegengesetzten Weg vom Marxisten zum marxistischen Sozialdarwinisten und schließlich Rassisten ging: In *Die Darwinsche Theorie und der Sozialismus* hat er noch den Unterschied zwischen „Natur" und „Kultur", das heißt „Rassenkampf" im ersten Bereich und „Klassenkampf" im zweiten betont, auch wenn sich schon ein Hinweis[24] findet, dass *Gobineau* mit seiner Hypothese, die allerdings den ökonomischen Faktor vernachlässigen und die Bedeutung der Rasse übertreiben würde, doch Recht hätte, dass die menschliche Zivilisation insgesamt auf die weiße Rasse und in ihr wiederum auf die arische Familie zurückzuführen sei. Ein Jahr später betonte er in *Politische Anthropologie. Eine Untersuchung über den Einfluss der Deszendenztheorie auf die Lehre von der politischen Entwicklung der Völker*, dass sich morphologisch (geo-biologisch) determiniert ungleichwertige Rassen der Menschheit entwickelt hätten, an deren Spitze die Germanen stünden. Diese grundlegende Auffassung, die er in den weiteren Werken[25] umfassend darlegte, hielt er auch für den sozialistischen Klassenkampf maßgebend; denn den „politischen Parteiungen liegen ursprünglich immer Rassengegensätze zugrunde, später ökonomische Klassengegensätze, in welcher die Rassengegensätze, wie die Naturgeschichte der Staaten zeigt, mehr oder minder mächtig fortwirken,“[26] eine Meinung, die gut eine allgemeine zeitgenössische Ansicht zusammenfasst, und zwar die der „Aufklärung“ verpflichteten fortschrittlichen Ideenströmung! *Woltmann* vertrat in diesem Zusammenhang die Auffassung, dass den Ansichten französischer Sozialisten zuwider in den europäischen Revolutionen die germanischen Eliten nur von einer anderen germanischen Elite innerhalb des Dritten Standes abgelöst wurden, weshalb er auch innerhalb der modernen industriellen Arbeiterschaft eine rassenmäßig höher stehende Elite am Werk sah. Die Besonderheit stellt aber dar, dass *Woltmann* sich dabei schließlich für „Entmischung“ der europäischen Rassen mittels künstlicher Rückzüchtung aussprach, da die Germanen als höchste menschliche Rasse durch Vermischung mit mediterranen, „ganz zu schweigen von den 'niedrigen Rassen' wie Mongolen, Neger und Indianer, nur eine Verschlechterung ihres Rassenwertes erfahren“[27] könnten.

b) Rassistische Tendenzen im Sozialismus

Bemerkenswerterweise wurde diese Ansicht über den positiv einzuschätzenden germanischen Charakter der führenden Arbeiterklasse von einem bis zum Erscheinungsjahr der entsprechenden Werke engagierten Sozialdemokraten vorgetragen! *Woltmann* hat zwar in der letzten Phase seines nur noch kurzen Lebens mit der SPD gebrochen, seine rassistischen Vorstellungen sind jedoch schlüssig aus der *Kautsky*ianischen Synthese von Marxismus und sogenannten Darwinismus entwickelt, die er sicherlich überzeugender formuliert hatte als *Kautsky* selbst. Die rassistisch modifizierten Ideen beruhen außerdem auf einer von großer Sympathie getragenen Kritik am historischen Materialismus, die *Woltmann* in seinem Buch *Der Historische Materialismus* von einem anderen Ansatz her zu ähnlichen „revisionistischen" Schlussfolgerungen führte wie den ökonomisch argumentierenden *Bernstein*, mit dem er Kontakt gepflegt hatte. *Woltmann* spürte in seiner Kritik am historischen Materialismus die von ihm begrüßten biologistischen, das heißt naturalistisch-materialistischen Argumentationsmuster[28] in den Schriften von *Marx* und *Engels* auf, die er nur noch besser systematisieren wollte, um Zusammenhang und Übergang von Natur zu Kultur überzeugender begründen zu können. Dafür prägte er den Begriff des „biologischen Materialismus", den er als notwendige Ergänzung[29] des „historischen Materialismus" verstand. Die Vorstellung, die darauf basierend bei *Woltmann* hervortreten sollte, dass nämlich Sozialismus auf (Wieder-) Verwirklichung des Germanentums als „besten Menschentums" (so schließlich *Hitler*) hinauslaufen würde, hat *Lukács* veranlasst, *Woltmann* als Vorläufer und Wegbereiter für die „klassenspalterische Politik" (als ob es nichts Schlimmeres gäbe!) der nationalsozialistischen Deutschen Arbeiterfront zu kennzeichnen. Bewältigungspolitisch ist hervorzuheben, dass in dieser zentralen Frage – wieder einmal – ein ehemaliger SPDler zum Nazi-Vorläufer geworden ist, während ein wirklicher Konvertit (das heißt *Ex*-Sozialist) sicherlich bei Liberalen oder Konservativen gelandet wäre. Obwohl *Woltmann* an *Marx* und *Engels* gerade kritisierte, dass sie die Moral auf einen bloßen Klassenstandpunkt[30] reduzierten (wobei er den Begriff „Klasse" immer mit „Rasse" in Zusammenhang bringt), während entsprechend der *Kant*schen Grundsätze, die er an die Stelle der *Hegel*schen Verankerung des Marxismus setzen wollte, wirkliche Moral jenseits des Klassen- und Rassenstandpunktes angesiedelt werden müsste, ist die Einschätzung von *Lukács* im Ergebnis zutreffend. Insbesondere der in seiner Radikalität von der SPD zur NSDAP übergehende, als (extrem) links zu kennzeichnende Eugeniker *K. V. Müller* entspricht der Einstellung von *Woltmann*. Der ideologische Zusammenhang zwischen dem Marxisten *Woltmann*, der auch legitimerweise solcher blieb als er zunehmend rassistischer zu argumentieren begann, und dem späteren NS erschließt sich über *George Vacher de Lapouge*, dem

Woltmann seine Germanen-Bücher widmete und der sich im übrigen für die zum Nationalsozialismus führende Entwicklung als maßgeblicher darstellen dürfte als der im Vergleich zu ihm eher harmlose,[31] wenngleich bewältigungspolitisch heutzutage bekannte[32] *Gobineau*. Das Werk von *de Lapouge, L´Aryen, son rôle sociale* von 1899, das 1939 in deutscher Übersetzung erschien, vermittelte vermutlich[33] entscheidende Ideen, die *Hitler* nachhaltig beeinflusst haben. In seinem Hauptwerk *Les sélections sociales* war *Lapouge*, der die drohende Degeneration der Franzosen auf die Zurückdrängung des germanischen Elements zurückführte, nachdrücklich für die sozialistische Gesellschaftsordnung eingetreten, da nur diese die notwendigen Zwangsmaßnahmen ermöglichen würde, unfruchtbare Eheschließungen zu verhindern. Selbst „spartanischer Kindermord" könne dann unter einem derartigen rationalen Regime geübt werden. Unter Bezugnahme auf *Woltmann* wurden die Vorstellungen von *Lapouge* in Deutschland vor allem von dem heute völlig unbekannten *Josef Reimer*[34] mit seinem Werk *Ein pangermanisches Deutschland, Versuch über die Konsequenzen der gegenwärtigen wissenschaftlichen Rassenbetrachtung für unsere politischen und religiösen Probleme*, 1905, aufgegriffen: Der ganze europäische Kontinent unter Einschluss von Sibirien müsste danach von Deutschland beherrscht und organisiert werden. Die Bevölkerung dieses Raumes wäre einzuteilen in Germanen und germanisierbare Elemente einerseits und „Agermanen" andererseits, wobei für letztere der Ausschluss aus der (germanischen) Fortpflanzungsgemeinschaft (*extra connubio*) vorgesehen war, was bis zum totalen Fortpflanzungsverbot (*extirpatio*) gehen konnte. Die Einteilung der Menschenkategorien sollte durch Kommissionen bestehend aus Anthropologen, Ärzten und „Züchtern" vorgenommen werden. Juden und Slawen würden *a priori* als nicht germanisierbar gelten, während für Franzosen Hoffnung bestand. Dieses Konzept stellte für *Reimer* die einzige Möglichkeit dar, ein echt sozialistisches und internationalistisches Programm zu verwirklichen, da die germanische Rasse das treibende Element sei, das unter den kapitalistischen Bedingungen für die Verbesserung ihres Loses kämpfe. Der sozialistische Internationalismus sollte sich demnach nur auf Nationen mit germanischen Rassenelementen erstrecken: „Vorwärts, germanische Proletarier aller Völker Europas!" Wer – äußerst vorschnell – meint, dass eine derartige Konzeption eine extreme Außenseiteransicht und Verfälschung der sozialistischen Idee darstellen würde, die nicht weiter ins Gewicht fallen könne, sei auf den SPD-Gründer *Lassalle* verwiesen, der von einem Erobererrecht der Kulturnationen[35] ausging, weil das „Recht der Geschichte und ihrer Gesamtentwicklung" größer sei als das Recht „ihrer einzelnen Adern – der besonderen Völker." – „Die *Probe* auf dieses Recht (der Eroberung, *Anm.*), ist bei der Eroberung eines Volkes verschiedener Rasse mehr das Aussterben (gemeint: Ausrottung, *extirpatio*?, *Anm.*) bei der Eroberung eines Volkes derselben Rasse mehr die Assimilierung derselben, die Hinüberhebung in den eigenen und höheren Kulturgeist." Damit tut sich wohl nachvollziehbar die Möglichkeit auf, die im Sinne eines ideologischen Kontinuums von *Lassalle* über *de Lapouge* sowie *Woltmann* und *Reimer* zu *Hitler* führen konnte, mag sich auch die (sozialdemokratische) Internationale nie die *Reimer*sche Modifikation des entsprechenden Slogans des Kommunistischen Manifests explizit zu eigen gemacht haben. Trotzdem ist es keine allzu große Unterstellung zu vermuten, dass in dieser Modifikation eine Unterströmung innerhalb des klassischen deutschen Sozialismus sicherlich in einer extremen Weise auf den Punkt gebracht ist, wenngleich dies nicht weiter hinterfragt wurde, da sich diesbezüglich lange keine politisch entscheidungsrelevante Situation ergab. Zumindest bis zu einem gewissen Maß könnte aber eine entsprechende Einstellung die um die Wende vom 19. zum 20. Jahrhundert zunehmend positiver werdende Haltung der deutschen Sozialdemokratie zur Kolonialpolitik des Kaiserreichs[36] erklären, bei der Hoffnungen auf Erweiterung des Lebensraums für deutsche Arbeiter auf der Grundlage der Annahme der zivilisatorischen Überlegenheit der Weißen gegenüber Negern und sonstigen „primitiven Rassen" mitschwangen.

Es sollte dabei auch nicht unberücksichtigt bleiben, dass die Person, die den „Darwinismus", der nicht unbedingt mit den Lehren *Darwin*s identisch war, in Großbritannien am nachhaltigsten – zumindest beim sozialistischen Publikum – propagieren sollte und zufällig der Quasi-Schwiegersohn von *Karl Marx* war, nämlich *Edward Aveling*, die Auffassung vertreten hatte, dass der angeborene Unterschied, der die Schwarzen von den Weißen trenne, größer sei als derjenige, welcher zwischen Menschen im Allgemeinen und Affen[37] bestünde. In seinem maßgeblichen Werk *Die Darwinsche Theorie* legte *Aveling* dann im Detail die affenartige Struktur des Negerskeletts dar, und sein Freund *Friedrich Engels* hat nie infragegestellt, dass ein Vertreter derartiger Auffassungen, von denen man vielleicht vermuten kann, dass sie – zumindest in progressiven Kreisen – zeitgenössische Allgemeinauffassung[38] waren und daher nicht besonders auffielen, Marxist[39] war. *Engels* selbst hatte seine ethnologischen Erkenntnisse von *Lewis Henry Morgan* geschöpft, der aus Abneigung gegen die Negerrasse[40] für die Abschaffung der Sklaverei in den USA eintrat, eine Haltung, die durchaus als eher typisch für die sogenannten „Abolutionisten"[41] gewesen sein dürfte als die ihnen heute gerne unterstellten ausschließlich humanitären Grundsätze – die sicherlich, wenngleich im Zweifel eher von etwas weniger Progressiven, auch vertreten wurden. *Morgan* meinte nämlich, dass die Abschaffung der Negersklaverei dazu führen würde, dass die schwarze Rasse, auf sich selbst gestellt, danach bald aussterben[42] würde. Wie sehr aufgrund der weitgehenden Akzeptanz des humanitären Selbstverständnisses der politischen Linken die wirkliche – rassistische – Einstellung etwa von *Engels* verkannt wird, geht aus einer neueren Kritik[43] an der *Engels*schen Rechtfertigung des US-amerikanischen Aggressionskrieges gegen Mexiko und der Annexion von Texas hervor: Die rechtsnihilistische Rechtfertigung eines Aggressionskrieges unter Berufung auf die „Interessen der Zivilisation" durch *Engels* sei danach im Falle von Texas besonders verfehlt, weil es dabei um Interessen weißer Farmer gegangen sei, die sich gegen die 1829 erfolgte Abschaffung der Kaufsklaverei in Mexiko im Wege der Unabhängigkeitserklärung und des Anschlusses an die USA gewehrt haben, wobei letzteres wegen des delikaten Verfassungskompromisses in dieser Frage in den USA nicht so einfach gewesen ist, da man dort keine weiteren Sklavenstaaten haben, sondern den *status quo* der Sklaverei festschreiben wollte, wenn man diese schon nicht so ohne weiteres auf verfassungsrechtlichem Wege abschaffen konnte. Diese Kritik unterstellt, dass *Engels* die Interessenlage verkannt haben muss, während in Wirklichkeit aufgrund seiner biologistischen Einstellung gegenüber der „Negerrasse" eher anzunehmen ist, dass *Engels* die Interessenlage der weißen sklavenbesitzenden Siedler sehr wohl verstanden und sich mit diesen Vertretern des „arischen Fortschritts" – die Deutschen hatte *Engels* übrigens als einen „hochbegabten arischen Stamm" angesprochen[44] – gegenüber den „faulen Mexikanern" bewusst identifiziert hat. Und welche Rolle spielen angesichts des Fortschritts schon ein paar Negersklaven!

Insbesondere *Engels* ist in seiner Einstellung noch erheblich weiter gegangen, weil sich sein Rassismus nicht nur gegen Neger, sondern auch gegen Slawen gerichtet hat, indem er sich im Interesse der (sozialistischen) Revolution für „Vernichtungskampf und rücksichtslosen Terrorismus" „gegen diese slawischen Völker" ausgesprochen[45] hat. Immerhin hat später *Kautsky* (selbst ein „Halbslawe") mit „höchstem Befremden, ja mit wahrem Entsetzen" diese Einstellung wahrgenommen: „Es wurde verkündet, die Slawen seien alle, außer den Polen, von Natur aus konterrevolutionär, daher müssten sie nicht nur in der gegenwärtigen Situation bekämpft werden, die sie in das Lager der Konterrevolution geraten ließ. Nein, sie müssten ausgerottet werden. Mit ihnen sei eine Verbrüderung ausgeschlossen, ihnen gegenüber gebe es nur einen Kampf bis zu ihrer Vernichtung." *Kautsky* hat sich zwar eingeredet, dass *Marx* und *Engels* „nur kurze Zeit jenen entsetzlichen Slawenhass" an den Tag gelegt hätten, der angeblich eine Preisgabe der Grundsätze darstelle, auf denen internationaler Sozialismus, insbesondere marxistisches Denken aufgebaut sei. Er meinte also besser zu wissen als *Marx* selbst, was Marxismus sein würde oder sein sollte, ein genereller Irrtum, der sich insbesondere im Verhältnis zum Kommunismus nach der Russischen Revolution negativ auswirken sollte, da *Lenin* sehr viel weniger von *Marx* abwich[46] als sich *Kautsky* einreden[47] wollte. Ähnliches gilt dann wohl auch in dem hier interessierenden Zusammenhang: Der Nationalsozialismus kann sich zu recht durch seine Namensgebung in die sozialistische Tradition stellen! Immerhin musste sich *Kautsky* von *Engels* auf Rückfrage, auch wenn er es nicht wahrhaben wollte, bestätigen lassen: „Nun können Sie mich fragen, ob ich denn gar keine Sympathie habe für die kleinen slawischen Völker und Völkertrümmer, die von den drei ins Slawentum eingetriebenen Keilen, dem deutschen, magyarischen und türkischen auseinandergesprengt sind? In der Tat verdammt wenig."[48] Es war demnach ernstgemeint, das heißt wörtlich zu nehmen, wenn *Engels* einem „unerbittlichen Kampf auf Leben und Tod mit dem revolutionsverräterischen Slawentum" das Wort redete und dementsprechend davon ausging, dass der – im übrigen heiß ersehnte[49] – „nächste Weltkrieg" „ganze reaktionäre Völker vom Erdboden verschwinden machen" würde, was auch ein „Fortschritt" sei. „Diese Reste einer von dem Gang der Geschichte, wie Hegel sagt, unbarmherzig zertretenen Nation, diese Völkerabfälle werden jedes Mal und bleiben bis zu ihrer gänzlichen Vertilgung oder Entnationalisierung die fanatischen Träger der Kontrerevolution, wie ihre ganze Existenz überhaupt schon ein Protest gegen eine große geschichtliche Revolution ist." – „Alle anderen großen und kleinen Stämme und Völker haben zunächst die Mission, im revolutionären Weltsturm unterzugehen", etc. pp. Und dies alles, um „die Deutschen und die Skandinavier, die beide zu der gleichen großen Rasse gehören", im Kampf mit „ihrem Erbfeind, den Slawen", so *Marx*,[50] den Fortschritt, also Sozialismus verwirklichen zu lassen! Wie leicht im übrigen *Marx* für einen Rassenkampf zu begeistern war, geht aus seinem enthusiastischen Schreiben[51] an *Engels* über eine Bekanntschaft mit einem Oberst *Lapinksi*, „der geistreichste Pole ... den ich bisher kennengelernt [habe]", hervor: „Statt des Nationalitätenkampfs kennt er nur den Rassenkampf. Er hasst alle Orientalen, wozu er Russen, Türken, Griechen, Armenier usw., mit gleicher Vorliebe zählt." *Marx* hätte es dabei gerne gesehen, wenn dem Anliegen von *Lapinksi*, nämlich Geld bei deutschen (fortschrittlichen!) Emigranten in England für terroristische (Rassenkampf-)Maßnahmen gegen Russland aufzubringen, Erfolg beschieden gewesen wäre! In der Frage des geo-rassischen Determinismus[52] waren *Marx* und *Engels* allerdings unterschiedlicher

Ansicht; während *Marx* die kruden, letztlich lamarckistischen Ideen eines *Trémaux* (wonach die Weißen in Afrika aus Umweltgründen langfristig schwarz werden würden) für plausibel hielt, wonach die Bodenformation „den Russen" tatarisieren und mongolisieren und ihn dabei auf ein negerhaftes Niveau herabbringen würde, blieb *Engels* Darwinist, der aber dessen ungeachtet von den Russen nichts hielt, insbesondere aber „an den slawischen Barbaren blutige Rache nehmen"[53] wollte. „Der allgemeine Krieg, der dann ausbricht, wird diesen slawischen Sonderbund zersprengen und alle diese kleinen stierköpfigen Nationen bis auf ihren Namen vernichten." Und dies war Revolution und bedeutete Sozialismus!

Die Tatsache, dass *Marx* und *Engels* mit derartigen, vielleicht etwas unterschiedlich begründeten oder akzentuierten Ansichten innerhalb der sozialistischen Ideenströmung nicht allein standen, lässt sich an zahlreichen Äußerungen nachweisen. So wie der der Labour-Party verbundene *Pearson*,[54] vielleicht überhaupt der erste Marxist, der für die Eugenik eingetreten ist, 1894 das fortschrittsbedingte Aussterben „niedriger Menschenrassen" voraussagte, so hing für den führenden sozialistischen Intellektuellen Lateinamerikas, den Marxisten *Ingenieros*,[55] der Fortschritt des amerikanischen Kontinents wegen der Höherwertigkeit der weißen Rasse davon ab, dass die Eingeborenenrassen schrittweise „substituiert" würden. Bei den *Webbs*,[56] Chefideologen der britischen *Labour Party*, konnten sich die Zukunftshoffnungen der Sozialisten nur dann erfüllen, wenn die weiße Rasse Westeuropas möglichst intakt bliebe und sich dabei von „minderwertigen Kaukasiern" wie Slawen und Juden abgrenzen würde, so dass sich Rassenmischungen auf ein Mindestmaß beschränkten. Schon 1902 war der Fabianer *H. G. Wells*[57] vom Verschwinden und Aussterben der Bevölkerungsgruppen ausgegangen, die er beschrieb als „swarms of black and brown and dirty white and yellow people who do not come into the new need of efficiency" seines sozialistischen Zukunftsstaates. *Wells* verstand sich zwar nicht als Marxist, auch wenn er später *Lenin*s Machtübernahme enthusiastisch begrüßte, scheint aber seine Ansichten aus dem allgemeinen linksprogressiven Ideenvorrat[58] geschöpft zu haben.

Dieser Ideenvorrat ist dadurch gekennzeichnet, dass die englischen Progressiven, aus denen schließlich in England die *Labour-Party* und in den USA der Linksliberalismus (Progressismus)[59] hervorgingen, die Freiheit- und Fortschrittlichkeit der angelsächsischen politischen Institutionen seit Beginn der Aufklärung rassisch[60] begründet haben. Nach dem englischen Republikaner *Robert Knox* (1798-1862)[61] hätten die „Saxons" („Teutonics", „Nordics") eine angeborene rassische Veranlagung für wirkliche Demokratie; sie stellten „the only democrats on earth" dar und repräsentierten deshalb die höchste Variante der Menschengattung. Trotz einer im wesentlichen paternalistischen Attitüde „fremdrassigen" Völkern gegenüber konnten im Extremfall, wie schon bei *Kingsley*, „degenerated races" im Interesse des (demokratischen) Fortschritts ausgerottet werden. Etwa um die Mitte des 19. Jahrhunderts war die Vorstellung einer überlegenen angelsächsischen Rasse, welche die Welt niederer Rassen regenerieren würde, fest im englischen Denken verankert. Weltfriede, Ordnung und Moralität wären danach von den angelsächsischen oder germanischen („teutonic") Christen[62] zu errichten, „and if necessary it was to be founded on the bodies of inferior races".[63] Noch *Charles W. Dilke* (1843-1911) vertrat die Ansicht, wonach die demokratisch veranlagten „Sachsen" (oder vergleichbare höherwertige Rassen) die „cheaper peoples" verdrängen würden, da etwa die Indianer des amerikanischen Kontinents den evolutionären Wettlauf bereits verloren hätten; sie seien „mentally incapable of shouldering the burden of a complex civilization" und würden wohl bald aussterben, eine Auffassung, die auch[64] *Theodore Roosevelt* in seinem Buch *The Winning of the West* vertrat. Die politische Beschleunigung dieses Prozesses, insbesondere durch kriegerische Maßnahmen, konnte in der Fortschrittsdoktrin dann auch als „Revolution" verstanden werden. Als maßgebend setzte sich Ende des 19. Jahrhunderts die vom Staatsrechtler *John W. Burgess* vertretene „teutonische" Theorie der Demokratie durch, die davon ausging, dass Demokratie – im 19. Jahrhundert weitgehend ein für „links" stehendes politisches Konzept – nur für „germanische" Völker geeignet sei, und diesen deshalb die Organisation der Weltherrschaft zufallen müsse.

Wells, dessen Auffassungen sich in diese allgemein progressive Ideenwelt einordnen, wies später (als man sich im progressiven *mainstream* wegen des sich verselbständigenden Nationalsozialismus vorsichtiger auszudrücken begann) das Gerede von „Rassenreinheit“ zwar als *nonsense* zurück, blieb aber weiterhin davon überzeugt, dass „sehr isoliert“ lebende Menschenrassen fortschrittsbedingt aussterben würden. Angesichts dieser Ansichten maßgeblicher Ideologen der britischen (sozialdemokratischen) *Labour Party* sollte eigentlich nicht verwundern, dass *Oswald Mosley*, der Führer der britischen Faschisten, „emerged not from the Conservative but rather from the Labour Party!“[65] Für Deutschland dürften sich ähnliche Erkenntnisse ergeben; zumindest sollte man die entsprechende Ideenströmung des Sozialismus nicht vergessen, wenn man nach einer Antwort auf die Frage sucht, woher der Nationalsozialismus seine rassistischen Ansichten hatte und sich trotzdem – oder vielmehr gerade deshalb! – als „sozialistisch“ und in dem dargestellten Sinne auch als „demokratisch“ verstand und auch verstehen durfte. Diese Kombination wird dann sicherlich nicht gänzlich zufriedenstellend mit dem üblichen bewältigungspolitischen Hinweis auf *Comte Joseph Arthur de Gobineau* oder *Houston Steward Chamberlain* beantwortet. Dazu ist es erforderlich, auch und vor allem die Sozialisten *Lapouge* und *Woltmann*, aber letztlich direkt auch *Marx*, *Engels* und *Lassalle* zu konsultieren! Auch die entfernte angelsächsische progressive Verwandtschaft mit *Knox*, *Kingsley*, *Jefferson*, *Roosevelt*, den *Webbs* etc. sollte man dabei nicht gänzlich vergessen und verdrängen.

c) „Lumpenproletariat“: Politische Biologisierung einer sozialen Kategorie

Vor nicht allzu langer Zeit ist die Frage gestellt worden, ob die linke Lichtgestalt Südamerikas der 1970er Jahre, der marxistische Arzt *Salvador Allende*, der als Präsident von Chile auf sogenanntem demokratischen Wege entsprechend der *Engels*schen Legalitätstaktik erkennbar ein kommunistisches Regime installieren wollte, in seinen jungen Jahren aufgrund seiner in der Promotionsarbeit bezeugten Befürwortung weitreichender eugenischer Maßnahmen Rassist[66] gewesen sei. Wegen der von *José Ingenieros* repräsentierten zeitgenössischen sozialistischen Ideenströmung des südlichen Lateinamerikas, der *Allende* sicherlich zuzuordnen ist, kann dies plausibel vermutet werden, bedenkt man, dass etwa der sozialistische Abgeordnete und spätere Leiter der argentinischen Gesundheitsbehörde *Augusto Bunge*, der die Auffassung vertrat, die menschliche Moral müsse auf der Biologie aufgebaut sein, gleichzeitig die „farbigen Rassen" als im Vergleich zur „kaukasischen Rasse" moralisch und anthropologisch minderwertig[67] gehalten hat. Allerdings war nicht jeder Befürworter eugenischer Maßnahmen Rassist in der spezifischen Bedeutung, in der der Begriff sinnvoll verwendet werden kann. Der verbreitete – bewältigungspolitisch induzierte – Kurzschluss: „Eugenikbefürworter = Rassist" ist jedoch insofern nicht gänzlich verfehlt, als beiden Phänomenen ein biologisches Verständnis der politischen und sozialen Frage zugrundeliegt und deshalb das eine leicht in das andere überführen konnte. Die wesentliche Kategorie der Biologie stellen nun einmal Rassen als Unterklasse einer Art dar, und den Übergang von der einen Art in eine höhere Art, was man als Fortschritt verstehen muss, kann man sich dann nur so vorstellen, dass sich eine der Rassen, aber nicht die anderen, zu einer höheren Art entwickelt. Das biologistische Verständnis des als Sozialismus verstandenen Fortschritts legt dann die Schlussfolgerung nahe, dass sich Sozialismus nur durch eine bestimmte Menschenrasse, nämlich die fortschrittlichste und damit entsprechend zeitgenössischer Auffassung die arische, würde verwirklichen lassen.

Deshalb ist die zentrale Bedeutung, die aufgrund der *Kautsky*ianischen Synthese von Marxismus und Darwinismus innerhalb der sozialdemokratischen Ideenströmung die Eugenik einnehmen sollte, bewältigungspolitisch schon bemerkenswert. Diese eugenische Diskussion war dabei zentral gegen das sogenannte „Lumpenproletariat" gerichtet: „Sobald es um praktische Maßnahmen ging, neigten sozialdemokratische Politiker dazu, zuallererst das 'Lumpenproletariat' als Objekt dieser (eugenischen, *Anm.*) Praxis vorzuschlagen. Eine vielfältig begründete Distanz, die tiefsitzende Abneigung nicht immer verhehlte, traf sich mit der generellen Unterordnung von Individualrechten unter Kollektivpflichten (was die doppelte, nämlich szientistische und politische Verobjektivierung der 'Minderwertigen' sehr erleichterte), aber auch mit der humanistisch begründeten Forderung nach umfassender 'Volkswohlfahrt'."[68] Der Begriff „Lumpenproletariat" ging – wie sollte es auch anders sein – auf den großen Humanisten *Marx* zurück, der das „Lumpenproletariat" in unverkennbarem Ausdruck seiner literarischen Fähigkeiten als „Abhub der verkommenen Subjekte aller Klassen, der sein Hauptquartier in den großen Städten aufschlägt", kennzeichnete. Es sei von allen Bundesgenossen der schlimmste. „Dies Gesindel ist absolut käuflich und absolut zudringlich."[69] Es geht also letztlich um „Proletarier", die sich nicht so verhalten wie es das *Marx*sche Klassenkampfschema der Arbeiterklasse zuweist, sondern die sich von der Reaktion kaufen lassen und deren „Hülfstruppen" stellen, „neben verkommenen und abenteuerlichen Ablegern der Bourgeoisie Vagabunden, entlassene Soldaten, entlassene Zuchthaussträflingen, entlaufene Galeerensklaven, Gauner, Lazzaroni, Taschendiebe, Taschenspieler, Spieler ... Bordellhalter, Lastträger, Literaten, Orgeldreher, Lumpensammler, Scherenschleifer, Kesselflicker, Bettler"[70] und so fort. Diese erkennbar äußerst flexible Kategorie des „Lumpenproletariats" gefährdet natürlich den Erfolg des die Menschheit erlösenden Sozialismus auf eine sehr hinterhältige Weise, nämlich durch die Ärmsten der Armen selbst, denen eigentlich die weltgeschichtliche Mission der Menschheitserlösung aufgetragen wäre. Dementsprechend richtete sich das besondere Ressentiment der sozialistischen Parteifunktionäre gegen die nicht (partei-)politisch richtig verwertbare Masse, die man am besten bekämpfte, indem man sie biologistisch zu einem medizinischen Problem machte. Unter dem Gesichtspunkt der Eugenik bedeutet dies, dass man zumindest Verwahrungsanstalten vorsieht oder gar das Sterilisationsmesser ansetzt, damit sie sich nicht fortpflanzen können und so – in der Annahme, dass sich derartige Maßnahmen biologisch auf den „Volkskörper" auswirken – der Erfolg des Sozialismus, der ja nur gesunde und fröhliche Naturen kennt, gewährleistet bleibt.

Die über den sozialistischen Sozialdarwinismus einsetzende Biologisierung politischer Argumentationsmuster war vielfältig verwendbar. So konnte man den mangelnden Erfolg sozialpolitischer Maßnahmen darauf zurückführen, dass bei bestimmten schwer sozialisierbaren Personen doch keine bloße Milieuschädigung vorläge, sondern bestimmte Bevölkerungsgruppen wie Landstreicher, Alkoholiker und Dirnen „geistig minderwertiger" seien: So schon 1909 der SPD-Reichstagsabgeordnete *Edmund Fischer*, der unter Bezugnahme auf *Marx* die „Lumpen" als „dem Kapitalismus" geschuldete „passive Verfaulung der unteren Schichten" bezeichnete. Immerhin billigte sogar der große sozialdemokratische Jurist und Reichsjustizminister *Gustav Radbruch* in seiner Rezension einer Veröffentlichung von *Oda Olberg* deren Ansatz, das „Lumpenproletariat" mit „rassenbiologischen" Kategorien zu deuten. Während *Radbruch* die Delinquenz im Proletariat auf Milieueinwirkung zurückführte, erklärte er „die Delinquenz des Lumpenproletariats und mit ihr die schwere Delinquenz, Mord, Sittlichkeitsverbrechen, Gewerbsdiebstahl" durch „biologische Entartung". „Der 'Lumpenproletarier' wurde somit zum *geborenen* Schwerkriminellen und Gewohnheitsverbrecher."[71] Nun mag eine derartige Betrachtung und ein entsprechendes (menschenverachtendes, müsste der gläubige Bundesdeutsche hinzufügen) Vokabular einer generellen Zeitströmung entsprochen haben, das heißt sich auch bei zeitgenössischen Konservativen und Liberalen nachweisen lassen, und sicherlich kann die Frage gestellt werden, ob kriminelle Verhaltensweisen im Einzelfall auch auf bestimmte biologische Defekte zurückgeführt werden können. Dieser Erklärungsansatz hat sich bei nicht-sozialistischen Strömungen deshalb nicht so weitgehend ausgewirkt, weil er im Kern doch auf Individuen bezogen blieb und sich sogar – etwa in einem Strafverfahren – als schuldvermindernd auswirken konnte, wenngleich auch hier als Folge bestimmte „Maßnahmen der Besserung und Sicherung", also schuldunabhängige Folgemaßnahmen wie Kastration nicht auszuschließen waren. Bei der sozialistischen Analyse ging es jedoch – viel weitreichender – um die Beschreibung, wenn nicht gar um die Definition einer „Klasse", die mit biologischen Begriffen definiert und damit in einer ähnlichen Weise kategorisiert wurde wie Rassisten die Angehörigen einer anderen Rasse beschreiben. Auf diese Weise kehrte dann selbst bei SPD-Leuten und Kommunisten, die den Rassismus explizit ablehnten (bei möglicher, wenn nicht gar wahrscheinlicher Mentalreservation hinsichtlich Farbiger, eine Frage, die sich in Deutschland kaum als politische stellte), dann eine Vorstellung davon zurück, dass sich zumindest eine bestimmte Klasse doch mehr rassenartig, das heißt abstammungsbiologisch bestimmen lässt. Dies konnte verallgemeinert wiederum zu der Sichtweise zurückführen, dass Klassen doch so etwas Ähnliches wie Rassen seien, was ja in der Tat in etwa historischer Ausgangspunkt der Vorstellung von „Klassen“ gewesen ist. Wie schon bei *Marx* erfüllte diese manipulative, letztlich biologische Kategorie des „Lumpenproletariats“ bei der Sozialdemokratie der Zwischenkriegszeit mehrere politisch entscheidende Funktionen. Man konnte damit erklären, weshalb sich „der Proletarier“, etwa in seinem Wahl- und Abstimmungsverhalten, nicht gänzlich so verhielt wie er sich nach der marxistischen Vorstellung eines quasi-naturgesetzlichen Geschichtsprozesses verhalten müsste, dem der einzelne als Verwirklichung der Freiheit in Form der „Einsicht in die Notwendigkeit“ eigentlich nur zustimmen musste. So konnte man die zunehmende Zustimmung zu dem alternativen Sozialismus der NSDAP damit erklären, dass hier das „Lumpenproletariat“ organisiert sei, dass ja, wie schon *Marx* erkannt hatte, von der „Reaktion“ gekauft werden konnte, und man konnte damit nach 1933 – bis heute fortwirkend – den sozialistischen Charakter des NS-Regimes infragestellen, weil dieses danach nur eine von der „Reaktion“ finanzierte und verschleierte radikal-kapitalistische Herrschaft (gewesen) sei, die sich natürlich nur demagogisch des edlen Sozialismus bedient hätte.

d) Rückkehr vom latenten zum expliziten Rassismus: der proletarische Klassenkampf

Die wirklich folgenschweren Ansätze der Biologisierung des Klassenbegriffs zeigten sich aber bei den Sozialisten, die nicht bereit waren, sich des sozialdemokratischen „Attentismus“ zu befleißigen, sondern die sozialistische Sache „beschleunigen“

wollten. Diese „Beschleunigung“ macht nämlich sichtbar, was „Rassismus“ begriffslogisch eigentlich meint, nämlich die „Beschleunigung des Fortschritts“: „Rasse“ kennzeichnet zunächst eine biologische Untergruppe, die aber entsprechend der Fortschrittsidee im Wettlauf (engl. *race*) mit anderen Untergruppen um die Höherentwicklung zur anderen, höherwertigen Gattung – wie der Affe zum Menschen[72] und der Mensch zum „Übermenschen“ – gesehen wurde. Da der Sozialdarwinismus dies als „Kampf ums Dasein“ begriff, konnte es dann nicht mehr um ein (mehr) gemächliches „Fortschreiten“, also um evolutionäre *progressio* gehen, sondern dieses konnte zu einem revolutionären „Wettlauf“, also zur *race* führen. Das entsprechende Gedankenmuster[73] lässt sich gut bei dem späteren Tscheka-Chef *Felix Dscherschinski* nachweisen, der unter bemerkenswerter Bezugnahme auf den SPD-Gründer *Lassalle*, wonach jede Verfassung das in einem bestimmten Land bestehende soziale Kräfteverhältnis festschreibe, die Überlegung anstellte, ob man dieses durch Klassenkampf zu verändernde soziale Verhältnis nicht radikal dadurch ändern könnte, indem man bestimmte Gesellschaftsschichten einfach ausrottet; eine Überlegung, die dann in der Proklamation von Sowjetkommissar (Minister) *Grigori Sinowjew* seinen Niederschlag fand, durch „eigenen sozialistischen Terror“ etwa 10 Prozent der damaligen Sowjetbevölkerung, also ca. 10 Millionen Menschen auszurotten. Stellt man sich die Frage, warum es ausgerechnet auf Ausrottung hinauslaufen müsste und nicht vielleicht – politkriminell genug – umfassende Enteignungsmaßnahmen genügen könnten, die der „Reaktion“ die Mittel rauben würden, sich weiterhin als politisch relevante „Klasse“ zu konstituieren, dann kann die Antwort nur sein: Der Marxismus als Abart eines zumindest latenten Sozialdarwinismus ging letztlich doch davon aus, dass die Klassen des Klassenkampfes einen biologischen und damit erforderlichen Falles rassistisch definierbaren Charakter haben, der als solcher explizit in Erscheinung trat, wenn der Advent des Sozialismus „beschleunigt“ werden sollte. Da der Sozialismus sich aus humanitären und demokratieideologischen Gründen ausdrücklich verpflichtet sah, keine neue Klassenherrschaft zu errichten, sondern allgemeine Gleichheit der

Menschen in einer klassenlosen Gesellschaft / Volksgemeinschaft, musste das Ungleiche irreversibel beseitigt werden. Diese Irreversibilität erscheint nur durch biologische Maßnahmen garantiert, eine Vorstellung, die vielleicht noch mehr durch die Milieutheorie des Lamarckismus als durch den (Sozial-) „Darwinismus" nahe gelegt wird, indem man meint, dass der soziale Fortschritt und damit einhergehend die Beseitigung von Fortschrittshindernissen gewissermaßen in das Erbgut des sozialistischen Volkskörpers eingehen würden. Diese „sozio-politische Eugenik", ein „Sozialdarwinismus im Kommunismus"[74] musste nicht immer zum expliziten Rassismus führen, aber häufig doch zu „einer Übertragung der Rassenideologie auf soziale Gruppen".[75]

Banal ergab sich dieser Zusammenhang notwendigerweise schon deshalb, weil sich die Sozialisierung eines Wirtschaftssektors häufig gegen eine ethnische Gruppierung richten konnte, die sich auf diesen Sektor spezialisiert hatte oder dies in der Vergangenheit sogar tun musste.[76] Deshalb stellte vor allem die Sozialisierung in der sogenannten Dritten Welt häufig nichts anderes als praktizierten Rassismus dar, wie zuletzt unter dem Helden *Mugabe* in Simbabwe zu beobachten ist. Nur bei einer komplexeren Wirtschaft musste man etwa von „Arisierung" sprechen, während es in Simbabwe nicht unbedingt nötig ist, bei Wegnahme von Farmland der europäischstämmigen Bevölkerung von „Negerisierung" zu sprechen. Zumindest kann festgestellt werden: Je schneller der Fortschritt durch Klassenkampf ablaufen sollte, desto deutlicher trat im „Wettlauf" die latente Rassenkampfkonzeption explizit als Rassismus (wieder) zum Vorschein. Deshalb ist es völlig berechtigt, die sowjetische Kulaken-Vernichtung als *first Socialist genocide*[77] zu bezeichnen. Hier wurde zur Versorgung der städtischen Bevölkerung, der Macht- und Klassenmachtbasis des Sowjetregimes, nach Rückgang der Nahrungsmittelproduktion durch die Totalsozialisierung bewusst der millionenfache Hungertod einer Klasse herbeigeführt, bei der es sich um nichts anderes handelte als die sozialen Träger des ukrainischen Nationalismus. Der Klassenkampf des sozialistischen Internationalismus gegen die Klasse des selbständigen Bauerntums war demnach nichts anderes als ein Rassenkampf gegen eine als feindlich begriffene Nation: Die „Zwangskollektivierung des Agrarlandes (war) ein regelrechter Krieg des Sowjetstaates gegen eine ganze Nation von kleinen Betrieben. Mehr als zwei Millionen Bauern wurden deportiert, darunter 1,8 zwischen 1930 und 1931. Sechs Millionen verhungerten und Hunderttausende starben während der Deportation."[78] Dies erklärt, weshalb der sozialistische Klassenkampf, beginnend mit der massenhaften Deportation der Kosaken über die „Liquidierung der Kulaken als Klasse"[79] mit der Massendeportation[80] weiterer Völker, darunter im Jahre 1941 die der Wolgadeutschen, einhergehen konnte. Auch die „Landreform" in China ging unter Klassenkampfparolen mit einer sozialen Säuberung, das heißt mit einer Liquidierung sozialer Schichten als Klassen einher, die „das Ausmaß eines Genozids" annahm, „wie ihn China bislang noch nicht erlebt hatte."[81]

Bemerkenswert ist, dass während des Zweiten Weltkrieges, als die sozialistische Sowjetunion zu einem zumindest rassistoiden Vernichtungskrieg gegen die Deutschen[82] überging, die Formel des proletarischen Klassenkampfes „Proletarier aller Länder vereinigt euch!", die bei der Behandlung deutscher Kriegsgefangener (Genickschuss) zu „Unsicherheiten" geführt hatte, förmlich[83] durch die Parole „Tod den deutschen Okkupanten" ersetzt wurde, da es darauf ankam, „alle faschistischen Scheusale zu vernichten." Die Proletarier-Parole, die aus den dargestellten Gründen der Aufrufung von *Engels* zu einem „Vernichtungskrieg gegen die Slawen" nicht entgegengestanden war, war vorsorglich von *Reimer* schon beschränkend umformuliert und vom National-Sozialismus dann ganz aufgegeben worden, was 1941 dann auch vom Sowjetkommunismus förmlich nachvollzogen wurde: Auch hier ein Hinweis, dass der klassische Sozialismus das Potential des Nationalsozialismus enthielt beziehungsweise mit diesem von vornherein schwanger ging. Der rassistische Charakter des Klassenkampfes war im Sowjetkommunismus konzeptionell, aber auch in der Praxis in einer expliziten Weise zum Ausdruck gekommen: In der Anfangsphase des Sowjetregimes war etwa der Ausspruch berühmt, wonach die sexuelle Anziehung durch einen Klassenfeind genauso pervers sei wie die sexuelle Anziehung durch ein Krokodil oder einen Orang-Utan. Geprägt hat diesen Spruch, wodurch der „Klassenfeind“ in sexual-biologischen Kategorien erfasst und auf den Status von Untermenschen reduziert wurde, der freudianische Marxist und Pädagoge *Aron Zalkind* (1889?-1936).[84] In seinem zentralen Werk *Die Geschlechterfrage unter den Bedingungen der Sowjetgesellschaft* trat *Zalkind* für eine Unterordnung der Sexualität unter die Klasseninteressen ein, was die Befugnis der revolutionären Partei implizierte, sich in das Geschlechtsleben ihrer Mitglieder einzumischen, um damit – so die naheliegende Schlussfolgerung – Klassenfeinde von der proletarischen Fortpflanzungsgemeinschaft auszuschließen, was konzeptionell auf die *extirpatio* (*Reimer*) hinauslaufen musste. Dies erklärt, warum es in der Sowjetunion lange Zeit nicht ratsam schien, sich als Abkömmling eines „Kulaken“ zu offenbaren. Die rassenkategorische Beschreibung politischer Gegner etwa durch *Gorki*, der es für „ganz natürlich“ hielt, „dass die Arbeiter- und Bauernmacht ihre Feinde wie Ungeziefer vernichtet“, macht dies verständlich: „Der Klassenhass muss durch die organische Abstoßung des Feinds als eines inferioren Wesens kultiviert werden. Meine innerste Überzeugung ist, dass der Feind ein durchaus minderwertiges Wesen ist, physisch, aber auch moralisch degeneriert.“[85]

In der revolutionären Volksrepublik China hat dann der Klassenkampf zum Konzept der Vererbung sozialer Kategorien geführt, indem die Klassifikation eines Familienoberhaupts aus der Vorrevolutionsphase einfach auf die Kinder übertragen wurde. „Die ‘Schwarzen’ (Abkömmlinge der sogenannten Feudalklasse oder auch nur von „Rechtsabweichlern“, *Anm.*) und ihre Kinder wurden systematisch diskriminiert, bei der Zulassung zu den Universitäten ebenso wie im Berufsleben (Direktive vom Juli 1957) und im politischen Leben. Es war für sie außerordentlich schwierig, die Erlaubnis zur Heirat mit einem ‘roten’ Partner zu bekommen, und in der Gesellschaft wurden sie häufig wie Aussätzige behandelt: Man fürchtete Schwierigkeiten mit den Behörden, wenn man zuviel Umgang mit ‘problematischen’ Personen hatte. Mit der Kulturrevolution erreichte die Etikettierungswut ihren Höhepunkt und zeigte all ihre selbst aus der Sicht des Regimes perversen Effekte.“[86] Im übrigen ist in diesem Zusammenhang bemerkenswert, dass in der Volksrepublik China der staatskapitalistischen Reformphase eines der Elemente, die von der klassischen sozialistischen Theorie zurückbleiben, die damit weiterhin für den kommunistischen Charakter der „Volksrepublik“ stehen, in dem Bereich zu bestehen scheint, der sich unmittelbar vom sozialistischen Sozialdarwinismus herleitet, nämlich der Eugenik: „In China Heiratsverbot für geistig Behinderte“[87] und „Waisenhäuser in China sind Todeslager“[88] waren einige der Schlagzeilen, die auf ein Gesamtprojekt hindeuten, die biologische Qualität der Bevölkerung mit entsprechenden Maßnahmen heben[89] zu wollen.

In vielleicht extremster Form wurde die Vererblichkeit des sozialen Status über die Sippenhaft als Kriegs- und Unterdrükkungsmaßnahme in Kambodscha unter *Pol Pot* einzuführen[90] versucht. Dies ging dann soweit, die Eheschließungen mit Ausländern zu annullieren[91]: „With some exceptions, even Khmer Rouge officials were obliged to leave their French wives in France. One Japanese wife of a Khmer managed to survive; all others discovered at the beginning of the revolution were ordered out of the country with the foreigners who had taken refuge in the French embassy. The ethnic Vietnamese were ordered out, most of them returned to South Vietnam by the end of 1975.” Die ansatzweise gelungene Ausrottung ethnischer Minderheiten beruhte auf dem Konzept von *Pol Pot*, wonach die sozialistische Revolution durchgeführt würde „in Übereinstimmung mit der wahren Natur der Arbeiterklasse“, „um die Dauerhaftigkeit der kambodschanischen Rasse“ zu gewährleisten. Damit hat der von bundesdeutschen 68ern geförderte *Pol Pot* die klassenkämpferische Komponente des Sozialismus mit der latent schon immer vorhandenen rassistischen Komponente wieder gut zusammengeführt oder sichtbar werden lassen: Das rassisch weniger vermischte Proletariat ergreift mit der sozialistischen Revolution die Macht, um die Nation zu retten, die durch weitreichende politische und rassische Säuberungsmaßnahmen wiederum sozialismusfähig gemacht wird, um sich dann international als maßgebend behaupten zu können. Genau dies könnte als die in einer extremen Weise zum Ausdruck gebrachte Essenz des „Nationalsozialismus" identifiziert werden, zu der vielleicht auch die deutsche Variante hätte führen müssen, wenn sie politisch generell konsequent genug gewesen wäre.

e) NS-Rassismus: Nationalistisch oder (eher) internationalistisch?

Beschäftigt man sich eingehender mit der Konzeption der „Rasse" bei *Hitler*, die bei ihm sicherlich eine zentrale, vielleicht sogar die zentrale Bedeutung eingenommen hat, wird man erstaunt feststellen, dass *Hitler* „weniger konsequent vom rassistisch-erbbiologischen Standpunkt aus argumentiert als viele 'Rassentheoretiker', die im Dritten Reich beanspruchten, die NS-Weltanschauung verbindlich zu vertreten."[92] Man kann auch feststellen,[93] „wie Hitler mit dem Begriff 'Rasse' jongliert, der ja ein Schlüsselbegriff in Hitlers Gedankenwelt ist ('die Rassenfrage ist der Schlüssel zur Weltgeschichte'), aber von Hitler nie definiert oder oft mit dem Begriff 'Volk' gleichgesetzt wird." So sei auch nicht klar, wer die „'höchste Rasse' sei, die einst als 'Herrenvolk' die Welt beherrschen soll, die Deutschen oder die Arier, und es sei auch nicht klar, wer diese Arier seien, etwa alle Weißen," mit Ausnahme – dies ist sicherlich eindeutig – der Juden. Diese Verwirrung maßgeblicher Autoren, die sich immerhin mit *Hitler*s Weltanschauung eingehender beschäftigt haben, in einem als zentral angesehenen Punkt ist deshalb bemerkenswert, weil die bundesdeutsche „Bewältigung" offensichtlich ohne Klärung der Sachfrage sehr genaue Antworten darauf hat, was bewältigungsbedürftig ist und was nicht. Man könnte diese Problematik natürlich wegen ihres irrationalen Charakters für nicht aufklärungsbedürftig halten, und diese Haltung wäre sicherlich nicht ganz verfehlt, weil der Sozialismus in seinen Prämissen von einer grundlegenden gnostischen Irrationalität gekennzeichnet ist, die natürlich dann auch auf den National-Sozialismus durchschlägt. In der sozialistischen Tradition ist, wie dargestellt, im Laufe der Entwicklung unter den Begriffen „Rasse", „(Arbeiter-)Klasse", „Volk", „Nation" und „Kultur(kreis)" teilweise etwas Identisches und teilweise etwas Unterschiedliches, wenn nicht gar Konträres verstanden worden, wobei man die Klärung offen lassen konnte, solange sich daraus keine unterschiedlichen politischen Konsequenzen ergaben (was etwa in Schweden immer der Fall blieb). Auch wenn es Stellen gibt, die zu belegen scheinen, dass *Hitler* mit „Rasse" dasselbe wie „Volk" meinte, eine Verwechslung, die schon wahlkampftaktisch gewollt oder in Kauf genommen worden sein dürfte, ist doch ziemlich eindeutig, dass er darunter Unterschiedliches[94] verstand, wie noch einer ausdrücklichen Äußerung[95] aus dem Jahr 1944 zu entnehmen ist, mit der sich *Hitler* gerade von der Meinung der „überwältigenden Mehrzahl aller Deutschen" distanzierte, die „um 1918 oder 1919" der Auffassung gewesen sei, dass „Volk gleich Rasse und Rasse gleich Volk" sei. Nur eine Minderheit habe danach von dem Unterschied gewusst. Es gäbe sicherlich Völker, die weitgehend mit einer Rasse identisch seien, bei den meisten sei dies jedoch nicht der Fall. Diese Ansicht findet sich schon in einer Aussage[96] vom 18.10.1931 dokumentiert: „Heute ringen wir um die Zukunft des deutschen Volkes, morgen um die Zukunft unserer Rasse", wodurch „Volk" und „Rasse" (potentiell auch nach innen gerichtet!) deutlich unterschieden sind. Dieses Verständnis wird auch dadurch bestätigt, dass in der NS-Zeit der Begriff „deutsche Rasse" deshalb verpönt[97] war, weil dann unter „Rasse" so etwas wie „Kultur(kreis)" verstanden werden musste, worunter dann auch die deutschen Juden hätten erfasst werden können und was wiederum auf eine „Absage an die naturwissenschaftliche rassenkundliche Begriffsbildung" hinauslaufen würde. Wie das Verhältnis von Nation und Rasse nach gewissermaßen parteiamtlicher Auffassung zu bestimmen ist, geht eigentlich aus einer eindeutigen Aussage in *Mein Kampf* hervor, mit der die Symbolik der Parteifahne, die zur Staatsflagge[98] werden sollte, wie folgt erklärt wird: „Als nationale Sozialisten sehen wir in unserer Flagge unser Programm. Im **Rot** sehen wir den sozialen Gedanken der Bewegung, im **Weiß** den nationalistischen, im **Hakenkreuz** die Mission des Kampfes für den Sieg des arischen Menschen und zugleich mit ihm auch den Sieg des Gedankens der schaffenden Arbeit, die selbst ewig antisemitisch war und antisemitisch sein wird."[99]

Interpretiert man diese zentrale ideologische Selbsteinschätzung im Lichte der Entwicklung der sozialistischen Ideenströmung, dann wird folgende Vorstellung erkennbar: Durch die Verwirklichung des Sozialismus innerhalb der gegebenen Nation wird durch Beseitigung der Klassen und damit Überwindung oder Beendigung des Klassenkampfes in der Volksgemeinschaft, aber auch durch eugenische und vergleichbare Maßnahmen – wie „Vernichtung unwerten Lebens“ – am „Volkskörper“, die nur eine sozialistische Diktatur (völkische Demokratie oder Volksdemokratie) wirksam durchsetzen kann, eine Steigerung des „Rassenwertes eines Volkes“ möglich. Im Ringen der Völker, das sich sozialdarwinistisch als (biologische) Notwendigkeit ergibt, wird sich das Volk durchsetzen, das den höchsten Rassenwert aufweist, das heißt das am besten sozialistisch im Sinne von Chancengleichheit und Gemeinschaftsbewusstsein geprägt ist, und wodurch die „arischen Rassenkerne“ wieder zum Vorschein kommen. Dieser internationale „Kampf ums Dasein“ stellt einen Prozess der „wechselseitigen Höherzüchtung“ der Menschheit her, die auf die Weltvorherrschaft des „besten Menschentums“ hinauslaufen würde, dem „durch den erworbenen Besitz dieser Erde, freie Bahn gegeben wird zur Betätigung auf Gebieten, die teils über, teils außer ihr liegen werden.“ Welches Volk diesen Wettlauf (engl. *race*) letztlich gewinnen wird, stünde noch nicht fest, aber „wir möchten unser Volk nicht ausscheiden von diesem Wettbewerb.“[100] Damit ist die Konzeption[101] von *Lassalle* über das Recht des Eroberungskrieges durch die Kulturvölker und dabei zur Zwangsassimilierung bei gleicher Rasse und zum „mehr das Aussterben bei verschiedener Rasse“, konsequent zu einem Abschluss gebracht worden, bei dem dies ebenfalls in die Utopie eines durch die Deutschen errichteten Weltstaates eingemündet[102] war.

Den Beginn dieser weltgeschichtlichen Entwicklung stellt sich *Hitler* in Übereinstimmung mit der dargestellten – auch in der sozialistischen Tradition – maßgeblichen Meinung des 19. Jahrhunderts in der Weise vor, dass durch die Eroberung der einen Rasse durch die andere eine Klassenherrschaft entstanden sei, was die Kulturentwicklung eingeleitet habe: „Ohne diese

Möglichkeit der Verwendung niederer Menschen hätte der Arier niemals die ersten Schritte zu seiner späteren Kultur gemacht."[103] Allerdings – und dies ist nach Auffassung *Hitler*s der (gnostische) Sündenfall – hätten sich die Arier mit den unterworfenen Rassen vermischt, so dass die Kulturentwicklung nicht in der Weise möglich war, wie sie ansonsten möglich gewesen wäre. Der „Sündenfall" nach dem klassischen Sozialismus, nämlich die Entstehung von Arbeitsteilung und Privateigentum, die dieser nicht wirklich überzeugend[104] erklärt hat, es sei denn – wie bei *Moses Hess* in der Tat angedeutet – durch die stillschweigend vorausgesetzte Prämisse der Klassenbildung als Folge der Eroberung durch eine andere Rasse, wird damit einer spezifischen Erklärung zugeführt, die aber nicht außerhalb der ideologischen Prämissen der sozialistischen Doktrin liegt. Die Kulturentwicklung, die letztlich zum Sozialismus führt, wäre dann dort am erfolgreichsten eingetreten, wo sich arische „Rassenkerne" am besten bewahrt hätten. Diese „Rassenkerne" galt es, entsprechend der Überlegung des späten *Woltmann*, durch sozialistische Maßnahmen wieder zum Erblühen zu bringen, um überhaupt den Sozialismus und den mit ihm verbundenen Übermenschen herbeiführen zu können. Im Wettlauf um die Weltdominanz würde sich dann das „beste Menschentum" durchsetzen, was dann schließlich zum Weltfrieden führen würde, nach *Hitler* „sicher ein erstrebenswertes Ziel".[105] Nach *Hitler*s Meinung wird der Weltfriede aber erst dann einmal zu verwirklichen sein, wenn eine Macht auf der Welt, und zwar die rassisch beste, die unbedingte und unbestrittene Vormacht errungen hat. „Diese mag dann eine Art Weltpolizei stellen, gleichzeitig dafür Sorge tragen, dass der wertvollsten Rasse der notwendige Lebensraum garantiert wird. Und wenn nicht anders möglich, niedere Rassen sich entsprechend einschränken."[106] Auch wenn mit dieser Einlassung den „niedrigen Rassen" dann noch das Existenzrecht zugestanden wird, kann doch davon ausgegangen werden, dass man den Prämissen des Sozialdarwinismus entsprechend vom Aussterben dieser „Völkerabfälle" (*Engels*) ausging, ein Vorgang, der auch revolutionär beschleunigt werden könnte (und dann auf Ausrottung hinauslaufen würde). Gerade weil der Sozialismus keine neue Klassenherrschaft durch Eroberungspolitik mehr errichten, sondern die Geschichte zum Abschluss bringen beziehungsweise zur Vorgeschichte der dann anbrechenden „wahren Menschheitsgeschichte" (*Marx*) machen wollte, konnte eigentlich das „beste Menschentum" (*Hitler*) und damit sozialistische Gleichheit nur darin bestehen, dass es keine ungleichen Menschen mehr geben würde. Diese braucht man letztlich auch nicht mehr, weil der „Gedanke der schaffenden Arbeit" (*Hitler*) bedeutet, dass man die Tätigkeit, die nach *Marx* sogar den Menschen (er-)schafft („der Arbeiter schafft sogar den Menschen") selbst macht. Dagegen steht eigentlich nur noch ein Problem, das den Arbeiter hindert, sich die von ihm geschaffenen Werte wirklich anzueignen, was es dann natürlich noch zu lösen gilt. *Goebbels* sprach insofern von der „weißen Sklaverei", die es gegen den „jüdisch-kapitalistischen Weltfeind" abzuschaffen galt, indem „ein sozialistisches Staatswesen in Deutschland gebildet wird." Dann könne „ein vom Materialismus befreites deutsches Volk" „vielleicht einmal die Mission" übernehmen, „den Erdball vom Glauben an das Geld zu erlösen",[107] das heißt die Verwirklichung des nationalen Sozialismus in Deutschland ist eine weltgeschichtliche und damit letztlich doch eine eigentlich internationalistische Aufgabe!

Bringt man die maßgebliche Aussage über die Symbolik der Parteiflagge, die zugleich die zentrale Programmatik zum Ausdruck bringt, auf den Punkt, dann wird deutlich, dass der Nationalismus selbst im national-sozialistischen Ideenkomplex letztlich nur instrumentellen Charakter zur weltgeschichtlichen Verwirklichung des „besten Menschentums", des „arischen Menschen" einnehmen sollte. Damit wird deutlich, dass der NS doch der sozialistischen Verheißung treu geblieben ist, die auf den „Menschen als solchen" gerichtet und damit notwendigerweise internationalistisch ist, was bei *Josef Reimer* ausdrücklich noch in dieser Weise formuliert war, als er die Parole des Kommunistischen Manifests dahingehend zu modifizieren vorschlug, dass sich das Versöhnungsversprechen nur auf „germanische Proletarier aller Völker Europas" beziehen sollte. Zwar habe er, *Hitler*, sich nicht in die Politik begeben, „um einem internationalen Sozialismus den Weg zu ebnen oder gar um eine neue, sozialistische Religion zu predigen", um dann aber in derselben Rede an anderer Stelle fortzufahren: „Der Friede auf Erden, den Christus bringen wollte, ist jener Sozialismus der Völker! Er ist die neue große Religion und wird kommen, weil er göttlich ist."[108] Die Idee-Logik war demnach stärker als der Ideologe! Dies lässt sich vergleichbar auch zu anderen, konkurrierenden zeitgenössischen Sozialisten sagen, wie etwa[109] zum Sozialdemokraten *Paul Ludwig Landsberg*, der in *Rassenideologie und Rassenwissenschaft* zum Ausdruck bringen wollte, dass „Rassenideologie und Sozialismus geborene Feinde" seien, aber dann doch nicht vom Biologismus loskommen konnte, indem er in der „Erzeugung neuer Hochtypen des Menschentums ein sinnvolles Ziel einer qualitativen Bevölkerungspolitik" sah. Die möglichen rassistischen Implikationen dieses anti-rassistischen Gedankenansatzes, der nicht einmal ausschloss, dass die Entstehung der kapitalistischen Wirtschaftsform „durch die Eigenart leistungsfähiger unternehmerischer Rassengruppen" begünstigt worden sei, wollte SPÖ-Mitstreiter *Hugo Iltis* dadurch abgewendet sehen, dass er unter Bezugnahme auf die von ihm durchaus geteilten – wenngleich als Wertung zurückgewiesenen – Rassenklassifikationen des NSDAP-Ideologen *Hans F. Günther* hoffte, die Rassenlehre würde sich *ad absurdum* führen, wenn sie sich nicht nur gegen Juden wenden würde, sondern wenn auch die Süddeutschen mitbekämen, dass sie danach gegenüber den Norddeutschen minderwerter wären. Allerdings kann man *Günther*s *Rassenkunde,* die sogar der damalige SPDler *Karl Valentin Müller* vor 1933 als „nicht ganz tendenzfrei" einstufte, kaum die Disqualifizierung einzelner Volksteile zum Vorwurf machen, sondern es geht dabei um die Sicherstellung eines dynamischen Gleichgewichts unterschiedlicher Typen, dessen Bewahrung und Optimierung aber langfristig zum politischen Programmpunkt hätte werden müssen, indem es – den Standardformeln des utopischen Denkens inhärent – umfassende Staatseingriffe in Eheschließungen, (Zwangs-) Abtreibungen nach Rassenwertungsgesichtspunkten und dergleichen legitimiert hätte. In der Tat wäre eine konsequentere „Rassenpolitik" im Inneren, das heißt gegen Deutsche gerichtet, von der Logik des mit der Parteisymbolik ausgedrückten Ideologiekomplexes, aber auch aufgrund der erkennbaren Unterscheidung *Hitler*s zwischen „Rasse“ und „Volk“ ideologiepolitisch geboten gewesen. Es wäre dann im Extremfall das Programm von *Pol Pot* herausgekommen, der damit als der in praktischer Hinsicht konsequenteste (National-) Sozialist der Weltgeschichte identifiziert werden kann. Im Rückschluss belegt dies, dass gerade das rassistische Element in der Weltanschauung *Hitler*s zugleich als das eigentlich sozialistische identifiziert werden kann, das aufgrund seiner Bezogenheit auf den „Menschen“ als biologische Gattung doch einen latenten Internationalismus impliziert, zumindest von der Art, in der dies bei *Reimer* 1905 zum Ausdruck gekommen war. Im Ergebnis ist deshalb zu konstatieren, dass es keinen wirklichen Unterschied[110] der Weltanschauungen *Hitler*s und *Goebbels'* gibt, wenn angenommen wird, dass sich als Ziel der Geschichte bei ersterem eine arische Weltherrschaft aufgrund der rassischen Überlegenheit ergeben würde, während dies bei letzterem Folge der Überlegenheit eines zukünftigen nationalen Sozialismus über den internationalen Kapitalismus sei. Auch hinsichtlich dessen, was als Ursache des grundlegenden Übels der Menschheitsgeschichte angesehen wird, nämlich die „Sünde wider Blut und Rasse“ bei dem einen und Erzeugung des Kapitalismus durch „den Juden“ als „Inkarnation des Kapitalismus“ bei dem anderen, löst sich bei genauerer Betrachtung der Entwicklung der sozialistischen Ideenströmung auf: Es geht, sicherlich etwas unterschiedlich akzentuiert, um dasselbe Weltverständnis! Das geschichtlich notwendige Entstehen der Klassenherrschaft, aber auch deren Überwindung lässt sich nämlich als letztlich biologisch-rassische Frage begreifen, die durch Rückkehr zur auch rassisch verstandenen Gleichheit durch sozialistische Maßnahmen herbeigeführt und als Sozialismus weltweit verwirklicht wird. Mit „arisch“ ist dann im übrigen zum Ausdruck gebracht, dass dieser Endsozialismus keine wirklich „deutsche Weltherrschaft“ meint, sondern dass es lediglich als wünschenswert angesehen wird, dass die Deutschen, bei denen auf sozialistische Weise durch Überwindung des Kapitalismus beziehungsweise des Liberalismus/Individualismus die den Fortschritt garantierenden „arischen Rassenkerne" zur Entfaltung gebracht werden, zu diesem „höchsten Menschentum" (*Hitler*) gehören mögen.

f) Demokratisch-progressiver Rassismus

In seiner grundlegenden Frage des „Warum?" der kommunistischen Massenverbrechen des 20. Jahrhunderts weist *Stéphane Courtois*[111] überzeugend das von linken Apologeten häufig gebrachte „Argument" zurück, wonach der grundlegende Unterschied zwischen National-Sozialismus und Kommunismus darin bestünde, dass ersterer speziell sei, nämlich extrem nationalistisch und rassistisch, während das leninistische Projekt universalistisch gewesen sei: „Lenin und seine Nachfolger schlossen den Kapitalisten, den Bourgeois, den Konterrevolutionär und so weiter eindeutig von der Menschheit aus. Die aus dem soziologischen oder politischen Diskurs geläufigen Begriffe nahmen sie auf und machten daraus absolute Feindbilder." Mit dieser sicherlich zutreffenden Kritik am Selbstbetrug der Anhänger der linken Ideenströmung dürfte allerdings noch nicht zum eigentlichen Kern des Problems vorgedrungen sein, und dieser besteht darin, dass der Sozialismus, selbst unter Einschluss des Nationalsozialismus, auf die „Menschheit" als politische Größe ausgerichtet ist. „Menschheit" und „Mensch" stellen notwendigerweise eine biologische oder eine theologische Kategorie dar. Letzteres führt dazu, dass der Sozialismus, schon aufgrund seiner Prämisse einer weltgeschichtlichen Intentionalität, notwendigerweise auf eine Religion hinausläuft und zwar – wie ausgeführt – auf eine gnostische, was beim NS noch leichter nachgewiesen werden kann[112] als bei den mehr versteckten Theologemata im Marxismus. Die großen Weltverbesserungspläne, jene utopische Denkart, es könne durch einen großen Plan idyllisch und vollkommen werden auf Erden, mussten zu einer gefährlichen Theologisierung der Politik führen, mussten in Religionskriegen kulminieren.[113]

Entscheidender dürfte aber der biologische Aspekt des politisierten Menschen- und Menschheitsbegriffs sein: „Als das Wesen des Menschlichen mit einem biologischen Gattungsbegriff universell und wertfrei verstanden wurde, entstanden auch die

Kategorien jener Ausgrenzung, die, weil wissenschaftlich und nicht sozial (gemeint: politisch, *Anm.*) begründet, irreversibel waren. Der Genozid, die 'Ausrottung' des Menschen, war damit eine Sache der Vernunft geworden. Der Fremde, der Feind wurde plötzlich nicht mehr aus religiösen oder sozialen Gründen abgelehnt, bekämpft oder versklavt, sondern, und dies ist das Neue, unter Berufung auf das universelle Prinzip der Vernunft einer 'natürlichen Entwicklung'."[114] Einfacher gesagt: Der politische Feind des „Menschen" als biologischer Kategorie ist der „Nicht-Mensch", der „Untermensch". Dieser latenten und dann auch expliziten rassistischen Logik steht das allgemeine Gleichheitsprinzip des Sozialismus deshalb nicht entgegen, weil Gleichheit notwendigerweise Ungleiches voraussetzt, und es auf die theoretisch ziemlich beliebige Wertung ankommt, was als „gleich"[115] zu behandeln ist. So kann zumindest die Fortschrittsdoktrin nicht – sonst wäre kein „Fortschritt" zu erreichen – das „Reaktionäre" als dem Fortschritt „gleich" behandeln. Die Tatsache, dass der Biologismus, der im Menschen- und Menschheitsbegriff impliziert ist und worin selbst noch die Idee allgemeiner „Menschenrechte" befangen bleibt, „das Reaktionäre" abwertend rassistisch erfasst, dürfte sich als naheliegend ergeben, was durch die in der Regel vergessenen oder verharmlosten – auch von der bundesdeutschen „Bewältigung" noch nicht entdeckten – rassistischen Auffassungen der Klassiker des Marxismus bestätigt wird. Selbst bei Sozialisten, die insbesondere nach Abspaltung des NS vom sozialistischen *mainstream* den Rassismus explizit abgelehnt haben, kann häufig das Vorliegen eines latenten Rassismus belegt werden, sei es, dass bestimmte Fortschrittshindernisse, wie das „Lumpenproletariat", in einer Weise beschrieben wurden, mit denen Rassisten die Angehörigen einer „niedrigen Rasse" kennzeichnen, oder indem die marxistische Fortschrittsdoktrin die Klassen des Klassenkampfes mit einem an Rassismus gemahnenden Vokabular erfasst hat. Rassismus im biologistischen Sinne ist daher primär keine nationalistische, sondern eine internationalistische, das heißt auf den „Menschen" als solchen bezogene Kategorie, die auch im sicherlich nationalistischen Nationalsozialismus gerade als „Sozialismus" sichtbar bleibt: „Es geschieht immer aus der Sicht des Universellen, das den Rassismus *begründet* hat, dass man vorgibt, ihn vermöge der Gleichheitsmoral des Humanismus zu überschreiten. Aber bereits die Seele, oder heute die biologischen Gattungsmerkmale, auf die sich diese Gleichheitsmoral stützt, sind keine objektiveren und weniger willkürlichen Argumente als die Hautfarbe. Denn auch sie sind *distinktive* Kriterien."[116]

Gerade „Amerika",[117] worauf die Europäer ihre Hoffnungen auf Fortschritt, Freiheit und Demokratie projiziert haben, zeigt die fast inhärente Verknüpfung des demokratischen Denkens mit progressivem Rassismus. In der vordemokratischen Kolonialzeit, die jedoch schon in die europäische Aufklärungsphase fiel, war man noch dem Selbstverständnis über den Zusammenhang von Rassen- und Klassenherrschaft folgend bereit, über den Import von Negersklaven eine amerikanische Klassenherrschaft zu errichten, wobei jedoch die Rechtfertigung der Versklavung „modern" wurde: Die europäische Rechtsentwicklung hatte nämlich die Versklavung als Kriegsmaßnahme nur mehr als Mittel der Christianisierung erlaubt, was rechtlich zwingend die „Manumission" (Freilassung) bei Konversion einschloss. Deshalb musste, nachdem in den späteren USA schon eine freie Negerbevölkerung im Entstehen[118] begriffen war, die koloniale Gesetzgebung dahin gehen, den Status der Sklaverei von der religiösen Konversion abzukoppeln[119] und für die Versklavung eine explizite rassistische Begründung zu finden, die bis ins 19. Jahrhundert „wissenschaftlich" verfeinert wurde, indem die Negerbevölkerung Afrikas in der vordarwinistischen Evolutionstheorie etwa des amerikanischen Paläontologen *Samuel Morton* den „Präadamiten", also menschenähnlichen Wesen aus der Zeit vor der Erschaffung Adams zugerechnet wurde. Darwinisten tendierten dabei dazu, in den Afrikanern so etwas wie das *missing link* zwischen Affen und Menschen zu sehen. Die Entwicklung zu einer von den US-Verfassungsvätern nicht gewollten Demokratie[120] als Folge der ideologischen Auswirkungen der Französischen Revolution musste dann zur Abschaffung der Sklaverei, in der Mitte des 19. Jahrhunderts in der Tat eine anachronistische, wenngleich weiterhin profitable Einrichtung,[121] führen. Wobei allerdings nicht verkannt werden sollte, dass die Abschaffung der Negerversklavung vor allem deshalb gefordert wurde, weil man damit auch die ungleiche Negerbevölkerung loswerden wollte. Das Schlagwort in den USA vor dem Bürgerkrieg von *free soil* bedeutete eben nicht nur „sklavenfreier Boden", sondern vor allem „negerfreier Boden". Dementsprechend war die Entwicklung zur Demokratie in den USA, das heißt die Einführung eines demokratischen Wahlrechts, die unter der Präsidentschaft des „Metaphysikers des Indianerhasses"[122] und überzeugten Demokraten[123] *Andrew Jackson* weitgehend abgeschlossen wurde, mit der Entrechtung der (freien) Neger[124] verbunden.[125] Gerade einige der Hauptvertreter der „Abolitionists" (Gegner der Sklaverei) waren extreme Rassisten. Zu diesen gehörte auch der Verfasser der amerikanischen Unabhängigkeitserklärung und dritte US-Präsident *Thomas Jefferson*,[126] der in der Generation der Gründungsväter aufgrund seiner Sympathie mit der Französischen Revolution politisch am weitesten links einzuordnen ist, und dessen Vorstellungen sogar dahin gingen, die Ermordung rassischer Mischlinge straffrei[127] zu stellen, so wie er sich im Falle eines Konfliktes mit den Indianern auch für deren Ausrottung[128] aussprach: „If ever we are constrained to lift the hatchet against any tribe, we shall never lay it down till that tribe is exterminated, or driven beyond the Mississippi ... In war, they will kill some of us; we shall destroy all of them".

Als Folge des sogenannten Amerikanischen Bürgerkriegs wurde dann die (Neger-) Sklaverei abgeschafft, aber es gelang aus unterschiedlichen Gründen[129] nicht, die Negerbevölkerung, wie eigentlich geplant nach Afrika (Liberia wurde deshalb gegründet) oder in die Karibik abzuschieben. Aus diesem Dilemma des demokratischen Anglo-Saxonism, die Neger den ideologischen Prämissen zuwider, die sich insbesondere im ursprünglichen Einbürgerungsanspruch für „freie und weiße Ausländer" manifestierten und die das Bürgerrecht für Neger grundsätzlich ausgeschlossen[130] hatten, nicht aussiedeln zu können, resultierte ein Segregationsrecht. Dieses zielte zum einen darauf ab, die Sklaverei durch Formen einer mit den Mitteln des Polizeirechts abgestützten Schuldknechtschaft (*peonage*) zu ersetzen und hat dabei eine soziale Deklassierung der Negerbevölkerung bewirkt, die mit der Doktrin „separate but equal" demokratiekompatibel gemacht werden sollte. Insgesamt kann berechtigterweise vom *Racial Imperative in American Law*[131] gesprochen werden, der sich zum anderen vor allem in familienrechtlichen Vorschriften niedergeschlagen hat, mit denen eine auf das 17. Jahrhundert zurückgehende Rechtsetzung fortgeführt wurde, die aber konkreter auf einen entsprechenden Vorschlag von *Thomas Jefferson* aus dem Jahr 1786 für den Staat Virginia zurückgeführt werden kann: *A marriage between a person of free condition and a slave, or between a white person and a negro, or between a white person and a mulatto shall be null.*

Nach Abschaffung der Sklaverei hat man sich damit begnügt, festzulegen, dass Personen afrikanischer Abstammung die Eheschließung mit Personen nichtafrikanischer Abstammung verboten ist, und trotzdem geborene Kinder nicht erbberechtigt sind. Diese fortschrittliche Entwicklung in den USA ist hier deshalb anzuführen, weil das gegen die Juden gerichtete NS-Recht aus diesem US-demokratischen Rechtssystem seine wesentliche Inspiration erhalten hat, das in der NS-Zeit mit der wissenschaftlichen Ansprüchen voll genügenden[132] Darstellung von *Heinrich Krieger* über *Das Rassenrecht in den Vereinigten Staaten von Amerika*, 1936, seine umfassendste und durchaus zutreffende Darstellung und Würdigung erhalten haben dürfte. Gerade die Ausführungen *Krieger*s zum rassischen Heiratsrecht,[133] das im übrigen erst 1967 endgültig für verfassungswidrig[134] erklärt worden ist, machen deutlich, dass hier, also in den entsprechenden Gesetzen von US-Bundesstaaten, die wesentliche Inspiration für die sogenannten „Nürnberger Gesetze" (RGBl. 1935 I S. 1146 f.) gefunden worden ist, wenngleich *Krieger* dies nicht deutlich schrieb, sondern als bekannt voraussetzte. Die ideologische Motivation dieser Gesetzgebung der US-Bundesstaaten, die eine Wendung der Rassenlehre ins Pessimistische markiert (nicht mehr die „Primitivlinge" seien vom Aussterben bedroht, sondern der „Fortschritt" sei gefährdet), war in Deutschland durch einen Bestseller der damaligen Zeit bekannt gemacht worden, nämlich durch das 1923 in München erstmals in Übersetzung erschienene Buch[135] von *Madison Grant*, *The Passing of the Great Race*. Die Segregationsgesetzgebung wurde darin als Versuch hingestellt, das zu verhindern, was das indische Kastensystem offensichtlich nicht erreicht habe, nämlich den Zivilisationsniedergang der arischen Rasse durch Rassenmischung.[136] Da die Unterscheidungsmerkmale, die höhere Rassen kennzeichneten, relativ jungen Datums seien, seien sie höchst instabil und würden daher leicht verschwinden, wenn eine Vermischung mit durchschnittlichen oder primitiven Charakteren stattfände. „The cross between a white man and a Negro is a Negro and a cross between any of the three European races and a Jew is a Jew."[137] Das von der NS-Literatur[138] häufig angeführte Buch steht im Zusammenhang mit Bestrebungen in den zeitgenössischen USA, zum Zwecke des Erhalts der amerikanischen Demokratie und des Fortschritts bei Fortführung des auf „weiße Ausländer" beschränkten Einbürgerungsanspruchs nur noch die Einwanderung von Angehörigen der nordischen Rassen[139] zuzulassen. Nach *Grant* hätte nämlich die mexikanische Mischbevölkerung ihre Unfähigkeit zum Selbstregieren dargetan, womit auch bewiesen wäre, dass „Demokratie fortschrittsfeindlich ist, wenn zwei Rassen von ungleichem Wert Seite an Seite leben."[140] Für *Hitler* stellten denn auch die Bekundungen aus den USA der damaligen Zeit eine Ermutigung dar, eine „bewusst völkische Rassenpolitik" zu betreiben, um nicht „das Gesetz des Handelns an Amerika zu verlieren."[141] Da die NSDAP trotz einer entsprechenden radikalen Stimmungslage kein konkretes antisemitisches Programm[142] besaß, konnte man bei der Suche nach einem Vorbild, an dem man sich zur juristischen Umsetzung rassistischer Maßnahmen *ad hoc* orientieren konnte, nur etwas bei den von *Hitler* ohnehin als fortschrittlich bewunderten USA finden.

NS-Deutschland stellte durch die Rezeption einschlägigen US-Rechts das einzige sozialistische System dar, das explizit ein derartiges „Rassenrecht"[143] aufwies und neben den USA und vielleicht noch dem zeitgenössischen Südafrika war NS-Deutschland überhaupt der einzige entsprechende Staat. Dementsprechend stellte *Krieger* in der Einleitung seines Werkes fest, dass „vom echten Rassenrecht nur in den Vereinigten Staaten von Amerika und im Deutschen Reich" die Rede sein könne – „in weit schwächeren Ansätzen auch in der Südafrikanischen Union."[144] Der „Bewältigung" dient diese Tatsache als „Argument", den singulären Charakter des NS-Regimes hervorzuheben und eine Verwandtschaft insbesondere mit sozialistischen Regimen von vornherein auszuschließen – allenfalls eine Ähnlichkeit mit den „kapitalistischen“ USA darf dann vielleicht noch erwogen werden. Gelegentlich werden die „Nürnberger Gesetze“ sogar als Beginn des Holocaust bezeichnet. Zutreffend dürfte aber eher sein, dass diese Gesetzgebung der „Legalitätstaktik“[145] geschuldet war, zumal man offiziell die Vorstellung vermittelte, dass diese Gesetzgebung, das heißt die Unterstellung der Juden unter einen Status, der der ausländerrechtlichen Lage angenähert war (vor allem weitreichende berufs- und gewerberechtliche Beschränkungen zur Folge hatte) und mit dem vom amerikanischen Staatenrecht entlehnten statusrechtlichen Familienrecht verbunden wurde (rassisches Heiratsverbot und Erbausschluss des rechtswidrig Gezeugten), die „Endlösung der Judenfrage“[146] darstellen würde; dies führte denn auch dazu, dass es bis Ende 1937 zu einer durchaus bemerkenswerten Rückwanderung jüdisch-stämmiger Personen[147] nach Deutschland gekommen ist. Dagegen brauchte die explizit revolutionäre Sowjetunion keine derartige Gesetzgebung. Der Status der Volkszugehörigkeit wie etwa „Jude“[148] war dort im Pass vermerkt, und falls ein Volk zur reaktionären Klasse erklärt wurde, konnte dies schon klassenkämpferisch vollzogen werden. Ähnliches gilt für NS-Deutschland etwa für die Politik gegenüber Zigeunern, für die[149] es keine „Nürnberger Gesetze“ gab. Auch *Pol Pot* sollte keine Gesetzgebung benötigen, um die Ehescheidung mit ausländischen Partnern von Kambodschanern zu erzwingen. Dazu genügten im konkreten Klassenkampf revolutionäre Dekrete, die man jederzeit *ad hoc* erlassen konnte. An den Nürnberger (Rassen-)Gesetzen ist ihre sich aus dem Vergleich mit der inspirierenden US-Entwicklung ergebende Einordnung in die links-progressive Ideenentwicklung bemerkenswert, der auch der Sozialismus legitimerweise zugeordnet werden kann. Es sollte dabei nicht vergessen werden, dass auch die zeitgenössischen USA[150] in der Rassenpolitik eine Lösung ihrer Probleme erkannten: „Americans thought of their country ... as the last Arcadia, a quasi-Utopian refuge... But how to preserve Arcadia? That, in itself, demanded a global foreign policy. And how to create the true Arcadian? That demanded a race policy”.[151]

[1] S. *Friedrich Engels*, zitiert bei *Löw*, a. a. O., S. 75; sowie bei *Wette*, a. a. O., S. 76 f.

[2] Zitiert bei *Schwartz*, Proletarier, S. 566.

[3] So *Zitelmann*, a. a. O., S. 462.

[4] S. *Mosse*, a. a. O., S. 85; diese zurückhaltende, in Form eines Zugeständnisses gemachte Bewertung könnte selbstverständlich deutlicher ausgedrückt werden, wenn *Mosse* nicht zu große Angst hätte, die von ihm nicht geliebte deutsche Rechte zu „entlasten"; man muss auch dem durchaus instruktiven Werk von *Mosse* letztlich doch Einseitigkeiten vorwerfen, wie etwa, fast überhaupt nicht auf Amerika einzugehen, obwohl dies bei einem Buch über den „Rassismus in Europa" eigentlich unvermeidbar ist.

[5] In *Rome and Jerusalem* von 1862; dem Verfasser der vorliegenden Abhandlung steht nur die englische Textfassung zur Verfügung.

[6] In Bezug auf *Marx* wird dies von *Poliakov*, a. a. O., S. 284, so gesehen.

[7] Diese gehörten zur Lektüre von *Hitler*, s. *Maser*, a. a. O., S. 89.

[8] In „Krieg und Demokratie", Bd. I., S. 28; hier zitiert in der 1933 geschriebenen Vorbemerkung von *Rudas*, in: MEW Bd. 20, S. XVIII; *Rudas* hebt dabei hervor, dass *Engels* die Begründung von Staat und Klassen als endogen dargestellt hat, um so *Kautsky* als „Sozialfaschisten" demaskieren zu können: Es hatte sich in der Zwischenzeit herausgestellt, dass die etwas unterschiedliche Betrachtungsweise von *Engels* und *Kautsky* doch einen der Unterschiede zwischen International- und National-Sozialismus markieren könnte, wobei der SPDler *Kautsky* dann (zumindest aus kommunistischer Sicht) eher letzterem zuzurechnen wäre!

[9] Zitiert bei *Poliakov*, a. a. O., S. 46.

[10] Da in der Bewältigungsmythologie (und -biologie?) „die Deutschen" das Böse darstellen, sei bei dieser Gelegenheit darauf hingewiesen, dass der durchaus rassistische Züge annehmende Antiteutonismus bestimmter, vor allem fortschrittlicher Franzosen in der glorreichen Französischen Revolution seine Wurzel hat!

[11] In den zu Studienauszügen gefertigten Veröffentlichungen über *Vom Geist der Gesetze* werden in der Regel die langatmigen Ausführungen über das *ius gladii* („Recht des Schwertes", das heißt des Eroberers) weggelassen, womit *Montesquieu* die Stellung der Aristokratie und das Feudalrecht gerechtfertigt hat; gekürzt finden sich Ausführungen in der Reclam-Ausgabe von 1965 auf S. 419 ff.

[12] S. dazu die Einleitung von *Weigand* zur hier angeführten Ausgabe von *Montesquieu*.

[13] S. Nachweise bei *Horsman*, a. a. O., insbesondere S. 406; s. auch S. 395, wonach auch *Thierry* („no thorough-going racialist") meinte, dass die englische Geschichte nach der normannischen Eroberung als Rassenkampf zwischen Sachsen und Normannen erklärt werden könne.

[14] So die Kennzeichnung bei *Davis*, a. a. O., S. 74.

[15] *Thomas Jefferson*, durchaus ein Rassist, hat deshalb für das große Staatssiegel die mythologischen Sachsenhelden Hengist und Horsa vorgeschlagen, die die „sächsische" oder „germanische" Freiheit symbolisierten; s. *Horsman*,

a. a. O., S. 390.

[16] So *Poliakov*, a. a. O., S. 284; der Verfasser der vorliegenden Abhandlung kommt nicht umhin, der wirklich vorzüglichen Darlegung *Poliakovs* doch Einseitigkeiten vorzuhalten, die sich mit seiner linken Einstellung und natürlich auch (als solche selbstverständlich völlig legitimen) pro-jüdischen Haltung erklären lassen, die ihn veranlassen, *Marx* und den Marxismus zu verharmlosen; die Ausführungen von *Moses Hess* fehlen vollständig, ebenso die in der vorliegenden Abhandlung zitierten Aussagen von *Engels*, die wiederum Zweifel aufwerfen, ob sich die einschlägigen *Marx*schen Aussagen so harmlos als bloße „Verwechslung von Kategorien“ darstellen.

[17] S. *Byer*, a. a. O., S. 26 f.

[18] S. ebenda, S. 149.

[19] S. *Karl Kautsky*, Der Kampf ums Dasein in der Pflanzenwelt, in: *Neue Zeit* 1 (1883), S. 186 ff., sowie *ders.*, Die Indianer im Kampf ums Dasein, in: *Züricher Post* vom 14.08.1884; hier zitiert bei *Schwartz*, Proletarier, a. a. O., S. 555 mit Anm. 87.

[20] S. Nachweise bei *Poliakov*, a. a. O., S. 282.

[21] Denen man natürlich nichts vorwerfen darf – anders als offensichtlich denen mit nicht-jüdischer Abstammung: Zum „umgekehrten Rassismus“ im bundesdeutschen Linksfaschismus als Metamorphose des National-Sozialismus, s. das 7. Kapitel der vorliegenden Abhandlung.

[22] So *Schwartz*, Sozialistische Eugenik, S.16.

[23] S. *Grotjahn*, Erlebtes, S. 190 ff.

[24] S. *Woltmann*, Darwinsche Theorie, S. 308 f.

[25] S. *Woltmann*, Die Germanen und die Renaissance in Italien.

[26] S. *Woltmann*, Politische Anthropologie, Jena 1903, S. 147; hier zitiert bei *Byer*, a. a. O., S. 33.

[27] So die Zusammenfassung bei *Byer*, ebenda.

[28] S. etwa *Woltmann*, Der historische Materialismus, S. 189: „ ..im ‘Kapital’ wurde die Ökonomie in Analogie mit der Biologie gebracht, die Gesellschaft unter der Vorstellung eines Organismus erfasst und die natürliche Entwicklung als allgemeine Basis der ökonomischen Sozialformation hingestellt. Die ‘dialektische’ Entwicklung wurde nun zu einer wirklich ‘natürlichen’ Entwicklung.“

[29] S. *Woltmann*, ebenda, insbesondere S. 321 ff.

[30] S. ebenda, S. 206 ff.; *Woltmann* dürfte dabei der erste gewesen sein, der im *Marx*schen Konstrukt ein implizites Moralschema erkannte.

[31] Ähnlich die Einschätzung bei *Kaltenbrunner*, a. a. O., S. 51; dort allerdings im Verhältnis zu *Dühring*, was allerdings auch im Verhältnis zu *Lapouge* zutrifft.

[32] Man kann nur vermuten, dass dies damit zusammenhängt, dass der „spätfeudale Katholik“, so *Kaltenbrunner*, ebenda, *Gobineau* politisch eher rechts wirksam geworden ist, während der radikalere *Lapouge* mehr eine Angelegenheit der politischen Linken geblieben ist (und deshalb kundig „verdrängt“ wurde).

[33] So *Maser*, a. a. O., S 89; man könnte sicherlich ein Werk verfassen „über den

Mann, der *Hitler* die Ideen gab" und dies nicht auf die Figur beziehen, die *Daim* dabei im Auge hat, sondern auf *de Lapouge*; und dies wäre wohl berechtigter, dazu käme vor allem noch *Dühring*; s. dazu im 6. Kapitel der vorliegenden Abhandlung.

[34] Zum folgenden s. *Poliakov*, a. a. O., S. 353 f.

[35] S. *Wette*, a. a. O., S. 106 f.

[36] Vorsichtig angedeutet bei *Poliakov*, a. a. O., S. 354, unter Bezugnahme auf eine Kritik des französischen Sozialismus an der deutschen Sozialdemokratie aus dem Jahr 1912 von *Charles Andler*; unter Berufung auf *Kautsky*, Sozialismus und Kolonialpolitik.

[37] S. Nachweise bei *Diane Paul*, Eugenics, S. 584, dort Anm. 48.

[38] Allerdings bestreitet *George Watson*, Race & the Socialists, dass dem Viktorianischen Zeitalter in allgemeiner Weise Rassismus unterstellt werden kann, wie es häufig geschieht; dann würden sich die rassistischen Auffassungen maßgeblicher Sozialisten als umso bemerkenswerter darstellen!

[39] So die Bewertung bei *Diane Paul*, ebenda.

[40] S. Nachweis bei *Diane Paul*, In the Interests of Civilization, S. 125.

[41] S. an einem konkreten Fall bei *Durden*: *James Shepherd Pike*, der während des amerikanischen Bürgerkriegs US-Botschafter in den Niederlanden war, die er zur Aufnahme der US-Neger in Surinam zu überreden suchte, war auch entschiedener Gegner der Sklaverei, und zwar weil diese für den „barbarischen" Bevölkerungsanteil in den USA verantwortlich sei, den er eben in die Karibik abzuschieben suchte; die relativ konkreten Pläne von *Jefferson* zur Abschiebung der von der Sklaverei befreiten Neger aus den USA finden sich bei *Takaki*, a. a. O., S. 44 ff. dargestellt.

[42] S. *Paul*, ebenda; im übrigen zur generellen Einstellung gegenüber Negern: „I am perfectly satisfied from the reflection that the feeling towards this race is one of hostility throughout the north. We have no respect for them whatever."

[43] S. *Rosdolsky*, a. a. O., S. 219.

[44] S. *Engels*, Ursprung der Familie, S. 150.

[45] S. Nachweis bei *Löw*, a. a. O., S. 79; s. auch *Wette*, a. a. O., S. 76: Aufruf zum Vernichtungskrieg gegen die Slawen.

[46] So die Einschätzung von *Heinrich August Winckler*, Schlagt nach bei Marx, in: *FAZ* vom 19.06.1998, S. 43.

[47] Im übrigen dürfte die Einschätzung von *Schafarewitsch*, a. a. O., S. 335, zutreffend sein, der *Kautskys* Hass auf die Bolschewiken darauf zurückführt, dass er sehr wohl wusste, es sich aber nicht eingestehen wollte, wie recht die Bolschewiken hatten, sich auf *Marx* und *Engels* zu berufen und deshalb „die erstaunliche Ansteckungskraft der bolschewistischen Ideen, ihre Verbreitung in den westlichen sozialistischen Parteien fürchtete".

[48] S. bei *Löw*, a. a. O., S. 79.

[49] Es dürfte sich wohl für fast jedes Jahr seit 1847 bis zum Tod von *Marx* ein Zitat finden lassen, das belegt, dass *Marx* oder *Engels* den großen europäischen Krieg, Weltkrieg etc. herbeigesehnt haben; s. dazu die Zitatensammlung bei *Löw*, a. a. O.; nach dem Tod von *Marx* ist *Engels* zurückhaltender geworden

in der Einschätzung, ob ein (Welt-)Krieg zur Förderung des Fortschritts wirklich wünschenswert wäre; s. dazu *Wette*, a. a. O., S. 90 ff.

[50] S. *Löw*, a. a. O., S. 107.

[51] S. *Löw*, a. a. O., S. 143.

[52] S. Nachweise bei *Poliakov*, a. a. O., S. 282 f.

[53] S. Nachweise bei *Wette*, a. a. O., S. 77.

[54] S. *Bowler*, Evolution, S. 283.

[55] S. *Eduardo A. Zimmerman*, a. a. O., S. 32.

[56] Zu diesen *Winter*, a. a. O., S. 181.

[57] S. Anticipation, S. 285.

[58] S. dazu *Watson*, Race & Socialists, a. a. O., S. 22.

[59] Zu diesen als „entfernte Verwandte", s. die Ausführungen im 7. Kapitel der vorliegenden Abhandlung.

[60] S. *Horsman*, a. a. O., S. 387.

[61] Dieser Komplex ist gut zusammengefasst bei *Davis*, Infected Christianity, S. 76 ff.

[62] S. dazu auch *Davis*, a. a. O., insbesondere Kapitel 4, The Anglo-Saxon Christ.

[63] So *Horsman*, a. a. O., S. 410.

[64] Im folgenden s. *Hofstadter*, a. a. O., S. 174 ff.

[65] So die zusammenfassende Schlussfolgerung bei *Winter*, a. a. O., S. 191 f.

[66] S. bei *Thomas Schmidt*, a. a. O.

[67] S. Nachweis bei *Eduardo Zimmerman*, a. a. O., S. 39 f.

[68] S. *Schwartz*, Proletarier, a. a. O., S. 569 f.

[69] S. Nachweis bei *Löw*, a. a. O., S. 176.

[70] S. Nachweis bei *Schwartz*, Proletarier, a. a. O., S. 545 f.

[71] So die zusammenfassende Bewertung bei *Schwartz*, Proletarier, a. a. O., S. 567.

[72] Diese Problematik hat *Engels* in seiner „Dialektik der Natur" nachhaltig beschäftigt: Anteil der Arbeit an der Menschwerdung des Affen, s. MEW Bd. 20, S. 444 ff.

[73] S. dazu *Courtois*, a. a. O., S. 89 f.

[74] Davon spricht auch *Courtois*, a. a. O., S. 820.

[75] So ist im Band von *Courtois*, a. a. O., S. 701, der sogenannte Autogenozid unter *Pol Pot* erklärt.

[76] Darauf hat *v. Hayek*, a. a. O., S. 179 zu recht hingewiesen: „Es ist die alte Geschichte der Fremdrasse, die nur zu den minder geachteten Erwerbszweigen zugelassen und dann umso mehr dafür gehasst wird, dass sie sich in ihnen betätigt".

[77] So *Heller / Nekrich*, a. a. O., S. 235.

[78] S. *Courtois*, a. a. O., S. 165.

[79] S. ebenda.

[80] S. *Courtois*, a. a. O., S. 240 ff.

[81] S. bei *Courtois*, a. a. O., S. 526.

[82] S. dazu *Joachim Hoffmann*, a. a. O., insbesondere S. 143 ff.

[83] S. ebenda, S. 256.

[84] S. *Groys / Hagemeister*, a. a. O., S. 606.

[85] S. Nachweis bei *Courtois*, a. a. O., S. 819 f.

[86] *S. Courtois*, a. a. O., S. 538 f.

[87] S. *FAZ* vom 28.10.1994.

[88] S. *FAZ* vom 08.01.1996, S. 1 f., mit der Unterzeile: „Menschenrechtsorganisation erhebt schwere Vorwürfe".

[89] S. den Beitrag von *Borchard*, a. a. O., der allerdings nicht auf die ideologischen Zusammenhänge mit dem klassischen Sozialismus eingeht.

[90] S. *Courtois*, a. a. O., S. 694 f.

[91] S. *Elizabeth Becker*, a. a. O., S. 256.

[92] S. *Zitelmann*, a. a. O., S. 223.

[93] So *Haffner*, Anmerkungen, a. a. O., S. 79.

[94] So die berechtigte Kritik von *Syring*, a. a. O., S. 22 f. an den diesbezüglichen Darlegungen von *Haffner*, *Zitelmann* und *Eberhard Jäckel*.

[95] Zitiert bei *Syring*, ebenda.

[96] S. *Syring*, a. a. O., S. 193.

[97] S. Nachweis bei *Poliakov / Wulf*, a. a. O., S. 411: Schwierigkeiten mit der „deutschen Rasse"; Schreiben des Rassenpolitischen Amtes der NSDAP vom 24.10.1934.

[98] S. dazu auch die Ausführungen bei *Huber*, Verfassungsrecht, S. 185 ff., § 16 Die Symbole der völkischen Einheit.

[99] S. *Hitler*, a. a. O., S. 557; hierzu auch *Strohm*, a. a. O., S. 95.

[100] S. entsprechende *Hitler*-Zitate bei *Syring*, a. a. O., S. 36 f.

[101] S. bei *Wette*, a. a. O., S. 106 ff.

[102] S. hierzu *Ramm*, a. a. O., unter dem Kapitel „Vom Nationalstaat zum Weltstaat", S. 88 ff.

[103] S. Nachweise bei *Syring*, a. a. O., S. 27.

[104] Die Darlegung von *Engels* über die Entstehung der Familie, des Privateigentum und des Staates musste nicht unbedingt überzeugen.

[105] S. *Syring*, a. a. O., S. 36.

[106] S. ebenda.

[107] S. Nachweise bei *Höver*, a. a. O., S. 256.

[108] S. Nachweis bei *Syring*, a. a. O., S. 255.

[109] Nachfolgend s. *Byer*, a. a. O., S. 154 ff.

[110] Diesen sieht allerdings *Höver*, a. a. O., S. 256 f.

[111] S. *Courtois*, a. a. O., S. 821.

[112] Dem ist das Werk von *Strohm*, a. a. O., gewidmet, der den Marxismus für die andere bedeutsamste Gnosis des 20. Jahrhunderts hält; zum NS s. nur die Aussage von *Goebbels*, zitiert bei *Höver*, a. a. O., S. 256: „Ich kann die Welt nur dann erlösen, wenn ich mein Volk erlöse, und mein Volk nur dann, wenn ich mich selbst erlöse. ... Haben wir die Götzenaltäre einer volksschädlichen Ichsucht in uns selbst zertrümmert, dann gewinnen wir auch Kraft, sie in unserem öffentlichen Leben zu stürzen...".

[113] So zusammenfassend die Erkenntnis des heute nicht mehr bekannten liberalen Sozialisten *Siegfried Marck*, dem *Franz Walter* unter *Kritische Dialektik* in der *FAZ* vom 02.03.2007, S. 11, einen längeren Beitrag widmet.

[114] So *Byer*, a. a. O., S. 139.

[115] Auch die einschlägige Rechtsprechung des Bundesverfassungsgerichts ist nicht zu mehr als der Erkenntnis gekommen, wonach der Gleichheitssatz gebiete, „Gleiches nicht wesentlich ungleich und Ungleiches nicht wesentlich gleich“ zu behandeln; immerhin gibt es in Artikel 3 Abs. 3 des Grundgesetzes sogenannte „absolute Differenzierungsverbote“ für die Staatsgewalten, wozu auch ein Anknüpfen an „Rasse“ gehört; damit ist ein Schutz vor dem „klassischen Rassismus“ statuiert, aber nicht unbedingt vor neuartigen Formen des Rassismus, wie im 7. Kapitel der vorliegenden Abhandlung gezeigt wird.

[116] So die einleuchtende Identifizierung des Zusammenhangs von Universalismus und Rassismus bei *Baudrillard*, a. a. O., S. 195 ff., der dabei fortfährt: „Jeder objektive Fortschritt der Zivilisation hin zum Universellen entsprach einer immer stärkeren Diskriminierung, bis zu dem Punkt, dass man eine Zeit der endgültigen Universalität des Menschen vorhersehen kann, welche mit der Exkommunikation aller Menschen zusammenfallen wird – in der Leere erstrahlt dann nichts als die Reinheit des Begriffs“; ebenda, S. 195.

[117] Bemerkenswert ist in diesem Zusammenhang die schon 1970 gemachte Voraussage von *Molnar*, a. a. O., S. 89 ff., dass die Linke doch noch die USA als neues Utopia entdecken wird, eine Erkenntnis, die nach dem Zusammenbruch der Sowjetutopie geradezu zwingend wird; interessant sind dabei die sogenannten „Anti-Deutschen“, s. *Frankfurter Allgemeine Sonntagszeitung* vom 25.02.2007, S. 6: Linker Spaltpilz. Für Marx – aber auch für Amerika, den Irak-Krieg, Israel?

[118] S. dazu *Breen / Innes*, a. a. O., insbesondere S. 93 ff.

[119] S. im einzelnen die Darstellungen von *Glasrud / Smith*; insbesondere bei *Hast*, The Legal Status of the Negro in Virginia, ibid. S. 168: „The exclusion of conversion as a means to freedom indicated a change in attitude towards slavery that occurred before 1700. In its early years in Virginia, slavery was justified as permissible with heathen people”.

[120] Die USA sollten nach der Konzeption der Verfassungsväter eine „Politie“ sein, die „the levelling tendencies of democracy“ in Schranken weisen würde; die Demokratisierung des Wahlrechts geht auf die ideologischen Tendenzen der Französischen Revolution zurück, s. dazu *McDonald*, a. a. O.; zur Zeit der Verfassungsgebung waren vielleicht ein Sechstel der Amerikaner aktiv wahlberechtigt, und bereits dieses Maß an Demokratie bereitete den Verfassungsvätern Sorge; s. S. 162 m. w. N.

[121] Die beste Darstellung findet sich bei *Stampp*, The Peculiar Institution.

[122] S. *Takaki*, a. a. O., S. 92.

[123] Seit der Präsidentschaft von *A. Jackson* verstehen sich die USA der Intention der Gründungsväter zuwider als „democracy“ und nicht mehr als bloße “republic”, s. *Remini*, a. a. O., S. 7 ff.

[124] S. *Takaki*, a. a. O., insbesondere S. 111 ff.: “The political coming of age of the common white man signified the political degradation of the black man”.

[125] S. auch *Stampp*, Era of Reconstruction, S. 32; so wurde etwa im Antisklavenstaat Illinois den freien Negern der Status einer untergeordneten Klasse eingeräumt, die keine politischen Rechte ausüben durfte; weitere Einwanderung von Negern aus anderen Staaten der USA wurde verboten.

[126] S. zuletzt die Darlegung der Ideologie dieses amerikanischen Anhängers der Französischen Revolution von *Conor C. O´Brian.*

[127] S. ebenda S. 64 f.; der Gesetzgeber seines geliebten Virginia ist ihm dabei jedoch nicht gefolgt, aber die spätere Lynchpraxis des „rechtsextremen" Ku-Klux-Klan konnte sich auf diesen „linksextremen" US-Verfassungsvater berufen.

[128] Zitiert bei *Michael Mann*, a. a. O., S. 70.

[129] Unter den Bedingungen der Kriegs- und Nachkriegszeit bei einem bedrohlichen Verfassungskonflikt zwischen Präsidenten und Kongress nach der Ermordung *Lincolns* gelang den Radikalen des Nordens (die in der Tendenz eine antirassistische Agenda vertraten, dabei aber auch eher ein Segregationsrecht anstrebten oder für zulässig erachteten) mit den Mitteln der Militärherrschaft und Revolutionierung ihr radikales Programm durchzusetzen, das ansonsten weder zuvor noch lange danach eine Mehrheit gefunden hätte; s. *Stampp*, Reconstruction, insbesondere S. 193 ff.

[130] S. insbesondere die Entscheidung des Supreme Court im Fall Dred Scott v. Sandford, 19 How, 393 (1857), 15 L. Ed. 691 (1857).

[131] So die entsprechende Darlegung von *Derrick A. Bell* in: *Haws*, a. a. O., S. 3 ff.

[132] Seine beste Bestätigung findet sich in dem Sammelband von *Haws.*

[133] S. *Krieger*, a. a. O., S. 168-184; vgl. insbesondere die Gesetzeszitate auf S. 177 f.

[134] Entscheidung des Supreme Court im Fall Loving v. Commonwealth of Virginia 87 S. Ct. 1817 (1967) und vorausgehend: McLaughlin v. Florida 85 S. Ct. 283 (1964).

[135] Eine Faksimile-Ausgabe der deutschen Übersetzung von 1925, Der Untergang der großen Rasse. Die Rassen als Grundlage der Geschichte Europas, der 4. Auflage von 1923 (im Original) ist 2002 im Archiv-Edition-Verlag für ganzheitliche Forschung, Viöl, erschienen.

[136] S. 55 der deutschen Ausgabe: „In unseren Südstaaten haben die Sonderwagen für Neger und die strengen gesellschaftlichen Schranken genau dieselbe Absicht und Rechtfertigung" (wie das indische Kastensystem).

[137] S. in der deutschen Ausgabe S. 27.

[138] S. etwa *Hans Günther*, Rassenkunde, Verweise auf *Grant* insbesondere S. 465 ff.: „Aus den Maßnahmen der zielbewussten Nordamerikaner wird auch für Deutschland viel zu lernen sein."

[139] Nachweise von entsprechenden Aussagen amerikanischer Politiker etwa bei *Ludmerer*, a. a. O., S. 104 ff.; bei *Krieger*, a. a. O., S. 92 ff., 322.

[140] S. *Grant*, a. a. O. der deutschen Ausgabe, S. 23 und 25; s. bei *Krieger*, a. a. O., S. 181, wo belegt wird, dass die US-Rechtsprechung diese Erwägung geteilt hat.

[141] S. *Zitelmann*, a. a. O., S. 356.

[142] S. *Höhne*, a. a. O., S. 108.

[143] Eine Zusammenfassung der Judengesetzgebung findet sich bei *Huber*, Verfassungsrecht, unter „Die Stellung der Juden", S. 181 ff.. Die Judengesetzgebung wurde mit „dem Ziel einer völligen Ausscheidung des Judentums er-

klärt".

[144] S. *Krieger*, a. a. O., S. 10.

[145] Immerhin heißt es diesbezüglich bei *Johnson, Modern Times*, S. 290: „It remains an argument to this day whether the code had the effect of diminishing the appalling acts of violence carried against Jews by local Nazis, as Globke claimed, or whether it gave moral and legal authority to systematic persecution."

[146] In diesem Sinne hat sich *Hitler* ausgedrückt, s. *Johnson*, ebenda, S. 292 f.: „Hitler announced them as the 'final settlement of the position of the Jews'."

[147] S. bei *Höhne*, a. a. O., S. 313: „Schon 1935 zählte das Berliner Polizeiinstitut 10 000 Rückkehrer, meist unpolitische Emigranten jüdischer Herkunft, die der zeitweilige Stillstand der Judenverfolgung im Reich herbeigelockt hatte"; sie gingen offensichtlich nicht davon aus, dass die Nürnberger Gesetze ihre Vernichtung bedeuten würden; hinzu kommt, dass die Eheschließungsverbote von zumindest traditionell-jüdischer Seite durchaus gebilligt wurden.

[148] S. dazu etwa *Kostinski*, a. a. O., S. 39: „In der 5. Rubrik wurde in jedem Pass die Volkszugehörigkeit angegeben..."; zum kommunistischen Antisemitismus s. im 6. Kapitel der vorliegenden Abhandlung.

[149] Zur Behandlung der Zigeuner im Vergleich zur „Judenpolitik", s. *Michael Zimmermann*, a. a. O., der trotz Gemeinsamkeiten auch „erhebliche Differenzen", s. S. 62 ff., feststellt; bei einer primär rassistischen Politik wäre zu vermuten, dass gegen die Zigeuner nachhaltiger als gegen Juden hätte vorgegangen werden müssen.

[150] Zur „entfernten Verwandtschaft", die teilweise durchaus doch nicht „so entfernt" war, s. auch die Ausführungen im 7. Kapitel der vorliegenden Abhandlung.

[151] So *Johnson*, ebenda, S. 203.

6. Kapitel
Sozialismus: Verschwinden des Judentums

Wenn ich sozialistisch denke, dann muss ich Antisemit sein, denn der Jude ist die Inkarnation des Kapitalismus.[1]

Die Tatsache, dass der deutsche Antisemitismus und Antikapitalismus denselben Ursprung haben, ist von großer Bedeutung für das Verständnis der Geschehnisse...[2]

Beim Vergleich des zeitgenössischen „Rassenrechts“ von US-amerikanischen Bundesstaaten mit den von diesem Recht erkennbar inspirierten sogenannten Nürnberger Gesetzen springt sofort der Unterschied ins Auge: Während die amerikanischen Regelungen auf die Deklassierung vor allem von Negern, aber auch Indianern und Asiaten abzielten, brachte die NS-Gesetzgebung den Antisemitismus in eine juristische Form. Das entsprechende US-amerikanische Recht hat dagegen – vom weiten Ermessen bei Einwanderung und Einbürgerung abgesehen – außerhalb privater Organisationen[3] nie auf eine Diskriminierung von Juden abgezielt, nachdem sich Bestrebungen während der Verfassungsgebung, das Bürgerrecht aufgrund religiöser Gründe für Juden auszuschließen, nicht hatten durchsetzen[4] können. Für die maßgeblichen konfessionellen und politischen Strömungen in den USA, die in ihrem Calvinismus eine Kongenialität mit dem Judentum verspürt haben, zählten die Juden immer zur sogenannten „kaukasischen Rasse“. Schon antisemitische Pogrome im zaristischen Russland hatten in den USA Entrüstungsstürme hervorgerufen, mochten auch die Lynchmorde überwiegend an Negern in den USA die Opferzahlen der Pogrome in Russland übertroffen haben. Deshalb sollte nicht verwundern, dass die sogenannte „Reichskristallnacht“ von 1938 mit 91 jüdischen Todesopfern zur endgültigen Kampfstellung[5] des angelsächsischen Westens gegen NS-Deutschland führte. Da konnten die offiziell festgestellten 5 053 rassistischen Lynchmorde überwiegend an Negern,[6] die sich in den USA zwischen 1882 und 1935 zugetragen haben und großenteils behördlich gedeckt[7] wurden, was eine jährliche Opferquote von durchschnittlich 96 Personen ergibt (allerdings mit Schwerpunkt um die vorausgegangene Jahrhundertwende), natürlich keine Entschuldigung darstellen. „Nationen, die noch nach Kriegsende von der rassischen Minderwertigkeit der Schwarzen überzeugt waren", wollten dabei nicht erkennen, „dass jeglicher Rassismus – ob er nun auf Schwarze oder Juden zielte – aus demselben Stoff war."[8]

a) Sozialgeschichtliche Voraussetzungen des sozialistischen Antisemitismus

Allerdings ist dieser Schlussfolgerung entgegenzuhalten, dass Rassismus und Antisemitismus nicht automatisch verbunden waren. So wurde der auf *Johann F. Blumenbach* zurückgehende Begriff der „kaukasischen Rasse", der ursprünglich ein Äquivalent zu dem Begriff „arische Rasse" dargestellt hatte, der eher außerhalb des englischen Sprachraums verwendet wurde, schließlich bevorzugt von denjenigen verwendet, welche die Juden zur „höheren weißen Rasse"[9] zählen wollten. Dazu gehörte etwa *Disraeli*, der durchaus als Rassist (aber natürlich nicht als Antisemit) gekennzeichnet werden kann und gegenüber dem „Teutonismus" seiner angelsächsischen Zeitgenossen auf dem Begriff „kaukasisch" bestand, zumal einige Darwinisten, wie *Arnold Dodel*, die Juden gar als „überlegene Rasse" einstuften. Der hier zu behandelnde sozialistische Antisemitismus war nicht notwendigerweise rassistisch im eigentlichen Sinne, konnte sich aber mit Rassismus verbinden und dadurch sicherlich eine größere Schärfe erhalten. Der Unterschied zwischen NS-Recht und amerikanischem Recht in der Zielsetzung erklärt sich allerdings genau aus dem sozialistischen Aspekt der Weltanschauung von *Hitler*, der auch in dieser entscheidenden Umformulierung der Grundsätze des entsprechenden US-Rechts deutlich wird. Dieser sozialistische Aspekt wird schon an *Hitler*s Vorwurf[10] gegenüber „dem Juden" deutlich: „Alles was Menschen zu Höherem streben lässt, sei es Religion, Sozialismus, Demokratie, es ist ihm alles nur Mittel zum Zweck, Geld- und Herrschgier zu befriedigen". Zwar ist mit dem Hinweis auf „Religion" auch der mehr religiöse[11] und im Zweifel – zumindest ursprünglich – nicht-rassistische traditionelle, eher „rechte" Antijudaismus angesprochen, aber Kern des *Hitler*schen Antisemitismus stellt das links-politische Anliegen dar, totalitäre Demokratie und Sozialismus zu verwirklichen.

Die dabei formulierte Kombination von (totalitärer) Demokratie, Sozialismus und Antisemitismus hat eine längere Vorgeschichte, die auf die Traditionslinien zurückgeht, die insbesondere *Engels* als die Vorläufer des Sozialismus ausmachen sollte. Um diese Traditionslinie zu verstehen, ist darauf hinzuweisen, dass etwa im deutschen Alten Reich die Juden insgesamt eine eher privilegierte Position[12] eingenommen hatten. Als „kaiserliche Kammerknechte" waren sie unmittelbar dem Schutz der Reichsinstanzen unterstellt und hatten als solche, das heißt als Korporationen, unmittelbaren Zugang zu den Reichsgerichten,[13] was ansonsten nur bei den reichsunmittelbaren Ständen der Fall war. Dies erklärt, dass es bei einer religiösen Konversion durchaus möglich war, dass Juden in die Hocharistokratie einheiraten[14] konnten, was einem Bauernkind nahezu unmöglich war. „Ohne Zweifel waren die Rechtspositionen der Dorfbewohner, der Permissionierten, der Gesellen, des Gesindes, ja in vieler Beziehung auch die der Beisassen wesentlich schwächer ausgeformt, als die der Juden... Gemessen an der Steuerlast, die etwa auf den Dorfgemeinden lag..., waren auch die den Juden auferlegten Steuern nichts außergewöhnliches, zumal wenn man bedenkt, dass sie zugleich durch kaiserliche Privilegien von zahlreichen bürgerlichen Lasten, vor allem dem Wehrdienst und der Einquartierungslast, befreit waren."[15] Juden wurden insbesondere mit Kreditgeschäften („Wucher") in Zusammenhang gebracht, die aufgrund des Kirchenrechts Christen ursprünglich nicht erlaubt waren, und dementsprechend auch für die Vollstrekkung verzinslicher Schulden verantwortlich gemacht, wenngleich diese im Allgemeinen den eigentlichen Geldgebern (der vermögenden Aristokratie und dem Patriziat) zugute kam, welche sich gewissermaßen hinter Juden versteckten. Diese Situation ergab sich als Folge[16] des Reichsabschieds von 1540, wonach Juden ein höherer Zinssatz erlaubt worden war als der für Christen durch die Reichspolizeiordnungen von 1548 und 1577 auf maximal fünf Prozent fixierte. Dies hatte zur Folge, dass für den Schuldnerverzug ausbedungen wurde, Geld von Juden *uff Schaden* (auf Kosten) des Schuldners aufnehmen zu können, so dass die aufkommende Kreditwirtschaft, die man als Frühkapitalismus bezeichnen kann, von den Reichsprivilegien für Juden abhängig war, die insbesondere auf *Kaiser Karl V.* zurückgehen. Dies erklärt die Situation, die wie folgt zusammengefasst[17] worden ist: „It must be pointed out that in all the worst anti-Jewish persecutions ... the ruling elite – the emperor and the pope, the kings, the higher aristocracy, and the upper clergy, as well as the rich bourgeoisie in the autonomous cities – were always on the side of the Jews." Dafür steht etwa der Frankfurter Aufstand der Zünfte unter Führung von *Fettmilch*[18] von 1614, als die Zünfte die Vertreibung der Juden wegen zu hoher Zinsen, die den Handwerker an den Bettelstab bringen würden, verlangten und auch pogromartig zur Tat schritten. Dabei wurden die Juden als Helfershelfer des patrizischen Rats und seiner Unterdrückungsmethoden ausgemacht. *Kaiser Matthias* stellte 1617 mit Hilfe der Truppen des Mainzer Erzbischofs die *Judenstättigkeit* wieder her, die die privilegierte Rechtslage der Frankfurter Juden bis zum Ende des Alten Reichs festlegte. Dieser geschichtliche Hintergrund macht nachvollziehbar, dass Antisemitismus, der über religiöse Vorbehalte hinausging, vor allem ein Unterschichtenphänomen darstellte. Deshalb trugen „seit dem Hochmittelalter bis weit in das 19. Jahrhundert – und, unter Gestaltwandel, womöglich bis in das 20. Jahrhundert hinein – unterbürgerliche, 'demokratische' Bewegungen in der Stadt immer zugleich einen antijüdischen Charakter".[19] Dies führte zu einem Dilemma in der Frühphase der sogenannten Emanzipation Ende des 18. / Anfang des 19. Jahrhunderts, der Zeit, als auch die modernen politischen Ideologien[20] entstanden: Ging man mit der politischen Emanzipation der Juden zu schnell voran, dann vergrößerte dies die Benachteiligung der Unterschichten, beziehungsweise es bestand die Befürchtung, dass dies so gesehen werden konnte und dabei die Obrigkeit[21] wie schon im Alten Reich verdächtigt würde, die „Geschäfte der Juden" zu besorgen. Deshalb fiel es dem bürgerlichen Regiment etwa in Frankfurt von 1824 wesentlich leichter, den Juden wirtschaftliche als politische Rechte zuzugestehen, während die politische Emanzipation bis zur derjenigen der Unterschichten durch Demokratisierung aufgeschoben werden musste. Dieser zeitliche Zusammenhang von Juden- und Unterschichtenemanzipation erklärt zum einen die Sympathie jüdisch-stämmiger Intellektueller für entstehende politische Bewegungen der Unterschichten, die als „Kommunismus", „Sozialismus" etc. unter dem Schlagwort „Demokratie" oder „Republik" in Erscheinung zu treten begannen. Zum anderen wurde mit dieser politischen Strömung allerdings im Zweifel aufgrund des geschichtlichen Vorlaufs etwas gefördert, was das Potential hatte, den mittelalterlichen Antisemitismus der Bauernkriege und Ständekämpfe in die Moderne zu transformieren: Da nämlich die Emanzipation der Juden mit dem Aufschwung des Bürgertums im Zuge der industriellen Revolution zusammenfiel, wurden die Begriffe „Jude" und „Kapitalist" vor allem in der beginnenden Arbeiterbewegung häufig[22] identifiziert. Hier hat auch die Ambivalenz des Verhältnisses Sozialismus / Judentum seine historische Ursache.

Der Sozialismus in all seinen Varianten ist für die Transformation der Vormoderne und des damit verbundenen wirtschaftlich motivierten Unterschichten-Antisemitismus in die Moderne deshalb geeignet, weil er politische Herrschaft im Kern als ein ökonomisches Phänomen begreift. Ein derartiger Ansatz ist zwar geeignet, das Wesen des Feudalismus und auch der mittelalterlichen Stadtherrschaft zu verstehen, die im Wesentlichen ökonomische Einheiten darstellten, welche Funktionen mit übernahmen, die man als politische (vorstaatliche) ansehen kann, und die dabei stark mit der religiösen Herrschaftslegitimation verknüpft waren und erst mit Ausbildung des modernen Staates von der unmittelbaren politischen Macht getrennt wurden. Deshalb verkennt eine derartige Reduktion politischer Herrschaft auf ökonomische Interessen grundlegend das Spezifische der Moderne und ihrer (Rechts-)Staatlichkeit. Zu recht ist deshalb dem Marxismus vorgeworfen[23] worden, sich zu weigern, die Eigengesetzlichkeit der Politik anzuerkennen, die Voraussetzung des Rechtsstaates ist. Dieser hebt die soziale Ungleichheit nicht auf, soweit sie sich nicht diskriminierend durch politische Macht ergibt, sondern lässt den unterschiedlichen Begabungen und Fähigkeiten der Menschen freien Lauf, zieht aber aus den sich dabei ergebenden Vermögensunterschieden keine diskriminierenden Folgerungen[24] im Bereich der Rechtssphäre und der Politik. Dem setzt *Marx* bewusst das Konzept der „sozialen Revolution" entgegen, das im Zweifel auf die Rechtsgleichheit pfeift, wenn nur die – im Zweifel sehr weitreichend zu verstehende – „materielle Gleichheit" (zu der dann durchaus auch rassische Homogenitätsvorstellungen gehören können) verwirklicht ist. Mit diesem Ansatz setzt der Sozialismus letztlich die Ständekämpfe des Mittelalters fort, und genau dies ist gemeint, wenn *Marx* ausführt, dass „Deutschland seit jeher eine klassische Berufung zur sozialen Revolution hat, wie es gleichermaßen zu einer politischen Revolution nicht fähig ist". Der Dialektik ist es dann geschuldet, dass diese „soziale Revolution" die Französische (politische) Revolution überwindet, indem es mit Abschaffung der Klassen den Staat und damit – wie schon von den Wiedertäufern gefordert – Herrschaft überhaupt abschafft. Von dem Konzept der „sozialen Revolution" (statt der politischen) her gesehen ist „Kapitalismus" nicht eigentlich ein wirtschaftliches System, sondern ein unabhängig von den Staats- und Regierungsformen (die als solche von den sozialistischen Klassikern als relativ irrelevant angesehen wurden) bestehendes Herrschaftssystem, in dem – verschleiert durch staatliche Ideologie und Institutionen – Macht vermittels Geldvergabe und durch Vollstreckung wegen Zinsen ausgeübt wird. Ein derartiges System, das als „Kapitalismus" auf den Begriff gebracht werden sollte, ist schon seit dem Mittelalter, letztlich bedingt durch die Zinsprivilegien tendenziell mit „Judentum" identifiziert worden, wobei nicht auszuschließen ist (falls man sich zu Verallgemeinerungen vorwagen darf), dass die jüdische Mentalität durch diese Situation notwendiger- und verständlicherweise eine Prägung[25] erfahren hat. Der dagegen gerichtete Antikapitalismus lief mit seiner Kehrseite, dem Antisemitismus, auf die Forderung nach Sozialismus hinaus, was wiederum auf die Abschaffung von Eigentum, Geld und Zinsen abzielte. Es würde dadurch dann Herrschaftslosigkeit, also „wahre Freiheit und wahre Gleichheit“ (*Engels*) entstehen. Dieser Menschheitserlösung durch „Absterben des Staates“ steht dann letztlich das mit „Kapitalismus“ identifizierte Judentum im Wege, das dementsprechend zur Verwirklichung menschlichen Glücks irgendwie zum Verschwinden gebracht werden müsste.

b) Jüdischer Selbsthass als Kern der Marxschen Theorie

Das Paradox dessen, was als „Sozialismus“ bezeichnet wird, ist in der *Marx*schen Theorie voll zur Entfaltung gebracht: Es handelt sich dabei um ein cleveres Stück jüdischen Aberglaubens.[26] Das Lehrgebäude von *Marx* liest sich wie eine atheistische Thora. Sein kommunistisches tausendjähriges Reich ist dementsprechend tief verwurzelt in jüdischer Apokalypse und Messianismus. Der Menschheit verspricht sie Erlösung, indem das Proletariat an Stelle des Volkes Israel zum auserwählten Volk[27] gemacht wird. Dieses erkämpft das Heil, dessen Eintritt wiederum aufgrund der dialektischen Intentionalität der (gnostischen) Geschichtskonstruktion garantiert ist, die sich durch ökonomische und quasi-naturgesetzliche, das heißt (quasi-)biologische Prozesse durchsetzt. Zugleich wird mit dieser Pseudo-Theologie der – zumindest latente – Antisemitismus bedient, da die Erlösung die Überwindung des Kapitalismus voraussetzt, der mehr oder weniger mit „Judentum“ gleichgesetzt wird, so dass das weltgeschichtliche Heil der Menschheit letztlich darin besteht, dass das Judentum abtritt. In seiner reichlich primitiven Schrift *Zur Judenfrage*, die einen Beitrag zur aktuellen Diskussion über die Judenemanzipation darstellen sollte, erklärt *Marx* „den Juden“ für schon weitgehend emanzipiert, nicht nur indem er sich die Geldmacht angeeignet hat, sondern indem durch ihn das Geld zur Weltmacht und somit der praktische Judengeist zum praktischen Geist der christlichen Völker geworden sei. Die Juden haben sich insoweit emanzipiert, als die Christen mit der bürgerlichen Gesellschaft zu Juden geworden sind. Diese „verjudeten“ Verhältnisse, wie dies im NS-Jargon lauten wird, der jedoch bei *Marx* vorgezeichnet ist („heutige Welt, ... bis auf ihr innerstes Herz jüdisch“), stellen nichts anderes dar als „Kapitalismus“, was als „Schacher“ und „Geld“ bezeichnet wird. „Die Emanzipation vom Schacher und vom Geld, also vom praktischen, realen Judentum wäre die Selbstemanzipation unserer Zeit. Eine Organisation der Gesellschaft, welche die Voraussetzungen des Schachers, also die Möglichkeit des Schachers aufhöbe, hätte den Juden unmöglich gemacht. Sein religiöses Bewusstsein würde wie ein fader Dunst in der wirklichen Lebensluft der Gesellschaft sich auflösen“. Dementsprechend ist die „Judenemanzipation in ihrer letzten Bedeutung“ die „Emanzipation der Menschen vom Judentum“, das heißt jenseits des Kapitalismus wird es keine Judenfrage mehr geben. Ob die Juden mit dieser „Lösung des Problems“ einverstanden sind, ist nebensächlich: Das Urteil der Geschichte ist bedingungslos und unwiderruflich.[28] Es ist berechtigterweise darauf hingewiesen[29] worden, dass *Marx* seine Urteile über Juden ziemlich apodiktisch fällt und nicht erklärt, woher es kommt, dass das Judentum „Eigennutz“, „Egoismus“ sein soll. Einen Fingerzeig für eine Erklärung kann man vielleicht in den zahlreichen antisemitischen Äußerungen in der Privatkorrespondenz von *Marx* finden. So erklärt er unter Bezugnahme auf die Darstellung des altägyptischen Priesters *Manetho*[30] in einem Brief an *Engels*, dass der Auszug der Juden nichts anderes darstelle als die „Vertreibung des Volks der Aussätzigen“, so dass *Lazarus*, der Aussätzige, der Urtyp des Juden sei. Das „niggerhafte“ Verhalten von *Lassalle* führt *Marx* darauf zurück, dass *Lassalle* wohl von einem Juden abstammen müsse, der sich beim Auszug aus Ägypten mit einem *nigger*[31] gekreuzt hatte. Nicht nur, dass damit das Wort „niggerhaft“ als Beitrag von *Marx* zur deutschen Sprachentwicklung im Deutschen seine Uraufführung erfahren haben[32] dürfte; bedeutsamer ist, dass auf diese fortschrittliche Weise der westliche Rassismus auf die Juden übertragen wurde, der im 19. Jahrhundert gegenüber Negern sicherlich auch bei Leuten verbreitet war, die man eher als „Antirassisten“ einstufen würde, weil sie zumindest innerhalb Europas keine werthaften Rassenunterschiede mehr erkennen wollten. Damit erfuhr die aufgrund des Klassenkampfkonzepts ohnehin latent vorhandene rassistische Begründung des Sozialismus eine wesentliche Verstärkung: „Die Juden“ sind danach „egoistisch“ etc. und produzieren dadurch die kapitalistische

Ausbeutung, weil sie rassisch minderwertig, eben „niggerhaft" oder gar erblich krank, nämlich – zurückgehend auf den Auszug aus Ägypten – „aussätzig" seien. Dies legte eine Behandlung der Juden nahe, wie sie etwa in den USA gegen Neger praktiziert wurde, oder gar erbbiologische Maßnahmen, wie man sie im 20. Jahrhundert glaubte, im Interesse des Menschheitsfortschritts praktizieren zu müssen.

Und die Weichen zu einer derartigen diskriminierenden Behandlung von Juden stellte jemand, auf den die rassistischen Aussagen selbst bezogen werden konnten! Nämlich auf den Sohn einer Rabbiner-Familie mit dem persischen Namen *Mardechai* (> Marx), die sich bis ins 13. Jahrhundert zurückführen lässt und deren Stammvater möglicherweise sogar in der Bibel erwähnt[33] ist, zumindest auf die persisch-babylonische Mischkultur des 5. Jahrhunderts (die starke gnostische Züge aufwies) zurückgeht, wo dieser vom babylonischen Sonnengott *Marduk* abgeleitete Name sehr beliebt war. Schon Zeitgenossen, wie *Eugen Dühring*, war aufgefallen, dass *Marx*' antisemitische Polemik den Zweck verfolgte, sich selbst als Nicht-Jude auszugeben. Hier wird das persönliche Drama von *Marx* sichtbar, nämlich der jüdische Selbsthass, der sich selbstmörderisch zwar nicht bei ihm selbst, aber immerhin bei zwei seiner drei Töchter auswirkte: Das wirkliche Problem wird vor allem bei seiner Lieblingstochter *Eleanor* („Tussy") deutlich, die auf einem Sozialistentreffen in London spontan erklärte: „I am a Jewess"[34] und damit verriet, wie die Psychopathie von *Marx* hätte geheilt werden können: Durch Rückkehr zum Judentum! Ohne diese Lösung blieb *Marx* „entfremdet" und versuchte die Transzendenzfrage, die im Judentum sehr auf die Frage der menschlichen (Kollektiv-)Schuld ausgerichtet ist, mit seinen absurden pseudo-religiösen Theorien anzugehen. „Der jüdische Selbsthasser ist der Anti-Hiob par excellence. Oder besser: Er hat sowohl Hiob wie Hitler in sich, und dieser sucht jenen zu vernichten. Die 'Endlösung' ist für ihn ein innerpsychisches Geschehen: Es gelte, den Juden in sich 'auszurotten' ..."[35] Selbsthass stellt eine Einladung an Vollstrecker dar, weil er wehrlos macht. Diese sollten, was ideo-*logisch* naheliegend ist, dem Sozialismus entsteigen, dem *Marx* die Lizenz ausstellte, mit dem Kapitalismus das Judentum zu überwinden, was dann wohl auch den revolutionären Umkehrschluss erlaubt, durch Beseitigung des Judentums beschleunigt mit dem „Kapitalismus“ Schluss zu machen.

Die Frage ist nur, ob *Marx*, der zur Überwindung des Kapitalismus (Bürger-) Krieg, Terror und Diktatur (des Proletariats) vorgesehen hat, sich nicht vorstellen konnte, dass die damit verbundenen Methoden sich dann auch – oder ideologisch gerade besonders naheliegend – gegen das Judentum richten könnten, auch wenn er selbst derartige Maßnahmen nie spezifisch gegen dieses in Erwägung gezogen hat. Die Antwort kann nur sein, dass er diese Problematik nachhaltig verdrängte und ihm dies letztlich egal war: „Unterliegen müssen (in der Revolution, *Anm.*) jene Klassen und Rassen, die zu schwach sind, die neuen Lebensbedingungen zu meistern.“[36] Neben der Tatsache, dass hier *Marx* explizit neben „Klassen“ auch „Rassen“ als Fortschrittskategorie nennt, wird damit deutlich, dass da jemand einiges zumindest billigend in Kauf genommen hat, was sich im 20. Jahrhundert verwirklichen sollte. Dabei handelt es sich nicht nur um den sozialistischen Klassenmord, sondern auch um den sozialistischen Rassenmord, der sich bei *Engels* hinsichtlich der „Völkerabfälle“ mehr als nur angedeutet findet, auch wenn auch er sich dabei nie auf Juden bezog. Dass aber „die Abhängigkeit des Kaisers (von Österreich, *Anm.*) von den Juden der Wiener Bank in dem selben Maße wie der militärische Charakter seiner Herrschaft“[37] wächst, dass „hinter jedem Tyrannen ein Jude“ steht und „eine Handvoll Juden die Taschen ... plündern“ und der „russische Adel überdies in großem Maße an Privatpersonen, an ... Juden und Wucherer verschuldet ist“, diese Erkenntnisse stammen nun doch vom großen Humanisten *Marx*.

Wird dadurch nicht naheliegend, gegen wen revolutionär vorgegangen werden muss, um Freiheit und Fortschritt und damit den Sozialismus im Interesse der Menschheit zu verwirklichen?

c) Sozialistischer Antisemitismus

Damit war eine Tradition begründet, die *Hannah Arendt* als „Antisemitismus der Linken“[38] gekennzeichnet hat, für den die Annahme charakteristisch ist, „die Revolution würde gefördert, wenn die allgemeine Enteignung der Kapitalisten mit der Enteignung der jüdischen Kapitalisten begonnen würde, weil sie am typischsten für den Kapitalismus seien und ihre Namen den Massen am vertrautesten."[39] In seiner Untersuchung, die sicherlich die vorzüglichste zum einschlägigen Thema darstellt, fasst *Silberner*[40] die Formen des sozialistischen Antisemitismus des 19. Jahrhunderts wie folgt zusammen: „Manche Sozialisten befürworteten besondere antijüdische Maßnahmen, angefangen von einem wirtschaftlichen Numerus clausus (*Fourier*) bis zu Entziehung der Staatsbürgerschaft (*Picard*). Andere waren für die Ausweisung aller Juden (*Alhaiza*), rechtfertigten Pogrome (*Duchêne*) oder riefen nach totaler Vernichtung (*Dühring*). Wieder andere sahen im Juden den ewigen Ausbeuter der Nichtjuden (*Toussenel*) und in der jüdischen Rasse den unversöhnlichen Feind der arischen (*Tridon*, *Regnard*) und ließen keinen Zweifel daran bestehen, dass sie antijüdische Maßnahmen wünschten, ohne sie aber ausdrücklich zu formulieren." Die antisemitische Argumentation der französischen Frühsozialisten und – nachdem der *mainstream* innerhalb der sozialistischen Bewegung gegen Ende des 19. Jahrhunderts zum Anti-Antisemitismus überging – des (beginnenden) National-Sozialismus entsprach im Wesentlichen der von *Marx* formulierten Identifizierung von Kapitalismus mit dem Judentum oder zumindest mit dessen „Geist". Dieses Verständnis verband sich mit der Vorstellung der *totalitären Demokratie*, die in der Französischen Revolution als Demokratievariante[41] hervortrat und auf die letztlich der Sozialismus als Ideenströmung überhaupt zurückgeführt werden kann: Danach ist im Kapitalismus keine wirkliche Demokratie möglich, weil der Volkswille durch Institutionen verfälscht würde, die das „Kapital" beziehungsweise das „Geld" und damit „der Jude" beherrsche oder zumindest manipuliere. Genau deshalb hatte sich der französische Frühsozialismus durch seinen Antisemitismus[42] ausgezeichnet. Während die ersten Sozialisten, zu denen noch *Adolphe Alhaiza* und *Pierre Leroux* zu zählen wären, wohl noch nicht als Rassen-Antisemiten angesehen werden können – *Fourier*s Schüler schon ausgenommen – machte sich in den sechziger Jahren des 19. Jahrhunderts unter den französischen Sozialisten ein ausgesprochener Rassenantisemitismus bemerkbar, „zuerst bei den Blanquisten, insbesondere *Gustave Tridon* und *Albert Regnard*, später teilweise unterstützt von *Benoit Malon*, Chefredakteur der Revue Socialiste, die häufig antisemitische Beiträge druckte.“[43]

Die generell dem Sozialismus zugrundeliegende Argumentationsweise, wonach der Kapitalismus dem Volkswillen entgegenstünde, führte bei Annahme, dass zumindest das „Finanzkapital“ oder „das Geld“ als „jüdisch“ gekennzeichnet werden müsse, zur Schlussfolgerung, dass „die Rothschilds“ oder überhaupt „die Juden“ die eigentlichen Herrscher Frankreichs seien. Diese Erklärung findet sich bei *Alphonse Toussenel* (1803-1885) in seinem einflussreichen Buch *Les juifs, rois de l'époque* (1845). Danach beherrschen die Juden die Welt, indem sie das Finanzkapital kontrollieren. Auch der bei den Sozialisten in Frankreich ideologisch maßgebliche *Pierre Joseph Proudhon* (1809-1865) sah in den Juden und im Finanzkapital den verhassten Feind. „Wenn er öffentlich auftrat, war *Proudhon* vorsichtig. Privat nannte er die Juden die Feinde der menschlichen Rasse, denen man keinerlei Arbeit geben, die man aus Frankreich ausweisen und deren Synagogen man schließen sollte. Wie *Toussenel* wurde *Proudhon* durch seine anti-finanzkapitalistische Haltung zu einer rassistischen Einstellung getrieben. ‘Man muss diese Rasse nach Asien zurückschicken oder sie ausrotten’, erklärte er.“[44] *Gustave Tridon* (1841-1871) und *Albert Regnard* (1836-1903) stellten in Übereinstimmung mit dieser Verknüpfung von Antikapitalismus und rassistischem Antisemitismus den „arischen Sozialismus“ dem „semitischen Kapitalismus“ entgegen. Die beiden letztgenannten sind deshalb besonders bedeutsam, weil sie aktiv an der Pariser Kommune mitwirkten, *Tridon* im Komitee für öffentliche Sicherheit und *Regnard* als Generalsekretär der Pariser Polizei während der Kommune, die bekanntlich von den Marxisten als Modell für die zur Erreichung des Kommunismus notwendige „Diktatur des Proletariats“ verstanden wurde. Nach *Regnard*, den man noch nicht als Nationalsozialisten kennzeichnen kann, sondern der noch den sozialistischen *mainstream* repräsentierte, seien die Juden „Wucherer“ ihrer Rassennatur nach und nicht nur durch die Umstände bedingt, die sie dazu gezwungen hätten, und demnach stelle der Kapitalismus in hohem Maße eine semitische Schöpfung dar. „Der Sozialismus habe realistisch zu sein und die Idee des Rassenkampfes anzunehmen. Er müsse die höhere arische Rasse gegen die Angriffe der 'bedauernswert niedrigeren' jüdischen Rasse verteidigen, die alles daran setze, den Reichtum der Welt an sich zu reißen."[45] Als Mittel des notwendigen, gegen die Juden gerichteten Rassenkampfes wurde allerdings der wissenschaftliche Sozialismus angesehen, „eine frankogermanische Schöpfung, das heißt arisch im wahrsten Sinne des Wortes". Dazu musste aber anerkannt werden, dass *Marx* und *Lassalle* keine Juden im rassischen Sinne gewesen seien, ein Lob, nach dem sich beide leidenschaftlich gesehnt hatten; sie waren, wie der große belgische Sozialist und Antisemit *Picard* ausführen sollte, „nicht mehr authentische Juden als Jesus Christus, der Arier *par excellence* und größte der arischen Reformer".[46] Hinsichtlich *Jesu* sollte auch der NS diese Auffassung vertreten, die ja schon auf den „Erzketzer" *Marcion* zurückgeht, der Jesus nicht als Sohn des „Judengottes", sondern der wirklichen (Ur-)Gottheit begreifen wollte, die *Hitler* wohl (sicherlich unbewusst) meinte, wenn er von „Vorsehung" sprach.

Tridon und *Regnard* waren Schüler des ewigen Putschisten *Auguste Blanqui*, dessen Bewegung aufgrund ihrer Entschlossenheit zum politischen Terrorismus sich einst der größten Wertschätzung der Humanisten *Marx* und *Engels* hatte erfreuen können. Die Blanquisten, die wohl als die treibende politische Kraft der Pariser Kommune angesehen werden müssen, wechselten in ihrer Mehrheit unter *Ernest Granger* schließlich zum nationalen Sozialismus über, der sich gerade durch seine antisemitischen Tendenzen auszeichnete. Gegen Ende des 19. Jahrhunderts übernahm ihr Führer *Ernest Roche* das Ideal des Nationalsozialisten *Drumont* „und proklamierte gleichzeitig die Solidarität der Arbeiter."[47] Mit *Edouard Drumont* (1844-1917) beginnt dann in der Tat das Zeitalter des Nationalsozialismus, der als solcher identifiziert werden kann, seit sich, wie gleich darzustellen ist, der sozialistische *mainstream* dem Anti-Antisemitismus verschrieb, während die entsprechenden gleichgerichteten Auffassungen, wie diejenigen von *Tridon* und *Regnard* eben noch diesen *mainst-*

ream zugerechnet werden können und daher kaum aufgefallen waren. Die Anhänger *Drumonts* bezogen sich auf die Französische Revolution, was zwar einem *FAZ*-Kommentator als „absurd“[48] erscheint, es aber dann nicht ist, wenn man akzeptiert, dass dieses Ereignis auch als eine Art Rassenkampf (insbesondere der Gallier gegen die Germanen) verstanden worden ist. Die *Drumont*-Anhänger bezogen sich im übrigen auch auf die Pariser Kommune, die ihnen Vorbild für eine (so wird man dies später nennen) „völkische“ (Volks-) Demokratie mit starker Führung war. Aufgrund der positiven Bewertung der Pariser Kommune durch den französischen Nationalsozialismus stießen auch *Henri Rochefort*, der Herausgeber von *Intransigeant*, und die Anarchistin *Louise Michel*, die wegen ihrer Aktivitäten für die Kommune abgeurteilt waren, zu *Drumont*: „Nun drängte der Nationalismus, der in diesem Aufstand eine Rolle spielte, in den Vordergrund, verquickt mit einer guten Prise Antisemitismus, ja Rassismus, und einer unheilbaren Neigung zur Gewalt.“[49] Ein national-sozialistisches Programm konnte dann erstmals im französischen Algerien verwirklicht werden, wo *Max Régis* zum Bürgermeister von Algier gewählt wurde, wenngleich der französische Gouverneur ihn dann bald seines Amtes enthob, weil er Plünderungen und Brandschatzungen jüdischer Geschäfte inszenierte, nachdem er die Algierer (also die Kolonialfranzosen) dazu aufgerufen hatte, den „Baum der Freiheit mit jüdischem Blut zu gießen.“

Ab der Periode des sozialdemokratischen Anti-Antisemitismus, das heißt gegen Ende des 19. Jahrhunderts, gab es innerhalb des sozialistischen *mainstream* vor allem einen prominenten, sich offen als solchen bekennenden Antisemiten, nämlich den belgischen Senator *Edmond Picard* (1836-1924), den man wohl als den bedeutsamsten Juristen der relativ kurzen belgischen Geschichte einstufen kann. Er nannte seinen von Rassentheorien geprägten sozialistischen Antisemitismus „wissenschaftlich und humanitär“. Es ginge nicht um Unterdrückung der Semiten, sondern um die friedliche Scheidung von Ariern und Semiten, wobei als erster Schritt vorgeschlagen wurde, die Juden von öffentlichen Ämtern auszuschließen; sie könnten sich ja ihre eigenen Ämter in einem eigenen Staat schaffen, den *Picard* begrüßte. Dabei betonte er nachdrücklich die Vereinbarkeit von Antisemitismus und Sozialismus. Der Sozialismus wolle sicherlich die Ungerechtigkeiten aller Rassen abschaffen, was aber nicht die Rechtsgleichheit verschiedener Rassen in ein und derselben Zivilisation bedeuten könne. Immerhin wurden die Ansichten von *Picard*s Schülern, dem Abgeordneten der Sozialistischen Partei Belgiens, *Jules Destrée* (1863-1936), und dem bekannten sozialistischen Rechtsanwalt und Schriftsteller *Léon Heenebicq* (1871-1940) bis in die Zeit des deutschen Nationalsozialismus innerhalb des klassischen Sozialismus vertreten. *Destrée* betonte, dass der Antisemitismus den Antikapitalismus im Schoße trage und den Sozialismus fördere, indem er die Enteignung der Ausbeuter beschleunige.

d) Ambivalenz des sozialdemokratischen Anti-Antisemitismus

Gegen Ende des 19. Jahrhunderts begann der klassische Sozialismus, in Frankreich im Zusammenhang mit der *Dreyfus*-Affäre, sich parteiamtlich[50] gegen den Antisemitismus auszusprechen. Allerdings bleibt bemerkenswert, dass trotzdem etwa in Belgien *Picard*, *Destrée* und *Heenebicq* weiterhin in der sozialistischen Parteipresse ihre antisemitischen Thesen vortragen konnten, wenngleich ihnen zunehmend widersprochen wurde; aber an Parteiordnungsverfahren, wie dies bei der ideologisch ziemlich gleichgerichteten BRD-SPD der Fall wäre, dachte[51] niemand. Neben der sicherlich größeren Toleranz zeigt dies allerdings auch die ambivalente Einstellung dem Phänomen des Antisemitismus gegenüber an. Die Sozialistische Internationale[52] konnte sich dementsprechend 1891 nur zu einer äußerst lauen Verurteilung aufraffen, um zu vermeiden, der Judenfreundlichkeit bezichtigt zu werden, was dann in der Tat eine zu große Kehrtwendung zur bisherigen Propaganda dargestellt hätte. Der SPD-Kongress in Köln hielt 1893 in Übereinstimmung mit der Internationalen den Antisemitismus zwar für reaktionär, schrieb ihm aber trotzdem eine revolutionäre Funktion[53] zu; man verstand den Antisemitismus „gleichsam als noch nicht zum Bewusstsein seiner selbst gekommener Sozialismus.“[54]

In Deutschland vollzog dann *Engels* und mit ihm die SPD den Wechsel vom Antisemitismus zum Anti-Antisemitismus im Zusammenhang mit der sogenannten *Dühring*-Affäre. Der Privatdozent *Eugen Dühring* (1833-1921) hatte in der Berliner SPD eine große Anhängerschaft,[55] war auch zeitweise mit *Bebel* und *Bernstein* verbunden und ist dabei mit *Marx* als Parteitheoretiker auf eine Stufe gestellt worden: „Anstelle des Schlachtrufes hie Marx, hie Lassalle schien sich ein anderer Schlachtruf anzukündigen, nämlich: hie Dühring, hie Marx und Lassalle“, so die Einschätzung[56] von *Bernstein*. In seinen Ausführungen vertrat *Dühring* die üblichen antisemitischen Ansätze des klassischen Sozialismus, die nicht weiter auffielen, obwohl seine – allerdings erst 1880 erschienene – Schrift *Die Judenfrage als Frage des Racencharakters und seiner Schädlichkeiten für Völkerexistenz*, die aber schon durch Aufsätze vorbereitet war, sicherlich insbesondere in der Radikalisierung der Ausgabe von 1901 als vielleicht die extremste antisemitische Schrift gelten kann, die je verfasst wurde. *Marx* und *Engels* sowie ihren Mitstreitern wie *Wilhelm Liebknecht* fiel aber vor allem auf, dass *Dühring* laut Selbsteinschätzung *Marx* „von links“[57] her kritisierte und dabei gar die Gefahr bestand, dass der Marxismus als SPD-Ideologie durch vielleicht – sieht man vom schließlich exterminatorischen[58] Antisemitismus ab – etwas Plausibleres ersetzt werden könnte, nämlich durch die Konzeption eines genossenschaftlichen Sozialismus auf freiwilliger Basis, wobei dann Besitzrente und Zins („Gewalteigentum“) beseitigt würden. *Engels* sah sich deshalb veranlasst, mit seinem „*Anti-Dühring*“ von 1878 in langatmigen, großenteils polemischen Ausführungen den „wissenschaftlichen Sozialismus“ in die Welt zu setzen, der dabei so Überzeugendes wie das geschichtsnotwendige „Absterben des Staates“ und die Reduzierung der Freiheit auf die „Einsicht in die Notwendigkeit“ enthielt. Aufgrund der zweifelhaften Plausibilität sah sich *Engels* vorsorglich gezwungen, *Dühring* als Person zu bekämpfen, indem er, in der Schrift mehr beiläufig, dessen Antisemitismus angriff, wozu *Engels* immerhin selbst die Konversion[59] vom Antisemiten zum Anti-Antisemiten – wenn nicht gar zu einem Philosemiten[60] – vollziehen[61] musste. Da *Dühring* aufgrund dieses Wegpöbelns von der SPD wegen „Majestätsbeleidigung", das heißt Kritik an *Marx*, seinen Antisemitismus mit voller für ihn typischen Beschimpfung[62] auch gegen die SPD selbst zu richten anfing, indem er sie etwa als *Sozialjudodemokraten* karikierte und gar bestritt, mit der „jüdischen Sozialdemokratie ... eine reaktionäre Sippe" etwas zu tun gehabt[63] zu haben, begann die SPD und mit ihr der klassische Sozialismus den Antisemitismus zu bekämpfen, den man vorher – und teils noch weiterhin wie insbesondere in Österreich – als revolutionäres Ferment und als Vorstufe zum Sozialismus angesehen hatte. Sicherlich ist diese Wende auch damit zu erklären, dass Anti-Sozialisten begriffen, dass der Marxismus im Kern eine transformierte jüdische (genauer: gnostische) Theologie, ein „ungläubiges Judentum"[64] darstellt (was *Marx* und Marxisten als „Aufklärer" natürlich nicht so sehen wollten) und sich somit zunehmend auch Anti-Sozialismus, zumindest der Anti-Marxismus, mit Antisemitismus zu verbinden[65] begann. Dies sollte es *Hitler* ermöglichen, opportunistisch anzudeuten, dass sein Antimarxismus auch als Antisozialismus verstanden werden könnte (was er natürlich schon aufgrund der Parteibezeichnung nicht sein konnte), zumal *Dühring* schließlich aus Hass gegen die aus seiner Sicht erfolgte Vereinnahmung des Sozialismus durch das Judentum beziehungsweise jüdische Theorien (gemeint: *Marx* und *Lassalle*) Privateigentum und sogar Rente und Zins zu rehabilitieren begann. Dann reduzierte sich Sozialismus neben sozialpolitischen Forderungen in der Tat auf den spezifischen Antisemitismus, was aber schon dadurch zu erzielen war, dass man den bekämpften Kapitalismus ausschließlich mit dem als andersrassig definierten Judentum gleichsetzt und dann sämtliche antikapitalistischen Methoden der sozialistischen Tradition – wie den Klassenkampf, der dann unvermeidlicherweise zum Rassenkampf wurde – gegen dieses richtet. Dann konnte der klassischen Sozialdemokratie notwendigerweise das starke Engagement jüdischstämmiger Funktionäre und Parteiideologen vorgehalten werden, so dass die SPD letztlich sich selbst und ihre Funktionäre schützte, wenn sie sich als Reaktion gegen diese alternativ-reduktionistische Sozialismustendenz gegen den Antisemitismus verwahrte.

Diese Interessenkonstellation konnte mit *Dühring* von Sozialisten, die den Sozialismus vielleicht gerade auch wegen seines (zumindest) „latenten" Antisemitismus als besonders gute Idee ansahen, als „Verrat" zugunsten jüdischer Interessen und als perfide Manipulation des edlen Sozialismus durch „die Juden" gesehen werden. Es ist dabei für das 20. Jahrhundert von weitreichender Auswirkung gewesen, dass dieser innerparteiliche Ideologiekonflikt der SPD, der *Engels* zur Formulierung der marxistischen Dogmatik zwang, welche dabei in eine naturalistische Ontologie verwandelt[66] wurde, die nahtlos in den Leninismus überleiten konnte, zur Scheidung gegenüber dem Ideenkomplex führte, der als Nationalsozialismus in Erscheinung treten sollte. In diesem nahm dann, letztlich mit *Dühring* als Polemiker und Theoretiker, das Klassenkampfkonzept wieder den Charakter des Rassenkampfes an, in den dann, allerdings sozialistisch naheliegend, die „Judenfrage" als ausschließliches Problem eingepasst wurde. Die diesem Konflikt zugrundeliegende inner-sozialistische Befürchtung, dass der Sozialismus durch das Judentum, insbesondere durch den „jüdischen Marxismus" verfälscht[67] werden könnte, geht aber schon auf den russischen Anarchisten *Bakunin* zurück, dessen Auseinandersetzung mit *Marx Dühring* als „Rassengegensatz in der Internationale"[68] ausmachen sollte. *Bakunin*[69] sah in *Marx* als typischem Vertreter des jüdischen Volks einen „modernen Moses", der alle negativen Charakteristika dieses Volkes, dieser „Nationalität des Kaufmanns, überhaupt des Geldmenschen" teile, nämlich die Verknüpfung von hoher Intelligenz mit insbesondere Treulosigkeit. Aus diesem Grunde würde „der Jude" den Sozialismus zu seinem finanziellen Vorteil ausbeuten. Die *Marx*sche Konstruktion benötige aufgrund der mächtigen staatlichen Zentralisation unvermeidlicherweise eine zentrale Staatsbank, und „wo eine solche Bank besteht, wird die parasitische jüdische Nation, die in der Arbeit des Volkes spekuliert, immer ein Mittel finden." Solange es dann noch mehrere Staaten mit jeweils eigener Zentralbank gäbe, würden sich ausgezeichnete Möglichkeiten für die Juden in kommunistischen Staatswesen à la *Marx* auftun, „ein weites Feld lukrativen Börsenschwindels zu finden." Zusammengefasst: der alternative

Sozialismus von *Bakunin* warf mit *Dühring* dem Marxismus und damit der klassischen Sozialdemokratie die Absicht vor, einen jüdisch beherrschten Staatskapitalismus errichten zu wollen. In diesem Sinne ist dann auch der zentrale Vorwurf[70] von *Hitler* gegenüber „dem Juden“ einzuordnen, wonach ihm unter anderem „Sozialismus, Demokratie“ nur „Mittel zum Zweck“ seien, „Geld- und Herrschgier zu befriedigen“. In diesem Zusammenhang erstaunt lediglich die Verwunderung des „Experten“ *Jäkkel*, „dass 'Hitler Sozialismus und Demokratie noch zum Höheren rechnete'“. Als ob der totalitäre Demokrat und überzeugte Sozialist *Hitler* dies je anders gesehen hätte! So viel zum Erkenntniswert bundesdeutscher „Bewältigung“!

Wie unscharf noch lange Zeit die Abtrennung des National-Sozialismus vom sozialistischen *mainstream* blieb, die sich in vielen Ländern gar nicht oder nur als Randphänomen vollzog, geht daraus hervor, dass „Dührings wirrer nationaler Sozialismus“ „ihm in gewissen linksgerichteten Kreisen Einfluss“[71] verschaffte, „noch lange nachdem er von der Bühne abgetreten war.“ Vor allem ist dabei zu berücksichtigen, dass die Ideen *Dührings* für manchen Sozialisten die Möglichkeit boten, den totalitären Marxismus zu überwinden, um zu einem „freiheitlichen Sozialismus“ zu gelangen. Davon ist zuerst in Bezug auf *Johann Most* (1846-1906) die Rede gewesen, der bekannt geworden war, weil er als SPD-Reichstagsabgeordneter den Reichstag antiparlamentarisch als „Reichskasperletheater“ karikiert hatte. *Mosts* Adaption der *Dühring*schen Theorien ist „gewissermaßen der erste Schritt vom autoritären zum freiheitlichen Sozialismus“[72] gewesen. Dies bedeutet: Folgte man als Sozialist *Dühring* in seinem radikalen Antisemitismus, dann gelangte man zum Nationalsozialismus von *Adolf Hitler*. Sah man über den Antisemitismus als so etwas wie eine Marotte hinweg, was allerdings bei *Dühring* aufgrund seines voluminösen Opus durchaus möglich war, dann war man als Anhänger der SPD auf dem Weg zum Godesberger Parteiprogramm von 1959! Erlaubte man sich bewusstes Verdrängen und Vergessen, wie sich dies die Sozialdemokratie in der Tat gerne großzügig selbst zugesteht („bewältigen“ ist etwas für andere), dann konnte man als SPD-Anhänger sogar nach Israel gehen, um sich unter Aufgreifen *Dühring'*scher Ideen der Kibbuzbewegung anzuschließen: „Es ist eine Ironie der Geschichte, dass dieser fanatische Antisemit über *Theodor Hertzka* und *Franz Oppenheimer* direkt die israelische Genossenschaftsbewegung inspiriert hat, die dann von *Martin Buber* als bisher einziges nicht misslungenes Experiment eines freiheitlichen Sozialismus gefeiert worden ist. Ebenso stark hat *Dühring* die Praxis der Sozialdemokraten beeinflusst, insbesondere *Eduard Bernsteins* Revisionismus."[73] Das nachhaltigste Verdienst von *Dühring* für die SPD besteht in der Anerkennung der maßgeblichen Bedeutung der Gewerkschaften, die von *Lassalle* entschieden abgelehnt[74] worden waren und mit denen auch die Marxisten, wie noch *Kautsky*, nicht wirklich etwas Genuines anfangen konnten, bestand doch die „Gefahr", dass bei einer gewerkschaftlichen Tarifpartnerschaft die Arbeiterschaft in den „Kapitalismus" integriert und als revolutionäres Potential ausfallen würde. Wenn also der bundesdeutsche Wertepolitiker *Schily* die Wurzel der Freiheitlichkeit innerhalb der SPD aufdecken will, sollte er wirklich nicht[75] *Lassalle* bemühen, sondern endlich *Dühring* die Ehre geben!

Bei dieser gemeinsamen Wurzel von *Hitler*-Sozialismus und (natürlich gutem) Revisionismus der Godesberg-SPD sollte nicht verwundern, dass die antisemitische Unterströmung, die der klassische Sozialismus lange gepflegt hatte, auch nach der Wende zum Anti-Antisemitismus virulent bleiben sollte; dies geht aus dem bekannten Diktum des Parteiführers *Bebel* hervor (das *Lenin* später häufig aufgreifen sollte), wonach der „Antisemitismus der Sozialismus des dummen Kerls" sei: also zwar „des dummen Kerls", aber immerhin – wohlgemerkt! – dessen Sozialismus und nicht etwa dessen Nationalismus, Konservativismus oder Liberalismus, wie dies heutige SPD-Verfassungsschutzideologen gerne glauben machen würden. Damit war erkennbar gemeint: Nur der „dumme Kerl" richtet seinen Widerwillen gegen den jüdischen Kapitalisten und erkennt nicht, dass „Feind" „die Kapitalistenklasse überhaupt" sei, und dass nur „die Verwirklichung des Sozialismus" ihn vom Elend befreit. Genauso steht es in der einschlägigen Resolution des Kölner SPD-Parteitages von 1893! Mag auch der Kapitalismus als solcher – wie von *Marx* und der sozialistischen Orthodoxie gelehrt – etwas jüdisches sein, dann darf man dies doch nicht – so die humanitäre Argumentation von SPD-Seite – dem einzelnen Juden, der ja selbst erkennbar darunter leidet, zum Vorwurf machen! Allerdings blieb es weiterhin marxistische Orthodoxie, wie sie innerhalb der SPD maßgeblich von *Karl Kautsky* verwaltet wurde, dass – so im Schlusskapitel seiner Werkes *Rasse und Judentum* von 1914 – der Sozialismus zum Verschwinden des Judentums führen müsse, wobei dies „keineswegs einen tragischen Prozess, wie etwa das Aussterben der Indianer oder Tasmanier," bedeuten würde. *Kautsky* pflegte[76] dabei durchaus den negativen jüdischen Stereotyp, indem er „dem Juden" eine fetischistische Beziehung zu Waren, Liebe und zum Geld und einen unerschütterlichen Hang zum Handel zuschrieb. Wenn der Kapitalismus zusammenbräche, würde auch das Judentum verschwinden: „Je eher es verschwindet, desto besser für die Gesellschaft und die Juden selbst." Bis es so weit sei, müssten die Juden versuchen, ihre Religion – nach *Marx*, wie ausgeführt, eine Form der Geldverehrung – aufzugeben und sich dem proletarischen Klassenkampf für die Befreiung der Menschheit anzuschließen. Dieses Thema wurde 1931 auf kommunistischer Seite von *Otto Heller* unter dem Titel *Der Untergang des Judentums* aufgegriffen, ein Buch, das nicht enthält, was der Titel vermuten lassen könnte, aber doch dem latenten sozialistischen Antisemitismus[77] auch auf der kommunistischen Seite der Weimarer Republik ein Schlagwort lieferte. Expliziter Gegner der deutschen Kommunisten waren nämlich die „jüdischen Bankiers" und das „Judenkapital". Insbesondere wurde auch von kommunistischer Seite der SPD vorgeworfen, „durch jüdische Kapitalisten gefördert zu werden und damit den Sozialismus zu verraten."[78] Dieser latente – manchmal auch offene – Antisemitismus innerhalb der organisierten Arbeiterschaft, der eben das von der sozialistischen Hauptströmung verdrängte und parteiamtlich, in allerdings äußerst ambivalenter Weise,[79] auch bekämpfte Erbe des Frühsozialismus darstellte, dürfte dann wegen seines als wirklich revolutionär empfundenen Ansatzes sogar als ein besonderes Motiv für die später häufig zu beobachtenden Übertritte von Kommunisten zur NSDAP auszumachen sein.[80]

Es stellt sich denn auch die Frage, ob man auf der Grundlage etwa der Position von *Kautsky*, wonach das Judentum mit dem Kapitalismus verschwinden würde, wirklich überzeugend gegen jemanden argumentieren konnte, der revolutionär den Kapitalismus dadurch überwinden wollte, dass er gezielt das Judentum irgendwie zum Verschwinden bringen würde, um auf diese Weise beschleunigt das Schöne und Gute herbeizuführen, das der Advent des Sozialismus verheißt, nämlich – so *Dühring* – die „Aufhebung der Ausbeutung des Menschen durch den Menschen, eine Gesellschaft von Freien und Gleichen".

e) Linker national-sozialistischer Antisemitismus

In diese Tradition des „linken Antisemitismus" (*Arendt*) ist insbesondere die Weltanschauung von *Joseph Goebbels* einzuordnen, deren Kern im Antikapitalismus[81] bestand. Zwar spielte gegenüber dem Judentum auch die Furcht vor „Überfremdung" eine Rolle; es erscheint allerdings zweifelhaft, darin den nationalistischen („völkischen") Aspekt des Antisemitismus zu sehen. Zumindest tritt dieser Gesichtspunkt bei *Goebbels* eindeutig hinter dem sozialistischen Aspekt zurück, wobei hinzukommt, dass „Überfremdung"[82] lediglich die Kehrseite der *Marx*schen „Entfremdung" darstellt: Was dem Juden *Marx* „Entfremdung" ist, stellt für den „Arier" *Goebbels* „Überfremdung" dar; es handelt sich um zwei Seiten eines deutsch-jüdischen Multikulturalismus, der in einer extremen Weise fehlschlagen sollte. Dieser funktionierte leidlich im vormodernen „Römischen Reich", zerbrach aber am Homogenitätspostulat der demokratischen Moderne, das aufgrund ihres Potentials zu ethnischen Säuberungen und Genoziden, die in der Vormoderne in dieser speziellen Weise unbekannt waren, zu recht als *Dark Side of Democracy* gekennzeichnet[83] worden ist. Kern des *Goebbels*schen Antisemitismus stellte die auf *Marx* zurückgehende Vorstellung dar, die „den Juden" mit dem „Geld" verbindet, das dessen wesentliches internationales Machtinstrument darstellt und der Verwirklichung wahrer Volksherrschaft entgegensteht. Deshalb sind Ausdrücke wie „das anonyme internationale Leihkapital", „internationale Hochfinanz", „Weltbörse", „Freibeuter des Geldes" bei *Goebbels* Synonyme für „Judentum", „diesen Weltfeind". Diese sozialistische Kampfhaltung verbindet sich wie beim klassischen Sozialismus so auch bei *Goebbels* mit dem Konzept der „totalitären Demokratie", wonach die Weimarer Republik keine Demokratie sein könne, weil mittels des Kapitalismus die „Ausbeuter" die wirklichen Herrscher seien, welche dabei, in Übereinstimmung mit den dargestellten Tendenzen des (französischen) Frühsozialismus, mit „dem Juden" und den von seiner Mentalität geprägten „weißen Juden" gleichgestellt werden: „Der Jude gibt uns das allgemeine, gleiche, geheime Wahlrecht. Vergisst dabei aber leider, uns auch wirtschaftlich gleiche Rechte zu geben"; es geht also nicht um Rechtsgleichheit, sondern um die materielle Gleichheit des Sozialismus, die gerne auf die Rechtsgleichheit pfeift! Dementsprechend stelle „das parlamentarisch-demokratisch-kapitalistische System" nur „das Aushängeschild des krassesten mammonistischen und kapitalistischen Egoismus" dar, „gehalten und geführt von Juden und Judengenossen, zur gemeinsamen Ausbeutung des schaffenden deutschen Volkes und zwar mit staatlichen Mitteln." Antisemitismus ist daher bei *Goebbels* Funktion seines fanatischen Sozialismus, der den Kapitalismus und damit die „Herrschaft des Judentums" überwindet: „Wenn ich sozialistisch denke, dann muss ich Antisemit sein, denn der Jude ist die Inkarnation des Kapitalismus."[84] Letztlich war der Antisemitismus des machtpolitisch sicherlich maßgeblicheren *Hitler* ähnlich wie bei *Goebbels* gelagert. Die umfassendste Erläuterung[85] der Motive des Antisemitismus aus dem Jahr 1920, *Warum sind wir Antisemiten*?, zeigt nämlich den unabtrennbaren Zusammenhang zwischen Antikapitalismus und Antisemitismus auch bei *Hitler*: Dies macht wiederum die Substanz seines Sozialismus aus, der sich durchaus in die sozialistische Tradition eingeordnet versteht. Dabei versucht *Hitler* auch eine Abgrenzung zum Marxismus – eine Abgrenzung gegenüber Liberalismus oder Konservativismus (also „gegen rechts") brauchte er in dieser zentralen Frage nicht zu machen, da hier keine Verwechslungsgefahr bestand! – indem er dem „Marxismus" vorwirft, einseitig Agitation gegen das eher nationale Industriekapital zu betreiben, um vom eigentlichen, nämlich internationalen, „jüdischen" Finanzkapital, also „Börsen- und Leihkapital" ablenken zu können.

Hierbei wird auch insinuiert, dass „das Judentum“ sogar den edlen Sozialismus manipuliert, um ihn zum Hilfsmittel jüdischen Machterwerbs zu machen, wie dies in der Sowjetunion zu beobachten sei: Dieser wurde denn auch von der NS-Elite nicht ihr kommunistisch-sozialistischer Charakter zum Vorwurf gemacht, sondern dass dieser Kommunismus aufgrund des Einflusses des „jüdischen Bolschewismus“ nur ein „staatskapitalistisches Regime“[86] sei: „Das heutige System in Russland ist eben deswegen kein ‘russischer Nationalsozialismus’, weil die Macht nicht in den Händen von Russen, sondern in den Händen von Juden liegt“, so eine offizielle Einschätzung[87] schon aus dem Jahr 1934. Konsequenterweise musste diese Haltung modifiziert werden, als man aufgrund der Liquidierung der „jüdischen“ Revolutionsgarde durch *Stalin* die Machtübernahme von Russen zu erkennen glaubte und damit die Einkehr eines kongenialen russischen National-Sozialismus. Der Sozialismus konnte nämlich nach *Hitler* nur als ein nationaler existieren, weil er dialektisches Gegenstück zum notwendigerweise internationalen Kapitalismus sein müsse. Diese Argumentation hatte sich in der Tat aufgrund ihrer sozialistisch überzeugenden Dialektik als besondere Stärke des Nationalsozialismus gegenüber den konkurrierenden Sozialismen von SPD und KPD sowie den zahlreichen zwischen diesen und dem Dadaismus oszillierenden Gruppierungen herausgestellt. Danach ist der Kapitalismus deshalb international – und muss dementsprechend der Sozialismus national sein – weil der eigentliche Träger des Kapitalismus, natürlich das Judentum, international ist: Träger des Kapitals sei nämlich „der Jude“, der als Vertreter der einzig internationalen Rasse allein Trägerschicht dieses Kapitals sein könne. Erst in diesem Kontext kommt der Rassismus ins Spiel, der allerdings schon bei *Marx* angeführt werden müsste (und implizit auch vorhanden ist), um die Apodiktik erklären zu können, mit der *Marx* davon ausgeht, dass das „Geld ... der eifrige Gott Israels“ sei und der „Wechsel ... der wirkliche Gott der Juden.“

Die BRD-Bewältigungsideologie blendet diese zentralen Aspekte des *Hitler*schen Selbstverständnisses aus und kapriziert sich stattdessen etwa auf die von *Rauschning* überlieferten Aussagen[88] (die damit von zweifelhafter Historizität sind), wonach zwei Welten nebeneinander stünden. „Der Gottesmensch und der Satansmensch! Der Jude ist der Gegenmensch, der Antimensch. Der Jude ist das Geschöpf eines anderen Gottes ... der Arier und der Jude ...: Sie sind so weit von einander wie das Tier vom Menschen." Durch Hervorheben derartiger Äußerungen soll der *Hitler*sche Antisemitismus primär als rassistisch gekennzeichnet werden, und da sich der aufgeklärte BRD-Mensch nicht vorstellen kann, dass Rassismus etwas mit dem immer noch als „edel" betrachteten Sozialismus zu tun haben könnte, „muss" *Hitler* – entgegen seiner Selbsteinstufung – dann natürlich „rechts", das heißt rechtsextrem gewesen sein. Nun mag die Mitteilung von *Rauschning*, wenngleich wohl erfunden, durchaus einen Aspekt der *Hitler*schen Auffassung zutreffend reflektieren, was sich in bestimmten Aussagen in dem in der freiheitlichen BRD allerdings nicht allgemein zugänglichen *Mein Kampf* gespiegelt sieht, wo „dem Juden" vorgeworfen wird, die rassischen Grundlagen der Hochkultur zu zerstören; und sicherlich verschärft die rassistische Komponente das sozialistische Anliegen der Kapitalismusüberwindung, indem der Kampf zur Herbeiführung des Sozialismus zur vollen gnostischen Schärfe radikalisiert wird: Es geht dann (im Klassenkampf ist es allerdings im Zweifel auch so) um Mensch und Gegenmensch. Dies spricht allerdings fast für einen opportunistischen Charakter des Rassismus, der mehr radikalisierendes Instrument zur Verwirklichung von Sozialismus als Selbstzweck darstellt. Diese Vermutung, die sich schon hinsichtlich der Weltanschauung von *Hitler* aufdrängt, findet sich zumindest bei *Goebbels* eindeutig bestätigt: „Während sich jedoch die antikapitalistische Komponente seines Antisemitismus nahtlos in Goebbels' nationalen Sozialismus einfügte und darin einen wichtigen Platz einnahm, besaß der Rassismus in diesem Weltbild eine höchstens untergeordnete Bedeutung. Während sich der Antikapitalismus als ideologisches Hauptmotiv wie ein roter Faden durch sein gesamtes privates und öffentliches Schrifttum zog, ohne dass zwischen Tagebuch-Aufzeichnung und Leitartikeln irgendein Bruch zu erkennen wäre, äußert sich Goebbels zur 'Rassentheorie' recht uneinheitlich."[89] Entscheidend ist dabei, dass *Goebbels* die „rassentheoretische Begründung des Antisemitismus" als „Rassenfimmel"[90] verspottete, wobei er diese Ansicht nicht etwa für sich behielt, sondern sich insgesamt erfolgreich bemühte, diese redaktionell auch durchzusetzen.

Damit kann und soll nicht in Abrede gestellt werden, dass es im sogenannten Dritten Reich auch den ausschließlich rassistischen Antisemitismus eines *Julius Streicher* oder – wiederum anders akzentuiert – eines *Alfred Rosenberg* gegeben hat, der sich allerdings auch von *Dühring* herleiten konnte und somit ebenfalls einen sozialistischen Ausgangspunkt aufwies. Diese Variante ist von *Hitler* mehr in der Attitüde hingenommen worden, wie einst von der klassischen SPD der Antisemitismus als solcher, weil man in ihm trotz seines als „reaktionär" angesprochenen Charakters doch ein revolutionäres Ferment erblickt hat. Hauptmotiv des politischen Bestrebens war jedoch in beiden Fällen die Verwirklichung des Sozialismus, was im notwendigen Gegensatz zum Judentum oder zumindest zu dessen Geist verstanden wurde. Während die klassische SPD sich das Verschwinden des Judentums als einen Assimilierungsvorgang vorstellte, der durch die Abschaffung des Kapitalismus unvermeidbar eintreten würde, da es dann nicht mehr die gesellschaftlichen Prozesse gäbe, die „den Juden" hervorbringen würden, wollte der NS diesen Prozess „beschleunigen", also revolutionär anpacken. *Goebbels* stellte sich hierzu[91] das Arsenal vor, das auch schon im Kontext des klassischen Sozialismus als Möglichkeiten angedacht war: Pogrome, Ausschluss aus dem öffentlichen Leben, Vertreibung aus Deutschland, Mord/Hinrichtung und „grauenvolles Ende". Ob damit der Völkermord *a priori* intendiert war, kann nicht eindeutig beantwortet werden. Insofern wären die Aussagen von *Engels,* die sich allerdings nie gegen Juden gerichtet haben, über „Völkerabfälle" und deren „Vertilgung" im revolutionären Fortschritt schon eindeutiger, ebenso die Überlegung von *Lassalle*, wonach sich als Ergebnis eines berechtigten Eroberungskriegs einer Kulturnation bei nicht assimilierbaren Andersrassigen „mehr das Aussterben" einstellen würde. Zumindest haben diese vom Frühsozialismus übernommenen Überlegungen die Hemmungen erheblich gesenkt, unter bestimmten, etwa kriegerischen Bedingungen, insbesondere im Falle eines gegenseitigen Vernichtungskriegs zweier sozialistischer Systeme, zu den letzten Konsequenzen zu gehen. Ausschlaggebend ist deshalb, dass der überzeugte Sozialist *Goebbels* in seinen letzten Tagebucheintragungen[92] die Ansicht vertrat, dass der Nationalsozialismus nur in der Judenfrage eine wirklich „radikale Politik" betrieben, also die revolutionären Konsequenzen an den Tag gelegt habe, die ihm – auch zum Bedauern *Hitler*s aufgrund seines ausgebliebenen „Schlag gegen rechts" und von der sogenannten Legalitätstaktik verfangen – ansonsten gefehlt habe. Nur bei der „Judenfrage" wäre demnach der Sozialismus verwirklicht worden! Mit dieser revolutionären „Endlösung" hat der Nationalsozialismus in einer äußerst radikalen Weise die Frage beantwortet, die sich nach den Prämissen des klassischen Sozialismus dann aufdrängen musste, wenn sich die Erwartung nicht erfüllen würde, dass es mit Eintritt des Sozialismus keine „Judenfrage" mehr gibt oder die Juden als solche sich einfach weigern würden, mit dem Sozialismus zu verschwinden.

f) Kommunistischer Philo- und Antisemitismus

Bei ihrem „Attentismus" brauchte sich die Sozialdemokratie nicht der Frage zu stellen, was zu tun wäre, wenn Sozialismus doch nicht, wie noch von ihrem Chefideologen *Kautsky* auf der Grundlage der *Marx*schen Annahmen formuliert, „zum Verschwinden des Judentums" führen würde, etwa weil die Juden einfach nicht den gesellschaftswissenschaftlichen Erkenntnissen gehorchen wollten. Diese Frage sollte sich aber für den Sowjetkommunismus stellen, der von sich behauptete, den Sozialismus endlich und nachhaltig zu verwirklichen, was sich die „verräterische" Sozialdemokratie ja nicht zu tun getraute. Die konsequente Antwort des Kommunismus in dieser Frage tendierte dann – auch hierbei – schließlich doch zur Lösung der „Faschisten", was wiederum spiegelbildlich den sozialistischen Charakter des „faschistischen" Antisemitismus nur unterstreicht. In der für die Geschichte der Sowjetunion kennzeichnenden Entwicklung von so etwas wie dem amtlichen Philosemitismus in der Zeit von *Lenin* zu dem als wirklich hinterhältig zu kennzeichnenden Antisemitismus eines *Stalin*, wirkte die volle Ambivalenz des sozialdemokratischen Anti-Antisemitismus nach, der auf einer Geschichtstheorie basiert, die man als solche nicht anders denn als zumindest latent antisemitisch bezeichnen muss.

Es ist sicherlich nicht übertrieben, die Anfangszeit der Sowjetunion bis zu Beginn der 1930er Jahre ideologiepolitisch von Leuten dominiert zu sehen, für die eine abstammungsmäßig-ideologische *imitatio Marxi* kennzeichnend war. Schon in der Revolution von 1905 waren 37 Prozent der verhafteten Revolutionäre jüdischer Abstammung[93] gewesen. „Thousands of Jewish revolutionaries helped to spearhead the Terror machine with messianic fervor.“[94] *Matvei Berman* führte die sowjetischen Sklavenlager ein, die dann von *Frenkel* verfeinert wurden. Es war vor allem Staatskommissar *Grigorij Jewsejewitsch Sinowjew*, der ganz offen den sozialistischen staatlichen Massenmord in Proportionen von 10 Millionen Opfern verkünden sollte, was dann vor allem mit der „Kulaken“-Vernichtung durch *Lasar Kaganowitsch* (Kogon) organisiert und durch die Henker *Rakowskij*, *Jakir*, *Postyschew*, *Manuilskij*, *Mieschik* und *Jakovlew-Epstein* vollstreckt wurde: „Die Entkulakisierung ging, wie provokativ dies auch scheinen mag, ebenfalls nicht ohne die Juden vonstatten,“[95] die 80 Prozent des ukrainischen Geheimdienstes (Tscheka)[96] stellten. Dementsprechend kann – allerdings nicht unbedingt in der „freiheitlichen" BRD – gesagt[97] werden: "Jewish Bolsheviks were numerous in the Cheka (secret police), as commissars, tax inspectors and bureaucrats ... to the peasant, the Soviet regime and the Jewish middlemen were identical". Der „nicht selten gebrochen Russisch sprechende jüdische (lettische) Kommissar mit Lederjacke und Mauserpistole“ wurde „typisch für das Erscheinungsbild der revolutionären Macht.“[98] Die Sowjetmacht schützte sich demnach weitgehend selbst, wenn sie Antisemitismus streng bestrafte, was insbesondere mit der Ankündigung[99] von Volkskommissar *Larin* zu Beginn des sowjetischen Terrorregimes manifestiert ist: „Aktive Antisemiten sind für vogelfrei zu erklären, das heißt sie sind zu erschießen!“ Natürlich ohne diese „bürgerlichen Formalitäten“ wie Gerichtsverfahren und dergleichen: Die als „entschieden“ ausgegebene Bekämpfung des – weitgehend ideologisch definierten – Antisemitismus diente also als wesentliches Instrument zur Durchsetzung des verbrecherischen sozialistischen Totalitarismus. Von der antisowjetischen Propaganda, sowohl anti-sozialistischer als auch national-sozialistischer Art (was durchaus einen Unterschied darstellte, auch wenn die NS-Wahlpropaganda diesen Unterschied überspielte, um Nichtsozialisten zur NS-Wahl zu veranlassen) wurden für den Totalitarismus weitgehend „die Juden" verantwortlich[100] gemacht. Und dies für Taten, die von „bewusst nicht-jüdischen Juden", die allerdings doch in einer (letztlich gnostischen) jüdischen Tradition[101] stehen, „mit Angstschweiß auf der Stirn"[102] begangen wurden, welche sich für das Sowjetsystem einsetzten, weil dieses entsprechend der *Marx*schen Verheißung versprach, dass es dann nur noch „Menschen" geben würde, und so das Judentum, mit dem die jüdisch-stämmigen Täter die *Marx*sche Problematik unauflösbar verband, verschwinden und die „Entfremdung" in seiner für diese spezifischen Bedeutung aufhören würde.

Für diese *Marx*-Imitate hätte es eine Warnung sein müssen, dass *Lenin*[103] revolutionäre Juden letztlich doch nicht als entsprechend befähigte und fanatisierte Individuen bevorzugte, sondern weil er sie als Angehörige einer fortschrittlichen Klassenkategorie einstufte, indem er marxistisch korrekt das Judentum mit der (kapitalistischen) Modernisierung als dialektischer Voraussetzung der sozialistischen Revolution identifizierte. Das revolutionär-jüdische Element würde das von *Marx* kritisierte asiatische Potential[104] der russischen Landbevölkerung brechen, weshalb der Philosemitismus *Lenin*s von Anfang an eine antikulakische, das heißt gegen das nationale Bauerntum gerichtete klassenmörderische Stoßrichtung aufwies: Die Juden als die einzigen Repräsentanten der westlichen Kultur in Russland sollten das asiatische Volk zivilisieren.[105] Deshalb war die „bolschewistische Judophilie ... nicht selbstlos",[106] sondern von der stillschweigenden Erwartung getragen, dass nach vollbrachter Modernisierung dem Marxismus konform das Judentum endet. Auf der Basis des marxistischen Sozialismus, der damit fast nahtlos vom Philo- zum Antisemitismus übergehen konnte, war deshalb die Befürchtung jüdischer Zeitgenossen nicht unberechtigt, dass der massive Einsatz jüdischstämmigen Personals bei der bolschewistischen Schmutzarbeit, wie etwa bei der Organisation der sowjetischen Zwangsarbeiter-KZs durch *Naphtali Frenkel*, eine „gigantische Provokation“[107] darstellte, um gegebenenfalls dann dialektisch, falls notwendig, auch Judenpogrome, wenn nicht gar -vernichtung rechtfertigen zu können. Diese dialektische Frage stellte sich dann für *Stalin*, diesen marxistischen Experten des Nationalitätenproblems. In seiner einschlägigen Schrift, der einzigen, womit *Stalin* einen selbständigen Beitrag zur Fortentwicklung der marxistischen Theorie leistete, spielte die „Judenfrage“ schon deshalb eine besondere Rolle, weil er anhand des Judentums zu erläutern suchte, was *keine* Nation sei, sondern etwas, das nur existiert, weil es Kapitalismus gibt. Wenn aber der Sozialismus zum Verschwinden des Judentums führen musste, wie war es dann zu verstehen, dass im nun wirklich „realen Sozialismus“ der Sowjetunion das Judentum doch nicht verschwand, sondern durch den Zionismus, entgegen der Feststellung *Stalin*s, sogar eine Nation zu werden schien? Dann war doch eigentlich der Sozialismus widerlegt: Judentum als Nation bedeutet dann im Umkehrschluss zu den marxistischen Prämissen das Verschwinden des Sozialismus! Die Sowjetunion hat zwar als erster Staat der Welt den Staat Israel anerkannt, was sich dabei noch in die von *Lenin* begründete Strategie einordnete, durch Förderung des national(istisch)en Unabhängigkeitskampfes in der bald so genannten Dritten Welt die infolge des Ersten Weltkrieges erwartete, aber dann doch ausgefallene Weltrevolution gegen die internationale Herrschaft des Kapitalismus, das heißt gegen den westlichen Kolonialismus herbeizuführen, was sich im Falle der Begründung des israelischen Staates als gegen die britische Herrschaft gerichtet darstellte. Zwar begünstigte diese Sowjetstrategie weltweit nationalsozialistische Strömungen, für die dann der *Lenin*schen Strategie zuwider Sozialismus eher zum Instrument des Nationalismus wurde als – wie gedacht – umgekehrt Nationalismus das Vehikel des Bolschewismus. Ein jüdischer Nationalismus, mag er auch aus dem Sozialismus erwachsen sein und sich ihm verpflichtet fühlen, stellte aber dann aufgrund des marxistischen Verständnisses der „Judenfrage“ doch etwas Spezifisches dar, dessen Gefährlichkeit *Stalin* aus seiner Perspektive zumindest bewusst wurde, als ca. 50 000 Sowjetjuden vor der Synagoge in Moskau die Ankunft der israelischen Botschafterin *Golda Meir* enthusiastisch begrüßten[108], und sich die jüdische Ehefrau von Sowjetaußenminister *Molotow* dieser offenbarte: „*Ich bin a yiddishe tochter*." Dies musste *Stalin* an *Sinowjew* erinnern, der angesichts seiner bevorstehenden Exekution im Rahmen der Beseitigung der *Lenin*schen Revolutionsgarde in den Schauprozessen der 1930er Jahre, die man schon weitgehend als ein antisemitisches Phänomen bezeichnen kann – und die vom deutschen NS mit einer gewissen Berechtigung so verstanden[109] wurden –, dann doch das jüdische Totengebet („Höre, o Israel, unser Gott ist der eine Gott!") von sich[110] gab: Es drohte bei den jüdisch-stämmigen Marxisten also doch der Rückfall ins Judentum!

Damit war für *Stalin* wohl klar, dass Juden nicht assimiliert werden könnten und es sich bei der Fortexistenz des Judentums im realen Sozialismus nicht nur um fortwirkende psychologische Reste einer privatkapitalistischen Mentalität[111] handelte, sondern durch den Zionismus, den man dann nur als neue Erscheinungsform des Kapitalismus und des amerikanischen Imperialismus[112] begreifen konnte, die Existenz des Sozialismus überhaupt auf dem Spiel stand. Dies drohte dann doch eine „Lösung der Judenfrage" nahezulegen, die derjenigen des deutschen Nationalsozialismus gleichen könnte. Aufgrund seiner historischen Verortung in der Tradition des klassischen sozialdemokratischen Anti-Antisemitismus vermied es *Stalin*, offen als Antisemit aufzutreten, vielmehr kritisierte er sogar ausdrücklich den Antisemitismus als Überbleibsel des Kannibalismus.[113] Es ist aber bemerkenswert, dass es *Stalin* vermied, auf den jüdischen Charakter von Opfern des *Hitler*regimes hinzuweisen, was wohlwollend (bezogen auf *Stalin* ist dies in der freiheitlichen BRD durchaus möglich) damit erklärt wird, dass die Sowjetunion nicht der NS-Propaganda Nahrung geben wollte, auf einen Zusammenhang von Bolschewismus und Judentum hinweisen zu können. Der wahrscheinlichere Grund könnte jedoch sein, dass *Stalin* insgeheim der „Endlösung" *Hitler*s zustimmte[114] und deshalb auch wenig veranlasste, Juden in den sowjetischen Herrschaftsbereich zu evakuieren und soweit dies geschah, diese dann gleich nach Sibirien gebracht wurden, wobei die Todesraten alles andere als gering waren: die entsprechenden Schätzungen[115] belaufen sich insgesamt auf von einem Fünftel bis zu einem Drittel! Zumindest spricht vieles dafür, dass *Stalin* nach dem Weltkrieg seine eigene „Endlösung“ durchziehen wollte, indem der jüdische Bevölkerungsteil in „Schutzhaft“ genommen werden sollte, um sie vor dem „gerechten Zorn des Sowjetvolkes“ angesichts „zionistisch-kapitalistisch-imperialistischer Verschwörung“ gegen die Sowjet-Herrschaft zu schützen. Diese Verschwörung[116] sollte als sogenanntes Ärztekomplott zur Ermordung von *Stalin* und anderen verdienten Personen des Sowjetregimes aufgezogen werden. Bekannte jüdischstämmige Sowjetfunktionäre, die zur Verschleierung des antisemitischen Charakters der Sowjetmaßnahmen selbst nicht evakuiert und nach Sibirien verschleppt worden wären, hätten eine entsprechende Petition zum „Schutze der Juden“ unterschreiben müssen. Der rechtzeitige Tod des Tyrannen hat diese bereits vorbereiteten Maßnahmen[117] verhindert, so dass es eine offene Frage ist (mit Unschuldsvermutung, die bei *Stalin* großzügig praktiziert werden darf, wenn nicht gar gemacht werden muss), wie „endgültig“ diese Art von „Lösung“ hätte werden können: Immerhin meinte der israelische Diplomat *Lova Eliav*, der in dieser Zeit in Moskau tätig war und umfangreiche Nachforschungen angestellt hatte, dass das endgültige Ziel der bevorstehenden Deportationen „a real genocide, Stalin's own extermination of the Jews“[118] gewesen wäre. Dagegen meint immerhin *Solschenizyn*, dass *Stalin* die (anscheinend doch erwogene) Massendeportation nicht für durchführbar[119] hielt.

Zumindest ist der antijüdische Charakter der zwischen 1948 bis 1953 durchgeführten Säuberungen unverkennbar, angefangen von der Auflösung des Jüdisch-Antifaschistischen Komitees und der staatlichen Ermordung seiner führenden Funktionäre bis zur Dienstentlassung jüdischstämmigen Personals, etwa von 63 Generälen und 260 Hauptleuten. Insbesondere in der Ukraine[120] wurde eine offen antisemitische Politik propagiert, mit der Preisgabe der jüdischen Namen von Funktionären, die für die Fehler des Systems verantwortlich gemacht wurden: „Jews were arrested, forced from their jobs, insulted, and beaten in the streets. Cases of pogroms were reported in Kiev, Kharkov und elsewhere in the Ukraine. Secret quotas were set limiting employment for Jews as well as access to higher education." Derartige Säuberungen erstreckten sich auch auf die neu sowjetisierten Länder[121] Osteuropas, wovon der *Slanky*-Prozess in der Tschechoslowakei wohl der bekannteste Vorgang ist. Dort wurden 14 Spitzenleute, elf davon Juden, der „kosmopolitischen" und zionistischen Verschwörung gegen die „Volksregierung" angeklagt. In der ganzen CSSR[122] wurden jüdische Häuser mit Parolen wie „Juden raus!" oder „Nieder mit den kapitalistischen Juden!" beschmiert. Der sozialistische Antisemitismus kehrte damit offen zu seinen Wurzeln zurück! Seine ideologische Nähe zum deutschen Nationalsozialismus zeigt sich nicht zuletzt in dem Druck, der auf sowjetische Bedienstete ausgeübt wurde, sich von ihren jüdischen Frauen[123] scheiden zu lassen. Nun mag man *Stalin* großzügig nachsehen, was angesichts der mangelnden (vollen) Implementierung aufgrund des zeitigen Ablebens des Tyrannen nicht bewiesen werden kann. Nicht bestritten werden kann aber die Tatsache, dass die Deportation ganzer Völkerschaften die logische Fortentwicklung der marxistischen Klassenkampf-Position zur Nationalitätenfrage für den Fall darstellte, dass Nationalismus den Sozialismus nicht fördert, sondern gefährdet, und dies tat im Rahmen des Konzepts des „Sozialismus in einem Land" grundsätzlich jeder Nationalismus außer dem als „Internationalismus" verstandenen großrussischen sozialistischen Nationalismus, dem der Ossete *Stalin* traditionell zugetan war. Dabei sollte nicht verkannt werden, dass den „reichen Kulaken" im russischen Volksbewusstsein häufig eine „jüdische" Mentalität zugeschrieben wurde. Dementsprechend war die anti-kulakische Sowjetpropaganda[124] voll von Bildern, die „Kulaken" wie Juden zeichneten, wobei der jüdischstämmige Filmregisseur *Sergei Eisenstein* sich an dieser „Imagepflege" beteiligte. Wenn mit Hilfe derartiger, latent antisemitischer Propaganda etwas durchgeführt werden konnte, was zu recht als „*the first socialist genocide*"[125] klassifiziert wird, dann erscheint schon vorstellbar, dass man dies auch mit dem Personenkreis hätte machen können, der zumindest als Bezugspunkt gewählt wurde. Vor allem wird diese Vermutung plausibel, wenn man der Ermahnung eingedenk ist, wonach „jeglicher Rassismus – ob er nun auf Schwarze oder Juden zielte – aus demselben Stoff"[126] wäre, eine Bewertung, die dann wohl auch für das rassistoide Klassenkampfkonzept der sozialistischen Doktrin Gültigkeit beanspruchen müsste. Zudem ergibt sich ein weiteres Bindeglied von Kulakenvernichtung auf der Basis eines latenten Antisemitismus über die Tatarendeportation, die auch die Minderheit der Karäer betraf, welche man als religiöse Untergruppe des Judentums[127] ansehen kann und die als ethnische Krimtataren ebenfalls inter-nationalsozialistisch deportiert wurden. Unabhängig von der Frage, was geschehen wäre, wenn *Stalin* sein anti-jüdisches Deportationsprogramm hätte durchziehen können, steht als Tatsache die Zahl von 500 000 bis 600 000 jüdischen Opfern[128] von politischen Säuberungen unter den Millionen fest, die unter *Stalin* in der einen oder anderen Weise mit staatlichen Maßnahmen um ihr Leben gebracht wurden, wobei der Anteil von Opfern des international-sozialistischen Regimes beim jüdischen Bevölkerungsteil prozentual am höchsten gewesen sein dürfte.

Der sozialistische Antisemitismus in der Sowjetunion überlebte *Stalin*, auch wenn er nicht mehr die letalen Konsequenzen hatte oder ein Vernichtungsszenario heraufbeschwor, so wie spätestens unter *Breschnew* der ideologische Fanatismus des Sowjetregimes im Totalbürokratismus korrumpierend ersterben sollte. Bemerkenswerterweise erhielt nunmehr der Antisemitismus[129] die Form des expliziten Anti-Nationalismus. Dafür kann das 1964 von der Ukrainischen Akademie der Wissenschaften veröffentlichte Buch *Judaismus ohne Beschönigung* von *T. Kichko* angeführt werden. Dies führte dann in den Anti-Zionismus über, wobei es der sowjetischen Politik in den 1970er Jahren gelingen sollte, den Zionismus als Form des Rassismus von der UN-Generalversammlung verurteilen zu lassen. Diese diplomatischen Bestrebungen setzten infolge der peinlichen Niederlage Ägyptens unter *Nasser* im Krieg gegen Israel ein, die die Sowjetregierung so sehr in Rage brachte,[130] dass spontan die Frage gestellt wurde, ob nicht doch alle Juden Zionisten seien, so dass der Zionismus „eine konsequente, unvermeidliche Folge der gesamten jüdischen Geschichte, der jüdischen Religion und des durch sie geschaffenen jüdischen nationalen Charakters“ und das Judentum dementsprechend eine sehr bequeme Religion zur Ergreifung der Weltherrschaft sei, da es ziemlich konsequent eine Ideologie der Rassenherrschaft und der Apartheid umsetze. Letztlich dürfte der Zionismus deshalb so nachdrücklich, gewissermaßen als neueste „letzte Stufe“ des „Kapitalismus“, sowjetisch bekämpft worden sein, weil er notwendigerweise auf eine Widerlegung des Marxismus hinauslief, für den „Sozialismus“ eben das Verschwinden des Judentums bedeuten musste. Wenn aber bereits bei der „schimärischen Nation“, wie *Marx* das Judentum eingeschätzt hatte, der – eigentlich sozialistische! – Nationalismus als Zionismus erblühte, dann musste erst recht bei anderen Nationen damit gerechnet werden. Der Sozialismus wäre, zumindest in seiner internationalistischen Variante dadurch endgültig widerlegt, und die sozialistische Idee würde, wenn überhaupt, dann nur in Form des nationalen Sozialismus oder des expliziten Nationalsozialismus eine Chance haben können! In der speziellen Logik der sozialistischen Tradition verfolgte der spätsowjetische Antisemitismus demnach genuinerweise das Ziel, den Nationalsozialismus zu bekämpfen!

g) Die pseudo-religiös/pseudo-atheistische Wurzel des sozialistischen Antisemitismus

Bedeutung und Problematik der „Judenfrage“ in der sozialistischen Tradition stehen dem Versuch der bundesdeutschen „Bewältigung“ entgegen, dem deutschen Nationalsozialismus wegen seines Antisemitismus den sozialistischen Charakter abzusprechen. Vielmehr zeigt die Geschichte des Sozialismus, dass er „je nach den politischen oder sozialen Umständen sich dem Antisemitismus ebenso gut nähern und mit ihm liebäugeln wie ihn ablehnen und bekämpfen kann. Sie lassen auch, sofern man überhaupt von der Vergangenheit auf die Zukunft schließen darf, eine neuerliche Annäherung von Sozialismus und Antisemitismus als durchaus möglich erscheinen. Das fiele jedenfalls nicht aus dem Rahmen sozialistischer Tradition ... Dazu bedarf es keiner Änderung der sozialistischen Theorie".[131] Der Antisemitismus des Nationalsozialismus stellte in diesem Sinne eine in der sozialistischen Tradition enthaltene Möglichkeit dar, das Verhältnis von Judentum und Sozialismus zu bestimmen. Insgesamt überwiegt in der sozialistischen Ideenströmung ohnehin die antisemitische Tendenz, weil selbst sozialdemokratischer Anti-Antisemitismus und leninistischer Philosemitismus einen taktischen Charakter aufgewiesen haben. Dieser Philosemitismus wurde zumindest nie selbstlos praktiziert, und es war somit möglich, jederzeit wieder eine andere, nämlich die – scheinbar – gegenteilige Position einzunehmen, die sich jedoch im Zweifel zeitlich-dialektisch bedingten.

Versucht man, die zumindest latente antisemitische Tendenz des klassischen Sozialismus und den expliziten Antisemitismus der national-sozialistischen Sozialismushäresie auf einen Nenner zu bringen, so führt dies auf die den Sozialismus als Ideenströmung insgesamt kennzeichnende gnostisch-pseudo-theologische Geschichts- und Seinskonstruktion zurück, bei der es letztlich um die Frage der Gerechtigkeit geht, die in der Sozialdemokratie eher weltlich mit „sozialer Gerechtigkeit", beziehungsweise Gerächtigkeit ausbuchstabiert wird. Das entsprechende Weltverständnis gibt auf die sicherlich kaum lösbare Frage der Theodizee, also die *Hiob*-Frage, wie ein gerechter und gleichzeitig allmächtiger Gott schreiende Ungerechtigkeit zulassen könne, die stillschweigende oder auch offene Antwort: Der Welterschaffer (Demiurg) ist kein guter oder allmächtiger Gott, sondern er knechtet den Menschen. Er ist – in den Worten von *Marx* – ein Vampir, der „dem Irdischen seine Wirklichkeit aussaugt, um selbst davon leben zu können."[132] Von dieser Knechtschaft kann sich aber der Mensch befreien, weil er der dialektischen Erkenntnis (*gnosis*) teilhaftig ist, die auf das wahre Sein verweist, zu dessen Verwirklichung die existierende (Schein-)Welt radikal verneint werden muss. Das wahre Sein bezieht sich entweder auf den hinter Jahwe stehenden wahren Urgott, den die Nationalsozialisten (sicherlich unbewusst) als „Vorsehung" bemühten, oder meint den Menschen als ewigen „Gattungsmenschen" nach *Karl Marx*, der Gott geworden ist, indem er die religiöse Projektion durch Begriffsmord (der „Vampir“ ist getötet) in sich zurückgenommen und sich durch „Arbeit“ sozialistisch selbst erschaffen hat.

Die entsprechende Konstruktion, auf die sich letztlich alle Sozialismen zurückführen lassen, hatte schon zu dem „metaphysischen Antisemitismus“[133] der antiken Gnosis geführt, die nicht müde wurde, den „Judengott Jahwe“, Moses und das Gesetz, die Propheten und überhaupt das ganze Alte Testament und mit diesen das Judentum im wahrsten Sinne des Wortes zu verteufeln. Jahwe wird als mörderische Schöpfergottheit dargestellt, der im Zorn die Welt ertränkte, Sodom und Gomorrha vernichtete, etc. Deshalb wurde das Alte Testament verworfen, weil es ein jüdisches Monopol auf Gott verkündete und eigentlich nichts enthielt, was für Nichtjuden von Wert war. Die antiquierten Gebote wurden jüdischen Stämmen nur auferlegt, damit es mehr Übertretungen gäbe,[134] so dass die Juden unter dem irrtümlichen Zwang, sich dem Gesetz zu unterwerfen, dem Gesetzgeber Jahwe hörig blieben, dessen Ziel dabei die Versklavung der Menschheit durch künstlich geschaffene Schuld sei. Sofern in dieser Welt Schuld ist, das heißt Schulden sind, stellt sie sich demnach als „verjudet“ dar: Dies stellt nichts anderes als die Essenz der Judenschrift[135] von *Marx* dar, der als Lösung des Menschenproblems eine Welt ohne Schuld(en), das heißt „Schacher“ (Kapitalismus) imaginiert, in der dann „der Jude“ unmöglich würde, weil sein (Schuld-) Bewusstsein keinen Gegenstand mehr hat. Mit „jüdisch“ ist dabei letztlich die „Urschuld“ des individuellen Daseins gemeint, die zur Trennung von Existenz und Wesen führt und wodurch die Menschheit, das heißt „der Mensch“ als ewiges „Gattungswesen“ durch Vereinzelung geknechtet wird, oder expliziter formuliert: Jahwe knechtet danach mit seinem auserwählten Volk die Welt, das sich dabei des Herrschaftsmittels Geld und Zinsen bedient, das dem sich selbst durch Arbeit erschaffenden Menschen seines Wesens beraubt und ihm sich selbst entfremden lässt: Schwerwiegender lässt sich eigentlich das Judentum nicht verurteilen, zumal es für dieses dann keine Lösung gibt als aus der Menschheitsgeschichte, in welcher Weise auch immer, zu verschwinden. Diese Konstellation ist bereits in der in Nag Hammadi gefundenen[136] *Offenbarung Adams* vorgezeichnet, bei der die Abkömmlinge von Japhet, der als Stammvater der Weißen / Europäer betrachtet werden sollte, auf der Seite der eigentlichen Gottheit und damit der Gnosis stehen, während die Abkömmlinge von Sem dem Demiurgen beistehen, wenn er alle Gnosis (dialektische Erkenntnis), etwa durch die Sintflut aus der Welt tilgen will, um die Menschen als seine unwissenden Knechte zu halten. Diese Ideenwelt wurde im Mittelalter vor allem von den Katharern[137] gepflegt, deren ständige Polemik gegen Grausamkeit, Habgier und Jähzorn des „jüdischen Stammesgottes" die katholische Kirche, die „Synagoge Satans", zum Verbot der Verbreitung des Alten Testaments unter Laien veranlasste, letztlich auch zum Schutz der Juden! Der Erlöser Christus konnte in diesem auf die antike Gnosis zurückgehenden Verständnis daher nicht der Sohn dieses Judengottes sein, sondern als „Arier", wie dies in der Moderne genannt werden sollte, der Abkömmling der wahren Gottheit. Dieser „Arier" – letztlich eine fortschrittlich-wissenschaftliche Ersatzbezeichnung für einen Abkömmling von Japhet nach der biblischen Genealogie – aber ist „der *Prometheus der Menschheit*, aus dessen *lichter* Stirne der *göttliche Funke* des *Genius* zu allen Zeiten hervorsprang, immer von neuem jenes Feuer entzündete, das als *Erkenntnis* die *Nacht* der schweigenden *Geheimnisse aufhellte* und den Menschen so den Weg zum Beherrscher der anderen Wesen dieser Erde *emporsteigen* ließ. Man schaltete ihn aus – und *tiefe Dunkelheit* wird vielleicht schon nach wenigen Jahrtausenden sich abermals über die Erde senken, die menschliche Kultur würde vergehen und die Welt veröden" (*Hitler*).[138] Auch für *Marx* war die Figur des Prometheus, diese schon von der antiken Gnosis bewusst als Anti-Hiob verstandene Gestalt, die dem Menschen im Kampf gegen die knechtende Vatergottheit das Licht der – möglicherweise gar nicht existierenden[139] – Urgottheit bringt, von zentraler Bedeutung, wobei der angedeutete Sieg dieses Prometheus über die Vatergottheit das Verständnis der klassischen Antike übersteigt und sich als eindeutig gnostische Verfälschung der antiken Überlieferung[140] darstellt. Durch die Identifizierung mit der gnostisch verstandenen Prometheus-Figur lebte der jugendliche *Marx* seine Rachegefühle gegenüber der Vatergottheit aus, der er das

„Joch" und den „Schicksalsfluch" der Entfremdung[141] zuschreibt, womit letztlich gemeint ist, dass man überhaupt als schuld(en)beladenes Individuum existieren muss. Diese „Urschuld" entsteht banal dadurch, dass Eltern / Sippenverband für das geschäftsunfähige Kind Kosten übernehmen, die – bei ökonomischer Betrachtungsweise – in der Erwartung getätigt werden, dass sie durch Altersversorgung beglichen werden: Damit beginnt das Leben mit einem letztlich aufgezwungenen Kredit, der eigentlichen Ursache der Herrschaft und des „Kapitalismus"; der Kampf gegen diesen verneint dann allerdings in einer grundlegenden Weise die banalen menschlichen Existenzbedingungen, so dass in der Tat Sozialismus „der Todestrieb der Geschichte"[142] ist, der aufgrund seiner gnostischen Irrationalität das Potential zu (selbst-)mörderischen Konsequenzen aufweist. Weniger dramatisch kann man sagen, dass die sozialistischen Systeme letztlich ein geringes Interesse an der wirklichen Welt[143] zeigen. Bei *Hitler*s fast väterlichem Lehrmeister *Dietrich Eckart*[144] kommt dies dergestalt zum Ausdruck, dass die Deutschen als „Sieger über das Diesseits" deshalb in der Hierarchie der Werte oben rangieren, weil bei ihnen der Grad des Widerstandes gegen die Materie (gemeint: die wirkliche Welt) am größten sei. Am unteren Ende rangiert der dem Materialismus verfallene Jude. Während der Deutsche am reinsten die „Weltverneinung" verkörpere (also die Aufhebung des Realitätsprinzips im Sinne von *Herbert Marcuse*), so der Jude die „Weltbejahung". Die Frage ist, ob sich der daraus ergebende Konflikt eher in ein Rassenkampf- oder doch mehr in das Klassenkampfschema einordnen lässt.

Der Marxismus unterscheidet sich vom Nationalsozialismus in der Grundproblematik der sogenannten „Gerechtigkeit" lediglich dadurch, dass ersterer seinen letztlich religiösen Aspekt, nämlich die nicht überwundene Transzendenzfrage, verschleiert und als Atheismus auftritt, während letzterer seinen Atheismus als Religion verschleiert hat: „Nationalsozialismus ist Religion ... Nationalsozialismus muss auch einmal Staatsreligion der Deutschen werden. Meine Partei ist meine Kirche, und ich glaube, dem Herrn am besten zu dienen, wenn ich seinen Willen erfülle und mein unterdrücktes Volk vom Sklavendasein befreie. Das ist mein Evangelium..."[145] *Marx* dagegen wollte Atheist sein und hegte dabei tiefe Rachegefühle gegen etwas, was es danach doch gar nicht gibt, aber trotzdem für das „Joch" und den „Schicksalsfluch" des Daseins verantwortlich sein soll, was man aufgrund der Schuld und der Schulden nur als „verjudet" kennzeichnen kann. Die Transzendenz ist jedoch schon deshalb präsent, weil nur die stillschweigenden Prämissen der Gnosis die Erklärung geben können, dass die Dialektik die Geschichte zu Ende bringt, während es doch logisch wäre, dass die Dialektik dann die Geschichte wieder von vorne anfangen lässt. Die gemeinsame Basis von National- und International-Sozialismus stellt demnach die in der Spätantike entstandene gnostische Unterströmung der europäischen Geistesentwicklung dar, die sich auf eine Urgottheit bezieht, die jenseits der Begriffe Sein und Nichtsein angesiedelt ist, so dass sich auch der Unterschied zwischen marxistischem Atheismus, der letztlich ein dialektischer Pseudoatheismus ist, und national-sozialistischer Pseudoreligiosität auflöst. Der notwendige Kampf gegen die „jüdisch" verstandene Vater- und Schöpfergottheit, die für individuelles Sein und Kapitalismus verantwortlich ist, kann zumindest gleichermaßen (pseudo-)atheistisch oder (pseudo-)religiös geführt werden. Letzteres hatte den taktischen Vorteil, dass man zahlreiche Leute irreführen konnte, wenn man von einem „positiven Christentum" sprach, die „Vorsehung" bemühte (die dabei sicherlich nicht angebetet wurde) und mit dem Kampf gegen das Judentum ein „Werk des Herrn" (der ebenfalls nicht angebetet wurde) zu erfüllen trachtete: Mit diesem „Herrn" war aber nicht das gemeint, was normalerweise im traditionellen Christentum darunter verstanden wird, sondern meint (ob bewusst oder unbewusst, ist dabei letztlich nicht entscheidend) die Urgottheit beziehungsweise „das wahre Menschentum", zu dem man durch die Beseitigung des Demiurgen und seines auserwählten Volks gelangt. Der Sozialismus in seinen unterschiedlichsten Varianten ist die Gnosis der Moderne und damit notwendigerweise, sei es latent oder explizit, antisemitisch. Und auf dieser gewissermaßen metaphysischen Ebene vereinigen sich der jüdische Selbsthass eines *Karl Marx* und der Judenhass eines *Adolf Hitler*. Beide gehören dabei zur sozialistischen Ideenströmung, und nur diese Tradition erklärt die mörderischen Konsequenzen, die sich etwa aus dem traditionellen Nationalismus, der bekanntlich in Deutschland die Judenemanzipation herbeigeführt hatte, allein in dieser weitreichenden Weise nicht hätten ergeben können. Für diese Einschätzung spricht nicht zuletzt der dann doch auch explizit auftretende Antisemitismus in der internationalistischen Sozialismusvariante, die sich dabei nachdrücklich als anti-antisemitisch und anti-nationalistisch bestimmt hatte.

[1] S. Nachweis bei *Höver*, a. a. O., S. 154.

[2] S. *Hayek*, a. a. O., S. 179.

[3] Immerhin war bei der amerikanischen Boykottbewegung gegen die Olympischen Spiele von 1936 in Berlin festzustellen, dass die Ankläger des nazistischen Rassismus die gleichen waren, „die die sportliche Emanzipation der amerikanischen Schwarzen behinderten, und dies aus keinem anderen als rassistischen Gründen", s. *Höhne*, a. a. O., S. 442 f.; „Ernüchtern musste auch, dass prominente Wortführer des Olympiaboykotts antisemitischen Sportvereinen angehörten (Mahoney beispielsweise dem New Yorker Athletic Club), die keine Juden in ihren Reihen aufnahmen".

[4] S. dazu *Berns*, a. a. O., S. 59 f.

[5] S. Nachweis etwa bei *Schultze-Rhondorf*, a. a. O., S. 174.

[6] S. *Haws*, a. a. O., S. 41.

[7] S. die zutreffenden Ausführungen bei *Krieger*, a. a. O., S. 273 f., 311 f. und 345.

[8] So *Mosse*, a .a. O., S. 270, ohne allerdings damit auszudrücken, dass mit seiner Bemerkung (wohl primär) die USA gemeint sind.

[9] S. *Horsman*, a. a. O., S. 403 f.

[10] Zitiert bei *Jäckel*, a. a. O., S. 56.

[11] Der religiös begründete Antisemitismus war in Deutschland aufgrund der Relativierung des Konfessionsstreits nach 1648 in Rückgang begriffen, und es überwogen eindeutig die Impulse seitens der Zünfte, die von der wirtschaftlichen Konkurrenz ausgingen; s. *Battenberg*, Die Juden, S. 36.

[12] S. *Shahak*, a. a. O., S. 60 ff.

[13] S. dazu etwa *Battenberg*, Das Reichskammergericht, a. a. O.

[14] Darauf weist zu recht *Shahak*, a. a. O., S. 67, hin, was belegt, dass der traditionelle religiöse Antijudaismus kaum rassistisch geprägt war; letztlich kann dies durch die Eheschließung von *Marx* selbst belegt werden; auf die „Baroness-Karten" – née *von Westfalen* – seiner Frau *Jenny* legte *Marx* großen Wert!

[15] So zusammenfassend die Untersuchung von *Koch*, a. a. O., S. 350.

[16] S. dazu *Battenberg*, Die Juden, S. 31; diese Zinspraxis wurde von *Papst Gregor XIII.* als *Contractus Germanici* trotz des kirchlichen Zinsverbots, das heißt als Ausdruck des deutschen Staatsrechts, akzeptiert.

[17] So *Shahak*, a. a. O., S. 64.

[18] S. dazu *Battenberg*, Die Juden, S. 20.

[19] S. *Koch*, ebenda.

[20] S. dazu hinsichtlich der Situation in Deutschland die umfassende Darstellung von *Valjavec*.

[21] Auch *Michael Zimmermann*, a. a. O., S. 63, hebt hervor: „Die Obrigkeiten des vorbürgerlichen Zeitalters hatten die Juden, vor allem aus fiskalischen Erwägungen, eher zu schützen gesucht. Antijüdische Ausschreitungen aus der Bevölkerung galten ihnen deshalb als abzuwehrende Anzeichen herrschaftlicher Schwäche."

[22] S. dazu *Knütter*, a. a. O., S. 40, 123 und 135.

[23] So von *Courtois*, im Vorwort zu *Löw*, a. a. O., S. 13 f.

[24] Die Tatsache, dass dem in der Realität nicht voll entsprochen werden kann,

gibt der sozialistischen Propaganda eine gewisse Berechtigung, der mit dem Sozialstaatskonzept Rechnung getragen werden soll; s. dazu die Ausführungen im 7. Kapitel der vorliegenden Abhandlung.

[25] Dies ist zumindest die Auffassung von *Shahak*, der trotz seiner Ablehnung des Marxismus meint, s. a. a. O., S. 49, dass *Marx* intuitiv die auf Profit ausgerichtete Mentalität des Judentums der Voraufklärung richtig erfasst hätte.

[26] So *Johnson*, History of the Jews, S. 346 ff., 348.

[27] Die Kritik von *Dühring*, Judenfrage, S. 61 f., wonach *Marx* „gar das Mosaische Jubeljahr zum Vorbild seines verschrobenen Communismus genommen" habe und sein „als Communismus bezeichnetes Judenreich" hat sicherlich einiges richtig erkannt.

[28] So die berechtigte Kritik von *Silberner*, Sozialisten, S. 124.

[29] S. *Künzli*, a. a. O., S. 211.

[30] Zitiert bei *Künzli*, a. a. O., S. 217; der Hinweis auf *Manetho* dürfte allerdings die Vermutung widerlegen, *Marx* hätte sich nicht mit dem Judentum befasst, da er sich auf eine Darstellung bezieht, die den altägyptischen Antisemitismus repräsentiert, der das Judentum bekämpfte, weil er es – wohl eher unbewusst – für eine Verwirklichung der Lehre des monotheistischen Ketzerpharao, *Echnathon* hielt, der allerdings nicht als solcher angesprochen wird, da er der *damnatio memoriae* anheimgegeben war; s. dazu umfassend: *Assmann*, Moses, insbesondere S. 47 ff.

[31] Was auf *Moses* zutrifft; in der üblichen Übersetzung des 12. Kapitels von Numeri (4. Buch Moses) wird verschleiernd von einer „kuschitischen Frau" gesprochen; hebräisch *kusch* bedeutet jedoch *schwarz*, so dass man die Stelle auch übersetzen könnte, dass *Moses* eine Negerin ehelichte; die Kritiker dieser Eheschließung wurden von Gott mit Aussatz bestraft!

[32] S. dazu *Watson*, Race & Socialists, S. 20; zumindest hat man vor *Marx* diesen Ausdruck im deutschsprachigen Schrifttum bislang nicht gefunden!

[33] S. Esther 10, 1-3: „Denn Mordekaj, der Jude, war der nächste nach dem König Ahaschweros und groß unter den Juden und angenehm unter der Menge seiner Brüder, der für sein Volk Gutes suchte und redete das Beste für sein ganzes Geschlecht."

[34] S. *Künzli*, a. a. O., S. 489; zu recht weist *Künzli* darauf hin, dass sie auch hätte ausrufen können: „Ich bin eine preußisch-schottische Adlige!"; aber dies war eben nicht das Problem.

[35] So *Künzli*, a. a. O., S. 224.

[36] S. *Marx-Engels*, Werke Bd. 8, 1966/67, S. 544.

[37] S. Nachweise bei *Löw*, a. a. O., S. 108, 113 und 121.

[38] S. *Arendt*, a. a. O., S. 88-102; eine Analyse, die nicht ganz an die Wurzel des Problems geht!

[39] S. ebenda, S. 98; Zitat von *Paul Brousse* im Vorwort von *Cesare Lombroso*, L´ Antisémitisme, Paris 1899.

[40] S. *Silberner*, Sozialisten, S. 290.

[41] Hier sei zusammenfassend *Talmon*, a. a. O., S. 249, wiederholt (Hervorhebungen hinzugefügt): "*Totalitarian democracy, far from being* a phenomenon of recent growth, and *outside the Western tradition*, has its roots in the com-

mon stock of eighteenth-century ideas. It *branched out* as a separate and identifiable trend *in the* course of the *French Revolution* and has had an unbroken continuity ever since."

[42] Dazu umfassend: *Silberner*, Sozialisten, zu den besonders antisemitischen französischen Sozialisten S. 17 - 98.

[43] S. ebenda, S. 286 f.

[44] S. *Mosse*, a. a. O., S. 188; womit sich die Einschätzung von *Silberner* relativiert, der *Proudhon* neben *Marx* zu den Sozialisten zählt (s. a. a. O., S. 290 f.), die den Juden zwar Abneigung, Hass und Verachtung entgegenbrachten, aber kein spezifisch antisemitisches Programm verkündete.

[45] S. *Silberner*, Sozialisten, S. 67.

[46] S. *Alan Davis*, a. a. O., S. 64.

[47] Im Einzelnen bei *Mosse*, a. a. O., S. 193 f.

[48] S. *Joseph Croitoru*, Mit Parfüm und Zigarette – Strafforganisierter Antisemitismus im kolonialen Algerien, in: *FAZ* vom 09.11.1994.

[49] S. *Mosse*, a. a. O., S. 193.

[50] Was durchaus mit Vorbehalten einherging; so sprach sich der führende Marxist *Jules Guesde* gegen die Unterstützung von *Dreyfus* aus, da sich die Sozialisten nicht in die inneren Streitereien der Bourgeoisie einmischen sollten; s. *Courtois*, a. a. O., S. 797.

[51] Darüber empört sich *Silberner*, Sozialisten, S. 105: „Es ist ... bezeichnend, dass das offizielle Organ des belgischen Sozialismus im Namen der Diskussionsfreiheit noch um die Jahrhundertwende Artikel brachte, die jedes antisemitische Blatt gedruckt haben könnte. Es ist auch bemerkenswert, dass die Partei keinerlei Maßregeln gegen jene ihrer Mitglieder traf, die sich antisemitisch betätigten."

[52] S. *Silberner*, Kommunisten, S. 56.

[53] Die entsprechende Resolution ist zitiert bei *Silberner*, Sozialisten, S. 207.

[54] So die zusammenfassende Bewertung bei *Kaltenbrunner*, a. a. O., S. 45.

[55] S. dazu den Beitrag von *Dowe / Tenfelde*, a. a. O., S. 25 ff.

[56] Zitiert bei *Kaltenbrunner*, a. a. O., S. 44.

[57] Die Tatsache, dass der „Faschismus" von links kommt, ergibt auch die Selbsteinschätzung von *Dühring*, *Marx* nicht von rechts, sondern von links kritisiert zu haben; s. dazu *Bernstein*, Berliner Arbeiterbewegung, S. 315; im zeitgenössischen Kontext meinte „links" eine Einstellung, die vom Liberalismus geprägt ist – und *Dühring* repräsentierte in der Tat den damals schon fast unzeitgemäßen Typus des Aufklärers, dessen Antisemitismus dann wohl auf *Voltaire* zurückgehen dürfte

[58] In der 1901 erschienenen 5. Auflage seines Werkes setzt sich *Dühring* in der Tat ab S. 113 ff. von den bisher von ihm empfohlenen „Zwischenmitteln", das heißt von „allzu zarter Rücksichtnahme" wie Numerus Clausus in den öffentlichen Ämtern, Ausschluss aus der Richterschaft, „Mediatisierung der Finanzfürstentümer der Juden" und Verbot der Rassenmischung ab und fordert „mit dem Hebräervolk eine durchgreifende Abrechnung", „was nur im Verschwindenlassen des fraglichen Typus bestehen" könne; ergänzt wurde dies durch die in *Sociale Rettung* ausgedrückte Hoffnung, dass die Russen

zu einer „negativen Antibarbarei“ gegen die Juden fähig sein würden, s. S. 77 f.: „Wenn sie die Hetzer weghetzen und die gewissenlosen Volksverderber selbst verderben und ausmerzen, so ist dies nichts mehr als Nemesis“; dies würde dann den sozialdemokratischen „Classenmord zugunsten der Hebräerherrschaft“, s. S. 12, beenden: die Diktion sollte eigentlich deutlich machen, von wem *Hitler* abgeschrieben hat!

[59] S. im einzelnen *Silberner*, Sozialisten, S. 157.

[60] Er scheint dabei auch vom plötzlichen Bekenntnis der *Marx*-Tochter beeindruckt worden zu sein, deren Selbstmord den alten *Engels* vielleicht zur Erkenntnis brachte, wo das wirkliche Problem seines Freundes *Marx* gelegen haben musste.

[61] Wie schwer er sich damit allerdings tat, geht aus einem späteren Brief an den Schwiegersohn von *Marx*, *Lafargue*, hervor, in dem er Verständnis für die französischen Antisemiten – womit sicherlich Sozialisten gemeint waren – zum Ausdruck brachte, s. *Löw*, a. a. O., S. 264.

[62] Damit keine vorschnellen Folgerungen gezogen werden: *Dühring* beschimpfte auch *Bismarck* als „Bis-rael“ (gemeint: er würde die Politik für *Disraeli* machen), s. Judenfrage, S. 128, weil dieser sich auf dem Berliner Kongress dafür eingesetzt hatte, dass Rumänien verfassungsrechtlich die Judenemanzipation durchführt.

[63] Dieses Bestreiten hing mit der Verteidigung seiner beruflichen Stellung zusammen, da es ja nicht ratsam war, als angehender preußischer Universitätsbeamter mit der staatsfeindlichen Sozialdemokratie identifiziert zu werden; *Dühring* konnte allerdings nicht bestreiten, die Pariser Kommune als vorbildlich hingestellt zu haben, also etwas, was Ansatzpunkt für den Erlass der „Sozialistengesetze“ war; seine Stellung hat *Dühring* aber vor allem wegen seiner polemischen (durchaus auch geistreichen und damit besonders „treffenden“) Aggressivität gegenüber Kollegen aufs Spiel gesetzt.

[64] So die im Ergebnis zutreffende Einschätzung des Jesuitenpaters *Gaston Fessard*, zitiert bei *Künzli*, a. a. O., S. 411.

[65] Einer der führenden sozialistischen Theoretiker Europas der damaligen Zeit, der später vorübergehend seinen Frieden mit dem Nationalsozialismus machen sollte, *Hendrik de Man*, sprach davon, dass „zum ersten Mal seit den Anfängen des Sozialismus das antikapitalistische Ressentiment sich gegen die sozialistische Bewegung wendet“, zitiert bei *v. Hayek*, a. a. O., S. 153 und dort Anm. 8.

[66] So die Einschätzung von *Kaltenbrunner*, a. a. O., S. 48; es stellt sich in der Tat die Frage, ob man statt Marxismus beim Leninismus nicht besser von einem *Engels*ianismus sprechen sollte!

[67] S. *Silberner*, Sozialisten, S. 270 ff.; insbesondere S. 274 ff.: Die jüdische „Bedrohung“ des Sozialismus.

[68] S. bei *Kaltenbrunner*, a. a. O., S. 45.

[69] S. *Silberner*, Sozialisten, S. 273.

[70] Zitiert bei *Jäckel*, a. a. O., S. 56.

[71] So die Einschätzung von *Mosse*, a. a. O., S. 198; ob *Dühring* wirklich „wirrer“ ist als der Sozialismus/Marxismus insgesamt, sei dahingestellt; es sollte nicht

verkannt werden, dass einige der Schriften von *Dühring* zu Unrecht vergessen sind, so sein Buch über die Mechanik, das von *Ernst Mach* hochgeschätzt wurde, sowie auch seine „Kritische Geschichte der Nationalökonomie und des Socialismus", welche die bis dahin bedeutendste Darstellung der wirtschaftswissenschaftlichen Lehrmeinungen darstellte (und noch einiges mehr).

[72] So *Rocker*, a. a. O., S. 56 f.

[73] So *Kaltenbrunner*, a. a. O., S. 39 m. w. N.

[74] S. dazu bei *Dowe / Tenfelde*, a. a. O., S. 32 f.; insbesondere sind die *Dühring*-Zitate zugunsten des Streikrechts und der Gewerkschaften hervorzuheben!

[75] Wie er dies jedoch in seinem Interview mit der Monatszeitschrift *Cicero*, Oktober 2006, S. 68, getan hat, das tiefste Unkenntnis über die Geschichte seiner Partei verrät.

[76] S. zusammenfassend *Mosse*, a. a. O., S. 219 f.

[77] S. dazu eingehender die Ausführungen von *Knütter*, a. a. O., insbesondere S. 40, 79, 123 ff., 135, 147 ff., 158 und 179.

[78] S. *Knütter*, a. a. O., S. 191 f.

[79] S. *Silberner*, Sozialisten, S. 203 ff., speziell zur österreichischen Sozialdemokratie, die die Ambivalenz besonders verkörpert, s. S. 231 ff.

[80] So *Striefler*, a. a. O., S. 192.

[81] So die berechtigte Bewertung von *Höver*, a. a. O., S. 148 ff.

[82] Das (für „rechts" gehaltene) Wort „Überfremdung" ist bekanntlich einmal zum „Unwort des Jahres" erklärt worden; diese Kennzeichnung für (die linke) „Entfremdung" steht noch aus: Auch hier die Dominanz linkspolitischer BRD-Sprachpolizei!

[83] S. das entsprechende jüngste Werk von *Mann* mit dem Untertitel: *Explaining Ethnic Cleansing*; zu recht ordnet *Mann* die NS-Politik diesem demokratischen Aspekt zu; s. S. 180-318.

[84] Nachweis, s. Anm. 1; zitiert aus *Angriff* Nr. 93 vom 2.5.1931; dort mit dem Schreibfehler „Ankernation" (statt wie gemeint: „Inkarnation").

[85] S. bei *Zitelmann*, a. a. O., S. 299 ff.

[86] S. dazu das Buch von *Kommoss*, das in der Tat deutlich macht, dass der Sowjetunion seitens des NS-Regimes nicht ihr kommunistischer Charakter zum Vorwurf gemacht worden ist, sondern gerade, dass sie kein wirklich sozialistisches, sondern ein von Juden beherrschtes staatskapitalistisches System darstellen würde; s. a. a. O., S. 23 f.

[87] Nämlich der Herausgeber des Buches von *Fehst*, im Vorwort, S. 9.

[88] Hier zitiert bei *Strohm*, a. a. O., S. 49.

[89] S. bei *Höver*, a. a. O., S. 162.

[90] S. ebenda, S. 165 f.

[91] S. *Höver*, a. a. O., S. 173 ff.

[92] S. *Höver*, a. a. O., S. 471 f.

[93] S. *Margolina*, a. a. O., S. 36.

[94] So *Rapoport*, a. a. O., S. 44.

[95] S. *Margolina*, a. a. O., S. 84.

[96] S. *Solschenizyn*, a. a. O., S. 145, unter Bezugnahme auf den amerikanischen

Historiker *Bruce Lincoln*.

[97] S. *Johnson*, History of the Jews, S. 452 f.

[98] S. *Margolina*, a. a. O., S. 45.

[99] Zitiert bei *Solschenizyn*, a. a. O., S. 99; zu den späteren Strafbestimmungen, s. ebenda, S. 241 f.; man findet dort die Vorbilder für den bundesdeutschen § 130 StGB!

[100] Die zumindest offiziöse Darstellung des NS-Regimes findet sich, abgesehen von einschlägigen Ausführungen im *Kampf* etwa bei *Fehst*, a. a. O., insbesondere S. 72 ff.: Jüdische Gewalthaber und S. 144 ff.: Fremdherrschaft über Russland.

[101] So *Margolina*, a. a. O., S. 95 ff., Kapitel: Der nichtjüdische Jude; liest man allerdings die Biographie von *Kostinski*, der sich immer als treuer Sowjetbürger darstellt, kann man Zweifel bekommen, ob wirklich alle kommunistischen Juden als „nichtjüdische Juden" eingestuft werden können; s. auch das Bekenntnis von *Stalin*s Chefpropagandisten *Ehrenburg* bei *Hoffmann*, a. a. O., S. 152: "I am a Jew and proud of it!", wobei hier tatsächlich reine – an die US-Seite gerichtete – Propaganda vorliegen dürfte.

[102] So *Margolina*, a. a. O., S. 50: „die Bolschewiken und die an ihrer Seite stehenden Juden regierten Russland in den ersten Jahren nach der Revolution mit dem Angstschweiß auf der Stirn. Der rote Terror war eine Flucht nach vorne."

[103] Eines der großen Tabus sind jüdische Blutsanteile beim totalitären Sowjetdiktator *Lenin* selbst: „Recent Russian research has shown that one of his grandfathers was indeed Jewish, but this (fortunately perhaps for the Jews) was unknown at the time of the Revolution"; s. *Guardian Weekly* vom 13.12.1992, S. 29.

[104] Darauf beruht ja noch die Sozialismus-Apologie von *Wittfogel*.

[105] So *Margolina*, a. a. O., S. 74.

[106] S. ebenda, S. 71.

[107] S. ebenda, S. 48.

[108] S. *Rapoport*, a. a. O., S. 104 ff.; zur Begeisterung für Israel auch bei *Kostinski*, a. a. O., S. 27 ff.

[109] S. bei *Fehst*, a. a. O., S. 86 ff.

[110] S. *Rapoport*, a. a. O., S. 50 ; *Stalin* wurde dieser für ihn belustigende Vorgang vom Vollstrecker *Pauker* mitgeteilt, der dann zu den 300 Geheimdienstleuten gehörte, die bald auch alle hingerichtet wurden; *Stalin* schien eine Neigung gehabt zu haben, jüdischstämmigem Personal, das dann anschließend hingerichtet wurde, die Schmutzarbeit gegen die jüdischstämmigen Figuren der *Lenin*schen Revolutionsgarde vornehmen zu lassen!

[111] S. *Rapoport*, a. a. O., S. 166.

[112] S. *Rapoport*, a. a. O., S. 104, 120, 140 f.

[113] S. *Rapoport*, a. a. O., S. 49.

[114] So *Rapoport*, a. a. O., S. 59.

[115] S. *Rapoport*, a. a. O., S. 75; s. auch *Hoffmann*, a. a. O., S. 158: „von den 600 000 in die Sowjetunion deportierten polnischen Juden verschwanden 450 000 spurlos".

[116] S. dazu auch zusammenfassend: *Heller / Nekrich*, a. a. O., S. 503 f.

[117] S. bei *Solschenizyn*, a. a. O., S. 445: „Danach (das heißt nach der Kampagne gegen die „Kosmopoliten", *Anm.*) kam die totale Bedrohung einer stalinistischen Vernichtung, die durch den baldigen Tod des Tyrannen beseitigt wurde."

[118] Nach *Rapoport*, a. a. O., S. 185, der den ehemaligen Diplomaten am 30.09.1987 interviewt hat.

[119] S. a. a. O., S. 422, unter Bezugnahme auf den Historiker *G. W. Kostyrtschenko*.

[120] S. *Heller / Nekrich*, a. a. O., S. 502 f.; s. dazu auch die Ausführungen des persönlich betroffenen *Kostinski*, a. a. O., S. 36 ff., insbesondere Massenentlassung aus wissenschaftlichen Forschungseinrichtungen; S. 47: Entlassung aller Juden im Gesundheitsministerium.

[121] Am stärksten hielt man sich dabei wohl in der SBZ-DDR zurück; s. dazu die Einschätzung von *Reginald Rudorf* bei *Wolfschlag*, a. a. O., S. 108 ff., S. 114 f.

[122] S. *Rapoport*, a. a. O., S. 141.

[123] S. *Rapoport*, a. a. O., S. 209.

[124] S. *Rapoport*, a. a. O., S. 59 f.

[125] So *Heller / Nekrich*, a. a. O., S. 235.

[126] S. *Mosse*, a. a. O., S. 270.

[127] In Israel werden die Karäer als nicht-religiöse Juden geführt; sie selbst verstehen sich teilweise als selbständige Ethnie und auch als unabhängige Religionsgemeinschaft, was mit den starken islamischen Einflüssen begründet werden kann.

[128] Diese Zahl ist genannt bei *Rapoport*, a. a. O., S. 54.

[129] S. *Heller / Nekrich*, a. a. O., S. 670 f.

[130] S. bei *Solschenizyn*, a. a. O., S. 446.

[131] So zusammenfassend *Silberner*, Sozialisten, S. 294 f.

[132] So *Marx*, s. *Künzli*, a. a. O., S. 508.

[133] S. *Walker*, a. a. O., S. 56 f.

[134] Diese Auffassung ist auch bei *Paulus*, Römerbrief 5, 20 reflektiert; es gibt durchaus auch eine altjüdische Tradition, die besagt, dass Gott diese anscheinend „absurden und unnützen" Gesetze nur erlassen habe, um seine absolute Herrschaft klarzustellen, s. *Assmann*, Moses, S. 98.

[135] So auch *Künzli*, a. a. O., S. 222 ff., der leider den gnostischen Traditionsstrang nicht behandelt.

[136] S. dazu bei *Hörmann*, a. a. O., S. 76 ff.

[137] S. *Walker*, a. a. O., S. 233.

[138] In *Mein Kampf*, S. 317 f.; die Hervorhebungen (kursiv) sind von *Strohm*, a. a. O., S. 48 hinzugefügt und machen dabei den gnostischen Charakter deutlich.

[139] Der Gnostizismus war voll der Allegorie, so dass man nicht sicher sagen kann, inwieweit er seine Aussagen als real verstand, so wie man bei *Hitler* eigentlich nicht annehmen kann, dass er tatsächlich an so etwas wie „Vorsehung" geglaubt haben kann; sicherlich hat er diese nicht angebetet (es handelt sich also um Pseudoreligion)!

[140] Darauf weist *Voegelin*, a. a. O., S. 37, nachdrücklich hin: „The revolutionary reversal of the symbol – the dethronement of the gods, the victory of Prometheus – lies beyond classical culture; it is the work of gnosticism"; es gibt aber einen alchemistischen Text, eine Abhandlung von *Zosimos* über den Buchstaben Omega, der Prometheus als die Gestalt erscheinen lässt, wie sie dann auch in der Dissertation von *Karl Marx* auftritt, nämlich als Anti-Jahwe!

[141] S. Nachweise bei *Künzli*, a. a. O., S. 507 f.

[142] Dies ist in der Tat die zentrale These des Sowjetdissidenten und Mathematikers *Schafarewitsch*, a. a. O., S. 342 (zusammenfassend): „*Der Tod der Menschheit ist nicht nur ein denkbares Ergebnis, wenn der Sozialismus triumphiert, sondern er stellt das Ziel des Sozialismus dar.*" (Hervorhebung im Original).

[143] So *Molnar*, a. a. O., S. 50.

[144] S. dazu *Plewnia*, a. a. O., S. 174; übrigens ging *Eckart* von der Notwendigkeit der Existenz von Juden für die Deutschen aus: so wie das Licht die Finsternis benötige, so der Deutsche den Juden: Das Judentum gehöre daher zum „Organismus der Menschheit wie bestimmte Bakterien zum menschlichen Leib"; nur das Übermaß an jüdischem Einfluss sei danach schädlich.

[145] So *Goebbels*, zitiert bei *Höver*, a. a. O., S. 88.

7. Kapitel NS-Zeit- und Nachgeschichte: Weitere Sozialismus-Transformationen

Spätestens '33 wären wir alle dabei gewesen.[1]

Hätte der Nationalsozialismus 1933 die Grundrechte als Werte vorgefunden, dann hätte er sie nicht abzuschaffen brauchen.[2]

Den Komplex, der im geschichtlichen Bewusstsein mit „Nationalsozialismus", nach Möglichkeit mit (deutschem) Nationalismus, aber eigentlich nie mit „Sozialismus" im Sinne einer permanenten Bewältigungsaufforderung verbunden wird, nämlich die „Judenfrage", für die „Auschwitz", „Holocaust" oder „Shoa" als Stichworte stehen, hat ein chinesischer Autor[3] auf die Weigerung des Westens zurückgeführt, 1919 bei der Abfassung der Satzung des Völkerbundes den japanischen Vorschlag zu akzeptieren, das Prinzip der Rassengleichheit völkerrechtlich zu verankern. Diese Sicht eines Chinesen ordnet den NS immerhin in einen bestimmten historischen Kontext ein, auf den zur abschließenden Betrachtung der Entwicklung der sozialistischen Ideologie einzugehen ist. Daran schließt sich fast zwingend die Frage an, was eigentlich aus dem NS geworden ist, und ob gegebenenfalls seine Wiederkehr möglich sein könnte.

a) Entfernte Verwandtschaft mit US-Progressismus

Folgt man der üblichen Betrachtung, erscheint der deutsche NS im Nachhinein als ein befremdliches, irrationales Phänomen, das demnach nur aus der Situation eines bewältigungsbedürftigen „deutschen Sonderwegs" erklärt werden kann, der doch irgendwie zu „Auschwitz" führen „musste". Dabei könnte man dem NS zugutehalten, dass er im „Gegensatz zum Kommunismus ... nie die absolute Gefolgschaft"[4] forderte, „wohl aber die anti-elitäre, für europäische Intellektuelle des 20. Jahrhunderts vielfach verlockende Volksnähe", was man, nebenbei sei es bemerkt, wohl kaum als „rechts" im traditionellen Sinne einstufen kann! In der Tat hat der NS deshalb etwas Anachronistisches, weil mit ihm sehr spät doch noch eine radikal-sozialistische Agenda aus dem (eher frühen) 19. Jahrhundert zum Durchbruch kam, die der sozialistische *mainstream* – dem „Obrigkeitsstaat" sei es gedankt! – nie umsetzen konnte. Teils wurde diese Agenda für überwunden gehalten, teils bewusst verdrängt, und schließlich wagte es der traditionelle Sozialismus nicht, sie umzusetzen, als dies im 20. Jahrhundert zumindest ansatzweise möglich gewesen wäre: So sollte etwa Euthanasie und damit die Züchtung des sozialistischen Übermenschen auf die sozialistische „Endzeit" verschoben werden, die für den NS allerdings dann angebrochen war. Umgekehrt ist der deutsche NS gewissermaßen zu früh gekommen, um ihn eindeutig, was wohl im Ergebnis am stichhaltigsten erscheinen würde, mit den nationalistischen Sozialismen der sogenannten Dritten Welt als „Sozialismus der dritten Art" – neben der klassischen Traditionslinie (Sozialdemokratie) einerseits und dem Kommunismus andererseits – einordnen zu können. Hinzu kommt als ein für die Einordnung erschwerender Gesichtspunkt, dass sich der NS ideologisch und vor allem in der praktischen Politik[5] selbst doch in der „Legalitätsfalle" verfangen sehen musste: Er war mit parlamentarischen Mitteln an die Macht gekommen und hatte deshalb schon aus Wahlkampfgründen sich möglichen, völlig unterschiedlichen Wählern anpassen müssen, was ihm als neues Phänomen, das fast urplötzlich Bedeutung gewann, auch bei weitem leichter möglich war als den traditionell gewachsenen Parteien, die naturgemäß keine so schnelle ideologische Wandlung vollziehen konnten. Der Kommunismus blieb eindeutig identifizierbar, weil er ohnehin nur revolutionär an die Macht kommen wollte und es ihm daher weitgehend gleichgültig bleiben konnte, ob er genügend Wähler gewinnen würde. Auf verfassungsmäßig fast korrekte Weise an die Macht gelangt, hätte der NS dann zwar doch den von der SA angestrebten Weg einschlagen können, die „nationale Erhebung" durch eine wirkliche sozialistische Revolution zu ergänzen, was den NS dann, dem Kommunismus vergleichbar, auch ideologisch eindeutiger identifizierbar gemacht hätte. Stattdessen hat man – zum späteren Bedauern *Hitlers* und *Goebbels* – zwar mit beabsichtigter Integration der diktatorisch ihrer Parteiführung beraubten ehemaligen Linkswähler, die Koalition mit den etablierten Machtgruppen (Militär, Beamtenschaft, Justiz, Unternehmertum) fortgesetzt, wodurch das NS-Regime ein Gepräge erhielt, das sicherlich „rechts" vom NS-Programm und der ideologischen Agenda des NS-Führungspersonals anzusiedeln ist. Auf diese Konstellation sollte allerdings *Hitler* das Scheitern des NS zurückführen; dies ist nämlich mit seinem Bedauern[6] als „unsere große Unterlassungssünde" gemeint, nämlich nicht „auch den Schlag gegen rechts" geführt zu haben. Diese Situation der relativen Schonung von „rechts", die nicht auf die ideologische Nähe zurückzuführen ist, sondern nachwirkende Folge der „Legalitätstaktik" war, die dem NS das (verfassungsrechtlich als vorübergehend gedachte!) Bündnis mit der politischen Rechten ermöglicht hatte, hat dazu geführt, dass – von den Gewissheiten geheimdienstlicher bundesdeutscher „Bewältigung" abgesehen – letztlich doch unklar zu bleiben scheint, was eigentlich das Wesen des NS, insbesondere seine Ideologie[7] darstellt. Hinzu kommt, dass durchaus plausibel behauptet werden kann, es habe so viele Nationalsozialismen wie Nationalsozialisten[8] gegeben; sogar ein Nationalsozialismus ohne Antisemitismus[9] hätte ja möglich sein können.

Gerade dieses politisch und ideologisch anscheinend eher rechte, ja teilweise durchaus auch rechtsstaatliche[10] Gepräge, das dazu führte, „dass die Praxis des Regimes weniger totalitär war, als es das Selbstbildnis des Nationalsozialismus haben wollte und als manche ... Historiker auch heute noch meinen",[11] führte andererseits jedoch zu einer erstaunlichen „Verwandtschaft" mit den zeitgenössischen USA unter dem außenpolitischen *Hitler*-feind *Roosevelt*, der seine eigentlich ebenfalls revolutionäre Politik im Rahmen einer Verfassungsordnung vollziehen musste, die auf das noch vor-demokratische 18. Jahrhundert zurückgeht. Diese „Verwandtschaft“ bezieht sich vor allem auf die Machttechniken aus Boykottdrohungen und intensiver, auf Volksgemeinschaft ausgerichteter staatlicher Propaganda unter Einschluss einer dem „sozialistischen Realismus“[12] verwandten Staatskunst, die Schaffung von Freund-Feind-Schemata, staatlich kontrollierte Großprojekte und eine gegen die „Plutokratie“ gerichtete Wirtschaftspolitik, die zum Zwecke der Arbeitervollbeschäftigung auf eine Kriegswirtschaft ausgerichtet war, die den Krieg zumindest billigend in Kauf nahm, wenn nicht gar bewusst, etwa zur Zerschlagung des britischen Empire,[13] auch anstrebte. Diese „Verwandtschaft“ kann man sogar als durchaus weniger „entfernt“[14] einordnen als es in der als zwar „unkorrekt“, aber letztlich zutreffend eingestuften[15] Darstellung von *Schivelbusch* geschehen ist, wenn man auch die Aspekte einbezieht, die dort ausgeblendet werden. Die hier vor allem interessierende ideologie-politische „entfernte Verwandtschaft“ wird dabei zu recht auf die Tradition des *progressism* zurückgeführt, der in den USA zumindest als ideologische Tendenz in etwa die Stellung eingenommen hatte, die in Westeuropa dem klassischen Sozialismus zukam. Dieser selbst konnte sich in den USA nicht durchsetzen, was zum einen daran liegen dürfte, dass der vor allem von deutschen und jüdischen Einwanderern getragene US-Sozialismus Schwierigkeiten hatte, sich mit andersrassigen Unterschichten zusammenzutun: Wohl ein Nachwirken der rassistischen Grundströmung, die zwar in Europa, das heißt unter Weißen, keine Rassenabstufung mehr erkennen wollte, aber in der Regel ohne besondere Reflektion von der Minderwertigkeit von Farbigen[16] ausging. Zum anderen wurde der Sozialismus Hauptopfer der proto-totalitären Maßnahmen,[17] die verblüffenderweise gerade in den USA im Ersten Weltkrieg ihre Welturaufführung erlebt hatten. Die Sozialistenverfolgung[18] in der Zeit von Präsident *Wilson*, die letztlich eine Verfolgung des Deutschtums[19] darstellte, war vor allem auf den *Espionage Act* gestützt und bestand in der staatlichen Duldung kriminellen Vorgehens gegen sozialistische Parteieinrichtungen und Versammlungen; außerdem verweigerte der *Post*

Master die Beförderung sozialistischen Materials.[20] Der Progressismus repräsentierte im 19. Jahrhundert den demokratischen Rassismus der Fortschrittsdoktrin des Anglo-Saxonism, was dementsprechend den Führer dieser Bewegung, *Albert Beveridge*, seine Landsleute hat auffordern lassen, „dem Ruf unseres Blutes zu folgen, neue Märkte und, falls notwendig, neue Länder zu erobern", da es nun einmal „in des Allmächtigen unendlichen Weltplan" liege, dass die „in Verfall geratenen Rassen" dazu verurteilt seien, „der höheren Kultur einer edleren und stärkeren Rasse"[21] zu weichen. Die Verwandtschaft des US-Progressism mit dem *Fabianism*, dem ideologischen Ursprung der englischen *Labour Party*, aus der wiederum die britische *Union of Fascists* ihren Ausgang[22] nehmen sollte, hat sehr berechtigter Weise dazu geführt, Ideologie und Machtausübung *Roosevelt*s als progressiven *Fabian Fascism*[23] zu kennzeichnen, wobei diese Bewertung von einem Anhänger des *New Deal* geprägt worden ist! Diese Einordnung als so etwas wie „höflicher Faschismus" stellt sich angesichts prominenter Bestrebungen, durch auf Nordeuropäer beschränkte Einwanderungspolitik und begleitende eugenische Maßnahmen[24] eine weiß-blonde *nordic master race* zu züchten, als besonders berechtigt dar. Schon 1911 hatte sich die zum *progressism* gehörende *American Breeders Organization* zum Ziel gesetzt, innerhalb zweier Generationen das „wertlose 1/10 der US-Bevölkerung" zu eliminieren, wobei das progressive Kalifornien, Sitz der *Human Betterment Foundation*, dieses Vorhaben durch eugenische Sterilisierungen am konsequentesten[25] umsetzte. Der mit der politisierten Biologie („Sozialdarwinismus") leicht zu verbindende Rassismus stellte – allerdings eher stillschweigend – eine wesentliche Machtbasis für *Roosevelt* dar, hatte doch das amerikanische „Rassenrecht"[26] im *solid South*[27] faktische Einparteienregime der *Democratic Party* geschaffen, die das obligatorische Vorwahlsystem für sich monopolisierten und dabei Neger satzungsmäßig ausschlossen. In Verbindung mit überwiegend illegalen, wenngleich behördlich gedeckten Methoden der gewaltsamen Einschüchterung wurde die Negerbevölkerung mit generell fragwürdigen Auswirkungen auf den demokratischen Charakter der USA faktisch um ihr Wahlrecht gebracht.

Das rassistische Verständnis floss durchaus in die amtliche Feindbestimmung ein, indem die Farbigen-Presse zur Verhinderung eines befürchteten Aufstands einer engmaschigen Regierungsüberwachung[28] unterworfen wurde, da diese Presse dem Verdacht ausgesetzt war, „Pro-Axis" zu sein; sie suchte nämlich den Widerspruch auszunutzen, dass sich die US-Regierung gegen die dem NS zugeschriebene *Masterrace*-Konzeption wandte und gleichzeitig *white supremacy at home* betrieb. Demgegenüber wurde die generelle, in der Tat massive Meinungslenkung in den USA durch intensive Regierungspropaganda[29] betrieben, was dazu führte, dass fast mehr Journalisten für die Regierung als in der privaten Presse beschäftigt waren.

Der progressive Rassismus führte auch zu US-amerikanischen Konzentrationslagern, die zumindest politisch als solche gefordert worden waren, wenngleich man dann – aus naheliegenden Gründen – den Begriff „internment camps"[30] vorzog, in die aufgrund der *Executive Order 9066* vom 19.02.1942 die japanischstämmige Bevölkerung, insgesamt 119 803 Personen mit überwiegend amerikanischer Staatsangehörigkeit, verbracht wurde. Dabei handelte es sich sicherlich nicht um Vernichtungslager, aber man stelle sich vor, was wohl passiert wäre, wären tatsächlich japanische Truppen in Kalifornien einmarschiert und hätten sich gleichzeitig deutsche Truppen auf Washington mit dem Ziel zubewegt, die Mitglieder der amerikanischen politischen Klasse aufzuhängen. Bei Bewertung der Plausibilität einer derartigen Mutmaßung sollte man bedenken, dass von der einflussreichen *Hearst*-Presse der Krieg gegen Japan als „*a holy war, a racial war of greatest significance than any the world has heretofore seen*" begriffen[31] wurde. Diese Vorstellung erklärt die rassistische Vernichtungsrhetorik und Praxis[32] der US-Kriegsführung im Krieg gegen Japan,[33] die fast mit einer Ausrottungsmentalität einherging und dabei in der US-Presse, etwa im Wochenblatt *United States News*, dergestalt rationalisiert wurde, wonach es nicht um die Frage ginge (wer hat diese wohl gestellt?), ob die Japaner ausgerottet werden müssten, sondern „*whether in order to win unconditional surrender the Allies will have to kill Japanese millions to the last man.*"[34] Diese Mentalität, die den moral-demokratisch gerechtfertigten Genozid zumindest in Kauf zu nehmen bereit war, erklärt, weshalb der Sohn und Vertraute des amerikanischen Präsidenten, *Elliot Roosevelt*, den Bombenkrieg gegen Japan solange fortgesetzt wissen wollte, bis „nahezu die Hälfte der japanischen Zivilbevölkerung (50 Millionen? *Anm.*) zerstört" wäre, womit deutlich wird, dass der Vorsitzende der „War Manpower Commission", *Paul V. McNutt*, der als seine „persönliche Meinung" zum Ausdruck gebracht hatte (entlassen wurde er deshalb nicht!), dass die Japaner insgesamt ausgerottet[35] werden müssten, durchaus wenn nicht amerikanische Regierungspolitik, dann doch zumindest das „*universal exterminationist anti-Japanese feeling here*" (so der Wochenbericht des britischen Botschafters über die Stimmung in Washington)[36] reflektierte; denn es stünde die weiße Zivilisation (gemeint: *democracy*) auf dem Spiel. US-Präsident *Roosevelt*, der sich über den Antisemitismus *Hitler*s äußerst empört zeigte, war durchaus, in der demokratischen Tradition des amerikanischen Progressismus stehend, Rassentheorien zugänglich und beschäftigte sich daher, ermutigt vom Direktor der Abteilung für Naturwissenschaftliche Anthropologie des Smithsonian-Instituts mit Kreuzungsideen (*genetic crossbreeding*), da er die „Ruchlosigkeit" (*nefariousness*) der Japaner von Schädelmustern ableitete, die gegenüber denen der kaukasischen Rasse um ca. 2 000 Jahre unterentwickelt[37] seien. Immerhin sprachen sich in einer bekannteren Umfrage vom Dezember 1944 über die amerikanischen Kriegsziele 13 Prozent der befragten Amerikaner[38] dafür aus, „*to kill all Japanese*"; eine derartige Genozidoption wurde bei einer vergleichbaren Umfrage im Hinblick auf die Deutschen[39] übrigens nicht abgefragt, wenngleich die Vermutung naheliegend ist, dass die entsprechende Mentalität die Zustimmung der angelsächsischen Mächte zur mörderischen Deutschenaustreibung aus den Ostgebieten des Reichs erklärt, die allerdings die Sowjets übernehmen sollten;[40] damit wird auch nachvollziehbar, dass die von Extremisten wie *Theodore N. Kaufman* propagierte Forderung nach einer durch Sterilisationsmaßnahmen „human" durchzuführenden Deutschenausrottung nicht als zu ungewöhnlich aufgenommen wurden. Diese Aspekte sind hier vor allem deshalb anzuführen, weil sie deutlich machen, dass die von *Schivelbusch* angeführte „Verwandtschaft" zwischen US-Progressismus und deutschem NS sogar noch etwas weniger „entfernt" gewesen sein dürfte, als von diesem Autor herausgearbeitet ist. Ideologisch betrachtet stellte sich dementsprechend das Weltkriegsbündnis von US-Progressismus mit dem Sowjetbolschewismus sicherlich als weniger plausibel dar als ein Bündnis mit dem NS-Regime, das selbst wiederum die „Perversität" dieses Bündnisses nur auf die Machenschaften des Judentums zurückführen konnte, das hinter den „plutokratischen" USA und der (aus NS-Sicht) pseudo-sozialistischen Sowjetunion stehen würde: Bei einem wirklich sozialistischen Russland, das heißt bei Ausschaltung des „staatskapitalistischen Judentums", hätte ja der *Hitler-Stalin*-Pakt fortgesetzt oder erneuert werden können. Mit diesen Annahmen, die auf dem sozialistischen Antisemitismus beruhen, der wiederum mit dem klassischen Rassismus nur lose verknüpft ist, dürfte „Auschwitz" sicherlich eher zu erklären sein als mit der Vermutung, die der eingangs angeführte chinesische Autor angestellt hat. Dessen Hinweis auf den generellen zeitgeschichtlichen Kontext mag allerdings einen Beitrag leisten, eine gewisse „Verwandtschaft" über die wohl weitgehend unstrittigen Erkenntnisse von *Schivelbusch* hinausgehend zu erklären: Bei „Hiroschima" ist vielleicht nicht nur wegen einer sogenannten „instrumentalen Vernunft" (*Horkheimer*) an einen zeitgenössischen singulären Vorgang zu denken.

b) Nachkriegstransformationen und -konversionen

Diese „entfernte Verwandtschaft" zwischen amerikanischem Progressismus und deutschem NS könnte, sicherlich neben anderen vorteilhaften Bedingungen (wie vor allem dem ausbrechenden Ost-West-Konflikt), wesentlich verständlich machen, warum die Transformation des NS-Regimes in eine BRD-Demokratie mit Hilfe des US-Militärregimes doch ziemlich reibungslos vonstatten gehen sollte, was hinsichtlich anderer Demokratisierungsabenteuer, die seitdem beginnend mit der Entkolonialisierung unter Bezugnahme auf den „Erfolgsfall Deutschland" gerechtfertigt werden, wohl nicht so gesagt werden kann. Ein entscheidender Anknüpfungspunkt konnte dabei ein Kernpunkt der *Hitler*schen Weltanschauung sein, nämlich die Anglophilie: „*Hitlers* seit 1924/25 glühende Bewunderung für Großbritannien, die ihn bis zu seinem Ende nie wirklich verlassen hat, ist von der Forschung so intensiv belegt und beleuchtet worden wie nur wenige andere seiner politischen Grundorientierungen“[41]. Diese Anglophilie ließ ihn aufgrund der damit verbundenen Hochachtung für das Britische Empire davor zurückschrecken, die auf nationale Unabhängigkeit zielenden sozialistischen Aufstandsbewegungen in der sogenannten Dritten Welt – im Unterschied zu *Goebbels* oder gar zur *Strasser*[42] – als kongenial zu akzeptieren. Die europäischen Kolonialreiche konnten in der Tat nach Verkündung des Selbstbestimmungsrechts der Völker als amerikanische Propagandawaffe gegen das auch *Hitler* gemäß klassischer sozialistischer Tradition verhasste österreichische Kaiserreich tendenziell nur mehr rassistisch begründet werden, indem man dabei unterstellte, dass Demokratie nur etwas für rassisch entsprechend veranlagte Völker sei, während etwa eine rassisch degenerierte Mischbevölkerung als nicht zur Demokratie befähigt weiterhin unter Vormundschaft[43] gehalten werden müsse. Dieser Komplex erklärt – und hier hat der angeführte chinesische Autor recht – die herrschaftspolitische Bedeutung der Rassenfrage in der Zwischenkriegszeit, die übrigens eine zeitgenössische Krise des Nationalstaatskonzepts reflektiert und etwa anhand der Auffassung des britischen Außenministers *Eden* von 1938 verdeutlicht werden kann, wonach es gegenüber Japan gelten würde, „*effectively assert white race authority in the Far East.*“[44] Die Anglophilie hat sich zudem bei *Hitler* in einer entschiedenen Amerikabewunderung fortgesetzt, stellte doch für ihn das Projekt „Amerika“ das größte Arisierungsprogramm der Geschichte[45] dar, was den wissenschaftlich-technischen Fortschritt der Menschheit erklärt, für den Amerika stand und der für *Hitler* nur auf der Grundlage arisch-teutonischer Rassenkerne möglich war, eine Auffassung, der der amerikanische Progressismus nicht unbedingt widersprochen hat. Dieser zentrale NS-Ideologiekomplex konnte nunmehr auch aufgrund der den NS sicherlich prägenden sozialdarwinistischen Annahme, wonach der militärische

Sieger (mit oder ohne „Vorsehung“) ohnehin recht hat, gerade bei denjenigen Deutschen, welche fanatische NS-Anhänger waren, nahezu nahtlos in Bewunderung für westliche Werteordnung und *democracy* überführt werden. Diese ideologiepolitische Nachkriegstransformation des NS in *democracy* ist ansonsten gerade durch die Heterogenität der NS-Ideologie sehr erleichtert worden: Wie der ehemalige Mitarbeiter von *Goebbels*, der in der NRW-FDP der 1950er Jahre äußert einflussreiche *Werner Naumann,* plausibel dargelegt hat, gehörten der NSDAP neben „überzeugten Sozialisten“ auch „unternehmungsfreudige Kapitäne der Wirtschaft von ausgeprägter individualistischer Art, Vertreter des Liberalismus ...“[46] an, die alle nur durch die speziellen historischen Umstände und durch die einmal etablierte diktatorische Führung zusammengehalten worden seien, so dass mit Wegfall dieser Führung notwendigerweise auch die NS-Bewegung als solche verschwunden wäre (wohl gemeint: auch ohne militärische Niederlage). Somit konnte dann das ideologische NS-Konglomerat (wieder) in „demokratische“ Teile aufgehen. Dies wurde wiederum durch die Duplizität der NS-Propaganda erleichtert: So hatten ja viele ehemalige Wähler und Anhänger der NSDAP etwa den offiziellen Antibolschewismus, was in den 1930er Jahren durchaus wahlentscheidend gewesen war, für einen Antisozialismus gehalten, während die NS-Führung nicht deshalb den Bolschewismus bekämpft hatte, weil dieser sozialistisch war, sondern weil man den Sowjetkommunismus als Missbrauch der großartigen sozialistischen Idee durch das (im gnostischen Sinne) „teuflische Judentum“ ansah. Nunmehr, im sogenannten Kalten Krieg, konnten ehemalige NS-Wähler und -anhänger ihre Auffassung als „Demokraten“ bestätigt sehen, ohne (teilweise berechtigterweise) in einigen zentralen Punkten einen zu großen Unterschied zwischen ihrer NS-Vorkriegs- und BRD-Nachkriegsauffassung zu erkennen: So wie – aus dieser Perspektive – die Abwehr des in der Tat mörderischen Genickschuss-Bolschewismus die NS-Diktatur „notwendig“[47] gemacht zu haben schien, so nunmehr entschiedene Verteidigungskriegsbereitschaft, womit natürlich klar ist, dass der Antikommunismus einen wesentlichen Transformationsfaktor darstellte, mag auch derjenige der maßgeblichen NS-Figuren (aber schon nicht notwendigerweise von deren Anhängern) ganz anders motiviert gewesen sein als der BRD-demokratische.

Selbstverständlich sollte man bei derartigen ideologischen Transformationsvorgängen nicht das geistige Kontinuum verkennen, das der politische Machtkampf, insbesondere bei starker ideologischer Ausrichtung, wie dies bei den Deutschen kennzeichnend zu sein pflegt, meist nicht wahrnehmen will (wo man stattdessen unwesentliche Unterschiede betont oder gar reichlich gekünstelte schafft): Da sich insbesondere „die Übergänge zwischen sozialistischen und faschistischen Ideologien als fließend" darstellen können,[48] ist zu vermuten, dass es für viele überzeugte Nationalsozialisten keine großen Schwierigkeiten bereitet hat, etwa (wieder) SPD-Anhänger zu werden. Anders als die SPÖ hat sich die SPD dieser Problematik nie wirklich gestellt, sonst würde man sicherlich auch hierbei von zahlreichen „braunroten Karrieren"[49] sprechen müssen: So waren 1948 ca. 70 Prozent des *Bundes Sozialistischer Akademiker* (BSA) „Ehemalige", „was den wissenden *Bruno Kreisky* veranlasst haben mochte, in seinen Memoiren darüber zu witzeln, dass 'von boshaften Leuten BSA als B-SA ausgesprochen wurde'". Was für viele sicherlich als Rückkehr in den sozialistischen *mainstream* erklärt werden kann, von dem der NS seinen Ausgang genommen hatte, wird im Selbstverständnis der Sozialdemokratie als Bereitschaft angesehen, ehemaligen „Nichtdemokraten" eine „demokratische Chance" anzubieten. Wenn aber Christ- und Liberaldemokraten dasselbe machen, ist die Sozialdemokratie schnell bei der Hand, verdächtige „Kontinuitäten" festzustellen, und wenn sich gar eine Rechtspartei so verhält, bleibt eigentlich nichts anderes als ein demokratieförderndes Parteiverbot übrig, nach dem in der Regel die „demokratische" SPD ruft, was erkennbar daran liegt, dass sie – wohl legitimerweise – befürchten muss, dass vor allem bisherige SPD-Wähler zur zu verbietenden „Rechtspartei" abwandern könnten. Das ideologische Kontinuum, das zwischen „faschistischen" und sozialistischen Ideen bestehen kann, macht die Vermutung plausibel, dass sich ähnlich wie nach der deutschen Wiedervereinigung bei der wirklich totalitären SED, zumindest aus Teilen der pluralistischeren NSDAP so etwas wie eine „Partei des demokratischen Nationalsozialismus" hätte entwickeln können, weil ja sogar zwischen demokratischer Ideologie und Totalitarismus ein ideologisches Kontinuum bestehen kann, trägt doch die liberale Demokratie das jakobinische Dilemma der Demokratie mit sich herum (nämlich die Demokratie doch mit diktatorischen Mitteln gegen die befürchtete undemokratische Mehrheit schützen zu müssen), so wie dann umgekehrt die Möglichkeit nicht ganz ausgeschlossen erscheint, dass aus einer Ideologie, welche die Diktatur beständig durch Gebrauch demokratischer Begrifflichkeit wie Volk, Volkswillen etc. rechtfertigt, wieder eine liberale Demokratie werden könnte (insbesondere, wenn für den „Führer", der den Volkswillen bislang erkannt und vertreten hatte, kein überzeugender Ersatz zu finden ist); beim NS hätte dies insofern möglich erscheinen können, als die formell nie aufgehobene Weimarer Reichsverfassung[50] bei Abtritt der NS-Führung gewissermaßen als liberale Reserveverfassung zur Verfügung stand, auf die sich etwa die bis zu ihrer Verhaftung kurzfristig amtierende Regierung *v. Dönitz* zu stützen suchte. Anders als später bei der SED haben US-amerikanisches Militärregime und Demokratie-Sonderweg BRD eine derartige Transformation der NSDAP von vornherein nicht zugelassen. Ein Versuch, der mit der *Sozialistischen Reichspartei* (*SRP*)[51] vielleicht[52] in diese Richtung gehend gemacht wurde, ist noch bei Geltung des Besatzungsstatuts durch das Bundesverfassungsgericht (BVerfG) im Wege des „freiheitlichen" Parteiverbots[53] verhindert worden. Die Verbotsbegründung, die mangels rechtsstaatlich greifbarer Tatbestände fast nur ideologisch ausfallen konnte, ist deshalb bedeutsam, weil sich mit ihr bis heute maßgebend die BRD-Staatsorthodoxie manifestiert, die dem Sozialismus einen Persilschein ausstellt und dabei den traditionellen Nationalliberalismus, vor allem aber den Konservativismus zur Marginalisierung rechter Parteienkonkurrenz entsprechend den Maßgaben der Besatzungspolitik amtlich abqualifiziert. Letztlich ist die SRP wegen ihres Antisemitismus[54] verboten worden, den das BVerfG allerdings mit Beispielen belegt, die es seitdem riskant erscheinen lassen, in der freiheitlich-demokratischen BRD Fragen zu erörtern, die mit Judentum zusammenhängen, ist es doch danach sogar juristisch gefährlich, die jüdische Abstammung von *Karl Marx* für bedeutsam[55] zu erklären (was sie, wie auch im vorliegenden Werk dargestellt, sicherlich ist)! Obwohl das BVerfG ideologische Ableitungen vornimmt, wird aber gerade dieser letztlich pseudojuristisch doch so entscheidende, da verbotsbegründende Antisemitismus nicht ideologiebewertend abgeleitet, was wohl daran liegt, dass dieser mit der selbstgewählten Parteibezeichnung „sozialistisch“[56] in Zusammenhang zu bringen gewesen wäre. „Sozialistisch“[57] würde auch den verfassungsgerichtlichen Hauptvorwurf, nämlich Ideen zu vertreten, die „im Gegensatz zum Liberalismus“[58] stünden, besser erklären als die Kennzeichnung dieser Ideen als „rechtsradikal“,[59] die das Individuum dem Staat unterordnen würden. Um der Auseinandersetzung mit der Selbstbezeichnung „sozialistisch“ und der darin zweifellos enthaltenen Abwertung des Individuums zugunsten eines „Klassen-“ oder „Volkskörpers“ aus dem Weg zu gehen, wurde die SRP als eine der „Rechtsparteien“ eingestuft; diese wurden wiederum dergestalt gekennzeichnet, dass sie unter der konstitutionellen Monarchie gewohnt waren, „als staatstragende Parteien schlechthin zu gelten“.[60] Auch wenn dabei ausdrücklich nur der Konservativismus ins Blickfeld geriet, dessen Radikalisierung danach den Nationalsozialismus begründet oder ihn zumindest vorgearbeitet habe, zielt diese – juristische? – Erkenntnis des BVerfG eigentlich auf den Nationalliberalismus, der sich als die parteipolitisch maßgebliche Formation des Kaiserreichs verstanden hatte. Damit war die Parteiverbotsbegründung gegen einen Teil des Liberalismus gerichtet, der als solcher eigentlich fast als Staatsdoktrin geschützt werden sollte, und in der Tat muss das SRP-Verbot im geschichtlichen Zusammenhang mit dem Verbot der national-liberalen *Demokratischen Partei des Saarlandes*, DPS, gesehen werden, das am 21.05.1951 vom französischen Regime im Saarland ausgesprochen war und sich dabei gegen eine Regierungspartei in Bonn richtete, die damit besatzungspolitisch gefügig gemacht[61] werden sollte.

Des Rätsels Lösung dieser verfassungsgerichtlichen Vorgehensweise dürfte darin liegen: Der Liberalismus, insbesondere in Form des Nationalliberalismus, stellt unstreitig den Ausgangspunkt des deutschen Nationalismus[62] dar, was von den Alliierten auch insofern anerkannt wurde, als sie es den liberalen Gruppierungen, aus denen die bundesdeutsche FDP hervorgehen sollte, am schwersten machten, bei Verhinderung des allgemeinen Parteienpluralismus eine Lizenz ausgestellt zu bekommen, wie man der sehr allgemeinen Aussage des langjährigen FDP-Bundesvorsitzenden *Mende*[63] entnehmen kann: „In der französischen Besatzungszone lagen die Verhältnisse noch schwieriger, da die Voreingenommenheit gegenüber einer nationalliberalen Partei dort am größten waren." Den deutschen Nationalismus hat die alliierte Kriegspropaganda bekämpft, indem der NS als Fortsetzung dieses, befremdlicherweise auch noch auf das preußische „Junkertum" bezogenen Nationalismus dargestellt und dabei der sozialistische Aspekt total ausgeblendet wurde, weil dies nicht nur den Weltkriegsverbündeten Sowjetunion hätte kompromittieren, sondern auch die „entfernte Verwandtschaft" mit US-Progressismus und britischem Fabianism hätte deutlich machen können. Die wesentliche ideologische Differenz zwischen *progessism* und NS bestand zwar nicht wirklich im allgemeinen Rassismus, aber im speziellen Antisemitismus, der deshalb die entscheidende ideologiepolitische Bedeutung gewinnen musste, dabei aber nicht, zum Schutze der Integrität der alliierten Kriegspropaganda, die mittlerweile bundesdeutsche Geheimdienstorthodoxie darstellt, mit Sozialismus in Verbindung gebracht werden durfte, sondern – letztlich verfälschend – auf Konservativismus und deutschen Nationalismus bezogen werden musste. Dabei musste bei letzterem, bemerkenswerterweise parallel mit einem NS-Anliegen, der liberale Ausgangspunkt ausgeblendet werden, schon weil sich der US-Progressismus als „liberal" versteht, dabei aber etwas meint, was man ins Deutsche mit „sozialdemokratisch" oder gar mit „sozialistisch" zurückübersetzen müsste – weshalb in den USA selbst *liberal* mittlerweile ein Schimpfwort ist, das sich kein etablierter Politiker anhängen lassen will! Deshalb musste das BVerfG als Nachlizenzierungsinstanz die Verfassungshäresie in einer Weise bestimmen, die es vermied, Antisemitismus und Sozialismus in den Zusammenhang zu bringen, sondern die stattdessen das rechte politische Spektrum marginalisieren sollte, dessen demokratiefeindliche Ausschaltung Zweck der Methodik der alliierten, ideologisch vom US-Progressismus geprägten demokratischen Besatzungsherrschaft war, anstelle des demokratischen Parteienpluralismus ein post-faschistisches Lizenzsystem einzuführen.

Dabei stellte gerade die Wende zu dem in der SRP-Verbotsentscheidung verfassungsgerichtlich verunglimpften Konservativismus, die sich unmittelbar in der Konsolidierungsphase der Nachkriegszeit in allen zugelassenen und den Deutschen nicht wegverbotenen Parteien vollzog, insbesondere aber die damals formal als konservativ verstandenen oder sich gar gerierenden Parteien an die Regierung brachte (und dabei sogar eine explizite Rechtspartei, nämlich die Deutsche Partei, zu etablieren erlaubte), die wirkliche Konversion weg vom National-Sozialismus dar. Damit wurde sehr bald die Erwartung der politischen Linken enttäuscht, die im Widerstand gegen den NS sicherlich die größeren Opfer gebracht hatte, diesen ohne weiteres beerben zu können: „Nach *Hitler* kommen wir!" Geht man vom Wirken ideologischer Pendelbewegungen aus, dann wäre hierdurch schon zu belegen, dass eben nicht der Sozialismus den wirklichen ideologischen Gegensatz zum NS dargestellt hat, sondern der primär anti-sozialistisch firmierende Liberalkonservativismus. Es scheint trotz besatzungsideologischer Tabuisierung und Immunisierung der Sozialismusfrage, die vorübergehend sogar zum Konzept eines christdemokratischen Sozialismus[64] geführt hatte, zumindest geahnt worden zu sein, dass die Hin- oder Rückwendung zum Sozialismus doch nur eine Transformation derselben Idee, aber keine wirkliche Abwendung gewesen wäre, die weite Teile der Bundesdeutschen unabhängig von der großteils ideologisch verfälschenden alliierten Propaganda aufgrund der in der Tat massiven politkriminellen Konsequenzen des (National-) Sozialismus durchaus für notwendig erachteten. Belegt werden kann dieser Einstellungswandel vor allem am später verdammten und ironisierten, vorübergehend auch mit häufigeren Gottesdienstbesuchen einhergehenden „Sexual-Konservativismus", womit sich die Deutschen der unmittelbaren Nachkriegszeit entschieden von der in NS-Kreisen entgegen amtlichen Bekundungen gepflegten Pro-Sexualität, ja Promiskuität[65] absetzten, die nunmehr überwiegend unter Verdacht geriet, Einstieg in die weitergehende Unmoralität gewesen zu sein. Bei Einstufung des NS als letztlich gnostische Bewegung wäre dies durchaus keine fernliegende Vermutung,[66] brachte in dieser Unterströmung der europäischen Geschichte Promiskuität entweder Seinsverachtung oder das Gefühl der Sünden- und Schuldlosigkeit zum Ausdruck, weil das, was „passiert", letztlich „Naturprozesse" seien, woran, wenn überhaupt jemand, dann das „Dasein" (Demiurg oder „Vorsehung" im NS-Sinne) schuldig wäre. In der Frage der Sexualität als *pars pro toto* für die Moralität[67] haben die Nachkriegsdeutschen die Duplizität des NS-Regimes, die sicherlich auch auf genuin unterschiedliche Tendenzen innerhalb des NS zurückgeht, zumindest instinktiv erkannt, wo etwa der Nudismus[68] zunächst zur Beruhigung konservativer Tendenzen verboten war, um dann nachdrücklich in Übereinstimmung mit Linkstendenzen als „natürlichere und gesündere Einstellung zum nackten menschlichen Körper" gefördert zu werden; dies war generell mit „unglaublichen sexuellen Freizügigkeiten"[69] einhergegangen, die sich auch in der offiziellen Schamhaarmalerei[70] ausdrückten. In einer generelleren Weise wurde zumindest bis in die Mitte der 1960er Jahre, wenn nicht erkannt, dann doch ohne die selbstgerechten Bewältigungsrituale der Nach-68er-Zeit gefühlt: „Der nationale Sozialismus teilte eine Reihe von Überzeugungen mit der Linken, aber konnte sich nicht auf der Linken einfinden...; die National-Sozialisten waren Häretiker der Linken und wurden deshalb von der Orthodoxie mit besonderem Hass verfolgt."[71] Wer jedoch, wie in der Tat weite Teile der Bundesdeutschen, durchaus auch aus moralischen Gründen eine Abkehr von der Sozialismus-Häresie für notwendig erachtete, hatte wohl nicht unbedingt das Bedürfnis, zur sozialistischen Orthodoxie zurückzukehren, die sich in ihrer radikalisierten Form zudem in der „DDR" gleich weiter durch Verwirklichung des „allgemeinen sozialistischen Zuchthauses" (*Bismarck*) desavouieren sollte, sondern wollte eine wirkliche, nämlich liberal-konservative Konversion machen, was zu dauerhaften und ultrastabilen CDU/CSU-FDP-Regierungen führte.

c) „Linksfaschismus“: Die 68er Neue Linke

Dieser dominierende konservative Grundzug, der doch die wesentliche Reaktion auf das NS-Regime dargestellt haben dürfte, drohte die Sozialdemokratie als maßgebliche Oppositionspartei fast dauerhaft zu marginalisieren. Ideologisch-politisch war diese immer noch im klassischen Marxismus verfangen, den sie weiterhin „attentistisch“ pflegte. Dies lief letztlich auf Politikunfähigkeit hinaus, wodurch die SPD in allen zentralen bundespolitischen Streitpunkten erfolglos blieb und sich historisch widerlegt vorkommen musste. Aufgrund der Initiative von rekonvertierten Renegaten aus dem ehemals linksextremen Lager wie *Brandt* (SAP), *Wehner* (KPD) und *Eichler* (ISK) verabschiedete[72] sich die SPD schließlich mit dem Godesberger Programm von 1959 förmlich von der klassischen Tradition, aus deren Krise um den Ersten Weltkrieg einst nicht nur der totalitäre Kommunismus hervorgegangen war, sondern auch der „Faschismus“ seinen Ausgang genommen hatte. Die förmliche Abkehr vom parteiamtlichen Marxismus musste dabei gleichzeitig zur Abgrenzung von dezidiert marxistischen Organisationen führen, wozu damals an prominenter Stelle die parteinahe Studentenorganisation *Sozialistischer Deutscher Studentenbund*, *SDS*, gehörte. Dieser Bund bildete im westlichen Deutschland den eigentlichen Ausgangspunkt des fast weltweiten, als „68er-Bewegung“[73] bekannten ideologiepolitischen Phänomens. Der schließlich zum Quasi-Staatsphilosophen der BRD aufgestiegene *Jürgen Habermas* erkannte aufgrund eines als „voluntaristisch“ eingestuften Ansatzes beim westdeutschen Führer dieser Bewegung, *Rudi Dutschke*, relativ frühzeitig die Gefahr eines „linken Faschismus“, da Verwandtschaft „mit gewissen, an *Sorel* anknüpfenden linken Tendenzen des frühen italienischen Faschismus“[74] zu erkennen seien. An dieser Einschätzung ist bemerkenswert, dass demnach der Begriff „Faschismus“ (gemeint: Nationalsozialismus?) durchaus mit „links“ verbunden werden konnte, ja es wurde sogar, was sonst tabuisiert wird, ein linker Ausgangspunkt des historischen (italienischen) Faschismus anerkannt, so dass die Kennzeichnung „linker Faschismus“ nicht – nur – polemisch gemeint sein konnte! Dazu kommt, dass der Verfasser des Werkes, das als

„die Bibel der Apo“[75] ausgemacht werden kann, nämlich *Giovanni* beziehungsweise *Johannes Agnoli* (vorübergehend im NS-Deutsch: *Aknoli*), seinen Weg vom Bewunderer *Mussolini*s und italienischen Kriegsfreiwilligen der Wehrmacht im Partisanenkrieg in Jugoslawien über die SPD-Mitgliedschaft zum Wortführer der sogenannten Außerparlamentarischen Opposition (Apo) machte, deren Kern der SDS darstellte. Die Vermutung, dass *Agnoli*s Apo-Thesen über die „Transformation der Demokratie“ auf eine entsprechende prä- oder frühfaschistische These, insbesondere auf *Vilfredo Pareto* zurückgeht, ist kaum zu widerlegen. Entgegen der Einschätzung von *Habermas* stellen sich allerdings die 68er gar nicht als besonders „voluntaristisch“ dar: Ihre Ideologie enthielt alle mit einer gewissen inneren Schlüssigkeit verbundenen Elemente, die sich seit *Campanella* (und noch weiter zurückgehend) für das utopische Denken[76] nachweisen lassen, das die politische Linke letztlich kennzeichnet: Freie Liebe, kollektive Erziehung der Kinder, befreiende, meist mit pseudo-heidnischen Elementen verbundene Triebreligion (das heißt Abschaffung des Schuldgefühls), Abschaffung des Eigentums und des Geldes als Element der menschlichen Trennung (also Abschaffung der Schulden), wobei dies alles ziemlich schnell mit zentraler Überwachung und Regulierung des Denkens, des Wollens und der Begierden einherzugehen pflegt: Wie könnte man auch sonst die vorhandene Sexualität (das nackte Eigentum) gerecht verteilen? Die damit verbundene Politisierung der Sexualität führt dann, wie schon in der Sowjetdiktatur beobachtet werden konnte,[77] nach einer relativ kurzen Phase der – eher versuchten – Promiskuität[78] schnell zur funktionalen revolutionären Keuschheit[79] des sozialistischen Arbeits- und Militäreinsatzes. Der „verinnerlichte Spiritualismus“[80] der Linksutopie wird sich fast unweigerlich „voluntaristisch“ Geltung verschaffen, wenn er nicht objektivierend in ein letztlich pseudo-logisches System gebannt wird, das sich prominent als Marxismus manifestiert hat, dessen Krise allerdings wieder zum Voluntarismus zurückführt.

Deshalb stellte sich in der Tat der ideologische Ausgangspunkt des historischen Faschismus und der 68er-Bewegung trotz des realpolitisch völlig veränderten Umfelds als eine zeitlich verschobene Parallele dar: In beiden Fällen ging es um die Krise der klassischen Sozialdemokratie und damit des Marxismus. Der Faschismus hatte das Proletariat/die Arbeiterklasse als Agens des Fortschritts durch die Nation ersetzt, deren Kern allerdings noch „der Arbeiter" blieb (daher NSDAP). Bei der 68er-Bewegung, der Neuen Linken, wurde ein Konglomerat von Trägergruppen[81] als Anstoß für die „Transformation der Gesellschaft" (gemeint: Einkehr der Utopie) gefunden, nämlich die fachgeschulte neue Arbeiterklasse, junge Intelligenz, gesellschaftliche Randgruppen, aber vor allem – als Neuausprägung des „dritten Reichs" im Sinne von *Fiore* – die „dritte Welt" als „Weltproletariat".[82] Gerade der letztere Punkt, der aufgrund des Vietnamkriegs und schließlich des Palästinakonflikts zunehmend den ideologiepolitisch bedeutsamsten Kern ausmachte, stellte wegen des gemeinsamen ideologischen Ausgangspunkts von 68ern und Faschismus jeweils aus der Krise der Sozialdemokratie unvermeidlich eine starke Ähnlichkeit dieser Phänomene her, war doch der Faschismus und damit auch der Nationalsozialismus auf eine vergleichbare Konfliktlage ausgerichtet, nämlich nationale Unabhängigkeit als Voraussetzung des Sozialismus oder umgekehrt den Sozialismus als Mittel des effektiven Nationalismus anzusehen. Die durch diesen Zusammenhang erfolgte Annäherung an eine national-sozialistische Mentalität vor allem der westdeutschen 68er lässt sich anhand der kultartigen Verehrung des Argentiniers *Ernesto „Che" Guevara* demonstrieren, von dem Aussagen existieren, die die „faschistische" Mentalität deutlich belegen: So rühmte er mit seinem Mitstreiter, dem kubanischen Diktator *Fidel Castro*, die jederzeitige Bereitschaft des kubanischen Volkes, „sich im Atomkrieg zu opfern, damit noch seine Asche diene als Zement für eine neue Gesellschaft";[83] denn um diese herzustellen, sei der „absolute Krieg", also der *Goebbels*sche „totale Krieg" vonnöten: „Wir werden den Menschen des 21. Jahrhunderts schaffen – wir uns selbst". Dieses typisch gnostische Motiv wurde immerhin von *Enzensberger*[84] explizit als solches angesprochen, indem er in seinem aufsehenerregenden Absagebrief an die einst re-edukativ verehrten USA von jenem „rücksichtslosen, manichäischen Blick" schrieb, den die Weltvölker auf die USA als ihren Unterdrücker werfen würden. Folgerichtig – die Ideo*logik* entfaltet sich nahezu zwanghaft immer wieder nach demselben (letztlich schon spätantiken) Muster – schrieb dann der deutsche Herausgeber von „*Che*“, *Sven G. Papcke*, über die (angeblich!) „neue Anthropologie“, die *Che* entworfen habe: eine Lehre vom Menschen, die „die Annihilation des anderen fordert, um jenseits aller Egozentrik neue, menschliche Zustände zu schaffen.“[85] Damit war wohl gemeint, dass „die Erlösung der Menschheit“ erreicht werden könne, indem die „Soldaten der Revolution“ beseelt sein müssten vom „unbeugsamen Hass dem Feind gegenüber“, der die revolutionären Menschheitserlöser „in eine wirksame, gewaltsame, selektive und kalte Tötungsmaschine verwandelt“; ähnlich hatte sich *Himmler* geäußert, der dabei „anständig“ bleiben wollte! Die „menschlichen Zustände“ sollten demnach geschaffen werden „durch ein Stück phantastisch nachgeholter Weltkriegserfahrung“,[86] wodurch das Heldische seine Auferstehung erfuhr „in revolutionärer Selbstlosigkeit, Unbedingtheit, Todesverachtung, Großmut und – Grausamkeit.“[87]

Selbstverständlich fehlte es den meisten deutschen 68ern an der Selbsterkenntnis, dass gerade sie sich bei einer derartigen Einstellung, insbesondere wenn diese in die terroristische Entschlossenheit des „deutsches Herbstes“ von 1977 einmündete, der „offenkundig eine ferne Replik auf die nebligen Untergänge des April 1945“[88] war, ab 1930 fast zwangsläufig insbesondere für die SA der NSDAP qualifiziert hätten, was von den bundesamtlich als „rechtsextrem“ bekämpften Gruppierungen – unter Einschluss der „freiheitlich“ verbotenen SRP – nur ausnahmsweise gesagt werden konnte! Vor dieser möglichen (Selbst-) Erkenntnis schützten sich die deutschen 68er, indem ihr Sozialismus fast ausschließlich mit Fremdnationalismus verschmolz. Dies hatte dann allerdings zur Folge, dass es der bundesdeutschen Variante schon deshalb nicht gelingen konnte, sich wie die linksnationalistische ETA in Spanien mit einem entsprechenden politischen Umfeld zu etablieren. Ziel dieser 1895 als *Nationalistische Baskische Partei* vom rassistischen Schriftsteller *Sabino Arana Goiri* (1865-1903) gegründeten Gruppierung ist bekanntlich die Schaffung eines kommunistisch geprägten baskischen

Staates mit der Bezeichnung *Euskal Herria*. Bei einer völligen Nachahmung der ETA wäre die Ähnlichkeit mit einem bewältigungsbedürftigen deutschen Phänomen wohl zu deutlich geworden! Vor dieser Imitation schützten sie sich als „westlich Aufgeklärte“ – so das spätere „Grünen“-Selbstverständnis –, indem die „nationalistischen und rassistischen Ressentiments“ der sozialistischen Dritt-Welt-Bewegungen angeblich nicht erkannt[89] wurden, obwohl auf Bildern von Apo-Demonstrationen Parolen wie „Vietnam den Vietnamesen“ deutlich erkennbar sind: Wenn aber diese Parole richtig ist, dann kann das damit zum Ausdruck gebrachte Prinzip bei den Deutschen nicht abgelehnt werden, eine Einsicht, zu der immerhin die Terroristin *Ulrike Meinhof*[90] gelangt ist. Sie erkannte nämlich, dass auch (West-) Deutschland dem „internationalisierten Kapital“ unterworfen sei, dessen Herrschaft über die BRD die Besatzer mit der „rassistischen Behauptung einer ‘spezifischen Charakterstruktur des deutschen Volkes’ rechtfertigen würden, ein „Versuch der Besatzungsmacht, die Identität des unterworfenen Volkes zu vernichten, das Bewusstsein seiner historischen Existenz auszulöschen.“ Abgesehen davon, dass hier natürlich auch etwas richtig erkannt[91] ist, das auf eine Gemeinsamkeit von US-Progressismus und deutschem NS zumindest in der (rassistischen) Vorgeschichte zurückführt, so macht ein derartiger Text bei einer antikapitalistischen Linksterroristin doch eine Ideologiekombination deutlich, bei der man kaum vermeiden kann, sie doch als irgendwie „national-sozialistisch“ zu kennzeichnen, was aus *Meinhof* jedoch selbstverständlich keine „Rechtsextremistin“ macht! Vor einer derartigen (Selbst-) Erkenntnis, zu der man immerhin bei der Betrachtung von *Pol Pot* hätte gelangen können, schützte sich die fortschrittliche bundesdeutsche Linke wiederum wie folgt: „Die Verbrechen, die *Pol Pot* und seine Genossen … nach der ‘Befreiung’ … an ihrem Volk begingen, waren so ungeheuerlich, dass sie am besten gleich verdrängt wurden.“[92] Wenn es dabei jedoch verharmlosend und nun wirklich äußerst verdrängend heißt, diese Verbrechen seien erst mit dem Einmarsch der Vietnamesen bekannt geworden, dann ist darauf hinzuweisen, dass ein erhellender Bericht im *Spiegel* vom 14.04.1980 den KBW, eine der zahlreichen totalitären Polit-Sekten, die aus den bundesdeutschen 68ern hervorgegangen sind, unter Führung des später im Auswärtigen Amt beschäftigten „*Joscha*“ *Schmierer* nicht davon abgehalten[93] hat, am 15.04.1980 ein Grußtelegramm an *Pol Pot* abzusetzen und 238 650.- DM an die kambodschanischen Brüder im Geiste zu überweisen. Dieses bewältigungsferne Verhalten belegt, dass die Einschätzung[94] wohl zutreffend ist, wonach die schockierende Besonderheit von *Pol Pot* im Unterschied zu den zeitgenössischen romantischen Revoluzzern, also der weltweiten 68er-Generation, darin besteht, dass die kambodschanische Version tatsächlich die Macht ergriffen hat und die Verwirklichung dieser Ideen mit ihren massenmörderischen Konsequenzen erzwingen konnte. Während, so muss man hinzufügen, die westdeutschen 68er ihren Feinden nur mit der „Fischmehlfabrik“,[95] also mit der Einweisung ins KZ, drohen konnten!

Ist es deshalb aber berechtigt, mit *Jillian Becker* zumindest die aus den deutschen 68ern hervorgegangenen Linksterroristen als „*Hitler*s Kinder“ zu bezeichnen? Im Ergebnis kann dies wohl bejaht werden, jedoch nicht so unvermittelt wie dies die genannte Autorin tut. Bei den linken „Bewältigern“ ist erkennbar das vorhanden (gewesen), was *Mitscherlich* den insbesondere in sexual-moralischer Hinsicht extrem konservativ gewordenen Deutschen der unmittelbaren Nachkriegszeit andichtete, die den NS sinnvoll durch eine Kombination aus Vergessen und Verdrängen (was bleibt den Leuten zur praktischen Lebensbewältigung denn schon anderes übrig?), stillschweigender Verhaltens- und Einstellungsänderung und auch durch ideologische Transformationen und Konversionen erfolgreich „bewältigt“ haben, nämlich unter „einem unheilvollen, fast unausweichlichen Wiederholungszwang“[96] zu stehen. Die *Mitscherlich*sche „therapeutische Durcharbeitung der eigenen Geschichte“ konnte – in der Annahme, dass sich das Realitätsprinzip vielleicht doch durchsetzt, wenngleich es *Herbert Marcuse* gnostisch-revolutionär außer Kraft setzen wollte – schon deshalb nicht funktionieren, weil die Konzeption extrem abwegig war, was sich, um auf der psychologischen Ebene zu bleiben, darin offenbart, dass etwa „Auschwitz“ auf die angebliche Sexualunterdrückung[97] im NS-Regime[98] zurückgeführt wurde! Da war die von linksliberalen Blättern im Zusammenhang mit der „Studentenrevolte" propagierte Sexualliberalisierung den schließlich in dieser Frage vorherrschenden Tendenzen der NS-Zeit, die allerdings in Deutschland, dem „Land der Nackten",[99] schon eine in die Endphase des Kaiserreichs zurückreichende Vorgeschichte hatten, sicherlich enger verbunden als dem „Sexualkonservatismus" der unmittelbaren Nachkriegszeit, insbesondere wenn man dabei auch noch die jeweilige antikirchliche Stoßrichtung mit berücksichtigt. Wenn die Annahme von „Wiederholungszwang" durch „Verdrängen" richtig wäre, dann könnte dies nur daran liegen, dass gerade die unheilvollen und verbrecherischen sozialistischen Züge des Nationalsozialismus nicht erkannt und daher nicht „bewältigt" wurden: Deshalb meinte die aufgrund ihrer guten Absichten *per se* unschuldige Linke sich als berechtigt ansehen zu dürfen, gegenüber der konservativ gewordenen Kriegsgeneration, der die „Verdrängung" (also normales menschliches Verhalten!) zum Vorwurf gemacht wurde, Rachebedürfnisse kultivieren zu dürfen. Dieses Rachebedürfnis, das ohnehin dem sozialistischen Gerächtigkeitsempfinden fortwährend anhaftet, erlaubte dann gegenüber der „Generation von Auschwitz" die Rechtfertigung aller Maßnahmen, die gewissermaßen „weniger weitreichend als Auschwitz" sein würden, und da dieses Ereignis ja „singulär" war, wie bald gesagt werden sollte – und demnach gar nicht wiederholt werden kann, zumindest nicht von links? –, war im Akt progressiver Selbstermächtigung eigentlich „alles erlaubt". Dieser Ansatz offenbarte seinen moralischen Tiefpunkt in Entebbe, wo deutsche Linksterroristen die jüdischen Passagiere eines entführten Flugzeuges der Air France in einem Selektionsverfahren von den übrigen Passagieren trennten, ersichtlich, um jenen eine „Sonderbehandlung", nämlich Geiselermordung,[100] angedeihen zu lassen: „Dass Linke dies dreißig Jahre nach Auschwitz fertig brachten, gehört bis heute für mich zu den traurigsten und schlimmsten Kapiteln der 68er-Bewegung", so der Kommentar[101] eines 68er-„Renegaten". Dies sollte wiederum in Erinnerung rufen, dass eine maßgebliche Figur des historischen Bezugsvorgangs, nämlich *Adolf Eichmann*, in seinen Memoiren[102] mehrfach geäußert hat, dass seine „gefühlsmäßigen politischen Empfindungen ... links (lagen), das Sozialistische mindestens ebenso betonend wie das Nationalistische". Letzteres trat bei den deutschen 68ern immerhin als Fremdnationalismus auf, der bei einiger Logik, welche die radikale Linke allerdings meist durch Pseudomoral ersetzt, naheliegenderweise als Eigennationalismus hätte umformuliert werden können. Die sich ergebende Schlussfolgerung vom „linken Antisemitismus" (als ob der sozialistische je ein anderer gewesen wäre!), wurde und wird dabei wutschnaubend zurückgewiesen, wobei etwa hinsichtlich des „Romanpamphlets" von *Gerhard Zwerenz* „Die Erde ist unbewohnbar wie der Mond" verharmlosend darauf hingewiesen wird, dass es sich bei der Darstellung des reichen hyänenhaften jüdischen Spekulanten (als der *Bubis* verstanden werden konnte) nicht um „konventionellen Antisemitismus" handeln würde, „eher um einen primitiven Antikapitalismus, worin jeder Mensch mit kommerziellen Interessen sowieso schon wie die Karikatur des Stürmer-Juden ausschaut."[103] Der genuine NS-Antisemitismus war aber eben nichts anderes als ein derartiger „primitiver Antikapitalismus", eine Tatsache, deren „Verdrängen" dann wohl den „Wiederholungszwang" bei linken 68ern hervorgerufen hat! Immerhin ist eine der ersten, wenn nicht gar die erste Bombe, die von der BRD-Linken gelegt wurde, diejenige gewesen, welche an einem 09.11.1969 (dem Jahrestag der sogenannten „Reichskristallnacht") gegen das Jüdische Gemeindezentrum in Westberlin gerichtet[104] war, womit deutlich wird, dass die „Gewalt gegen Sachen", also gegen den „verdinglichten" Kapitalismus, doch ziemlich schnell zur Gewalt gegen eine Menschenart führt, die in der sozialistischen Tradition für diesen „Kapitalismus" steht und dieser war schon immer mit „Judentum" verbunden worden. Der sozialistische Antisemitismus nahm bei den 68ern die Form des Antizionismus an, da der „Zionismus" mittlerweile von der Sowjetideologie als besonders perfide Form von Rassismus und Faschismus und neueste Endstufe des Weltkapitalismus[105] ausgemacht worden war. Deshalb knüpfte die deutsche Linke natürlich nicht – es sei denn „verdrängend" – an die NS-Ideologie an, sondern an den spätstalinistischen Antisemitismus. Dieser brachte jedoch wiederum den verdrängten Antisemitismus des klassischen Sozialismus zum Vorschein und führte dabei fast notwendigerweise zur stillschweigenden Annäherung an den offiziell ausdrücklich bekämpften NS-Antisemitismus, sind doch diese Antisemitismen nur unterschiedlich akzentuierte Ansätze, die „Judenfrage" anzugehen, die sich sozialismusbedingt aus der Gleichsetzung des Judentums mit dem durch Sozialismus zu überwindenden Kapitalismus ergeben hat, und die sich offensichtlich noch immer stellte. Die bundesdeutsche Linke imitierte dabei im Eildurchgang die Sowjetentwicklung vom Philo- zum Antisemitismus: Während man sich im Umkreis der SPD beim Nahostkrieg von 1967 mit philosemitisch-proisraelischen Aufrufen geradezu überschlug, war man schon 1969 beim „Antizionismus als Weltanschauung"[106] angelangt, was etwa durch die Teilnahme eines „*Joschka*" *Fischer* an einer PLO-Konferenz dokumentiert wird, bei der der „Endsieg" (mit „Endlösung"?) über Israel beschworen[107] wurde. Insofern hat sich der von *Mitscherlich* diffamierend der bundesdeutschen Bevölkerungsmehrheit unterstellte „Wiederholungszwang" zumindest beim terroristischen Flügel oder mit diesem sympathisierenden Gruppierungen der westdeutschen 68er doch ergeben, der vom „zutiefst moralischen Antifaschismus zum mordbereiten Antizionismus", also von „Auschwitz nach Entebbe" führte „– ein Weg, der für *alle* deutschen Terroristen, jedenfalls in den siebziger Jahren, zum geheimen Gravitationszentrum ihrer Aktionen wurde."[108] Es ist dann sehr bezeichnend, dass „die Vorherrschaft des Judenkomplexes", gegen den (natürlich zugunsten der Palästinenser) aufgrund der Selbstermächtigung der sozialistischen Erkenntnistheorie durch Bombenlegen angegangen werden durfte, mit dem Weg in den Terrorismus eng verknüpft war. Dieser stellte wiederum als Übergang zu dem Bezugssystem des „neuen Menschen", der mit dem „manichäischen Blick" von *Enzensberger* seinen bundesdeutschen Propheten gefunden hatte, einen Akt der Transzendenz[109] dar, wie dies immerhin *Uwe Johnson* zutreffend einschätzte: „Nach dieser Lehre sind die Welt und der Mensch nur zu retten, wenn die Lichtteile wieder von der Materie getrennt werden und ins Lichtreich zurückgehen. Dieser Prozess verläuft bis zur endgültigen Reinigung im Weltbrand."[110] Damit wird nachträglich noch einmal verständlich, wie wohl der Nationalsozialismus, vor allem dessen Antisemitismus, einzuordnen ist – doch etwas anders, als dies die „Bewältigung" quasi-amtlich vorschreiben will; denn wäre die Annahme der bundesdeutschen Staatsorthodoxie richtig, dann hätte sich die Voraussage von *Mitscherlich* bezüglich des „Wiederholungszwangs" eben anders erfüllen müssen als sie tatsächlich, zumindest im Ansatz, eingetreten ist!

d) Linksfaschismus im etablierten BRD-Antifaschismus

Der „Wiederholungszwang" (*Mitscherlich*) zur Anwendung von NS-Methoden hätte sich mit ziemlicher Sicherheit explizit gezeigt, wenn es den bundesdeutschen Linksterroristen, der einzigen Gruppierung, die die bundesdeutsche Staatsordnung in einer äußerst kriminellen Weise wirklich hatte erschüttern können (von „rechts" hat ihr bislang nicht im Entferntesten eine derartige Gefahr gedroht), tatsächlich gelungen wäre, sich an die Macht zu morden. Erschreckend ist dabei das breite Unterstützungsfeld, über das der Linksterrorismus verfügt hatte; so zeigte 1971 „jeder vierte Bundesbürger unter dreißig Jahren" „gewisse Sympathien für die ROTE ARMEE FRAKTION".[111] Aus diesem Sympathisantenkreis sollten vor allem die K-Gruppen als „Schule des virtuellen Totalitarismus"[112] hervorgehen, aus denen sich wiederum etwa 20 Prozent der maßgeblichen Mandatsträger und Funktionäre der Partei *Die Grünen* rekrutierten.[113] Diese Partei als identifizierbares Überbleibsel der bundesdeutschen 68er ist nunmehr im BRD-Parteiengefüge fest verankert, so dass sich angesichts des immerhin von *Habermas* befürchteten „linken Faschismus" die Frage stellt, ob sich dieser dann unter anderem durch Etablierung der „Grünen", aber auch aufgrund des seinerzeit massiven Zustroms der 68er (zurück) zur SPD,[114] nicht in einer Weise etabliert haben könnte, dass er auf Anhieb vielleicht gar nicht als solcher erkennbar ist. Zur Antwort könnte eine Bemerkung eines der gefährlichsten politischen Gegners von *Roosevelts* New Deal, *Huey Long*, führen: „Der amerikanische Faschismus, wenn er kommt, wird als Antifaschismus auftreten."[115] In den zeitgenössischen USA war nämlich die Meinung geäußert worden, dass die amerikanische Demokratie deshalb faschismusresistent sei, weil sie formal eben antifaschistisch auftritt und dabei gleichzeitig, ohne sich dessen bewusst zu sein, wesentliche Elemente des Faschismus enthalte, was aber wiederum gegen die spezifisch europäische Form des Faschismus immunisiere. Diese Feststellung erscheint für die Analyse des bundesdeutschen Herrschaftssystems äußerst fruchtbar, steht dieses doch – unvermeidbar – in der historischen Kontinuität mit dem der faschistischen Strömung zugeordneten NS-Regime und ist gleichzeitig wesentlich vom amerikanischen Progressismus gestaltet worden, dem zumindest „entfernte Verwandtschaft" attestiert werden kann.

Die größte Gemeinsamkeit der hier in Betracht kommenden Ideologiekomplexe besteht wohl im Sozialstaatsprinzip, das einst kreiert werden musste, um „den Übertritt der Sozialdemokratie auf den Boden der rechtsstaatlichen Verfassung im Jahr 1919 möglich"[116] zu machen. Dieses Konzept ist dann in der „Gefälligkeitsdiktatur"[117] des NS erfolgreich als Mittel eingesetzt worden, sich – verglichen mit dem wirklich totalitären Kommunismus – ohne zu große gegen die Mehrheitsbevölkerung gerichtete Repression nach innen die Massenloyalität zu sichern, was letztlich allerdings, wie auch beim *New Deal*, nur durch den Übergang zur Kriegswirtschaft zu bewerkstelligen war. Diese stellte im Kern wiederum eine Rückkehr zum Kriegssozialismus des Ersten Weltkriegs dar, der für große Teile der SPD praktischen Sozialismus möglich machte oder diesen gar weltgeschichtlich-dialektisch erzwang. Bereits von der NS-Bürokratie entworfene sozialstaatliche Konzepte, die nicht mehr umgesetzt werden konnten, wie der „Generationenvertrag" bei der Rentenversicherung, sollten dann in der Bundesrepublik erfolgreich verwirklicht werden. Diese sozialstaatliche Kontinuität, die auch den 1. Mai (Tag der Arbeit), den man immer noch dem „Führer" verdankt, trotz aller „Bewältigung" als soziale Errungenschaft unberührt lässt, erklärt sicherlich die Möglichkeit der Transformation vom nationalen Sozialismus, der seinerseits in Kontinuität mit der Konzeption des sozialdemokratischen Kriegssozialismus gestanden hat, zum BRD-Sozialstaat. Diese Sozialstaatskonzeption gibt eine entscheidende Antwort auf den zentralen Vorwurf von *Karl Marx* gegen die Konzeption der Grundrechte, wonach diese nämlich[118] „nicht auf der Seite der Machtunterworfenen, sondern auf der Seite der Machthaber standen". *Marx* hatte deshalb die Menschenrechtskonzeption entschieden als „egoistisch" abgelehnt[119] und stattdessen eine Ordnung – „Kommunismus" genannt – herbeiphantasiert, deren Gemeinschaftlichkeit so groß sein würde, dass es der atomisierenden Grundrechte gar nicht mehr bedürfen würde. Diesen Ansatz hat die NS-Staatslehre nachvollzogen,[120] indem betont wurde, dass es im nationalen Sozialismus keine derartigen Grundrechte geben könne: „An Stelle des isolierten Individuums ist der in die Gemeinschaft gliedhaft eingeordnete Volksgenosse getreten, der von der Totalität des politischen Volkes erfasst und in das Gesamtwirken einbezogen ist."[121] Diese Art der „Volksgemeinschaft" hat das BVerfG in eine „Wertegemeinschaft" überführt, die die Grundrechte natürlich nicht abschafft, sondern – sich gegenüber dem „Faschismus" entschieden abgrenzend – nahezu religiös als „Werte" verehrt. Trotzdem oder gerade deshalb muss gesagt werden: „Hätte der Nationalsozialismus 1933 die Grundrechte als Werte vorgefunden, dann hätte er sie nicht abzuschaffen brauchen";[122] denn es werden durch das Werteverständnis Grundrechte tendenziell ihres Charakters als negative Staatskompetenzen entkleidet und durch Unterminierung des rechtsstaatlichen Verteilungsprinzips[123] in Bindungsnormen umgedeutet, die sogar für das Denken des Bürgers verpflichtend werden: Dies kann dann bei einem sicherlich andersgearteten staatlichen Glaubensbekenntnis in der Sache auf dasselbe hinauslaufen wie die offene Abschaffung der Grundrechte. Diese Art von Grundrechtskonzeption hat dem Kommunismus, der die Grundrechte, auf *Marx* und *Engels* zurückgehend, in einer ähnlichen Weise wie der Nationalsozialismus (zumindest für die Zeit des Sozialismus) hatte ablehnen müssen, die Akzeptanz der Grundrechte als Idee oder als „Wert" ermöglicht, so wie er dadurch, den Strang der *totalitarian democracy* aufnehmend, den einst gegen die Demokratie konzipierten Kommunismus als „wahre" Demokratie, als „Volksdemokratie" ausgeben konnte. Die dazu notwendige Grundrechtsumdeutung kann am besten anhand des berüchtigten Boykotthetze-Artikels 6 der antifaschistischen

DDR-Verfassung von 1949 dargelegt werden, wodurch der zentrale Gleichheitssatz zu einer Verpflichtung des Bürgers umformuliert worden ist, nicht zu „diskriminieren", insbesondere nicht „Demokraten", da dies „Boykotthetze gegen die Demokratie" wäre. Damit diese „Diskriminierung" zum Schutz der „kämpferischen Demokratie" (DDR-Selbstverständnis) nicht möglich wäre, war schließlich die Einheitsliste der Demokraten erforderlich. Diese Konzeption, die es auch dem NS ermöglicht hätte, Grundrechte und Demokratie zumindest als „Werte" zu akzeptieren, hat das BVerfG in der Weise einer „entfernten Verwandtschaft" insbesondere bei der Parteiverbotskonzeption entwickelt. Die innerhalb westlicher Demokratien wirklich singuläre Konzeption[124] einer „wehrhaften Demokratie" (BRD-Selbstverständnis) ist gegen politisch-weltanschauliche Ideen gerichtet, die durch Parteiverbot aus dem Prozess der politischen Willensbildung „ausgeschaltet"[125] werden sollen. Man muss sich vorstellen: Ein Gericht, das eine Partei deshalb verbietet, weil sie das Individuum dem Staat unterordnen würde, fordert von Bürgern, keine wertewidrigen Auffassungen zu vertreten, die dem zur quasireligiösen „Verfassungsordnung" hypostasierten Staat unerwünscht sind, weil sie sonst als Organisation vom Staat nicht zugelassen würden! Eine größere konzeptionelle Irrelevanz des Individuums gegenüber den Allmachtsgelüsten eines Staates, nämlich auch noch die Auffassungen seiner Bürger verbotsbegründend kontrollieren zu dürfen, ist eigentlich kaum denkbar! So wie eine vergleichbare Methodik es dem DDR-Regime ermöglicht hat, die Meinungsfreiheit abzuschaffen, indem man seine Meinung nach Art. 27 der *Ulbricht / Honecker*-Verfassung nur im Rahmen von „Verfassungsprinzipien" ausdrücken durfte, so kann bei Bedarf nach der Wertemethodik des BVerfG etwa die Meinungsfreiheit beamteter „Extremisten" auf den Stand des Augsburger Religionsfriedens von 1555 für nicht anerkannte protestantische Sekten reduziert[126] werden. Nach den selbstgesetzten Bewertungskriterien kann man einen derartigen ideologiepolitischen Ansatz des höchsten bundesdeutschen Gerichts eigentlich nicht anders denn als „rechtsextrem" beschreiben, weshalb auch nicht verwundern sollte, dass gerade im bundesdeutschen Staatsschutzrecht, insbesondere in den strafrechtlichen Aspekten desselben, das NS-Rechtsdenken mit seinem Funktionalismus – „Recht ist ... was (der Staatsideologie) nützt“[127] – fortgeführt wird. *Edmund Mezger*, der in bemerkenswerter Kontinuität in Form der Transformation der NS-Rechtsmethodik in freiheitliches Wertedenken später auch führender bundesdeutscher Strafrechtslehrer werden sollte, hat die NS-Rechtslehre 1935 auf die Formel gebracht, wonach rechtswidriges, das heißt strafrechtlich und auch anderweitig zu verbietendes Verhalten von Privatpersonen ein „Handeln gegen die deutsche nationalsozialistische Weltanschauung“ darstellen würde. Diese ideologische Rechtsmethodik hat die bundesdeutsche Justiz aufgenommen, indem sie anstelle der Formel „deutsche nationalsozialistische Weltanschauung“ diejenige von der „freiheitlichen demokratischen Grundordnung“ setzt, was es ermöglicht, weltanschauliche Zeichen, also die Bekundung individueller Überzeugungen als „verfassungsfeindlich“ zu verbieten. Die FDGO-Formel, die eigentlich noch nie wirklich rechtsstaatskonform als „(demokratische) Staatsordnung“ und damit als das Schutzgut des klassischen Hochverratsdelikts verstanden worden ist, sondern von vornherein rechtsstaatswidrig[128] als ein demokratie-ideologisches Gebilde, dem sich die Individuen letztlich im weltanschaulichen Wertekollektivismus unterzuordnen haben, wird seit Etablierung der 68er, insbesondere seit dies mit der politischen Integration der Verwalter des ehemaligen „allgemeinen sozialistischen Zuchthauses“ einhergeht, zunehmend in einer „links-faschistischen“ Weise verstanden und auch praktiziert.

Kern des etablierten bundesdeutschen Linksfaschismus stellt der „Kampf gegen Rechts“ dar, ein Konzept, das schon nach den offiziellen Maßstäben als verfassungsfeindlich, weil antipluralistisch zu kennzeichnen ist, und das erkennbar nicht gegen „rechtsextrem“ (was immer dies bedeutet), sondern gegen ein ganzes politisches und weltanschauliches Spektrum gerichtet ist, das potentiell bis zu einem Drittel der Deutschen umfassen dürfte und dem einst die „entfernte Verwandtschaft“ als demokratisierende Militärdiktatur keine Demokratielizenz ausgestellt hatte. Dabei ist es nicht nur um den Nationalsozialismus gegangen, dessen

Einordnung als „rechts“ ohnehin alles andere als unproblematisch ist, sondern meinte den Nationalliberalismus und den klassischen Konservativismus, also dem Unternehmertum freundliche Parteien oder auch „nationalistische“ Flüchtlingsparteien. Darüberhinaus dürfte „rechts“ im Verständnis des bundesdeutschen linksfaschistischen „Kampfes gegen rechts“ in etwa das umfassen, was *Hitler* wohl umschreiben wollte, als er bedauerte, es zum Schaden des Nationalsozialismus unterlassen zu haben, auch den „Schlag gegen rechts“ zu führen, nämlich das gesamte traditionelle deutsche Bürgertum, „Reaktion“ genannt, die etablierten religiös-kirchlichen Strömungen und insbesondere die im NS-Regime letztlich aus Zeitgründen nicht überwundenen kapitalistischen Aspekte der deutschen Rechts- und Wirtschaftsmentalität.

Insbesondere dürfte der bundesdeutsche „Kampf gegen Rechts“ gegen eine Person gerichtet sein, die sich etwa wie folgt äußert: „Nur die Gemeinschaft bietet Schutz, der Einzelne hat auf Dauer keine Chance. Ich engagiere mich für die Gemeinschaft, weil sie unabdingbare Grundlage meines Lebens ist. Das Motiv zur Übernahme eines politischen Amtes liegt in der Geschichte meiner Familie und des deutschen Volkes. Der Einsatz für die Gemeinschaft gehört seit uralten Zeiten zu den Grundsätzen des Deutschtums.“ In einer derartigen Aussage verbirgt sich in den Kategorien des „Kampfes gegen Rechts“, der zunehmend als amtlicher „Verfassungsschutz“ firmiert, nicht nur „Nationalismus“, sondern „völkischer Kollektivismus“, der „verfassungsfeindlich“ sei, weil damit das Individuum nur durch „Einordnung in die völkische Gemeinschaft“ (VS-Vokabel) seinen Wert erhalten würde, was gegen die „Menschenwürde“ nach Artikel 1 „unseres Grundgesetzes“ gerichtet sei („wir“ und „unser“ bedeuten bekanntlich „Ausgrenzung“). Anhand dieser Bewertung kann demonstriert werden, dass die Einordnung des „Kampfes gegen Rechts“ als „Linksfaschismus“ berechtigt ist. Es kann damit nämlich auch dessen latenter Antisemitismus nachgewiesen werden, der den „Faschismus“ kennzeichnet, und weshalb so nachdrücklich die „Bewältigung“ eingefordert wird: Der im „Kampf gegen Rechts“ zum Feind auserkorene „Rechte“ wird nämlich in einer

Weise definiert, dass damit jederzeit das Judentum bekämpft werden kann und bei einer konsequenten Einstellung (man hält sich dann allerdings für „liberal", wenn man nicht unbedingt *so* konsequent ist) eigentlich auch bekämpft werden muss. Hierzu gilt es darauf hinzuweisen, dass das vorgenannte Zitat kein Original darstellt; vielmehr lautet dieses[129] wie folgt: „Nur die Gemeinschaft bietet Schutz, der Einzelne hat auf Dauer keine Chance" – „Ich engagiere mich für die Gemeinschaft, weil sie unabdingbare Grundlage meines Lebens ist" – „Das Motiv (zur Übernahme eines politischen Amtes, *Anm.*) liegt in der Geschichte meiner Familie und des jüdischen Volkes. Der Einsatz für die Gemeinschaft gehört seit biblischen Zeiten zu den Grundsätzen des Judentums". In der Tat stellt die ursprünglich mehr sozialistisch-zionistisch, später mehr religiös-nationalistisch begründete Existenz des jüdischen Nationalstaates Israel den bundesdeutschen „Kampf gegen Rechts" sozialismusbedingt vor eine ideologisch ähnliche Problematik wie den post-leninistischen Kommunismus: Will man den deutschen „Nationalismus", also die bundesdeutsche Nationalstaatskonzeption, auf der immerhin das Grundgesetz basiert, als „rechtsextrem" bekämpfen, dann muss man auch und in Übereinstimmung mit *Stalin* vielleicht sogar primär den „Judenstaat" entschieden ablehnen. Will man dann schließlich zur Bekämpfung des deutschen „Nationalismus", das heißt zum Zwecke der Ausschaltung parteipolitischer Konkurrenz und damit des für das Grundgesetz doch grundlegenden Mehrparteienprinzips, Gesellschaftsprojekte fördern, wie die Masseneinwanderung von möglichst (sowohl nach kulturell-religiösen als auch nach rassischen Maßstäben bewertet) fremdartigen Ausländern, dann fördert man damit ein Projekt, welches – sofern das zugrundeliegende Prinzip richtig ist und damit gerade von Anti-Nationalisten universell angewandt werden müsste – auch auf das Ende des Staates Israel hinauslaufen würde. Dies wäre wiederum letztlich nichts anderes als eine neue Variante der klassischen sozialistischen Konzeption, wonach Sozialismus ohnehin das Verschwinden des Judentums (*Kautsky*) meint und nach den anti-kapitalistischen Prämissen der sozialistischen Tradition auch bedeuten muss. Die Begründung dafür, warum dann bei Juden etwas gut ist, was im Falle der Deutschen schlecht ist und umgekehrt, kann letztlich wiederum nur rassistisch ausfallen: Aufgrund bestimmter historischer Umstände, die die „Bewältigung" definiert, steht dann abstammungsbedingt Juden das Recht auf einen Nationalstaat und damit verbundene „Ausgrenzungsrechte" gegenüber der Menschheit zu, während diesen Anspruch die Deutschen primär abstammungsbedingt, also aus rassistischen Gründen eigentlich „verwirkt" haben. Damit ist der bundesdeutsche Linksfaschismus im „Kampf gegen Rechts" gerade wegen seines Philosemitismus, der ja – basierend auf der unrealistischen Annahme, dass Juden nur edel und gut sein können – auch schon ein Rassismus ist, zu einer rassistischen Argumentationsweise gezwungen und nähert sich dann methodisch und mental immer mehr dem offen bekämpften „Faschismus" an, und hier könnte dann in der Tat das Potential für einen wirklichen „Wiederholungszwang" (*Mitscherlich*) begründet sein, der wohl eine rassistische Doktrin erfordert.

Amtlich hat einen rassistoiden Diskurs nicht zuletzt der Bundesgerichtshof (BGH) eingeführt, indem er zum „umgekehrten Rassismus" griff: Personen, auf die die damit stillschweigend fortgeschriebenen „Nürnberger Gesetze", also das sogenannte NS-Rassenrecht von 1935 angewendet worden wäre (wie etwa „jüdische Mischlinge"), müssen danach als Gruppenangehörige etwa durch Einräumung der sonst nicht bestehenden Klagebefugnis zur Verfolgung unerwünschter Ansichten mittels ruinöser Schadensersatzansprüche bevorzugt werden, weil nur dadurch „gegenüber den Bürgern des Landes, auf dem diese Vergangenheit lastet", gewährleistet wäre, dass sich ein historisches Ereignis in der Bundesrepublik[130] nicht wiederholen würde. Um deutlich zu machen, dass der Rassismus, der auch als ein „umgekehrter" einer ist, als solcher durchaus mit dem Gleichheitsprinzip vereinbar ist, da in der Fortschrittsdoktrin bekanntlich Fortschrittliches und Reaktionäres nicht gleich sein kann (sonst gäbe es keinen „Fortschritt"), hat sich der BGH auch noch von seiner sonstigen Erkenntnis der mangelnden Beleidigungsfähigkeit von Personengruppen im Falle der von ihm aus Gründen der „Bewältigung" zu privilegierenden Personengruppe hinweggesetzt[131] und diesen Verstoß gegen das rechtsstaatliche Gleichheitsprinzip, das wohl nicht unbedingt mit dem Gleichheitsverständnis einer Werteordnung identisch ist, letztlich mit der „umgekehrten" beziehungsweise kompensatorischen Anwendung des NS-Rassenrechts gerechtfertigt! Spätestens hier sollte deutlich werden, dass der Rassismus eine Werteordnung dargestellt hat, die eine „Ordnung" konstituierend Menschen als mit mehr und mit weniger Würde behaftet (wertvollere und weniger wertvolle) definieren kann, weshalb sich beim „Kampf gegen Rechts" häufig der Eindruck aufdrängt, dass der als grundlegend verstandene Artikel 1 des Grundgesetzes (Menschenwürde) für „Rechts" nicht oder kaum mehr zu gelten scheint: Man braucht dazu bestimmte offizielle Aussagen „gegen Rechts" nur auf Juden anzuwenden, die dann in der Regel strafrechtlich verfolgt würden, aber „gegen Rechts" zu Bundesverdienstkreuz oder anderen Zivilcourage-Auszeichnungen führen, um sich selbst von der Richtigkeit dieser Bewertung zu überzeugen: Als Beispiel sei der niedersächsische Ministerpräsident *Glogowski* angeführt, der als Innenminister – „Verfassungsminister" – davon gesprochen[132] hat, dass der Versuch, die Unterschiede zwischen den rechtsextremistischen Organisationen feststellen zu wollen, darauf hinausliefe, „Scheiße nach Geruch zu sortieren"; man stelle sich eine entsprechende Aussage etwa hinsichtlich der Differenzierungen „mosaischer Sekten" vor!

e) Ausblick: Gefahr der Wiederkehr des Nationalsozialismus?

Rassismus, also etwas, das dem Nationalsozialismus als „reaktionär" vorgeworfen wird, ergibt sich als Welterklärung und politische Option, wenn der „Mensch als solcher", der eben eine biologische Kategorie darstellt, im Rahmen der Fortschrittsdoktrin auch zur wesentlichen politischen Kategorie[133] wird. Diese Doktrin vermag zwar auch andere Mechanismen, wie die Klassen der Klassenkampfdoktrin, als *agens* des Fortschritts zu erkennen; was bleibt dann aber in der klassenlos vorgestellten Menschengruppe, sei sie nun als „Volksgemeinschaft" oder als „internationale Gemeinschaft" verstanden, als Fortschrittsmechanismus dann noch übrig als die Rückkehr zu rassistischen Erklärungen, die auch zum Ausgangspunkt des Klassenkampfkonzepts zurückführen? Diese Problemstellung erlaubt vielleicht, die erstaunliche Konversion der progressistischen *Democratic Party* der USA zu erklären: Diese Partei, die den demokratischen Rassismus des *Anglo-Saxonism* repräsentiert hatte und für das US-amerikanische „Rassenrecht", die wohl wesentlichste Inspiration für die „Nürnberger Gesetze", verantwortlich war, ist dadurch zur Partei der Afroamerikaner aufgestiegen, wobei nicht ausbleiben konnte, dass der *racial imperative* des amerikanischen Rechts eine multi-rassistische Umformung erfuhr: Amerika ist danach zur Weltmacht berufen, gerade weil es aufgrund der Rassenmischung die gesamte Menschheit in sich aufgenommen hat und diese damit am besten biologie-demokratisch darzustellen vermag. Dies macht dann das ursprünglich vom *Anglo-Saxonism* gerade wegen der Rassenmischung als demokratieunfähig verachtete Lateinamerika zum erstrebenswerten Modell, und in der Tat meint in Übereinstimmung mit der „mestizistischen" Ideologie des linken latein-amerikanischen Neo-Nationalismus, für den derzeit vor allem die politische Richtung des Präsidenten von Venezuela, *Hugo Chávez*,[134] steht, der Schriftsteller *Carlos Fuentes*: „Der Hauptbeitrag Lateinamerikas wird zukünftig von der Tatsache bestimmt, dass das 21. Jahrhundert eine Zeit der Völkerwanderung, ein mestizisches Jahrhundert, sein wird oder überhaupt keinen Bestand haben wird". Aufgrund dieses (anti-)rassistisch gewandelten *racial imperative* der US-Fortschrittsdoktrin läuft dann die Hegemonie der „entfernten Verwandtschaft" vor allem für die Deutschen auf eine aufgenötigte Einwanderungspolitik hinaus, die den universellen Menschen als solchen kreieren soll. Die so gewandelte Fortschrittsdoktrin muss sich dann gegen rassisch homogene Völker als Fortschrittshindernis richten, und man wird demnach diejenigen, welche als die spezifischen Repräsentanten der „Reaktion" des postfaschistisch definierten Fortschritts ausgemacht werden, mit rassischen Kategorien beschreiben. Dies wird in der Regel (zunächst) nicht in der offenen Weise geschehen, wie im Zusammenhang mit der deutschen Wiedervereinigung von linksgrüner Seite bekundet wurde, wonach es bei der „deutschen Frage", das heißt bei der Wiederherstellung des demokratischen Nationalstaats der Deutschen, zum „umgekehrten Rassismus"[135] „keine Alternative" gäbe. Vielmehr wird dies entsprechend der Tradition des latenten Rassismus, der bei der Klassenkampfkonzeption des klassischen Sozialismus mitgeschwungen ist, um beim National-Sozialismus, aber auch in der kommunistischen „Nationalitätenpolitik" wieder explizit hervorzutreten, in einer Weise geschehen wie anhand einer Aussage des SPD-Generalsekretärs *Heil* belegt[136] werden kann; Ziel des „Kampfes gegen Rechts" könne danach nicht sein, „die Rechten zu bekehren": „Da ist es aussichtsreicher, eine Parkuhr zu bequatschen, als einen Nazi von Demokratie zu überzeugen". Neben der antipluralistisch-verfassungsfeindlichen Gleichsetzung von „rechts" mit „Nazi" fällt die Gleichsetzung eines Menschen mit einem Ding ohne Menschenwürde auf, das auch durch menschliche Überzeugungskraft nicht zur besseren Einsicht gebracht werden kann. Dieser Ansatz stellt in der Tat nichts anderes als die Anwendung von Rassenkategorien zur Beschreibung politischer Gegner dar, wie dies in der sozialistischen Tradition häufig zu beobachten war und es deren Anhängern auch bei Ablehnung des offenen Rassismus ermöglicht hat, politisch zu bekämpfende Phänomene wie das „Lumpenproletariat"[137] mit den Begriffen der Rassenlehre zu erfassen.

Gerade im Zeitalter der demokratischen Gleichheit, in dem man anders als in der Vordemokratie keine rassen- oder klassenmäßig begründeten Herrschaftshierarchien mehr dulden kann, sondern in der (nunmehr) „internationalen Gemeinschaft" als „Gesamtkörper" ungleiche Menschen entfernt haben will, tragen Rassenkategorien ein Vernichtungspotential in sich. Die wesentliche Methodik, dieses Potential gegebenenfalls zu realisieren, besteht im Singularitätsdogma der sich zunehmend internationalisierenden Bewältigungspolitik, die sich dabei allerdings den Einwand gefallen lassen muss: weshalb „eine wirksame Ermahnung nur von den Verbrechen der Nazis ausgehen soll und nicht auch von allen anderen Großverbrechen der Geschichte, bleibt … ein Rätsel." Vielmehr gilt: „Die Gleichsetzung des Faschismus mit dem Bösen an sich wirkt aber gerade der Absicht entgegen, zu verhindern, dass so etwas wie die Ermordung von Millionen unschuldiger Menschen noch einmal geschieht. … Wer den Holocaust als Verbrechen in seiner Unvergleichbarkeit mit anderem Bösen behauptet, für den ist Versklavung von Millionen, Vergewaltigung unzähliger Frauen, sind die Millionen Opfer des Stalinismus zwar zu verurteilen, aber gemessen am Faschismus kein wirkliches Verbrechen".[138] Damit ist aber auch beschrieben, zu welchen Mitteln zu greifen der sich als „Antifaschismus" verstehende Linksfaschismus, entsprechend der Rechtfertigungsmethodik der bundesdeutschen Linksterroristen, sich gegebenenfalls ermächtigt sehen würde, um eine Wiederkehr des als Faschismus definierten Nationalsozialismus zu verhindern, womit jener dann allerdings notwendigerweise mit diesem konvergieren würde. Dabei könnte angesichts des antizionistischen Terrorismus wirklich keine Garantie gegeben werden, dass nicht dann im Rahmen der multi-rassistisch gewandelten Fortschrittsdoktrin, die menschliche Ungleichheiten und Menschheitsabsonderungen beseitigen will, gerade der Zionismus als eine entsprechend zu beseitigende Ausprägung des „Faschismus" angesehen werden würde. Bereits den 68ern konnte diesbezüglich vorgeworfen werden, „Antifaschismus und Antisemitismus miteinander versöhnen"[139] zu wollen. Insofern gilt es in der Tat die Erkenntnis als Warnung zu betrachten, wonach die Geschichte des Sozialismus zeigt, dass er „je nach den politischen oder sozialen Umständen sich dem Antisemitismus ebensogut nähern und mit ihm liebäugeln wie ihn ablehnen und bekämpfen kann. Sie lassen auch, sofern man überhaupt von der Vergangenheit auf die Zukunft schließen darf, eine neuerliche Annäherung von Sozialismus und Antisemitismus als durchaus möglich erscheinen. Das fiele jedenfalls nicht aus dem Rahmen sozialistischer Tradition ... Dazu bedarf es keiner Änderung der sozialistischen Theorie."[140] Die Geschwindigkeit eines entsprechenden Wechsels hat etwa der Marxist *Bloch* deutlich gemacht, der gerade noch den Staat Israel als „faschistisch" diffamiert hatte, um dann nach seiner anschließenden Übersiedelung in die BRD leidenschaftlich für dessen Existenz[141] einzutreten. Angesichts dieses sozialistischen Wechselpotentials, bei Aufrechterhaltung des Gerächtigkeitsressentiments, stellt sich die Frage, ob es wirklich ausgeschlossen wäre, dass ein „*Joschka*“ *Fischer*, der den „antizionistischen Affekt Jahre später freilich nachhaltig verloren“[142] haben soll, aufgrund der Fortschrittsdoktrin nicht doch wieder zum Konzept „Endsieg“ gelangen könnte. Diese stillschweigende Wiederannäherung der Fortschrittsdoktrin und damit des Sozialismus an den Antisemitismus scheint sich in der Tat mit dem bundesdeutschen „Kampf gegen Rechts“ vorzubereiten, weil der als „Parkuhr“ zu bekämpfende „Rechte“ so beschrieben wird, dass damit jederzeit das Judentum verdammt werden kann, dem ja schon in der hellenistischen Antike zum Vorwurf gemacht worden war, was der bundesdeutsche „Verfassungsschutz“ als „rechtsextrem“ versteht, nämlich nationalistische Absonderung von der Weltgemeinschaft: „Die Griechen sahen die Ökumene, das heißt das zivilisierte Universum (im Gegensatz zum Chaos jenseits der Grenzen), in dem ihre Ideen die Oberhand hatten, als multirassische und multinationale Gesellschaft, und diejenigen, welche diese ablehnten, waren Menschenfeinde,“[143] was dann in erster Linie gegen die Juden gerichtet war. Die gegen die deutsche Rechte gerichtete totalitäre Wunschvorstellung des Friedensnobelpreisträgers *Wiesel*, wonach „eine Atmosphäre geschaffen werden (müsste), die es solchen Leuten unmöglich macht zu existieren“,[144] würde sich im Rahmen der globalisierten Fortschrittsdoktrin dann doch auch (wieder) gegen die sich im „Zionismus“ absondernden Juden richten.

Ist jedoch wirklich zu befürchten, dass sich das Potential, das den „Wiederholungszwang“ im Sinne von *Mitscherlich* in sich zu tragen scheint, realisieren könnte? Das Phänomen der bundesdeutschen 68er muss einen in der Tat pessimistisch stimmen. Während sich die von den 68ern bekämpfte Vätergeneration dem Totalitarismus aus wirtschaftlich-sozialer Verzweiflung zugewandt hatte und ihr dabei legitimerweise zugutegehalten werden muss, dass sie vieles nicht wissen konnte, was nunmehr Gegenstand der „Bewältigung“ ist, haben sich die 68er dem Totalitarismus in einer Wohlstandsphase, das heißt bereits ohne – zumindest materielle – Not zugewandt (eine geistig-seelische hat wohl bestanden). Vor allem ist der 68er-Generation, zumindest soweit sie sich im Linksterrorismus und im breiten Sympathisantenkreis manifestiert hat, vorzuwerfen, dass sie sehr wohl einiges (oder eigentlich fast alles) wissen konnte, wenn sie es denn hätte wissen wollen. Es ist sogar eher anzunehmen, dass die 68er sehr wohl über das Grauen der chinesischen „Kulturrevolution", insbesondere deren Vorgehen gegen „Rechtsabweichler" und über die Vorgänge in Kambodscha bescheidwussten, dies aber im Interesse des „Fortschritts" als „unvermeidbar" gebilligt haben; deshalb stellt sich eine Mitgliedschaft in einer dieser totalitären K-Gruppen moralisch sicherlich verdammenswerter dar als die bloße Mitgliedschaft in der NSDAP der 1930er Jahre. Dieser moralischen Verurteilung können die 68er auch nicht dadurch entgehen, dass aufgrund der allgemeinen politischen Umstände, die nicht ihnen, sondern ihren Gegnern gutzuschreiben sind, es ihnen nicht möglich war, die „Fischmehlfabriken", ob als KZ oder als Vernichtungslager ist vom Grundsatz her vielleicht ebenfalls nicht so bedeutsam, einzurichten. Sie hatten da, in Nachhinein beurteilt, ähnliches Glück wie in den 1930er Jahren die zahlreichen Figuren der Linken, die keine Nazis wurden, weil sie etwa Juden waren und deshalb glaubten, nur Kommunisten[145] sein zu können.

Die Wiederkehr des „linken Faschismus" (*Habermas*) zeigt auch an, dass an der „Bewältigung" etwas grundlegend falsch sein muss, wenn sie Phänomene wie *Pol Pot*-Unterstützung durch bundesdeutsche 68er, die – besonders mutig im Nachhinein – „gegen *Hitler*" sein wollten, nicht verhindern konnte. Nun mögen die 68er bestreiten, dass eine „Bewältigung" überhaupt stattgefunden hatte und man könnte dem insoweit zustimmen, als die ideologischen Nachkriegskonversionen und Transformationen sich ohne den Bekenntniszwang der nunmehr etablierten „Bewältigung" abspielten und sich wohl gerade deshalb bei der breiten Bevölkerungsmehrheit als erfolgreich erwiesen haben. Das Absehen von einem derartigen Bewältigungszwang – man könnte auch von staatlicher Zwangsbewältigung sprechen – war von den Verfassern des Grundgesetzes bewusst[146] vollzogen worden. In Übereinstimmung mit den europäischen Zivilisationsstandards hat man sich nämlich ausdrücklich für das Vergessen und Verdrängen als moralischer Leistung entschieden, weil nur dies bei weitgehender Ausschaltung von (sozialistischen) Gerächtigkeitsbedürfnissen der Gegenwarts- und Zukunftsbewältigung dient: Ein Vorschlag, in die Präambel einen Hinweis auf „Die nationalsozialistische Zwingherrschaft“ aufzunehmen, wurde deshalb im Unterschied zur bereits bestehenden Bremer Verfassung ausdrücklich verworfen: „Je weniger man von diesen Dingen sieht und hört, desto besser ist es“. Die nunmehr etablierte „Bewältigung“, die in einer staatsreligiösen Weise, etwa am 27.01., – notwendigerweise als Befreiungstat des ansonsten mörderischen Linkstotalitarismus[147] – zelebriert wird, scheint in der Tat vor allem der Etablierung eines „antifaschistischen“ Linksfaschismus zu dienen. Sofern „Bewältigung“ als Staatsveranstaltung überhaupt etwas bewirken kann, könnte die Wiederkehr von so etwas wie eines sich als „Antifaschismus“ verstehenden Linksfaschismus vielleicht dadurch verhindert werden, dass man endlich auch und vor allem den Sozialismus des historischen Nationalsozialismus „bewältigt“. Den „Sozialisten in allen Parteien“, denen *von Hayek* sein Buch über den *Weg zur Knechtschaft*, also zum Sozialismus, gewidmet hat, muss daher im Zusammenhang mit dem deutschen Nationalsozialismus deutlich gemacht werden: *De te fabula narratur*!

[1] So *Matthias Horx*, Alt-68er; lt. *Karl-Heinz Weißmann*, s. Interview mit *Junge Freiheit* Nr. 19/05 vom 06.05.2005, S. 23.

[2] S. *Forsthoff*, a. a. O., S. 190.

[3] S. bei *v. Senger*, a. a. O.

[4] So zu recht die Einschätzung von *Aly*, a. a. O., S. 22.

[5] Die in der vorliegenden Abhandlung *nicht* behandelt, sondern eher nur gestreift wird: Von den ideologischen Prämissen her gesehen erscheint die Praxis gegenüber der möglichen konsequenten Entfaltung der Ideologie, die aber ohnehin – auch anderweitig – nur ausnahmsweise eintritt, in der Tat im Allgemeinen eher gemäßigt!

[6] Nach Mitteilung seines Adjutanten *von Below* auf einer Tagung der Reichs- und Gauleiter am 24.02.1945, Nachweis bei *Zitelmann*, a. a. O., S. 457, und bei *Syring*, a. a. O., S. 275: „... aber leider haben wir dabei vergessen, auch den Schlag gegen rechts zu führen. Das ist unsere große Unterlassungssünde".

[7] Bei *Syring*, a. a. O., S. 288, heißt es: „Solange die Frage *relativ* weit verbreiteter Grundannahmen der Nationalsozialisten nicht klar gelöst ist, kann allenfalls darüber gestritten werden, ob *Hitler* ein halbwegs in sich geschlossenes System von Überzeugungen und Absichten hatte und wie es sich gegebenenfalls ermitteln lässt."

[8] So die (Selbst-)Einschätzung bei *Hans Frank*, zitiert bei *Molau*, a. a. O., S. 34.

[9] So *Bartsch*, a. a. O., S. 197, angesichts der ideologischen Einstellung von *Otto Strasser*; sicherlich gilt die zusammenfassende Bewertung, die *Silberner* hinsichtlich des Verhältnisses Sozialismus-Antisemitismus gemacht hat, auch für die Strömungen des nationalen Sozialismus, weil sich sonst schon nicht der Zionismus hätte ergeben können, wenn der (nationale) Sozialismus immer anti-semitisch wäre; das Problem ist aber, dass er in Europa immer irgendwie mit der „Judenfrage" verbunden war, mag er diese auch – vorübergehend – philosemitisch „gelöst" haben.

[10] Es ist dabei äußerst problematisch, das *Hitler*regime, im Unterschied zu kommunistischen Regimen, entsprechend der Prämissen der Totalitarismusdoktrin als „totalitär" einzustufen, s. dazu *Höhne*, a. a. O., insbesondere S. 9 ff. und S. 337: Die Angst der NSDAP vor ihrer Auflösung; sowie auch *Haffner*, Anmerkungen, S. 247 ff., sowie *Aly*, a. a. O., insbesondere S. 25 ff. zur „nationalen Integration".

[11] S. *Schivelbusch*, a. a. O., S. 75 (dort ist von „Historikerinnen und Historiker" die Rede).

[12] Wirklich progressive Staatskunst hat wohl nur der zeitgenössische italienische Faschismus zu bieten, der unter den Futuristen eine große Anhängerzahl hatte; in der Sowjetunion unter *Stalin* wäre wohl der Film und die Filmmusik als „progressiv" zu kennzeichnen.

[13] Auch im Krieg gegen Deutschland blieb dies ein wesentliches Ziel; s. *Bavendamm*, a. a. O., S. 558 und 597: „Die Zerstückelung des britischen und französischen Empire ist in Sicht."

[14] S. *Schivelbusch*, a. a. O., mit dem Titel „*Entfernte* Verwandtschaft" des „New Deal" mit Faschismus und Nationalsozialismus.

[15] So in der *FAZ*-Rezension vom 22.04.2005 von *Andreas Platthaus*: Transatlan-

tischer Systemvergleich. Wolfgang Schivelbusch untersucht Franklin D. Roosevelts Nähe zum europäischen Faschismus.

[16] *Beatrice Webb* hatte die Zukunft der USA deshalb düster eingestuft; sie würden innerhalb eines Jahrhunderts hauptsächlich bewohnt werden „by a coloured population ruled over by Jews with a fringe of Celtic Catholic", s. *Winter*, a. a. O., S. 190, was dann wohl erklärt, warum der Sozialismus in den USA keine besondere Chance haben würde!

[17] Nach *Nisbet*, Modern Society, S. 192, hat der Totalitarismus des 20. Jahrhunderts in den USA seine Uraufführung erlebt: „Though we are loath to admit it, the first twentieth-century preview of the totalitarian state was provided by the United States in 1917-18 after we joined the Allies in the war against Germany. Not even the Kaiser's military-political order,... reached the totality of the war-state that America did in extraordinary short order once war on Germany was declared. The relentless forces of centralisation of political power reached literally every significant area of American life: the economy and the government in the first instance, but hardly less the communications system, education at all levels, entertainment and recreation, even and especially religion, where the spectacle of preachers presenting arms became overnight a common one ... Industrylabour councils with the absolute powers over wages and prices, 175,000 Four - Minute Men with orders to invade any assemblage whatever for propagandist purposes, sedition laws, systematic mobilization of teachers, clergy, artists, writers, actors, and the like, arrests, with heavy fine or imprisonment, in the name of 'Pro-Germanism', and above all the infectious spirit of a centralized collectivism fighting for a great moral objective – all of this and more offered a preview to what would become grim reality in Russia, Italy and Germany".

[18] Diese Maßnahmen gehören zu den proto-totalitären Erscheinungen, von denen *Nisbet*, ebenda, gesprochen hat, und die von *Weinstein*, a. a. O., S. 327, wie folgt beschrieben sind: „To make the world safe for democracy the Wilson Administration sponsored a reign of terror far worse than any conducted in Europe, either among the Allied Powers or within the German Empire".

[19] Den US-Sozialisten ist dabei der Vorwurf gemacht worden, „the Kaiser's party" darzustellen!

[20] S. *Weinstein*, a. a. O., insbesondere S. 160 ff. und 327.

[21] Zitiert bei *Bavendamm*, a. a. O., S. 31; dort kommentiert mit „ausgerechnet", das heißt auch dieser eher „revisionistische" Autor kann sich nicht vorstellen, dass rassistische Aussagen im 19. Jahrhundert politisch-ideologisch eher als links einzuordnen sind!

[22] S. dazu *Winter*, a. a. O., S. 191.

[23] S. *Schivelbusch*, a. a. O., S. 41.

[24] Dazu die detaillierte Veröffentlichung von *Black*, a. a. O.

[25] S. *Ludmerer*, a. a. O., S. 15 ff.

[26] S. dazu die Ausführungen und Hinweise im 5. Kapitel der vorliegenden Abhandlung.

[27] Gut dargestellt bei *Krieger*, a. a. O., S. 293 ff., der übrigens in der Einstufung der politischen Partei als zivilrechtliche Organisation, die nicht an das Ver-

fassungsrecht gebunden sei, eine Umgehung des US-Verfassungsrechts erkannte und daher meinte, dass auch die USA sich gezwungen sehen müssten, zu einer Gesetzgebung nach Art der Nürnberger Gesetze (Unterscheidung von Reichs- und Staatsangehörigkeit) zu greifen, um die Rassendiskriminierung bei faktischer Einparteienherrschaft verfassungsrechtlich korrekt durchzuführen.

[28] S. dazu das Buch von *Washburn*, a. a. O.

[29] Eine systematische Darstellung derselben findet sich bei *Elter*, hinsichtlich des Zweiten Weltkrieges auf S. 61 ff.; es wird dabei von der richtigen juristischen Prämisse ausgegangen, dass staatliche Propaganda dieselbe Funktion hat wie die Zensur, die insbesondere in Form der Vorzensur allgemein als „undemokratisch" gilt und daher nach der Konsolidierung auch vom NS-Regime kaum praktiziert worden ist; zu dieser Problematik: *Schüßlburner*, Demokratie-Sonderweg, 5. Kapitel; auch diese Betrachtung lässt die Verwandtschaft weniger „entfernt" erscheinen.

[30] S. dazu *Drinnon*, a. a. O., S. 8 ff.

[31] S. *Dower*, a. a. O., S. 7.

[32] Bezeichnend hierfür sind die Jagdtrophäen, die amerikanische Soldaten aus Knochenteilen japanischer Gefallener machten, s. dazu das Photo aus *LIFE* vom 22. Mai 1944 bei *Uhle-Wettler*, a. a. O. vor S. 89: Japanischer Schädel mit Liebesgrüßen an die Freundin.

[33] S. im einzelnen *Dower*, a. a. O., insbesondere S. 53 ff.

[34] S. *Dower*, a. a. O., S. 56 f.; gemeint: die Japaner sind selber schuld, wenn man sie ausrotten „muss", weil sie sich „der Demokratie" widersetzen; bei *Mann*, a. a. O., der im 4. Kapitel (S. 70 ff.) „Genocidal Democracies in the New World" behandelt, wird diese „dark side of (US-) democracy" übrigens nicht erörtert!

[35] S. *Dower*, S. 55: *McNutt* wurde auf einer Pressekonferenz gefragt, ob er mit "extermination of the Japanese *in toto*" das japanische Militär oder das japanische Volk insgesamt gemeint habe, worauf er bestätigte, letzteres gemeint zu haben, „for I know the Japanese people".

[36] S. *Dower*, a. a. O., S. 54.

[37] S. *Thorne*, a. a. O., S. 130.

[38] S. *Dower*, a. a. O., S. 53 f.

[39] Es sei hier einmal darauf hingewiesen, dass keine Untersuchung vorliegt, wie viele Deutsche mit der Judenvernichtung einverstanden waren: Sie wurden einfach nicht gefragt!

[40] Dabei hofften die Engländer, die Deutschen in den abzutrennenden Ostgebieten würden von den Sowjets nach Sibirien verschleppt werden: „I suspect that these wholesale transfer of population will only be feasible 1) if carried out by the Russians, who will be prepared to act ruthlessly and will not be tied down by any agreed rules and regulations; and 2) if the Germans are removed to Siberia, where they will be forgotten", *Kettenacker*, a. a. O., S. 456; die Westalliierten wussten also, mit welchem Verbündeten sie es zu tun hatten und waren trotzdem mit dessen Handlungen einverstanden (beziehungsweise wünschten noch weitergehende)!

[41] S. *Syring*, a. a. O., S. 113.

[42] Zu diesem in der Frage der Unterstützung der Unabhängigkeitsbewegungen der bald so genannten Dritten Welt aus NS-Sicht, s. *Bartsch*, a. a. O., S. 95 ff., 134 f.

[43] S. dazu etwa die Einschätzung des späteren US-Kriegsministers *Stimson*, der als Generalgouverneur der Philippinen die Auffassung vertrat, diese seien „racially unfit to govern themselves"; s. *Drinnon*, a. a. O., S. 34.

[44] S. dazu *Thorne*, a. a. O., S. 30.

[45] S. *Syring*, a. a. O., S. 102 f.

[46] S. *Naumann*, a. a. O., S. 159; dieser wurde von der britischen Besatzungsmacht aufgrund Kabinettsbeschlusses der britischen Regierung ohne Wissen der Bundesregierung verhaftet, weil Gefahr schien, dass die FDP durch *Naumann* und seinen Kreis nationalsozialistisch unterwandert würde; dies ist der Kern des angeführten Buches.

[47] Die Darstellung von *Striefler*, a. a. O., lässt dies aus der Perspektive vieler Zeitgenossen tatsächlich als eine plausible Entscheidung erscheinen; denn sicherlich war ein deutscher *Mussolini* – als der *Hitler* erschien oder sich gar darstellte – moralisch akzeptabler als ein deutscher *Stalin*, würde er nun *Ernst Thälmann*, *Walter Ulbricht* oder *Herbert Wehner* heißen.

[48] So *Vogt*, a. a. O., S. 22, unter Bezugnahme auf *Zeev Sternhell*, der sich im übrigen nicht mit der deutschen Situation befasst hat.

[49] S. dazu unter dieser Überschrift den Beitrag von *Reinhardt Olt*, in: *FAZ* vom 14.02.2005, S. 10, mit der Unterüberschrift: „Zum Gedenktag stellt sich die SPÖ dem dunkleren Teil ihrer Parteigeschichte".

[50] Unabhängig von der offiziellen Auffassung, die bei *Huber*, Verfassung, S. 46 ff. festgehalten ist, wonach diese revolutionär überwunden worden sei – trotzdem hat man es für notwendig erachtet, das Ermächtigungsgesetz formal dreimal zu verlängern, zumal ja das Reichsgericht (RGZ 145, 373 f.), wenngleich von *Huber* kritisiert (s. S. 367), erkannt hatte, dass die Grundrechte der WRV nur suspendiert, das heißt nicht abgeschafft seien!

[51] Das Beste zur SRP ist von *Büsch / Furth*, a. a. O., in einer relativ sachlichen Weise abgefasst, die derzeit in der BRD bei dieser Thematik nicht mehr möglich ist.

[52] *Büsch / Furth*, a. a. O., S. 223 ff., sprechen zwar von einer „generellen Verneinung der Demokratie", ergehen sich aber gerade in diesem Punkt in Unterstellungen, etwa weil die SRP die Meinung vertreten habe, dass die Demokratie aufgrund ihrer inneren Schwäche dem Bolschewismus Vorschub leiste; auf dieser Annahme beruht jedoch auch das Konzept der „wehrhaften Demokratie"! Im übrigen ist erkennbar, dass der Verbalradikalismus der SRP weitgehend darauf zurückzuführen ist, dass anders als später beim SED-Kommunismus keine Bereitschaft zur „Integration" bestand oder besatzungspolitisch nicht bestehen durfte.

[53] S. BVerfGE 2, 1 ff.

[54] Man sieht dies in der Auflistung der fünf Verbotsgründe bei BVerfGE 2, 1, 68, wo dieser Grund schließlich nach umständlichen Einleitungen und *obiter dicta* als erstes Verbotselement genannt ist.

[55] BVerfGE 2, 1, 66: „Der 'Südoldenburger Vorposten' betont eigens, dass Karl Marx ein Rabbinersohn namens Mardochai gewesen ist".

[56] Dies geht aus der Darlegung von *Büsch / Furth*, a. a. O., S. 226 ff., ziemlich eindeutig hervor: der Antisemitismus ergibt sich aus dem Antikapitalismus, so dass die selbstgewählte Parteibezeichnung „sozialistisch" völlig legitim ist.

[57] Auch in der Darlegung von *Büsch / Furth* wird dies relativ nachrangig, aber doch instruktiv auf S. 282 ff. behandelt.

[58] BVerfGE 2, 1, 15.

[59] BVerfGE 2, 1, 23.

[60] S. BVerfGE 2, 1, 15 f.

[61] Was dann mit der FDP anders als mit der FPÖ gelungen ist; dementsprechend lehnt es die FDP ab, hinsichtlich der Frage „Verfassungsschutz", antifaschistisches Gesinnungsstrafrecht und dergleichen liberale Positionen zu vertreten, das heißt die Einführung der normalen westlichen Demokratie in der BRD zu fordern.

[62] Zum Liberalismus auch in der hier behandelten Problematik s. auch die Ausführungen in: *Schüßlburner / Knütter*, a. a. O., S. 543 ff.

[63] S. *Mende*, a. a. O., S. 15.

[64] Der zu einem zentralen Element der DDR-Blockparteidiktatur werden sollte; zur Christdemokratie s. die Ausführungen in: *Schüßlburner / Knütter*, a. a. O., S. 509 ff.

[65] Dies wird im Werk von *Dagmar Herzog* überzeugend ausgeführt; zur Sexualität im Dritten Reich s. S. 15 ff.; zum „Sexualkonservativismus" der Nachkriegszeit S. 127 ff.

[66] Zu entsprechenden pseudoreligiös gerechtfertigten Sexualpraktiken gnostischer Bewegungen s. *Walker,* a. a. O., S. 188 f., 212 und 238 ff.

[67] Dass diese Gleichsetzung sich als übertrieben oder zu zentral darstellt, ist der legitime Kritikpunkt der nachfolgenden „Sexualrevolution", die sich, bedingt durch die technische Entwicklung („Antibaby-Pille"), weltweit zeigte, aber nur in Westdeutschland in einer derart radikalen Weise zur politischen Frage gemacht wurde, um dann durch Legalisierung der Pornographie in Anlehnung an Schweden sozial-demokratischen Fortschritt auszudrücken.

[68] S. *Manfred Scheuch*, a. a. O., S. 92; generell S. 85 ff. unter der Überschrift: Die Nazis und die Nackten. Vom Verbot zur Propaganda.

[69] So der berechtigte Hinweis von *Günter Maschke*, in: *Wolfschlag*, a. a. O., S. 45.

[70] S. etwa die Gemälde von *Adolf Ziegler*, dem „Meister des deutschen Schamhaars", bei *Scheuch*, a. a. O., S. 87.

[71] So die wesentliche Zusammenfassung seines Buches *Der nationale Sozialismus* von *K.-H. Weißmann*, in: *Junge Freiheit* vom 28.08.1998, „Der nationale Sozialismus war eine genuin linke Idee".

[72] Zu den Zweifeln, ob ihr dies wirklich gelungen ist, s. den Beitrag des Verfassers „Diskussion über Verbot der SPD? Würdigung der Sozialdemokratie nach VS-Methodik", in: *Schüßlburner / Knütter*, a. a. O., S. 475 ff.

[73] S. zusammenfassend den Beitrag von *Gilcher-Holtey*, a. a. O.

[74] S. Nachweis bei *Koenen*, a. a. O., S. 25 f.; sowie *Gilcher-Holtey*, a. a. O., S. 67.

[75] S. dazu *Die Zeit* vom 31.12.2004, Vom Bewunderer Mussolinis zum Wortführer der Apo, sowie *FAZ* vom 12.12.2006, S. 12: Seitenwechsel und Veränderung. 1968 bis 1973 im deutsch-italienischen Vergleich: Johannes Agnolis Parlamentarismuskritik.

[76] Gut zusammengefasst bei *Molnar*, a. a. O., insbesondere S. 27 f.

[77] S. dazu die Ausführungen bei *Schafarewitsch*, a. a. O., S. 301 f.; nachdem etwa die extreme Liberalisierung der Ehescheidung durch den bolschewistischen Umsturz zu ziemlichen Verwahrlosungserscheinungen bei der Kindesaufzucht führte, ging man bereits unter *Lenin* (der davon, anders als seine Lebensgefährtin, ohnehin nicht begeistert war) wieder entschieden von der Sexualutopie ab.

[78] Bei den meisten (außer bestimmten „Gurus") dürfte diese Wunschvorstellung geblieben sein; dazu sind die Ausführungen von *Koenen*, a. a. O., S. 149 unter „Mythen einer sexuellen Revolution" erhellend.

[79] Dazu passt der Vorwurf der Linksterroristin *Gudrun Ensslin* an die Mitterroristin *Ulrike Meinhof*, „die Prinzipien, also den Kampf, Deinen Fotzenbedürfnissen – dem Überleben – unterzuordnen"; s. *Koenen*, a. a. O., S. 380.

[80] So versuchte der katholische Philosoph *Maritain* das Wesen des linken Denkens als moderne Form der Gnosis zusammenzufassen, hier zitiert bei *Molnar*, a. a. O., S. 31.

[81] S. *Gilcher-Holtey*, a. a. O., S. 16 f.

[82] S. dazu etwa *Koenen*, a. a. O., S. 389, Zitat eines Textes der linken Terroristin *Ulrike Meinhof*.

[83] Zitiert bei *Koenen*, a. a. O., S. 85 f.

[84] S. *Koenen*, a. a. O., S. 121.

[85] Zitiert bei *Koenen*, a. a. O., S. 122.

[86] So *Koenen*, a. a. O., S. 88.

[87] So *Holthusen*, zitiert bei *Koenen*, a. a. O., S. 87 f.

[88] So *Koenen*, a. a. O., S. 390.

[89] So etwa die Ausrede eines *Sontheimer*, a. a. O., S. 13.

[90] Zitiert bei *Koenen*, a. a. O., S. 389.

[91] *Koenen*, ebenda, meint denn auch: „Das klingt nun beinahe wie ein Text der Neuen Rechten. Ist hier also der 'nationale Subtext' der Revolte einmal mit Händen zu greifen?"; eine Frage, die einen stillschweigenden links-grünen Versuch andeutet, aus den 68er-Linksterroristen doch noch „Rechtsextremisten" zu machen!

[92] So immerhin das Eingeständnis von *Sontheimer*, a. a. O., S. 74.

[93] S. Nachweise bei *Staadt*, a. a. O.

[94] So *Elizabeth Becker*, a. a. O., S. 288: „The heart-stopping difference between the Khmer Rouge and most of their revolutionary romantic contemporaries is that the Cambodians actually won and enforced their ideas."

[95] Diese berüchtigte „Metapher" wird bei *Koenen*, a. a. O., S. 443, nicht als Androhung eines Vernichtungslagers, sondern eines Arbeitslagers interpretiert; als ob die Androhung von KZ-Verbringung nicht schon schlimm genug wäre

– und ob aus einem Arbeitslager nicht doch ein Vernichtungslager wird, hängt dann vielleicht von selbst auferlegten Zwängen ab, denen man sich dann, insbesondere bei entsprechenden Kriegsgegnern, wie etwa bei der einen Vernichtungskrieg führenden Sowjetunion, dann auch im Sinne der *self-fulfilling prophecy* kaum mehr hätte entziehen können.

[96] S. bei *Koenen*, a. a. O., S. 102.

[97] S. die bei *Dagmar Herzog* auf S. 170 zitierte „liberale" Aussage, wonach es kurzschlüssig wäre „zu meinen, alles das, was in Auschwitz geschah, sei typisch deutsch. Es ist typisch für eine Gesellschaft, die die Sexualität unterdrückt."

[98] Die Darstellung von *Dagmar Herzog* geht teilweise in ein anderes Extrem: Danach haben die Deutschen bei Vorliegen rassisch angemessener Voraussetzungen in heterosexueller Weise lustig herumgevögelt, während gleichzeitig Juden vergast wurden, wobei unterstellt wird, dass die Deutschen von letzterem Kenntnis hatten: „Auschwitz" gewissermaßen als Aphrodisiakum!

[99] Der Nudismus ist wohl eine deutsche Erfindung, s. *Scheuch*, a. a. O., S. 75 ff.: Alle Menschen werden nackt. Deutschland als Urheimat der Freikörperkultur.

[100] S. dazu bei *Koenen*, a. a. O., S. 409 f.; mit der Vorstellung einer massiven Geiselermordung lässt sich durchaus der Holocaust erklären (Juden als Geiseln hinter den beiden, anscheinend antagonistischen Weltmächten USA und UdSSR), wobei nicht verkannt werden kann, dass entsprechend der Darlegung von *Joachim Hoffmann Stalin* einen Vernichtungskrieg führte, dessen maßgeblicher Propagandist *Ilja Ehrenburg* war und dabei „antideutsche Volks- und Rassenhetze" betrieb; s. *Hoffmann*, a. a. O., insbesondere S. 217 ff.

[101] Nämlich von *Werner Olles*; s. *Wolfschlag*, a. a. O., S. 13; zu diesem Komplex auch *Kloke*, a. a. O., S. 495 f.

[102] S. *Aly*, a. a. O., S. 15.

[103] So *Koenen*, a. a. O., S. 343.

[104] S. *Kloke*, a. a. O., S. 495; die Bombe ist allerdings wegen einer Fehlerfunktion nicht explodiert.

[105] So *Koenen*, a. a. O., S. 179; sowie im 6. Kapitel der vorliegenden Abhandlung zum (hinterhältigen) kommunistischen Antisemitismus unter f).

[106] S. *Kloke*, a. a. O., S. 493.

[107] S. ebenda, S. 495.

[108] So *Koenen*, a. a. O., S. 409 (Hervorhebung vom Original übernommen).

[109] So *Koenen*, a. a. O., S. 181 und 360.

[110] Zitiert bei *Koenen*, a. a. O., S. 121.

[111] S. *Koenen*, a. a. O., S. 392.

[112] So *Koenen*, a. a. O., S. 415 ff., bezogen auf den Kommunistischen Bund Westdeutschlands (KBW).

[113] So *Staadt*, a. a. O. (Stand 1987)

[114] S. *Koenen*, a. a. O., S. 203 f., danach hat die SPD zwischen 1969 und 1972 rund 300 000 neue Mitglieder gewonnen, davon 1/3 der Altersgruppe von 18-25, ein in der deutschen Parteiengeschichte ziemlich einmaliger Vorgang.

[115] S. *Schivelbusch*, a. a. O., S. 39.
[116] So *Forsthoff*, a. a. O., S. 187.
[117] So *Aly*, a. a. O., S. 49 ff.
[118] So zusammenfassend *Forsthoff*, a. a. O., S. 187.
[119] S. hierzu die Nachweise im 3. Kapitel der vorliegenden Abhandlung.
[120] S. *Huber*, Verfassung, S. 359 ff.: Von den Grundrechten zur volksgenössischen Rechtstellung.
[121] S. ebenda, S. 362.
[122] S. *Forsthoff*, a. a. O., S. 190.
[123] Dieses besagt im Kern: Für den Bürger gilt: „Was nicht verboten, ist erlaubt" und für den Staat gilt: „was nicht erlaubt, ist verboten."
[124] S. dazu im Einzelnen die Ausführungen von *Schüßlburner*, Demokratie-Sonderweg, insbesondere im rechtsvergleichenden Teil des 2. und 3. Kapitels.
[125] S. BVerfGE 2, 1, 73 f.
[126] So der frühere Bundesverfassungsrichter *Böckenförde*; s. Nachweis bei: *Schüßlburner / Knütter*, a. a. O., S. 121.
[127] S. dazu im Einzelnen *Wolf*, a. a. O.
[128] S. dazu ausführlich das einschlägige 1. Kapitel von *Schüßlburner / Knütter*, a. a. O., S. 27 ff.
[129] S. das Interview mit *Salomon Korn*, in: *Die Welt* vom 22.09.2003: „Nur die Gemeinschaft bietet Schutz".
[130] S. BGHZ 75, 160, 163: „Die Achtung dieses Selbstverständnisses ist für jeden von ihnen geradezu eine der Garantien gegen die Wiederholung solcher Diskriminierungen und eine Grundbedingung für ihr Leben in der Bundesrepublik."
[131] S. BGHZ ebenda: „Dies hat der Bundesgerichtshof im Gegensatz zu seiner sonst einengenden Haltung gegenüber anderen Kollektivbeleidigungen bejaht".
[132] S. *Welt am Sonntag* vom 17.05.1998, S. 9.
[133] S. dazu die Ausführungen im 5. Kapitel der vorliegenden Abhandlung unter f).
[134] Der politische Lebensweg dieses ideologischen *Allende*-Nachfolgers weist eine große Ähnlichkeit mit dem von *Hitler* auf: Putschführer, Gefängnis, demokratisch gewählter Führer; auch die Ähnlichkeit der sozialistischen Ideologie ist bezeichnend, die in einer Schlagzeile der *FAZ* vom 05.12.2006, S. 14, zum Ausdruck kommt: In Lateinamerika verwischt die Grenze zwischen links und rechts. Die Wahl in Venezuela kann als Reaktion auf die sozialen Probleme verstanden werden.
[135] Zum ausdrücklichen Bekenntnis zum umgekehrten Rassismus in der „deutschen Frage" durch Vertreter der „Grünen", s. Nachweis im Kommentar von *Zitelmann*, Antigermanen, in: *Die Welt* vom 15. 12. 1990.
[136] S. http://www.n24.de/politik/article.php?articleId=73622: „Parkuhr leichter zu bekehren als ein Neonazi" vom 04.10.2006.
[137] S. dazu die Ausführungen im 5. Kapitel der vorliegenden Abhandlung unter c).
[138] So *Marian Heitger*, zitiert bei *Schüßlburner / Knütter*, a. a. O., S. 51.

[139] So *Kloke*, a. a. O., S. 487.

[140] So *Silberner*, Sozialisten, S. 294 f.

[141] S. *Kloke*, a. a. O., S. 489.

[142] So *Kloke*, ebenda, S. 495.

[143] S. *Johnson*, History of the Jews, S. 134.

[144] Zitiert bei *Krueger*, a. a. O., S. 31.

[145] Bemerkenswert immerhin das die entsprechende Beobachtung von *v. Hayek* bestätigende Bekenntnis des marxistischen Historikers *Eric Hobsbawm*: „Wäre ich ein Deutscher gewesen und kein Jude, hätte ich ein Nazi werden können...", zitiert in *FAZ* vom 09.06.2007, S. 34: Apostel im Klassenkampf. Zum Neunzigsten des britischen Historikers Eric Hobsbawm.

[146] S. Nachweise bei *Schüßlburner / Knütter*, a. a. O., S. 50 ff.: Verfassungswidrigkeit zivilreligiösen Sonderrechts.

[147] Immerhin ist aufschlussreich, dass in Israel dieser Tag nicht als amtlicher Gedenktag begangen wird.

Literaturverzeichnis

Aly, Götz: Hitlers Volksstaat. Raub, Rassenkrieg und nationaler Sozialismus, Frankfurt 2005

Andler, Charles: Le Socialisme Impérialiste dans L´Allemagne contemporaine. Dossier d´une Polémique avec Jean Jaurès, Paris 1912

Arendt, Hannah: Elemente und Ursprünge totaler Herrschaft, Frankfurt 1986

Ascher, Abraham: „Radical' Imperialists within German Social Democracy 1912-1918", in: Political Science Quarterly, 1976, S. 555 ff.

Assmann, Jan: Herrschaft und Heil. Politische Theologie in Altägypten, Israel und Europa, München / Wien 2000

Assmann, Jan: Moses der Ägypter. Entzifferung einer Gedächtnisspur, 5. Auflage, München / Wien 2004

Barth, Theodor / Naumann, Friedrich: Die Erneuerung des Liberalismus. Ein politischer Weckruf, Berlin 1906

Bartsch, Günter: Zwischen drei Stühlen. Otto Strasser – Eine Biographie, Koblenz 1990

Battenberg, Friedrich J.: Die Juden in Deutschland vom 16. bis zum Ende des 18. Jahrhunderts, München 2001

Battenberg, Friedrich J.: Das Reichskammergericht und die Juden des Heiligen Römischen Reichs, Heft 13 der Gesellschaft für Reichskammergerichtsforschung: Prozess zwischen Dompropstei Bamberg und Fürther Judengemeinde.

Baudrillard, Jean: Der symbolische Tausch und der Tod, Berlin 1982

Bauer, Otto: Die Nationalitätenfrage und die Sozialdemokratie, 2. Auflage Wien 1924

Bavendamm, Dirk: Roosevelts Weg zum Krieg, München 1989

Bayerlein, Bernhard H. / Babièenko, Leonid G. / Firsov, Friedrich I. / Valtin, Aleksandr Ju. (Hrsg.): Deutscher Oktober 1923. Ein Revolutionsplan und sein Scheitern, Berlin 2003

Bebel, August: Die Frau und der Sozialismus, 1994, Reprint einer Ausgabe Berlin 1929

Becker, Elizabeth: When the War was over. Cambodia's Revolution and the Voices of its People, New York 1986

Becker, Jillian: Hitlers Kinder? Der Baader-Meinhof-Terrorismus, Frankfurt 1978

Becker, Werner: Kritik der Marxschen Wertlehre. Die methodische Ir-

rationalität der ökonomischen Basistheorien des 'Kapitals', Hamburg 1972
Beckett, Francis: "The Rebel who lost his cause", in: *History Today*, Mai 1994, S. 36 ff.
Berns, Walter: Taking the Constitution seriously, 1987
Bernstein, Eduard: Die Voraussetzungen des Sozialismus und die Aufgaben der Sozialdemokratie, Ausgabe Berlin 1920
Bernstein, Eduard: Die Geschichte der Berliner Arbeiterbewegung, Bd. 1, Berlin 1907
Black Edwin, War against the Weak. Eugenics and America's Campaign to create a Master Race, New York 2004
Borchard, Dagmar: „Wenn die Gebildeten keine Kinder kriegen. Wie die chinesischen Behörden mit einem eugenischen Programm die 'Qualität' ihrer Bevölkerung heben wollen", in: Frankfurter Rundschau vom 6. Februar 1994, S. 10
Bowler, Peter J.: Evolution. The History of an Idea, Berkeley / Los Angeles / London 1984
Breen T. H. / Innes, St.: Mein eigen Grund. Rasse und Freiheit an Virginias Ostküste 1640-1676, München / Wien 1982
Brodkorb, Mathias: Metamorphosen von rechts. Eine Einführung in Strategie und Ideologie des modernen Rechtsextremismus, Münster 2003
Buchstein H. / Jörke D., „Das Unbehagen an der Demokratietheorie", in: Leviathan, 2003, S. 470 ff.
Büsch Otto / Furth Peter: Rechtsradikalismus im Nachkriegsdeutschland - Studien über die „Sozialistische Reichspartei" (SRP), Berlin / Frankfurt 1957
Byer, Doris: Rassenhygiene und Wohlfahrtspflege. Zur Entstehung eines sozialdemokratischen Machtdispositivs in Österreich bis 1934, Frankfurt 1988
Chang, Jung / Halliday, Jon: Mao. Das Leben eines Mannes. Das Schicksal eines Volkes, 4. Auflage, München 2005
Cohn, Norman: Das Ringen um das Tausendjährige Reich. Revolutionärer Messianismus im Mittelalter und sein Fortleben in den modernen totalitären Bewegungen, Bern 1961
Courtois, Stéphane / Werth, Nicolas / Panné, Jean-Louis / Paczkowski, Andrzej / Bartosek, Karel / Margolin, Jean-Louis: Le livre noir du communisme. Crimes, terreur, répression, Paris 1997; dt. Ausgabe: Das Schwarzbuch des Kommunismus. Unterdrückung, Verbrechen und Terror. Mit dem Kapitel „Die Aufarbeitung des Sozialismus in der DDR" von Gauck, Joachim / Neubert, Ehrhart, 4. Auflage, München / Zürich 2000

Daim, Wilfried: Der Mann, der Hitler die Ideen gab. Die sektiererischen Grundlagen des Nationalsozialismus, Wien / Köln / Graz 1985

Davis, Alan: Infected Christianity. A Study of Modern Racism, Kingston / Montreal 1988

Dewald, Wolfgang / Motschmann, Klaus (Hrsg.): Kirche, Zeitgeist, Nation. Gewandelte Religion, verändertes Volk, Graz 2006

Dowe, Dieter / Tenfelde, Klaus: „Zur Rezeption Eugen Dührings in der deutschen Arbeiterbewegung in den 1870er Jahren", in: Wissenschaftlicher Sozialismus und Arbeiterbewegung, Schriften aus dem Karl-Marx-Haus, Nr. 24, Trier 1979

Dower, John W.: War without Mercy. Race & Power in the Pacific War, New York 1986

Drinnon, Richard: Keeper of Concentration Camps - Dillon S. Myer and American Racism, Berkeley / Los Angeles / London 1987

Dühring, Eugen: Die Judenfrage als Racen-, Sitten- und Culturfrage. Mit einer weltgeschichtlichen Antwort, Karlsruhe / Leipzig 1881

Dühring, Eugen: Die Judenfrage als Frage des Rassencharakters und seiner Schändlichkeiten für Völkerexistenz, Sitte und Cultur. Mit einer denkerisch freiheitlichen und praktisch abschließenden Antwort umgearbeitete 5. Auflage, Berlin 1901

Dühring, Eugen: Sociale Rettung durch wirkliches Recht statt Raubpolitik und Knechtsjuristerei, Leipzig 1907

Durden, Robert F.: James Shepherd Pike. Republicanism and the American Negro 1850-1882, Duke University Press 1957

Ebeling, Hermann: Der Begriff „Demokratie" in den sozialistischen Ideologien - Marx, Lassalle, Engels-, Dissertation der Universität Heidelberg 1964

Elter, Andreas: Die Kriegsverkäufer. Geschichte der US-Propaganda 1917-2005, Frankfurt 2005

Engels, Der Ursprung der Familie, des Privateigentums und des Staates. Im Anschluss an Lewis H. Morgans Forschungen. Im Anhang: Ein neuentdeckter Fall von Gruppenehe (1892), hrsg. von Ladislaus Rudas, Zürich 1934

Fehst, Herman: Bolschewismus und Judentum. Das jüdische Element in der Führerschaft des Bolschewismus, Berlin / Leipzig 1934

Fischer-Fabian, Siegfried: Herrliche Zeiten. Die Deutschen und ihr Kaiserreich, München 1983

Franz-Willing, Georg: Ursprung der Hitlerbewegung 1919-1922, Preußisch Oldendorf 1974

Freeden, Michael: "Eugenics and progressive Thought: A Study in Ideological Affinity", in: The Historical Journal, 1979, S. 645 ff.

Forsthoff, Ernst: „Zur heutigen Situation der Verfassungslehre“, in: Epirrhosis, Festschrift für Carl Schmitt, 1968, S. 185 ff.
Fox, John P.: Germany and the Far Eastern Crisis 1931-1938. A Study in Diplomacy and Ideology, New York 1985
Fuentes, Carlos: „Kreolische Odyssee. Das Drama Lateinamerikas und die Mythologie der Zukunft“, in: Lettre International, dt. Ausgabe, Heft 56 I, 2002, S. 36 ff.
Gall, Lothar: Bürgertum in Deutschland, Berlin 1989
Gilcher-Holtey, Ingrid: Die 68er Bewegung. Deutschland. Westeuropa. USA, München 2001
Gilg, Peter: Die Erneuerung des demokratischen Denkens im Wilhelminischen Deutschland. Eine ideengeschichtliche Studie zur Wende vom 19. zum 20. Jahrhundert, Wiesbaden 1965
Glasrud, Bruce A. / Smith, Alan M. (Hrsg.), Race Relations in British North America 1607 ~ 1783, Chicago 1982
Graham, Loren R.: „Science and Values: The Eugenic Movement in German and Russia in the 1920s“, in: American Historical Review, 1977, S. 1133 ff.
Grant, Madison: Der Untergang der großen Rasse. Die Rassen als Grundlage der Geschichte Europas, 4. Auflage, München 1923
Groh, Dieter: Negative Integration und revolutionärer Attentismus. Die deutsche Sozialdemokratie am Vorabend des Ersten Weltkrieges, Frankfurt 1973
Grotjahn, Alfred: Die Hygiene der menschlichen Fortpflanzung. Versuch einer praktischen Eugenik, Berlin / Wien 1926
Grotjahn, Alfred: Erlebtes und Erstrebtes, Erinnerungen eines sozialistischen Arztes, Berlin 1932
Groys, Boris / Hagemeister, Michael (Hrsg.): Die Neue Menschheit. Biopolitische Utopien in Russland zu Beginn des 20. Jahrhunderts, Frankfurt 2005
Günther, Hans F:. Kleine Rassenkunde des Deutschen Volkes, München 1930
Günther, Hans: Der sozialistische Übermensch. M. Gor´kij und der sowjetische Heldenmythos, Stuttgart 1993
Gumplowicz, Ludwig: Der Rassenkampf, erweiterte Auflage Innsbruck 1928
Haffner, Sebastian: Anmerkungen zu Hitler, München 1981
Haffner, Sebastian: Von Bismarck zu Hitler. Ein Rückblick, Frankfurt 1989
Haffner, Sebastian / Venohr, Wolfgang: Preußische Profile, Königstein 1990

Hartog, Rudolf: Im Zeichen des Tigers - Die indische Legion auf deutscher Seite 1941-1945, Herford 1991
Hayek F.A. v., Der Weg zur Knechtschaft, Rentsch 1943, hrsg. und eingeleitet von Wilhelm Röpke, übersetzt von Erna Röpke
Haws, Robert (Hrsg.): The Age of Segregation: Race Relations in the South, 1890-1945, Jackson 1978
Heller, Mikhail / Nekrich, Aleksander: Utopia in Power. The History of the Soviet Union from 1917 to the Present, New York 1986
Herzog, Dagmar: Die Politisierung der Lust. Sexualität in der deutschen Geschichte des zwanzigsten Jahrhunderts, München 2005
Hess, Moses: Rome and Jerusalem, 1862
Hirschfeld, Gerhard / Kettenacker, Lothar (Hrsg.): Der „Führerstaat": Mythos und Realität, Studien zur Struktur und Politik des Dritten Reiches, Stuttgart 1981
Hitler, Adolf: Mein Kampf, 469.-473. Auflage, München 1939
Hofstadter, Richard: Social Darwinism in American Thought, Boston 1955
Höhne, Heinz: „Gebt mir vier Jahre Zeit". Hitler und die Anfänge des Dritten Reichs, Berlin / Frankfurt 1996
Hörmann, Werner (Hrsg.): Gnosis. Das Buch der verborgenen Evangelien, Augsburg o. J.
Höver, Ulrich: Joseph Goebbels. Ein nationaler Sozialist, Bonn / Berlin 1992
Hoffmann, Géza von: Die Rassenhygiene in den Vereinigten Staaten von Nordamerika, München 1913
Hoffmann, Joachim: Stalins Vernichtungskrieg 1941-1945. Planung, Ausführung und Dokumentation, 6. Auflage, München 2000
Horsman, Reginald: "Origins of Racial Anglo-Saxonism in Great-Britain before 1850", in: Journal of the History of Ideas, 1976, S. 387 ff.
Huber, Ernst Rudolf: Die Gestalt des deutschen Sozialismus, Hamburg 1934
Huber, Ernst Rudolf: Verfassungsrecht des Großdeutschen Reiches, 2. Auflage, Hamburg 1939
Hubo, Christiane: Verfassungsschutz des Staates durch geistig-politische Auseinandersetzung, Göttingen 1998
Huhn, Willy: Der Etatismus der Sozialdemokratie. Zur Vorgeschichte des Nazifaschismus, mit einem Vorwort von Clemens Nachtmann: „Die deutsche Sozialdemokratie als Partei des 'Nationalsozialismus'" und biographischem Anhang von Ralf Walter, Freiburg 2003
Huntford, Roland: Wohlfahrtsdiktatur. Das schwedische Modell, 4. Auflage Frankfurt / Berlin / Wien 1974

Jäckel, Eberhard: Hitlers Weltanschauung - Entwurf einer Herrschaft, Stuttgart 1981

Johnson, Paul: Modern Times. The World from the Twenties to the Eighties, New York 1985

Johnson, Paul: A History of the Jews, New York 1987

Jonas, Hans: Gnosis und spätantiker Geist, Band 1, Göttingen 1934

Kaltenbrunner, Gerd-Klaus: „Vom Konkurrenten des Karl Marx zum Vorläufer Hitlers: Eugen Dühring", in: Karl Schwedhelm (Hrsg.) Propheten des Nationalismus, München 1969, S. 36 ff.

Kautsky, Karl: Vermehrung und Entwicklung in Natur und Gesellschaft, Stuttgart 1910

Kautsky, Karl: Rasse und Judentum, Stuttgart 1914, 2. Auflage 1921 mit Schlusskapitel: 12. Das Ende des Judentums (S. 105-108)

Kelly, Alfred: The Descent of Darwin. The Popularisation of Darwinism in Germany 1860-1914, University of North Carolina 1981

Kettenacker, Lothar: Krieg zur Friedenssicherung. Die Deutschlandplanung der britischen Regierung während des zweiten Weltkrieges, Göttingen / Zürich, 1989

Kloke, Martin: „Das zionistische Staatsgebilde als Brückenkopf des Imperialismus. Vor vierzig Jahren wurde die neue deutsche Linke antiisraelisch", in: Merkur 2007, S. 487 ff.

Knütter, Hans-Helmuth: Die Juden und die deutsche Linke in der Weimarer Republik 1918-1933, Düsseldorf 1971

Koch, Rainer: Grundlagen bürgerlicher Herrschaft. Verfassungs- und sozialgeschichtliche Studien zur bürgerlichen Gesellschaft in Frankfurt am Main (1612-1866), 1983

Koenen, Gerd: Das rote Jahrzehnt. Unsere kleine deutsche Kulturrevolution 1967-1977, 2. Auflage Frankfurt 2004

Köhler, Jochen: „Der Musterschüler. Joseph Goebbels", in: Lettre International, Heft 56, I/2002 dt. Ausgabe, S. 54 ff.

Kommoss, Rudolf: Juden hinter Stalin, 1944 (Nachdruck Archiv-Edition 1989)

Kostinski, Berl: Mein Name war CH-555, o. O. 2006

Krieger, Heinrich: Das Rassenrecht in den Vereinigten Staaten, Berlin 1936

Krueger, Olaf Konstantin: Eine Republik errötet. Vom ambivalenten Verhältnis zu PDS und Republikanern, Aachen 1995

Kruger, Daniel H.: "Hobson, Lenin, and Schumpeter on Imperialism", in: Journal of the History of Ideas, 1955 (XVI), S. 252 ff.

Künzli, Arnold: Karl Marx. Eine Psychographie, Wien / Frankfurt / Zürich 1966

Landshut, Siegfried / Mayer, J.P. (Hrg.): Der Historische Materialismus. Die Frühschriften von Karl Marx, 2 Bde., Leipzig 1932
Leisegang, Hans: Die Gnosis, 4. Auflage Stuttgart 1955
Lensch, Paul: Die deutsche Sozialdemokratie und der Weltkrieg. Eine politische Studie, 3. Auflage Berlin 1915
Lensch, Paul: Die Sozialdemokratie, ihr Ende und ihr Glück, Leipzig 1916
Lensch, Paul: Drei Jahre Weltrevolution, 1.-3. Auflage Berlin 1917
Lensch, Paul: Am Ausgang der deutschen Sozialdemokratie, Berlin 1919
Leser, Norbert: Zwischen Reformismus und Bolschewismus. Der Austromarxismus als Theorie und Praxis, Wien 1968
Lewy, Guenter: Die katholische Kirche und das Dritte Reich, München 1965
Löw, Konrad: Das Rotbuch der kommunistischen Ideologie. Marx & Engels – Die Väter des Terrors, mit einem Vorwort von Stéphane Courtois, München 1999
Longerich, Peter: Die braunen Bataillone. Geschichte der SA, München 1989
Ludmerer, Kenneth M.: Genetics and American Society - A historical Appraisal, Baltimore / London 1972
Maehl, William H.: "The Tradition of Nationalism in the German Socialist Party on the Eve of the First World War", in: Journal of Modern History, 1952
Mann, Michael: The Dark Side of Democracy. Explaining Ethnic Cleansing, Cambridge 2005
Margolina, Sonja: Das Ende der Lügen, Russland und die Juden im 20. Jahrhundert, Berlin 1992
Marx, Karl / Engels, Friedrich: Werke (MEW), Institut für Marxismus-Leninismus beim ZK der SED (Hrsg.), Berlin (Ost), 1956 ff.; Anti-Dühring; Bd. 20
Maser, Werner: Der Sturm auf die Republik. Frühgeschichte der NSDAP, Stuttgart 1973
Mayer, Gustav: Aus der Welt des Sozialismus, 1927
Mayer, Gustav: Radikalismus, Sozialismus und bürgerliche Demokratie, Frankfurt 1969
McDonald, Forrest: Novus Ordo Seclorum. The intellectual Origins of the Constitution, Lawrence/Kansas 1985
Medwedjew, Shores A.: Der Fall Lyssenko. Eine Wissenschaft kapituliert, München 1974
Mehring, Franz: Gesammelte Schriften, Bd. 15, Berlin 1966
Meinecke, Friedrich: Weltbürgertum und Nationalstaat. Studien zur

Genesis des deutschen Nationalstaates, 7. Auflage München 1928
Mende, Erich: Die FDP. Daten, Fakten, Hintergründe, Stuttgart 1972
Miller, Susanne: Das Problem der Freiheit im Sozialismus. Freiheit, Staat und Revolution in der Programmatik der Sozialdemokratie von Lassalle bis zum Revisionismus-Streit, Frankfurt 1964
Mohler, Armin: „Umwälzung in der Faschismusforschung", in: Criticón Nr. 76, S. 90 ff
Molau, Andreas: Alfred Rosenberg. Der Ideologe des Nationalsozialismus – Eine politische Biografie, Koblenz 1993
Molnar, Thomas: Die Linke beim Wort genommen, Stuttgart 1972
Mosse, George L.: Die Geschichte des Rassismus in Europa, Frankfurt 1990
Montesquieu, Charles-Louis: Vom Geist der Gesetzes: Auswahl, Übersetzung und Einleitung von Kurt Weigand, Stuttgart 1994
Müller, Karl-Valentin: Arbeiterbewegung und Bevölkerungsfrage. Eine gemeinverständliche Darstellung der wichtigsten Fragen der quantitativen und qualitativen Bevölkerungspolitik im Rahmen gewerkschaftlicher Theorie und Praxis, Jena 1927
Münchner Stadtmuseum (Hrsg.): München – 'Hauptstadt der Bewegung', München 1993
Naderer, Otto: Der bewaffnete Aufstand. Der Republikanische Schutzbund der österreichischen Sozialdemokratie und die militärische Vorbereitung auf den Bürgerkrieg (1923-1934), Graz 2004
Naumann, Werner: Nau-Nau gefährdet das Empire? Eingeleitet und ergänzt von Karl Heinrich Peter, Göttingen 1953
Nilwa, Eldredge / Tattersall, Ian: The Myths of Human Evolution, New York 1982
Nisbet, Robert: The Making of Modern Society, Kent 1986
Nishikawa, Masao / Miyachi, Masato (Hrsg.): Japan zwischen den Kriegen. Eine Auswahl japanischer Forschungen zu Faschismus und Ultranationalismus, Hamburg 1990
O'Brian, Conor C.: "Thomas Jefferson: Radical and Racist", in: The Atlantic Monthly, Oktober 1996, S. 53 ff.
Paret, Peter: Kunst als Geschichte. Kultur und Politik von Menzel bis Fontane, München 1990
Paul, Diane: "In the Interests of Civilization – Marxists Views on Race and Culture in the Nineteenth Century", in: Journal of the History of Ideas, 1981, S. 125 ff.
Paul, Diane: "Eugenics and the Left", in: Journal of the History of Ideas, 1984, S. 567 ff.
Plenge, Johann: Der Krieg und die Volkswirtschaft, Münster 1915

Plewnia, Margarete: „Auf schlecht deutsch – Der Kronzeuge der ‘Bewegung’: Dietrich Eckart“, in: Karl Schwedhelm (Hg.) Propheten des Nationalismus, München 1969, S. 159 ff.
Poliakov, Léon: Der arische Mythos. Zu den Quellen von Rassismus und Nationalismus, Wien 1971
Poliakov, Léon / Wulf, Joseph: Das Dritte Reich und seine Denker. Dokumente und Berichte, Wiesbaden 1989
Quispel, Gilles: Gnosis als Weltreligion, Zürich 1951
Radnitzky, Gerard: „Hayek und Myrdal. Der zwischen zwei Antipoden geteilte Nobelpreis“, in: Criticón Nr. 136, S. 81 ff.
Ramm, Thilo: Ferdinand Lassalle als Rechts- und Sozialphilosoph, Meisenheim / Wien 1952
Rapoport, Louis: Stalin's War Against the Jews. The Doctors. Plot and the Soviet Solution, New York / Toronto 1990
Remini, Robert V.: The Legacy of Andrew Jackson, Essays on Democracy, Indian Removal and Slavery, Louisiana State University 1988
Richter, Eugen: Sozialdemokratische Zukunftsbilder frei nach Bebel, Berlin 1891
Rocker, Rudolf: Johann Most. Das Leben eines Rebellen, 1924
Röder, Petra: Utopische Romantik. Die verdrängte Tradition im Marxismus. Von der frühromantischen Poetologie zur marxistischen Gesellschaftstheorie, Würzburg 1982
Röhr, Heinz: „Pseudoreligiöse Motive in den Frühschriften von Karl Marx“, in: Sammlung gemeinverständlicher Vorträge und Schriften aus dem Gebiet der Theologie und Religionsgeschichte, Tübingen 1962
Rosen, Zwi: Moses Hess und Karl Marx. Ein Beitrag zur Entstehung der Marxschen Theorie, Hamburg 1983
Rosdolsky, Roman: Zur Entstehungsgeschichte des Marxschen ‘Kapital’. Der Rohentwurf des Kapital 1857-58, Hamburg 1969
Rossianov, Kirill O.: “Editing Nature. Joseph Stalin and the ‘New’ Soviet Biology”, in: Isis 1993, S. 728 ff.
Schafarewitsch, Igor R.: Der Todestrieb der Geschichte. Erscheinungsformen des Sozialismus, Frankfurt / Berlin / Wien 1980
Scheuch, Manfred: Nackt. Kulturgeschichte eines Tabus im 20. Jahrhundert, Wien 2004
Schivelbusch, Wolfgang: Entfernte Verwandtschaft. Faschismus, Nationalsozialismus, New Deal 1933-1939, München 2005
Schmidt, Thomas: „War Allende ein Rassist? Ein Buch von Victor Farías wirft dunkle Schatten auf das Leben des Sozialisten“, in: Frankfur-

ter Allgemeine Sonntagszeitung vom 08.05.2005, S. 12
Schröder, Hans-Christoph: Sozialistische Imperialismusdeutung, Göttingen 1973
Schüßlburner, Josef: Demokratie-Sonderweg Bundesrepublik. Analyse der Herrschaftsordnung in Deutschland, Künzell 2004
Schüßlburner, Josef / Knütter, Hans-Helmuth: Was der Verfassungsschutz verschweigt. Bausteine für einen Alternativen Verfassungsschutz-Bericht, Schnellroda 2007
Schultze-Rhondorf, Gerd: Der Krieg, der viele Väter hatte. Der lange Anlauf zum Zweiten Weltkrieg, München 2003
Schwartz, Michael: „'Proletarier' und 'Lumpen'. Sozialistische Ursprünge eugenischen Denkens", in: Vierteljahreshefte für Zeitgeschichte 1994, S. 537 ff.
Schwartz, Michael: Sozialistische Eugenik. Eugenische Sozialtechnologien in Debatten und Politik der deutschen Sozialdemokratie 1890-1933, Bonn 1995
Seidler, Franz W.: „Die Kollaboration mit Deutschland in den besetzten Gebieten", in: Criticón Nr. 147, S. 141 ff.,
Senger, Harro v.: „Als der Westen von Rassengleichheit noch nichts wissen wollte. Ein unbekanntes Vorspiel zur chinesischen Bewegung vom 4. Mai 1919", in: Frankfurter Allgemeine Zeitung Nr. 95 vom 25.04.1994, S. 13
Sieferle, Rolf Peter: „Indien und die Arier in der Rassentheorie", in: Zeitschrift für Kulturaustausch, 1987, S. 444 ff.
Silberner, Edmund: Sozialisten zur Judenfrage – ein Beitrag zur Geschichte des Sozialismus vom Anfang des 19. Jahrhunderts bis 1914, Berlin 1962
Silberner, Edmund: Kommunisten zur Judenfrage. Zur Geschichte von Theorie und Praxis des Kommunismus, Opladen 1983
Shahak, Israel: Jewish History, Jewish Religion. The Weight of Three Thousand Years, London 1994
Shaw, Bernard: Man and Superman. A Comedy and a philosophy, Leipzig 1913
Solschenizyn, Alexander: „Zweihundert Jahre zusammen". Die Juden in der Sowjetunion, München 2003
Sontheimer, Michael: Kambodscha – Land der sanften Mörder. Ein Bericht aus Indochina, Reinbek 1990
Spektorowski, Alberto: "The Eugenic Temptation in Socialism: Sweden, Germany, and the Soviet Union", in: Comparative Studies in Society and History, 2004
Staadt, Jochen: „Nicht unter 200 Anschlägen pro Minute. Hans-Gerhart

Schmierer und der 'Kommunistische Bund Westdeutschlands'", in: FAZ vom 31.01.2001, S. 10
Stampp, Kenneth M.: The Peculiar Institution. Slavery in the Ante-Bellum South, 1956
Stampp, Kenneth M.: The Era of Reconstruction 1865-1877, 1965
Sternhell, Zeev: Ni Droite ni Gauche. L´idéologie fasciste en France, Paris 1983
Sternhell, Zeev: „Nation schlägt Klasse", in: Jungle World vom 17. April 2002
Striefler, Christian: Kampf um die Macht. Kommunisten und Nationalsozialisten am Ende der Weimarer Republik, Berlin 1993
Strohm, Harald: Die Gnosis und der Nationalsozialismus. Eine religionspsychologische Studie, Aschaffenburg 2005
Stromberg, Roland N.: Redemption by War. The Intellectuals and 1914, Lawrence/Kansas 1982
Syring, Enrico: Hitler - Seine politische Utopie, Berlin 1994
Talmon, J. L.: The Origins of Totalitarian Democracy, Boulder / London 1985
Tandler, Julius: Ehe und Bevölkerungspolitik, Wien 1924
Takaki, Ronald T.: Iron Cages. Race and Culture in Nineteenth-Century America, London 1979
Tibi, Bassam: Die Verschwörung, Das Trauma arabischer Politik, erweiterte und aktualisierte Ausgabe, Hamburg 1994
Topitsch, Ernst: Vom Ursprung und Ende der Metaphysik. Eine Studie zur Weltanschauungskritik, Wien 1958
Thorne, Christopher: The Issue of War, States, Societies, and the Far Eastern Conflict of 1941-1945, New York 1985
Uhle-Wettler, Franz: Die Gesichter des Mars, Erlangen 1989
Vahlteich, Julius: Ferdinand Lassalle und die Anfänge der deutschen Arbeiterbewegung, München 1904
Valjavec, Fritz: Die Entstehung der politischen Strömungen in Deutschland 1770-1815, unveränderter Nachdruck der Erstausgabe 1951, Düsseldorf 1978
Venohr, W.: Stauffenberg. Symbol der deutschen Einheit, Frankfurt 1990
Voegelin, Eric: Wissenschaft, Politik und Gnosis. 1959; engl. Science, Politics and Gnosticism, Chicago 1968
Vogt, Stefan: Nationaler Sozialismus und Soziale Demokratie. Die sozialdemokratische Junge Rechte 1918-1945, Bonn 2006
Vollrath, Ernst: „Die okzidentale Despotie", in: Der Staat, 1982, S. 321 ff.
Wagner, Hans: Taschenbuch des Nationalsozialismus, Faksimile der 1934

veröffentlichten Schrift, Bremen 1988
Walker, Benjamin: Gnosis. Vom Wissen göttlicher Geheimnisse, 2. Auflage 1995
Washburn, Patrick S.: A Question of Sedition. The Federal Government's Investigation of the Black Press during World War II, New York / Oxford 1986
Watson, George: Is Socialism left?, 1972 (überarbeitete Auflage eines entsprechenden Papiers von 1967)
Watson, George: "Race & the Socialists. On the Progressive Principle of Revolutionary Extermination", in: Encounter, 1976, November-Ausgabe, S. 15 ff.
Watson, George: "The Eye-Opener of 1939 or how the world saw the Nazi-Soviet Pact", in: History Today, August 2004, S. 48 ff
Watson, George: "The Disinvitation of Nolte", in: Encounter, Januar 1989, S. 35 ff.
Webb, Sidney / Beatrice: A Constitution for the Socialist Commonwealth, London 1920
Wells, George: Anticipation of the reaction of mechanical and scientific progress upon human life and thought, Leipzig 1902
Wehler, Hans-Ulrich: Nationalismus. Geschichte, Formen, Folgen, München 2001
Weinstein, James: The Decline of Socialism in America 1912 – 1925, New Brunswick 1984
Weikart, Richard: "The Origins of Social Darwinism in Germany 1859-1895", in: Journal of the History of Ideas, 1993, S. 469 ff.
Weißmann, Karlheinz: Der Nationale Sozialismus. Ideologie und Bewegung 1890-1933, München 1998
Wette, Wolfram: Kriegstheorien deutscher Sozialisten. Marx, Engels, Lassalle, Bernstein, Kautsky, Luxemburg. Ein Beitrag zur Friedensforschung, Stuttgart, 1971
Winnig, August: Der Weltkrieg vom Standpunkte des deutschen Arbeiters, Sonderdruck aus dem Jahrbuch 1914 des Deutschen Bauarbeiterverbandes 1915
Winnig, August: Vom Proletariat zum Arbeitertum, Hamburg 1930
Wiegand, Richard: „Wer hat uns verraten ...". Die Sozialdemokratie in der Novemberrevolution. Mit einem Vorwort von F. E. Hoevels und zahlreichen ergänzenden Materialien, Freiburg 1999
Winter, J. M.: "The Webbs and the non-white world: a case of socialist racialism", in: Journal of Contemporary History, 1974, S. 181 ff.
Wittfogel, Karl A.: Die orientalische Despotie. Eine vergleichende Untersuchung totaler Macht, Frankfurt / Berlin / Wien 1977

Wolf, Gerhard: „Befreiung des Strafrechts vom nationalsozialistischen Denken?“, in: Juristische Schulung 1996, S. 189 ff.

Wolfschlag, Claus-M. (Hrsg.): Bye-bye ‘68... Renegaten der Linken, APO-Abweichler und allerlei Querdenker berichten, Graz 1998

Woltmann, Ludwig: Die Darwinsche Theorie und der Sozialismus. Ein Beitrag zur Naturgeschichte der menschlichen Gesellschaft, Düsseldorf 1899

Woltmann, Ludwig: Der historische Materialismus, Darstellung und Kritik der marxistischen Weltanschauung, Düsseldorf 1900

Woltmann, Ludwig: Die Germanen und die Renaissance in Italien. Mit 117 Bildnissen berühmter Italiener, und Die Germanen in Frankreich. Eine Untersuchung über den Einfluss der germanischen Rasse auf die Geschichte und Kultur Frankreichs. Mit 60 Bildnissen berühmter Franzosen, Jena 1907

Zimmermann, Eduardo A.: “Racial Ideas and Social Reform: Argentina 1890-1916”, in: Hispanic American Historical Review 1992, S. 23 ff.

Zimmermann, Michael: „Die nationalsozialistische Verfolgung der Juden und ‘Zigeuner’. Ein Vergleich. Überlegungen zur Diskussion um das Mahnmal für die ermordeten Sinti und Roma“, in: Zeitschrift für Geschichtswissenschaft, 2004, S. 50 ff.

Zitelmann, Rainer: Hitler. Selbstverständnis eines Revolutionärs, Stuttgart 1993

Zolo, Danilo: Die demokratische Fürstenherrschaft. Für eine realistische Theorie der Politik, Göttingen 1997